Special Thanks to

세상이 아무리 바쁘게 돌아가더라도
책까지 아무렇게나 빨리 만들 수는 없습니다.

길벗은 독자 여러분이
가장 쉽게, 가장 빨리 배울 수 있는 책을
한 권 한 권 정성을 다해 만들겠습니다.

독자의 1초를 아껴주는 정성을
만나보세요.

홈페이지의 '독자광장'에서 책을 함께 만들 수 있습니다.
㈜ 도서출판 길벗 www.gilbut.co.kr
길벗이지톡 www.eztok.co.kr
길벗스쿨 www.gilbutschool.co.kr

포토샵으로 완성하는 —
쇼핑몰 운영에 필요한 모든 디자인

쇼핑몰 디자인

신승희 지음

———— 무작정따라하기

길벗

쇼핑몰 디자인 무작정 따라하기

The Cakewalk Series - Shopping mall Design

초판 발행 · 2018년 10월 12일
초판 2쇄 발행 · 2021년 8월 30일

지은이 · 신승희
발행인 · 이종원
발행처 · (주)도서출판 길벗
출판사 등록일 · 1990년 12월 24일
주소 · 서울시 마포구 월드컵로 10길 56(서교동)
대표전화 · 02)332-0931 | **팩스** · 02)322-0586
홈페이지 · www.gilbut.co.kr | **이메일** · gilbut@gilbut.co.kr

기획 및 책임 편집 · 안윤주(anyj@gilbut.co.kr) | **디자인** · 최주연 | **제작** · 이준호, 손일순, 이진혁
영업마케팅 · 임태호, 전선하, 차명환 | **웹마케팅** · 조승모, 지하영 | **영업관리** · 김명자 | **독자지원** · 송혜란, 윤정아

기획 및 편집 진행 · 앤미디어(master@nmediabook.com) | **전산편집** · 앤미디어
CTP 출력 및 인쇄 · 벽호 | **제본** · 신정제본

ISBN 979-11-6050-586-3 03000
(길벗 도서번호 006997)

20,000원

1인 기업으로 시작하는 쇼핑몰은 소소한 관리부터 직접 로고에서 상세페이지 디자인까지 할 수 있어야 합니다. 예술에는 한계가 없지만 디자인에는 정석이 있습니다. 이 책은 당장 디자이너가 될 건 아니지만 디자인을 배워서 바로 써먹어야 하는 분들, 즉 '생계형 쇼핑몰 디자인'이 필요한 분들을 위한 매뉴얼입니다.

생계형 쇼핑몰 운영에 필요한 기본기

쇼핑몰 운영에 필요한 것은 한 마디로 브랜딩 능력입니다. 즉, 브랜드에 관한 모든 것을 문자로 적어내고, 디자인으로 표현하고, 쇼핑몰 운영 관련 툴을 습득해 서버에 올려 웹페이지를 통해서 고객과 소통하는 것입니다. 서버에 오류가 생겼을 때는 호스팅 업체에 도움을 요청할 수 있으므로 웹 관련 고급 기술까지 갖추진 않아도 되지만, 생계형 쇼핑몰이라면 운영에 필요한 기본 작업은 스스로 해결할 줄 알아야 합니다.

고객과 소통하기 원하는 콘텐츠를 만들기 위해서는 우선 정성스럽게 글을 씁니다. 그리고 포토샵에서 고객이 쉽게 알아볼 수 있도록 이미지를 디자인하고, 이미지 파일을 쇼핑몰 운영 툴을 통해 업로드하는 과정으로 진행됩니다. 스스로 쇼핑몰을 운영하기 위해서는 쇼핑몰 운영에 필요한 '포토샵' 스킬을 배우고, 쇼핑몰 호스팅(카페24, 고도몰, 네이버 스마트스토어 등)의 운영 툴을 습득하세요. 또한 HTML이나 CSS와 같은 웹 퍼블리싱 언어의 기본을 알아두면 웹에서 표현할 수 있는 폭이 굉장히 넓어집니다. 프로그램이라 어렵게 느껴지나요? 부록에서 쇼핑몰 운영에 꼭 필요한 HTML과 CSS를 다루었으니 직접 따라해 보세요. '이 정도는 할 만한데~'라면서 자신 있게 따라할 수 있습니다.

쇼핑몰 운영에 필요한 모든 디자인

'내가 바로 생계형이야. 뭐부터 해야 하지? 노트북에 포토샵은 깔았는데⋯⋯'
일단 컴퓨터를 끄고 산책하러 나갑니다. 칸트(Kant)는 매일 같은 시간 산책을 한 것으로 유명합니다. 두 발로 걸으며 넓은 시야에 놓여 있을 때 영감을 얻을 수 있다는 사실을 알고 있었습니다. 화가는 그림을 그리기 위해 붓부터 꺼내 들지 않지요. 산책하면서 영감을 얻어 단숨에 '메타포'를 떠올리고 나면 이제 책상에 진득하게 앉아 작업을 시작합니다.

이 책과 함께 쇼핑몰 디자인을 위한 전략을 세우고 쇼핑몰 운영에 필요한 모든 디자인을 해내길 바랍니다.

신승희

✓ 이 책의 구성 미리보기

쇼핑몰 디자인에 필요한 기본 이론과 직접 쇼핑몰 디자인을 완성할 수 있도록 포토샵을 활용한 실습 예제를 담았습니다. 다양한 스타일의 로고, 배너, 메인 슬라이드, 상품 상세페이지 등 쇼핑몰 디자인을 이루는 구성 요소의 제작 과정을 살펴보고 직접 따라하면서 효과적으로 배워 보세요.

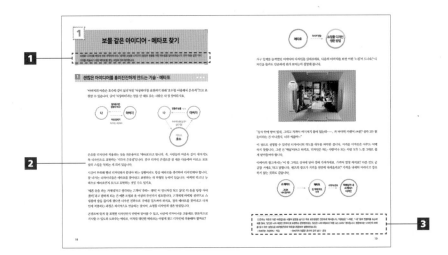

1 **도입문** : 해당 섹션에서 다루는 내용을 간략하게 설명하고 배울 내용을 제시합니다.

2 **이론** : 쇼핑몰 디자인을 위해 꼭 알아 두어야 하는 필수 이론을 설명합니다.

3 **주석** : 실무에서 사용하는 용어를 알기 쉽게 풀이합니다.

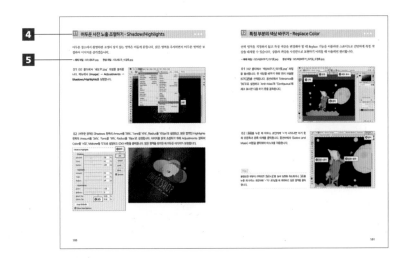

4 **기본 실습** : 쇼핑몰 디자인 요소를 만들기 위한 포토샵의 주요 기능을 엄선해 간단한 실습으로 구성했습니다.

5 **예제 및 완성 파일** : 따라하기를 위한 예제 파일과 결과를 확인할 수 있는 완성 파일을 제공합니다.

6 **지시선** : 작업 화면에 지시선과 짧은 설명을 넣어 보여줌으로써 예제를 정확하게 따라할 수 있습니다.

7 **TIP** : 예제와 관련된 기본 팁을 제공합니다. 개념에 관한 부연 설명, 관련 정보, 주의할 점은 무엇인지 등을 설명해 놓았습니다.

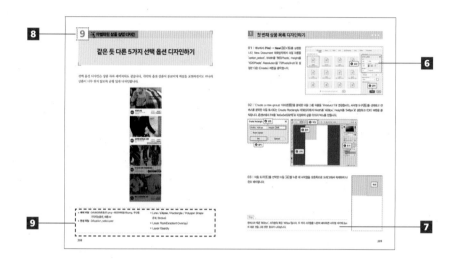

8 **실무 무작정 따라하기** : 포토샵을 이용해 직접 쇼핑몰 디자인 구성 요소를 디자인합니다. 눈으로만 읽지 말고 반드시 직접 따라해 보세요.

9 **옵션 소개** : 예제에서 사용한 포토샵의 핵심 기능을 소개하여 눈여겨 볼 부분을 짚어줍니다.

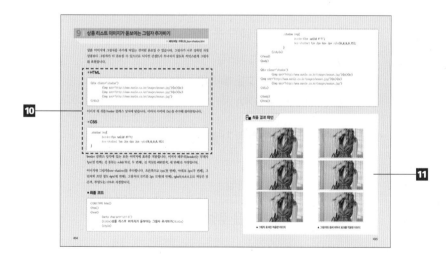

10 **HTML5+CSS3 코드** : 쇼핑몰 운영에 꼭 필요한 HTML5+CSS3 코딩의 기초와 실습별 코드를 설명합니다.

11 **결과 화면** : 완성된 결과 화면을 살펴보며 쇼핑몰 디자인의 기본 코딩을 익힙니다.

PART 1

매출을 올리는 쇼핑몰 디자인 전략

PART 2

쇼핑몰 운영에 꼭 필요한 포토샵 핵심 기능

PART 3 | 쇼핑몰의 기본 요소 디자인

PART 4

지갑을 여는 상세페이지와 바이럴 마케팅 디자인

PART 5

쇼핑몰 디자인 세팅과 홈페이지형 블로그 제작

부록　쇼핑몰 운영에 꼭 필요한 HTML5 + CSS3 코딩의 기본 알아보기

예제·완성 파일

이 책에 사용된 예제 파일과 완성 파일은 길벗 홈페이지(http://www.gilbut.co.kr/)에서 다운로드 할 수 있습니다. 홈페이지에 접속 후 검색란에 "쇼핑몰 디자인 무작정 따라하기"를 입력하고 〈검색〉 버튼을 클릭합니다. 도서소개 항목에 도서가 표시되면 〈부록/학습자료〉 버튼을 클릭합니다. 부록/학 습자료 항목에서 부록 데이터를 다운로드하고 압축을 풀어 사용합니다.

Layout

질서 정연한 메인 페이지
레이아웃 그리기

레이아웃을 그리드 시스템으로
정리하면 체계적이고
질서 정연하게 느껴집니다.

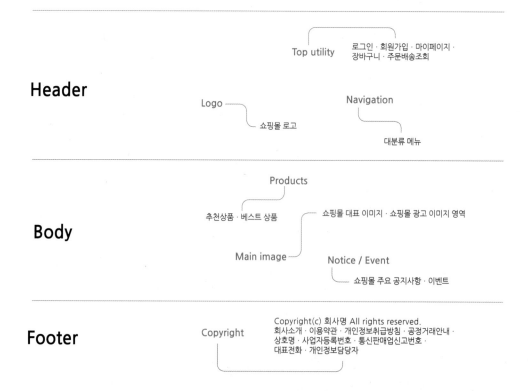

Header

Top utility
로그인 · 회원가입 · 마이페이지 ·
장바구니 · 주문배송조회

Logo
쇼핑몰 로고

Navigation
대분류 메뉴

Body

Products
추천상품 · 베스트 상품

쇼핑몰 대표 이미지 · 쇼핑몰 광고 이미지 영역

Main image

Notice / Event
쇼핑몰 주요 공지사항 · 이벤트

Footer

Copyright
Copyright(c) 회사명 All rights reserved.
회사소개 · 이용약관 · 개인정보취급방침 · 공정거래안내 ·
상호명 · 사업자등록번호 · 통신판매업신고번호 ·
대표전화 · 개인정보담당자

Detail page
전체 상품 상세페이지

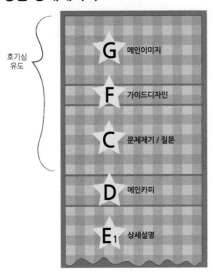

호기심
유도

G 메인이미지
F 가이드디자인
C 문제제기 / 질문
D 메인카피
E₁ 상세설명

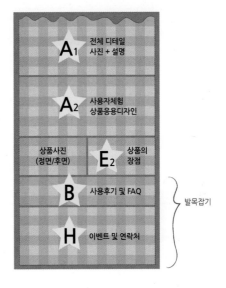

A₁ 전체 디테일 사진 + 설명
A₂ 사용자체험 상품응용디자인
상품사진 (정면/후면) E₂ 상품의 장점
B 사용후기 및 FAQ
H 이벤트 및 연락처

발목잡기

Storyboard
내 상품 상세페이지의
스토리보드 만들기

언제나 디자인하기 전에 연필과 종이를 들면
조금 더 큰 힘을 발휘합니다.

오픈마켓과 독립몰을
동시에 운영한다면
캔버스 가로사이즈에 유의하세요.

최소 600px / 최적 860px / 최대 1000px

650px

스토리보드를 그려보세요
기억하세요!
첫 번째 스크롤을 내리기전에
사로잡아야 한다는 사실!

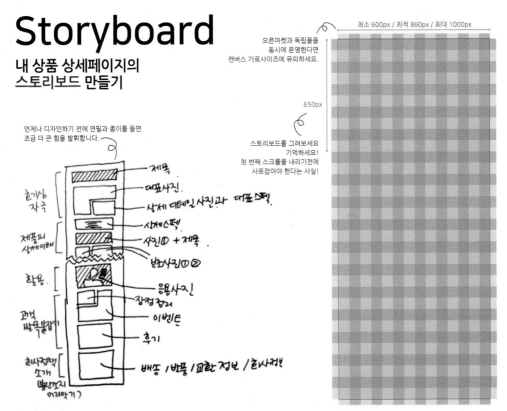

Detail page

PART

1

매력적인 디자인은 상품에 대한 마케팅 전략이 명확하게 녹아 들어 있습니다. 눈에 확 들어오고 그저 예쁘기 만한 디자인이 아니라 매출까지 올리는 디자인에 대한 전략을 함께 세워보겠습니다.

매출을 올리는 쇼핑몰 디자인 전략

보물 같은 아이디어 - 메타포 찾기

쇼핑몰 디자인을 배워서 바로 써먹어야 하는 '생계형 쇼핑몰 디자인'이 필요한 분들을 위한 매뉴얼을 알아보겠습니다. 먼저 보물 같은 아이디어를 떠올리기 위한 메타포를 찾는 과정에 관해 알아봅니다.

1 괜찮은 아이디어를 흥미진진하게 만드는 기술

'아버지의 마음은 호수와 같이 넓다'처럼 '자상하다'를 표현하기 위해 '호수'를 이용해서 은유적[1]으로 표현할 수 있습니다. 굳이 '자상하다'라는 말을 안 해도 듣는 사람은 더 잘 알아듣지요.

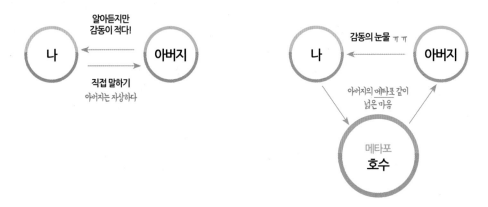

은유를 디자인에 적용하는 것을 전문용어로 '메타포'라고 합니다. 즉, 사람들의 마음속 깊이 새겨지도록 디자인으로 표현하는 '시각적 은유법'입니다. 결국 디자인 콘셉트를 잘 세운 다음에야 비로소 포토샵의 스킬을 익히는 게 의미 있습니다.

시간이 부족해 빨리 디자인해서 끝내야 하는 상황이라도 항상 메타포를 생각하며 디자인해야 합니다. 잘 나가는 디자이너들은 메타포를 찾아내고 표현하는 데 탁월한 능력이 있습니다. 어쩌면 타고난 능력으로 메타포인지 모르고 표현하는 것일 수도 있지요.

'예쁜 옷을 파는 가게네'라고 생각하는 고객이 '우와~ 대박! 이 언니처럼 되고 싶다! 이 옷을 당장 사야겠어!'라고 말하게 되는 건 예쁜 모델과 옷 이상의 무언가가 필요합니다. 고객에게 마케팅 전략으로 쇼핑몰에 발을 들이게 했다면 디자인 전략으로 구매를 일으켜야 하지요. 결국 메타포를 찾아내고 디자인에 적용하는 과정은 의식적으로 연습하는 것이며, 쇼핑몰 디자인의 생존 방법입니다.

콘셉트에 맞게 잘 표현된 디자인인지 단번에 알아볼 수 있고, 나중에 디자이너를 고용해도 전문적으로 지시할 수 있도록 도와주는 메타포. 이처럼 대단한 메타포는 어떻게 찾고 디자인에 적용해야 할까요?

가구 업계를 들썩였던 이케아의 디자인을 살펴보세요. 다음의 이미지를 보면 어떤 '느낌'이 드나요? 디자인을 몰라도 단순하게 뭐가 보이는지 설명해 봅니다.

"상자 안에 방이 있네. 그리고 가격이 여기저기 붙어 있는데……, 저 바닥의 카펫이 19불? 설마 2만 원 돈이라는 건 아니겠지. 너무 싸잖아~"

이 정도로 설명할 수 있다면 디자이너의 의도를 대부분 파악한 겁니다. 어려운 디자인은 아무도 이해하지 못합니다. 그런 건 '예술'이라고 하지요. 디자인은 하는 사람이나 보는 사람 모두 느낌 그대로 쉽게 받아들여야 합니다.

이케아의 광고에서는 '이 방 그대로 상자에 담아 집에 가져가세요. 가격이 엄청 싸지요? 다른 것도 궁금할 거예요.'라고 말합니다. 벤츠의 광고가 가격을 전면에 내세울까요? 가격을 내세워 비싸다고 강조하지 않는 것과도 같습니다.

■ 은유는 직유와 다른 비유법으로 사물의 본뜻을 숨기고 주로 보조관념만 간단하게 제시합니다. 직유법은 '～처럼', '～듯' 등의 연결어를 쓰는데 예를 들어, '당신은 나의 태양인 듯하다'로 표현하고 은유법으로는 '당신은 나의 태양이다'처럼 'a는 b이다' 형식입니다. 본문에서는 디자인의 이해를 돕기 위한 설명으로 비유법(은유와 직유)을 혼용하여 설명하였습니다.
• 아버지는 자상하다 : 직유   • 아버지의 마음은 호수와 같이 넓다 : 은유

2 어떤 메시지를 전달할 것인가

메타포를 찾는 첫걸음은 전달하고 싶은 메시지를 결정하는 것으로, 고객에게 하고 싶은 말이 무엇인지를 명확하고 신중하게 생각해야 하는 대목입니다. '싸다'를 강조하면 저품질의 느낌을 줄 수 있고, '싸면서 품질이 좋다'를 강조하면 다른 경쟁업체와 차별점을 만들기 쉽지 않습니다. 설정한 콘셉트가 진정으로 특화된 것이라면 경쟁력이 있지만, 업계가 이미 고품질로 평준화되어 있다면 이것만으로는 고객에게 어필하기 부족하므로 신중하게 접근해야 합니다.

전달하는 내용이 백배의 효과를 누리려면 조금 더 깊게 생각하는 게 유리합니다. 메타포를 결정하면 디자인하기가 더 쉬워지고, 콘셉트를 잡다 보면 재미있습니다.

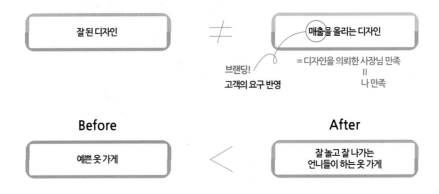

3 아이디어 찾기

아이디어를 찾기 위해 구체적으로 상황을 설정해 고객의 문제점과 해결점을 분석하는 것을 '페르소나 (Persona) 활용법'이라고 합니다. 타깃 고객(Target Customer)을 '20~30대의 젊은 여성'처럼 넓은 범위로 설정하기보다는 매우 축소하여 구체적인 가상의 인물을 만들고 인물이 처한 상황을 분석하는 것입니다. 구체적이고 실용적인 대안을 찾아 제시할 수 있기 때문에 각광받는 방법론입니다.

┊ 페르소나(Persona) 활용법 ┊

페르소나를 만드는 이유는 사용자에게 세부적으로 집중하기 위해서입니다. 특정 고객이 무엇을 좋아하고 쇼핑몰을 어떻게 이용하는지 구체적으로 떠올리며 그들을 만족시켜 보세요. 백만 명을 만족스럽게 하기는 어려워도 몇 명의 사람에게 맞추는 것은 쉽습니다. 어떤 경우에 타깃 고객은 백만 명을 대표하기도 하고, 이들이 곧 상품을 구매할 것입니다.

상황 설정

머릿속에 자신을 소중히 여기고 꾸미는 데 관심이 많은 20~30대 여성을 대상으로 패션의류를 판매하는 쇼핑몰 대표가 되어 타깃 고객이 될 페르소나를 떠올립니다.

쇼핑몰에 접속한 여성 고객 / 결혼식 참석 / 나이 / 성격 / 직장인 / 전공 / 원하는 것 / 하고 싶은 말 등

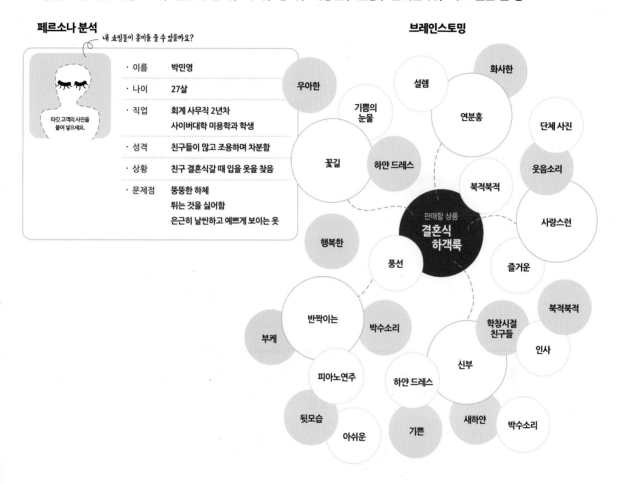

페르소나 분석

내 쇼핑몰이 흥미를 줄 수 있을까요?

타깃 고객의 사진을 붙여 넣으세요.

· 이름   박민영
· 나이   27살
· 직업   회계 사무직 2년차
         사이버대학 미용학과 학생
· 성격   친구들이 많고 조용하며 차분함
· 상황   친구 결혼식갈 때 입을 옷을 찾음
· 문제점 뚱뚱한 하체
         튀는 것을 싫어함
         은근히 날씬하고 예쁘게 보이는 옷

브레인스토밍

판매할 상품
결혼식 하객룩

우아한 / 설렘 / 화사한 / 기쁨의 눈물 / 연분홍 / 단체 사진 / 꽃길 / 하얀 드레스 / 북적북적 / 웃음소리 / 사랑스런 / 행복한 / 풍선 / 즐거운 / 반짝이는 / 박수소리 / 학창시절 친구들 / 북적북적 / 인사 / 부케 / 피아노연주 / 하얀 드레스 / 신부 / 뒷모습 / 아쉬운 / 기쁜 / 새하얀 / 박수소리

질보다 양, 브레인스토밍

고객에게 하고 싶은 말은 '메시지'이며 메시지가 결정되면 메타포를 찾습니다. 디자인은 '계획'과도 같으며, 결국 내용을 파악해서 잘 정리하는 것입니다.

디자인 = 계획 = 내용 파악 정리

떠올린 페르소나의 메시지에서 느껴지는 감정을 적어 내려가며 브레인스토밍을 합니다. 브레인스토밍이 마인드맵과 다른 점은 분류하지 않는다는 것입니다. 엉뚱해도 좋고 다다익선이니 많을수록 좋습니다. 이런 것도 괜찮을까 하는 생각이 드는 것도 걱정하지 말고 부담 없이 적어 내려갑니다. 별로인 아이디어, 괜찮은 아이디어가 어떤 것인지 분별하지 않은 채 문장도 괜찮고, 단어, 형용사, 느낌에 어울리는 색감도 좋습니다. 기능, 성능, 종류, 특징, 혜택처럼 팔려는 상품의 특징은 잊어버리고 느낌을 적어 내려가세요. 직접 적은 단어에서 기능을 나열했다면 다시 그 기능의 느낌을 추가로 적습니다.

'아이디어+아이디어'를 만듭니다. 브레인스토밍한 단어에 동사나 형용사가 있으면 추가로 형용사를 적어 아이디어를 더합니다.

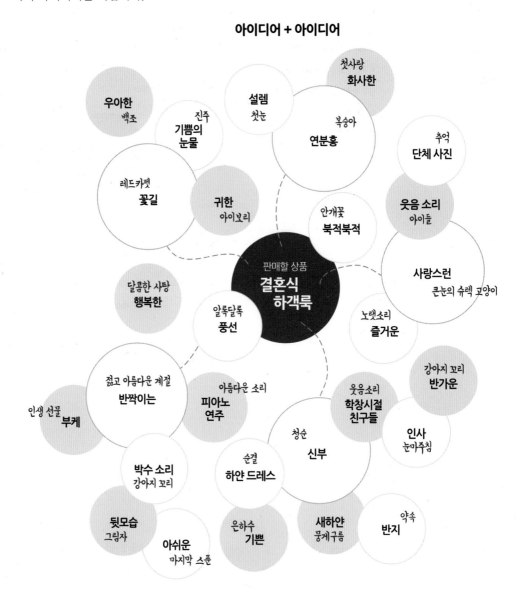

아이디어 + 아이디어

아이디어의 콜라보레이션

지금부터는 잠시 판매 상품을 잊어버립니다. 이 단계에서 더욱 특별한 아이디어를 얻기 위해서는 상품에서 생각이 멀어질수록 좋습니다.

그리고 '아이디어×아이디어'를 만듭니다. 포스트잇끼리 연결해 엉뚱하고도 새로운 스토리를 만들어 냅니다. 말도 안 된다는 느낌이 들어도 괜찮습니다. 잘 다듬어서 사용할 수 있는 재료가 될 테니까요.

⫶ 아이디어 콜라보레이션 절대 규칙 ⫶

1. 자유분방하게 아이디어를 방출한다.
2. 커닝할 수 있는 동료와 함께 하면 좋다. 그러나 비방하지 않는다.
3. 질보다 양이다.
4. 머리보다는 가슴으로. 성능, 특징보다는 형용사를 사용한다.
5. '~한 느낌'이 주는 색감을 사용한다.
6. 기존 아이디어를 활용할 수 있다.
7. 그러나 더욱 강력하고 새로운 아이디어를 만든다.

연분홍색 복숭앗빛 첫사랑의 설렘

꽃길에 우아하게 놓인 아이보리 진주

알록달록 달콤한 뭉게구름

키워드 선별

차별화할 수 있는 키워드를 선별합니다. 어디에서도 들어본 적 없을 정도로 창의적이지만 누구라도 들으면 '그래! 바로 이거야!'라고 할 수 있는 것이 최고의 아이디어입니다. CF라 생각하고 스토리 라인을 만들어 보세요.

>> **복숭앗빛 모태청순**

메시지나 메타포의 중요성을 느꼈지만 당장 어떻게 해야 할지 모르겠다면, 일단 A4용지를 꺼내어 반으로 접습니다. 두 번 접고, 세 번 접은 후 펼치면 다음과 같이 여덟 개의 공간이 나옵니다.

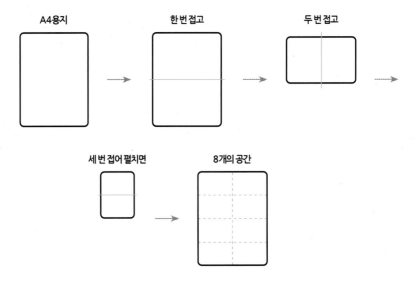

각각의 칸에 '고객의 열망, 검색 키워드, 장애물, 장점 및 자랑거리, 메시지, 키워드, 색상, 메타포'를 한 칸씩 채워나갑니다.

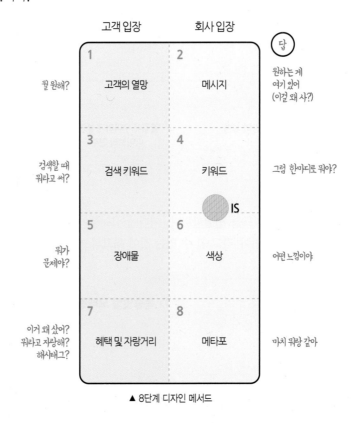

▲ 8단계 디자인 메서드

페르소나를 분석해 '[1] 고객의 열망'을 파악하고 '[2] 메시지'에서 고객에게 열망에 대한 해결점을 제시합니다. 고객은 이 상품을 찾기 위해 검색창에 특정 '[3] 검색 키워드'를 입력합니다. 검색 결과에서 한마디로 표현할 수 있는 우리의 '[4] 키워드'는 무엇인지 생각해 봅니다. '[4] 키워드'를 이미지 스케일(IS)에 대조하면 통계적으로 단어가 갖는 느낌을 '[6] 색상'으로 선정할 수 있습니다.

'[5] 장애물'에서 고객이 갖는 문제점에 대해 분석합니다. '[7] 혜택 및 자랑거리'는 이 상품을 통해 '[5] 장애물'을 어떻게 해결하고 고객이 어떤 혜택을 가져갈 수 있을지 적습니다. 한마디로 주변에 자랑거리를 만드는 것이지요. 최종적으로 이 모든 걸 표현할 수 있는 '[8] 메타포'가 탄생합니다.

다음은 8단계 디자인 메서드를 통해 아이디어를 발전시킨 예입니다.

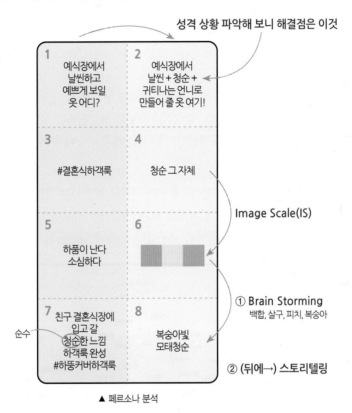

▲ 페르소나 분석

Tip

IS(Image Scale)

색채가 가지는 느낌을 형용하는 문자와 대조하여 색채가 가진 감성을 구분하는 객관적인 통계입니다. 단색 혹은 배색의 이미지를 이미지 스케일에 배치시킴으로써 심리적 감성을 과학적으로 결합시킨 매트릭스(Matrix)입니다.

2

나만의 컬러 찾기

형용사-배색 이미지 스케일은 색의 감정을 전문으로 연구한 색채 분석 도구입니다. 앞서 페르소나 이미지를 통해 살펴본 형용사를 배색 이미지 스케일과 비교해 볼까요?

우리는 쇼핑몰의 키워드로부터 시작해서 색에 접근했습니다. 색을 선택할 때에는 개인의 취향을 배제해야 합니다. 고객에게 어떤 메시지를 전달할 것인지 확고히 결정하고 '키워드'의 느낌을 하나로 표현하는 것이 좋습니다.

형용사 이미지 스케일

간혹 기획자가 디자이너에게 요청할 때 '화려하면서 심플하게 해주세요', '클래식하면서 모던한 느낌으로요~'라고 잘못 전달하기도 합니다. 화려함과 심플함, 클래식과 모던은 상반됩니다. 이렇게 디자인을 의뢰받은 디자이너는 혼란에 빠집니다. 디자인을 보는 사람도 마찬가지입니다. 명확하지 않은 메시지와 디자인을 접하면 복잡하고 난해한 디자인 평가를 합니다.

기획자의 고충을 충분히 이해할 수 있지만, 좀 더 풍부한 언어로 표현할 수 있다면 소통하기 쉽습니다. 이때에는 형용사 이미지 스케일이 더욱 유용합니다. 디자인을 보는 사람마다 주관적으로 해석한다면 매출을 발생시켜야 하는 사명을 가진 디자인의 역할로는 역부족이기 때문입니다. 결국 일반적인 인식에 따라 디자인하여 원하는 메시지를 전달해야 합니다.

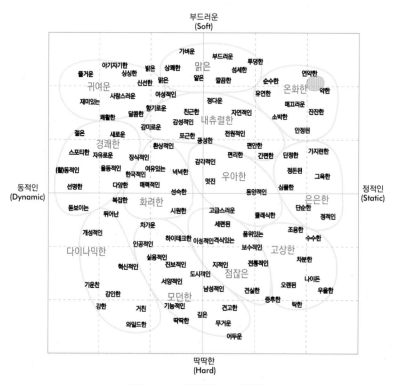

▲ 형용사 이미지 스케일(출처 – IRI 색채연구소)

26

앞서 아이디어를 통해 떠올린 느낌인 '복숭앗빛 모태청순' 키워드는 다음의 그래프에서 과연 어디에 표시할 수 있을까요?

정적이면서도 부드러운 느낌에 들어갈 것 같고, 형용사 이미지 스케일에서 형용사와 연결하면 '온화한'에 가깝습니다. '온화한'은 '순수한, 유연한, 연약한, 약한, 매끄러운, 잔잔한, 소박한, 안정된' 느낌을 포함합니다.

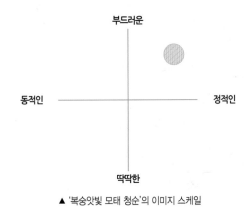

▲ '복숭앗빛 모태 청순'의 이미지 스케일

1 메인 컬러와 포인트 컬러 선정

브랜드의 생명이 다할 때까지 사용할 '메인 컬러(Main Color)'와 중요한 콘텐츠를 강조하고 싶은 곳에 사용할 '포인트 컬러(Point Color)'를 선정합니다. 삼성의 파란색, 스타벅스의 녹색처럼 고유한 메인 컬러는 강렬한 연상 효과를 줍니다. 온라인에서도 컬러로 브랜드의 정체성을 표현하며 네이버의 녹색, 페이스북의 파란색, 카카오의 노란색처럼 브랜드와 색상을 연결 짓고자 합니다. 즉, 컬러를 선점하면 브랜드와 서비스를 각인시킬 수 있는 무기가 됩니다.

초보자일수록 브랜드에서 사용할 색상 수는 적게 가져가길 권합니다. 이색 저색을 계획 없이 마구잡이로 디자인하면 심심한 느낌은 벗어나지만 잘된 디자인으로 다가가기 쉽지 않습니다.

메인 컬러 하나와 포인트 컬러 하나부터 시작합니다. 배색 이미지 스케일에서 선택한 배색을 그대로 사용하여 메인 컬러와 포인트 컬러를 선택합니다. 예를 들어, 예식장에 사용될 배색을 선정한다면 다음과 같이 사랑스러운 '파스텔 핑크'를 메인 컬러로 선정하고, '파스텔 블루'를 포인트 컬러로 사용합니다. 서브 컬러[2]는 디자인 요소 중 사진의 필터 정도로 사용하거나 거의 쓰지 않도록 계획합니다. 이때 사진에 들어 있는 색상 표현도 중요하게 여깁니다.

---

[2] '서브 컬러'는 메인 컬러와 포인트 컬러 이외의 나머지 색을 말하며, 여기서는 미색을 말합니다.

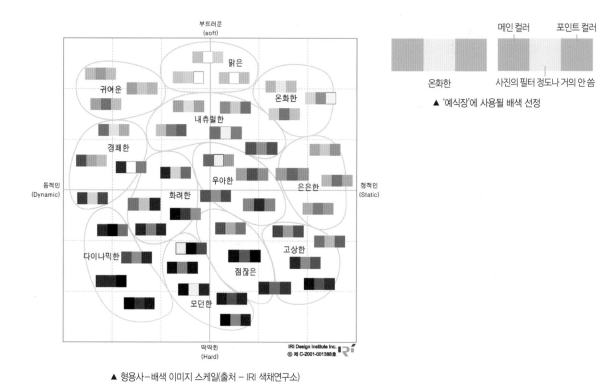

부드러운
(soft)

맑은

귀여운

온화한

내츄럴한

경쾌한

우아한

화려한

은은한

다이나믹한

점잖은

고상한

모던한

딱딱한
(Hard)

동적인
(Dynamic)

정적인
(Static)

IRI Design Institute Inc.
ⓒ 제 C-2001-001388호

메인 컬러   포인트 컬러

온화한   사진의 필터 정도나 거의 안 씀

▲ '예식장'에 사용될 배색 선정

▲ 형용사—배색 이미지 스케일(출처 – IRI 색채연구소)

2 사진에서 색 추출하기

포토샵을 만든 어도비(Adobe)의 컬러 CC 사이트(http://color.adobe.com)에서 컬러리스트(Colorist)
들이 제안하는 배색을 참고할 수 있으며, 직접 색상을 선택할 수도 있습니다. 색감이 풍부한 사진을
바탕으로 색상을 추출해 봅니다. 이미지의 픽셀별 색상 값을 계산하여 평균 색상 값을 추출합니다.

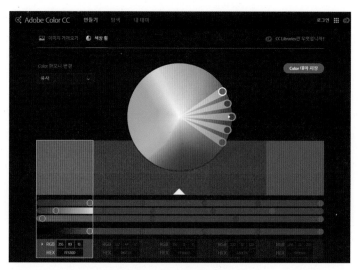

▲ 어도비의 컬러 CC 사이트(http://color.adobe.com)

▲ 색상을 추출한 이미지

❶ 〈이미지 가져오기〉 버튼 클릭 → ❷ Color 모드 변경 → ❸ 캡처

이번에는 포털 사이트인 네이버(www.naver.com)의 메인 페이지에서 색상을 추출해 보겠습니다. 광고와 섹션 영역의 색상(섹션별로 다르게 하위 개념의 메인 컬러를 부여해 다른 느낌)을 제외하면 예상했던 대로 어김없이 네이버의 아이덴티티(Identity) 색상인 녹색이 추출됩니다. 전체 디자인을 살펴보면 의외로 녹색이 많이 쓰이지 않았습니다. 섹션별 콘텐츠를 강조하기 위해 포인트 컬러를 사용했기 때문입니다. 메인 컬러로 도배해 디자인하는 경우도 있지만 대부분 조심스럽게 색을 사용하여 색감을 전달합니다.

▲ 네이버의 메인 페이지

▲ 네이버의 메인 페이지에서 추출한 색상

완전무결한 흰색(#ffffff)과 검은색(#000000)은 깍두기와 같은 기본 색상입니다. 깍두기는 놀이 안에서 행동에 대한 규칙은 따르지만, 승패에 대한 규칙은 따르지 않으므로 흰색과 검은색은 디자인에서 자주 사용하는 기본색이지만 배색 차트에 추가되지 않습니다. 흰색 또는 검은색을 메인 컬러로 지정해 디자인하고 싶다면 흰색 또는 검은색과 같은 느낌에 매우 가까운 색을 선정해서 디자인합니다.

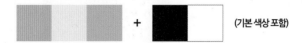

(기본 색상 포함)

색을 사용할 때의 기준

네이버는 브랜드가 가장 중요해서 녹색 로고를 큼지막하게 올려놨습니다. 네이버와 같은 검색 사이트의 경우 브랜드 아이덴티티 다음으로 중요한 것은 '검색'과 고객의 '로그인'입니다. CTA(Call to Action) 버튼이라고도 하며 페이지가 바뀔 때마다 사용자 행동을 요구하는 기획자의 의도가 숨어 있습니다. 이처럼 색상을 사용할 때는 콘텐츠의 중요도에 따라 색상을 선정해야 합니다. 콘텐츠에 따라 '강-약-중간-약'으로 화면에 리듬감을 주면 디자인을 편안하게 볼 수 있습니다. '강'에는 포인트 컬러와 메인 컬러를 강렬하게 사용하고, '중간'에는 메인 컬러를 약하게 사용하며, '약'에는 회색, 흰색, 검은색으로 표현하여 컬러 사용을 자제합니다.

중요한 건 강하게, 덜 중요한 건 약하게!

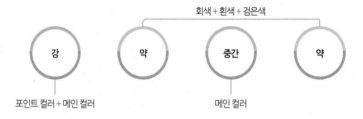

3 컬러리스트가 추천하는 배색 살펴보기

어도비 컬러 CC 사이트의 추천 배색 살펴보기

어도비의 컬러 CC 사이트(color.adobe.com)에서 '탐색' 메뉴로 이동합니다. 추천 색상 목록이 인기도 순으로 정렬되어 있습니다. 왼쪽 위의 메뉴를 클릭하여 정렬 방법을 '모든 테마', '인기도순', '사용 횟수순', '임의(랜덤)'로 지정할 수 있고, 검색 기간을 '모든 시간', '이번 달', '이번 주'로 지정할 수 있습니다.

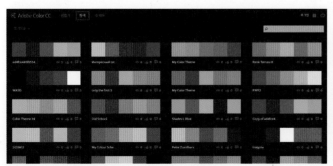

검색하려는 키워드를 입력하여 원하는 배색을 찾을 수도 있습니다. 다양한 분홍색을 확인하고자 '꽃이 활짝 핀'이라는 뜻의 'blossom'을 키워드로 입력하여 검색합니다. 이때 같은 키워드라도 한글과 영문의 검색 결과가 다르므로 영문을 이용하면 편리합니다. 같은 분홍색이지만 레드 계열도 있고 퍼플 계열도 있습니다. 청록색과의 배색도 있고 갈색과 배색한 분홍색도 있지요. 이처럼 키워드를 검색하면 다채로운 결과가 나타납니다.

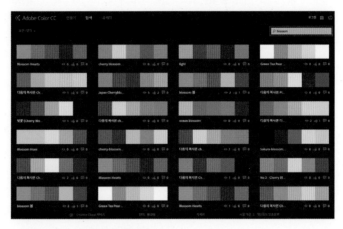

▲ 키워드 'blossom'으로 검색된 배색 목록

검색된 많은 색 중에 어떤 색을 골라야 할까요? 몇 가지 팁(나에게 꼭 맞는 배색 선택법[3])을 살펴봅니다.

페르소나에 따른 콘셉트로 메인 컬러 정하기

고객의 페르소나를 분석하여 세운 상황별 콘셉트를 고려해서 마음속에 메인 컬러를 정합니다. 예를 들어, 밝은 파스텔 계열의 핑크를 메인 컬러로 선정하고 검색 결과에 해당하는 배색을 후보군에 올립니다.

형용사-배색 이미지 스케일에서 제안하는 톤 확인하기

앞서 선택한 키워드인 '복숭앗빛 모태청순' 느낌의 색상은 '매우 창백하고 밝은 톤' 정도로 확인할 수 있습니다. 밝고 채도가 낮은 색을 찾아 해당하지 않는 후보는 제외합니다. 물론 전체적으로 배색을 고려하는 것이 아니라 메인 컬러로 선정한 한 가지 색상을 기준으로 판단합니다. 검색 결과에서 중복된 색상도 제외합니다.

---

[3] '배색 선택법'은 디자인 초보자가 색을 사용할 때 훨씬 수월한 추천 색상입니다. 색상 조합이 적절하지 않거나 그 배색으로 디자인했을 때 잘된 디자인이 나오지 않는 것은 아니므로 참고합니다.

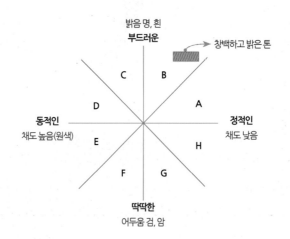

밝음 명, 흰
부드러운

창백하고 밝은 톤

C   B

D   A

동적인   **정적인**
채도 높음(원색)   채도 낮음

E   H

F   G

딱딱한
어두움 검, 암

A 밝은 회색 톤과 매우 창백한 톤
C 밝은 톤과 창백한 톤, 선명한 톤의 노랑, 주황
E 선명한 톤의 녹색, 청록, 파랑, 남색 등 Green-Blue 계열
G 짙은 회색 톤과 탁한 톤

B 매우 창백한 톤과 밝은 톤
D 선명한 톤의 빨강, 자주, 강한 톤의 빨강, 주황, 노랑, 연두
F 짙은 톤
H 회색 톤과 탁한 톤

⋮ 색 용어 사전 ⋮

• 메인 컬러 : 주로 사용하는 색   • 포인트 컬러 : 강조하는 색   • 보색 : 완전히 반대되는 색

• 배색 : 잘 어울리는 색   • 명암이 높은 색 : 밝은 색(흰색)   • 명암이 낮은 색 : 어두운 색(검은색)

• 명도 차이 : 어떤 배색이든지 흑백 프린터로 인쇄했을 때 나타나는 밝고 어두움의 차이

• 채도가 높은 색 : 원색(새빨간, 샛노란 등)   • 채도가 낮은 색 : 탁한 색(파스텔 계열)

메인 컬러와 함께 사용할 포인트 컬러 중심으로 생각하기

포인트 컬러는 메인 컬러와 잘 어우러지면서 포인트가 될 정도로 강렬해야 합니다. 강렬한 색상을 선택하기 위해서는 보색을 선택하거나 명도(밝고 어두움)의 차이가 명확한 색상을 선택합니다. 색상환에서 원의 중심점을 지나는 직선을 그렸을 때 서로 마주 보는 색상이 보색입니다.

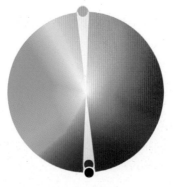

▲ 보색(Complementary Color) 대비를 이루는 한 쌍의 색상

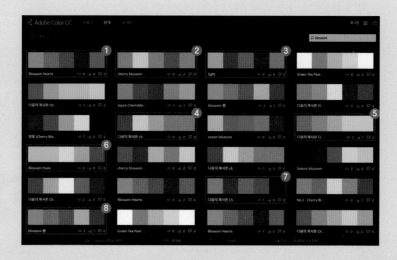

1. 첫 번째 색상을 메인 컬러로 사용했을 때 세 번째 색상을 포인트 컬러로 사용하기에는 명도 차이가 명확하지 않습니다.
   – 탈락 X
2. 네 번째 색상 이외에는 비슷한 색상입니다. – 탈락 X
3. 1번 배색과 비슷하지만 세 번째 색상이 채도가 높은 편이므로 무난합니다. – 일단 보류 △
4. 다섯 번째 색상을 메인 컬러로 사용하고 1번 색상을 포인트 컬러로 사용하기에 적절합니다. – O
5. 명도 차이가 명확하지 않습니다. – 탈락 X
6. 5번 배색과 비슷한 상황이지만 명도 차이가 있습니다. – 보류 △
7. 첫 번째 색상을 메인 컬러로 사용하면 두 번째 색상은 명도 차이가 있고, 세 번째 색상은 명도 차이와 함께 색상이
   잘 어울리며, 네 번째 색상은 명도 차이와 함께 보색 관계에 있고, 다섯 번째 색상은 큰 명도 차이가 있어 활용하기
   좋습니다. – O
8. 첫 번째 색상을 메인 컬러로 사용하고 세 번째 색상은 채도 차이, 네 번째 색상은 보색과 채도 차이를 갖추었습니다. – O

마지막으로 최종 결정의 시간이 왔습니다. 완성물의 톤앤매너(Tone & Manner)를 생각해 봅니다. 톤앤매너는 전체적인 색감의 분위기나 표현의 감성적인 방향성을 말합니다. '어떤 톤앤매너를 가질 것인가?'에 답할 때는 만들고 싶은 쇼핑몰에 관한 포괄적인 전략을 생각하며 분위기뿐만 아니라 판매하려는 상품을 특징지을 수 있는 표현 형태가 어떠한가를 떠올릴 수 있습니다.

이때 감성적인 촉을 활성화해야 합니다. 색상을 이성적으로 분석했으니 선택은 감성적으로 접근하여 느낌이 오는 색상 조합을 선정합니다.

인스퍼레이션 사이트에서 배색 참고하기

디자인 영감을 주는 디자인 인스퍼레이션 사이트(Design Inspiration)에서 색상을 선택하고 검색하면 놀라운 아트웍들을 보여줘 인사이트를 얻을 수 있습니다. 아직 구체화되지 않아 잡히지 않던 디자인 느낌을 시각적으로 확인하면서 불필요한 작업 시간을 줄이고 작업 속도를 올릴 수 있습니다.

① 디자인 인스퍼레이션 웹 사이트에 접속해 'Color Search is back.' 영역의 〈Try it now〉 버튼을 클릭합니다.

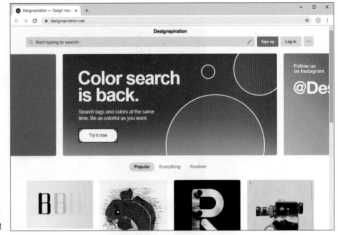

디자인 인스퍼레이션 웹 사이트 ▶
https://www.designspiration.net

② 검색하고 싶은 색상을 선택하고 〈Search〉 버튼을 클릭합니다. 이때 선택할 수 있는 색상 수는 다섯 가지이고, 선택한 색상은 화면의 조절점을 드래그해 움직이면서 변경할 수 있습니다.

③ 선택한 색상을 이용해 디자인한 활용 사례를 살펴보고 영감을 얻습니다.

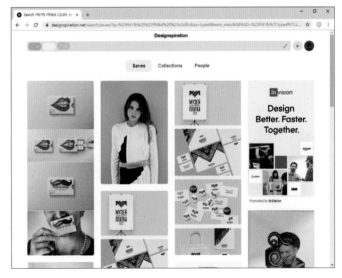

어도비의 컬러 CC 사이트(color.adobe.com)에서 마음에 드는 배색을 저장합니다. 사이트를 캡처하여 이미지 파일로 저장할 수 있고, 포토샵의 메뉴를 실행하여 Swatches 패널에 추가할 수 있으며, HEX 코드를 입력할 수도 있습니다.

배색 이미지 파일 저장하기 – PPT에 추가할 때

① 키보드에서 [Print Screen]을 눌러 화면을 캡처합니다. 이때 캡처 프로그램을 이용해도 좋습니다.

② 포토샵을 실행하고 메뉴에서 〔File〕 → New([Ctrl]+[N])를 실행하여 새 문서를 만든 다음 [Ctrl]+[V] 를 눌러 붙여 넣습니다.

③ Tools 패널에서 자르기 도구(Crop Tool)를 선택해 작업에 필요한 부분을 드래그하여 선택하고 [Enter]를 눌러 자릅니다.

④ Tools 패널에서 가로쓰기 문자 도구를 선택한 다음 캔버스를 클릭하고 'Main Color', 'Point Color', 'X(쓰지 않을 색상)'를 입력합니다.

⑤ 메뉴에서 〔File〕 → Save for Web을 실행한 다음 gif, png 파일 포맷으로 저장합니다.

⑥ Tools 패널에서 스포이트 도구를 선택한 다음 추출하고 싶은 색상을 클릭합니다. 전경색이 지정 되면 Swatches 패널에서 여백을 클릭하여 색상을 추가합니다.

⑦ Color Picker 패널에서 색상 값(예 : #ff0000)을 확인합니다.

배색 파일(ASE) 다운로드하기 – 디자인할 때

① 'ASE 다운로드'를 클릭해 파일(예 : cherry blossom.ase)을 다운로드합니다. 이때 파일을 다운로 드하기 위해서는 로그인해야 합니다.

② 포토샵 메뉴에서 〔File〕 → Open([Ctrl]+[O])을 실행하고 다운로드한 파일을 선택하여 불러옵니다.

③ Swatches 패널을 표시한 다음 추가된 색상을 확인합니다.

포토샵 확장 메뉴 이용하기 – 디자인할 때

① 포토샵 메뉴에서 〔Window〕 → Extensions → Adobe Color Themes 를 실행하여 Adobe Color Themes 패널을 표시합니다.

② Adobe Color Themes 패널의 [Explorer] 탭에서 'blossom'을 입력한 다음 원하는 배색을 검색합니다.

③ 패널 메뉴(⋯)를 클릭한 다음 'Add to Swatches'를 선택합니다. Swatches 패널을 표시한 다음 추가된 색상을 확인합니다. 이때 색상을 더블클릭해도 Swatches 패널에 추출됩니다.

HEX 코드 이용하기 – 직접 색상 값을 입력할 때

① 선택한 색상에 마우스 포인터를 위치시킨 다음 말풍선이 표시되면 색상의 HEX 코드를 외우거나 메모합니다. (예 : #F24968)

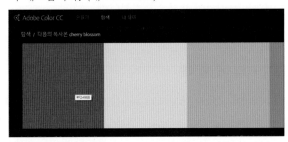

② 포토샵에서 Tools 패널의 전경색을 클릭합니다. Color Picker 대화상자가 표시되면 #(HEX 코드) 입력란에 'F24968'을 입력하고 〈OK〉 버튼을 클릭합니다. 전경색이 변경됩니다.

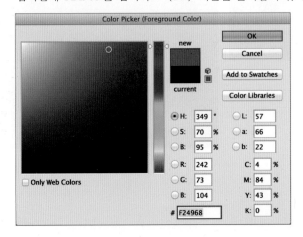

3

비주얼 스토리텔링의 힘

이야기가 재미있는 웹툰, 영화나 SNS의 짧은 글귀와 사진, 짧은 동영상 등은 인기가 좋습니다. 재미있는 이야기에는 어떤 조건이 있을까요? 그 조건을 디자인에도 적용해 흥미진진하게 만들어 봅니다.

먼저 보이는 것(비주얼; Visual)과 읽는 것(스토리; Story)의 구성 요소를 살펴보겠습니다. '이야기' 속에는 기본적으로 무대 위의 등장인물이 있고 배역이 주어집니다. 그리고 주인공의 이야기인 내러티브가 펼쳐지지요.

이번에는 디자인 관점에서 바라보겠습니다. 일반적으로 정보만 전달하는 웹 사이트와 다르게 '쇼핑몰'은 긴장감이 팽팽한 무대(전체 레이아웃)와도 같습니다. 화면의 모듈마다 등장인물을 배치(모듈 레이아웃)하고, 콘텐츠에 배역(강–약–중간–약)을 만들어 화면에 리듬감을 부여합니다. 그리고 메타포를 표현하는 이야기가 얹힙니다.

▲ 보이는 것과 읽는 것의 구성 요소 비교

1 흥미로운 이야기의 조건과 디자인

보는 사람의 흥미를 일으키고 이야기에 빠져들게 하는 데는 어떤 조건이 있을까요? 단순히 시간의 흐름에 따라 풀이된 이야기는 흥미를 끌지 못합니다. 지루하기 짝이 없지요. 이야기는 곧 주인공의 여정이며 주인공의 삶에서 깨진 균형을 다시 찾아가는 과정입니다. 이야기에 한결 몰입하게 하는 흥미진진한 이야기의 조건을 살펴보겠습니다.

> **⋮ 흥미진진한 이야기의 조건 ⋮**
>
> 1. 주인공의 비극을 통해 공감대를 형성합니다.
> 2. 적대자를 명확하게 설정하여 강력한 적대자와의 극적인 갈등을 만듭니다.
> 3. 어떤 조력자를 통해 극복하였는지 생생하게 전달합니다.
> 4. 반전이 가져다주는 묘미를 전달합니다.
> 5. 관객은 알고, 주인공은 모르는 아이러니한 상황으로 재미를 부여합니다.
> 6. 이러한 결말에 의미를 부여해 관객이 고개를 끄덕일 수 있도록 공감하게 합니다.
> 7. 복선을 활용해 탄탄하게 구성된 이야기에 관객은 재미를 느낍니다.

다시 디자인으로 돌아와 비교해 봅니다. 주인공(고객)을 비극(문제 상황)으로 몰고 가는 적대자(상품이 필요한 곳)가 있습니다. 주인공의 문제 해결(쇼핑몰)을 도와줄 조력자(상품)가 등장합니다. 관객은 알지만 주인공은 조력자를 못 알아보는 아이러니한 상황(후기와 지인 추천을 통한 암시)이 있습니다.

주인공이 스스로 알아차릴 때까지 기다려야 하는 조력자는 '난 당신의 천사'라는 것을 알리기 위해(메타포) 온갖 단장(디자인)을 하고 기다립니다. 결국 고객은 조력자를 알아보고 함께 적대자와의 갈등을 기적적으로 풀어내는 흥미진진한 이야기가 펼쳐집니다.

이 이야기가 대서사시, 최장의 장편소설을 이룬다면 사업은 성공적입니다. 쇼핑몰의 주인공은 '고객'입니다. '상품'이 아니에요. 상품의 이야기만 하는 것이 아니라 고객의 입장에서 이야기를 설정하고 전개하는 것이 바로 '비주얼 스토리텔링의 힘'이라고 할 수 있습니다.

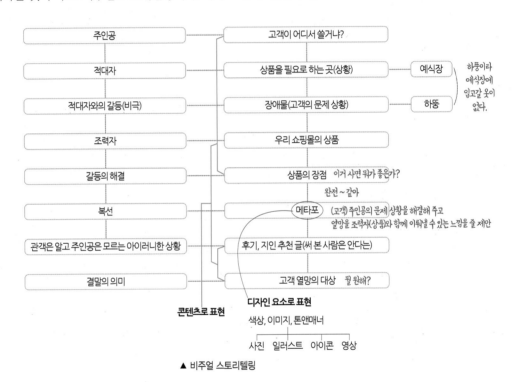

▲ 비주얼 스토리텔링

스토리텔링을 마케팅에 적용한 대표적인 이야기를 살펴보겠습니다.

> 사과 산지로 유명한 일본 아오모리현에 1991년 큰 태풍이 불었습니다. 사과 농사를 크게 망치고 평년 대비 사과 생산량 은 1/3도 채 되지 않아 망연자실하던 상황에서도 한 농부는 떨어진 사과가 아닌 떨어지지 않고 나무에 붙어 있는 10% 의 사과에 눈길을 돌렸습니다.
>
> 거센 태풍에도 견디어 나무에 붙어 있던 사과들을 수확해 '떨어지지 않는 합격 사과'라는 이름을 붙여 팔았습니다. 10 배나 높은 가격임에도 불구하고 사과는 불티나게 팔려 나갔고 태풍으로 농사를 망쳤음에도 불구하고 3배나 많은 소득 을 올렸습니다.

▲ 스토리텔링을 이용한 마케팅 사례

이 이야기 속에서 고객이 진짜 얻은 것은 무엇일까요? 고객은 사과라는 상품을 구매했지만 '강풍에도 떨어지지 않는 합격 사과'라는 스토리를 얻었습니다. 일반 사과보다 10배나 높은 가격임에도 불구하고 비바람에 상처 입고 맛도 떨어지는 사과를 구매한 이유는 바로 '합격'이라는 스토리를 가지고 있었기 때문입니다. 합격 사과가 있다고 입시 경쟁에서 '합격'을 '보장'하지는 않지만 합격 스토리가 있는 사과 를 선물하면 기분이 좋아집니다.

즉, 고객이 손에 들고 있는 원피스는 평범한 원피스가 아닙니다. 고객은 '예식장에서 우아하고 날씬하 게 보이기'를 바라며, 원피스는 그 욕망을 이루어줄 매개체인 것입니다.

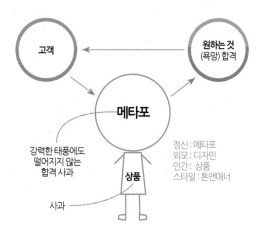

고객은 원하는 것을 바로 얻지 못하고, 상품이 어떤 욕구를 채워줄지 모릅니다. 그 상품을 단번에 알 아보기는 더욱이 쉽지 않습니다. 그래서 '당신이 원하는 상품은 바로 여기 있다!'라고 말하는 상품을 외면하기 십상입니다. 결국 메타포를 통해 '당신이 원하는 ○○을 얻게 해주겠습니다!'라고 외쳐야 합 니다. 상품을 통해 극적으로 '원하는 것'을 얻게 된 고객은 갈증을 해소하고 만족감에 가득 찹니다. 이 처럼 고객이 상품을 구매하는 이유는 '갈증을 해소하기 위해서'라는 것을 꼭 기억해야 합니다.

시선을 사로잡는 레이아웃

콘텐츠마다 상대적인 중요도가 있어 이에 따라 콘텐츠를 분류하고 배치하여 리듬감을 부여합니다. 색상과 굵기 등으로 글자의 중요성을 표현하듯이 콘텐츠가 배치되는 영역의 크기를 계획하여 콘텐츠의 중요성을 표현해 보겠습니다.

가족을 위한 상차림 과정은 디자인을 위한 레이아웃 구성과도 흡사합니다. 저녁 상을 차리는 것처럼 읽기 쉽고 빠르게 정보를 전달하고자 글과 사진을 적절하게 배치하는 것이 바로 레이아웃입니다.

1 레이아웃과 그리드 시스템 ● ● ●

쇼핑몰의 전체적인 큰 틀부터 스케치(기본 요소)하고 세부적으로 꾸미기(꾸밈 요소)를 합니다. 콘텐츠를 배치할 때는 위에서부터 순차적으로 배치하지 않습니다. 무엇보다 가장 중요한 요소는 '내용'입니다. 중요도에 따라 내용을 나누고 나서 가장 중요한 콘텐츠를 배치합니다.

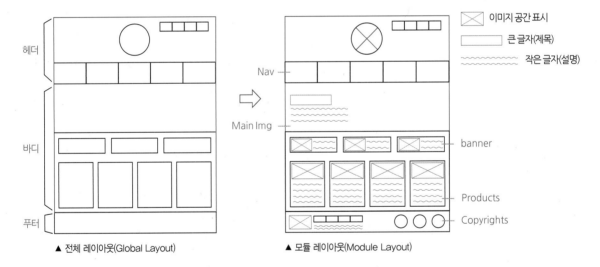

▲ 전체 레이아웃(Global Layout)　　　▲ 모듈 레이아웃(Module Layout)

모든 그리드는 질서를 부여하기 위한 것으로 정확한 계산이 필요합니다. 다단 그리드(1단, 2단, 3단 등)는 웹 사이트처럼 광범위한 정보를 동시에 처리하는 데 사용하고, 계층 그리드는 화면을 가로로 나눈 후 정보의 덩어리를 수평으로 정렬합니다. 상품 상세페이지에서 대표적으로 사용하는 방법으로, 나눠진 영역을 '모듈'이라고 하며 각각의 모듈에는 글과 이미지, 영상을 함께 배치합니다.

▲ 다단 그리드

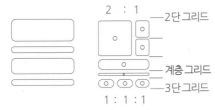

▲ 계층 그리드   ▲ ○ 각각을 '모듈'이라고 함

12단 그리드

많은 콘텐츠를 하나의 페이지에서 소화해야 하는 웹 사이트는 계층 그리드 구조 안에서 단을 다양하게 나눕니다. 어떤 계층에서는 2단 그리드로 나누고, 어떤 계층에서는 3단 그리드로 나눕니다. 여러 개의 계층이 모여 통일성을 이루기 위해서는 포괄하는 그리드가 필요합니다. 마법의 숫자 12는 2, 3, 4, 6으로 나뉘는 숫자입니다. 미리 12단[4] 그리드로 나누고 레이아웃을 만들면 복잡했던 화면이 놀랍게도 깔끔하게 정리됩니다.

자유로운 화면 구성의 콘셉트에도 그리드를 적용할 수 있습니다. 그리드는 자유롭게 흩어져 있는 레이아웃에서도 화면을 시각적으로 정리하고 일관성을 만듭니다.

▲ 자유로운 화면 구성의 그리드(출처 – http://blackestate.co.nz)

---

[4] 초기 인터넷 사용자들이 어떻게 하면 화면에서 복잡한 정보들을 잘 보여줄까에 관한 연구를 진행하여 보편적으로 '960 그리드 시스템 (http://960.gs)'을 사용합니다. 12컬럼, 16컬럼, 24컬럼 등이 있으며 자료 파일(인쇄용 도안, 포토샵, CSS 등)을 제공합니다.

기본 요소	**❶ 전체 레이아웃(Global Layout)** • 콘텐츠 배치 순서 • 모듈의 크기 노출 영역 설정
	❷ 모듈 레이아웃(Module Layout) • 제목, 소제목, 설명+이미지의 구성
꾸밈 요소	**❸ 화면의 리듬감(Rhythm)** • 강–약–중간–약 • 크기, 굵기, 색상(메인 컬러, 포인트 컬러)+여백 • 포지티브 – 네거티브 법
	❹ 메타포(Metaphor) 표현 • 이미지(사진, 일러스트, 아이콘, 영상) • 메인 컬러 • 톤앤매너

▲ 레이아웃 그리는 순서

2 전체 레이아웃과 모듈 레이아웃　　　　　　　　• • •

레이아웃 작성은 '땅따먹기' 게임과도 같습니다. 여기서는 전체 레이아웃을 구성하는 헤더(Header)와 바디(Body), 푸터(Footer) 영역에 대해 알아보겠습니다.

헤더(Header) 영역

우두머리 역할을 하며, 브랜드 로고와 주요 내비게이션, 유틸리티(회원가입, 로그인, 마이페이지 버튼 등)를 명당자리에 배치합니다. 화면에서 시선의 흐름은 위에서 아래로, 왼쪽 위에서 오른쪽 아래로 이동하기 때문에 먼저 시선이 머무는 곳인 위쪽에 중요한 콘텐츠를 배치합니다. 헤더 영역 디자인은 곧 '바디(Body) 영역' 디자인에 가장 큰 영향을 줍니다.

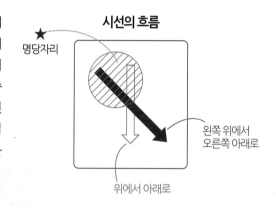

시선의 흐름

★ 명당자리

왼쪽 위에서 오른쪽 아래로

위에서 아래로

바디(Body) 영역

'전달하고 싶은 내용'을 배치하는 사연 많은 영역으로 가장 넓은 영역을 가집니다. 그럴 수밖에 없는 이유가 HTML에서도 높이 값(Height)을 정하지 않는 곳이기도 합니다.

메인 페이지에서 바디 영역은 상품 중에서도 '잘 나가는 상품군'을 멋지게 진열해야 하는 매대 역할을 하고 상품만으로는 알려줄 수 없는 쇼핑몰의 대표 이미지와 이벤트 내용을 '메인 이미지 영역'과 '배너 영역'을 통해 알려주기도 합니다. 주요 공지사항도 알리고 쇼핑몰 이용 안내도 하는 한마디로 고객과 소통하는 곳입니다.

푸터(Footer) 영역

쇼핑몰을 마무리하는 영역으로 쇼핑몰 운영의 법적 준수사항과 저작권, 이용 안내에 관한 기본 정보가 들어갑니다.

∷ 쇼핑몰 법적 준수사항 ∷

1. 쇼핑몰 푸터에 기재한 정보와 통신판매업 신고 내용은 일치해야 합니다.
2. 통신판매 사업자 정보는 링크를 통해 사업자 정보 공개 페이지로 연결해야 합니다.
   (공정거래위원회 통신판매사업자 정보 공개 – http://www.ftc.go.kr/www/bizCommList.do?key=232)
3. 쇼핑몰 초기 화면에 보여야 하는 9가지 정보는 다음과 같습니다.

번호	항목	작성 예
1	통신판매업등록번호	통신판매업신고 : 2019-서울구로-1234
2	사업자등록번호	사업자등록번호 : 321-12-45678
3	대표자 성명	신상점
4	주소	서울특별시 구로구 디지털로 11길 14
5	이메일	help@ssamsin.com
6	연락처	0507-4321-1114
7	상호명	신블리
8	이용약관	이용약관(별도 링크)
9	호스팅 제공업체	호스팅 제공 : 네이버㈜

4. 구매안전서비스는 의무적으로 사용하고, 사용 사실을 쇼핑몰 초기 화면과 결제 단계에 모두 표시해야 합니다.
5. 청약 철회 기한은 7일을 준수해야 합니다. 쇼핑몰과 같은 전자상거래 판매의 경우에는 7일 이내 단순 변심으로 인한 청약 철회를 제한해서는 안 됩니다.
6. 결제 단계로 넘어가기 전 '제품 내용, 종류, 가격, 용역 제공 기간의 확인'과 '구매 의사에 대한 동의'를 받아 소비자의 구매 의사(청약 의사)를 한 번 더 재확인해야 합니다.
7. 주민등록번호는 어떤 상황에서도 수집 및 활용되어서는 안 됩니다.
8. 1년 이상 서비스 이용 기록이 없는 고객의 개인정보는 반드시 삭제하거나 분리 보관해야 합니다. 분리 보관 시에는 꼭 30일 전 사전 안내도 함께 진행해야 합니다.
9. SMS 또는 이메일로 광고성 정보를 보낼 때는 준수사항을 지켜야 합니다.
   • 명시적인 사전 동의를 받은 수신자에게만 영리 목적의 광고성 정보 전송 가능
   • 제목이 시작되는 부분에 '(광고)' 표시
   • 본문 내 전송자의 명칭 및 메일 주소, 전화번호, 주소 등의 연락처 표시
   • 수신자가 무료 거부를 쉽게 할 수 있도록 안내문 명시(수신 거부 X, 무료 거부 O)
   • 안내문은 한글 및 영문으로 명시
   • 야간 광고(21시부터 다음날 8시) 전송 시 별도의 수신 동의 필요(이메일 제외)
   • 수신 동의 및 수신 거부 시 처리 결과의 통지
   • 2년마다 수신 동의 여부 재확인

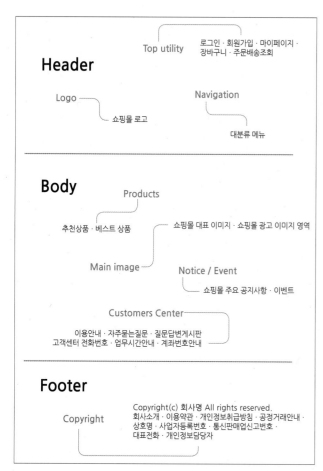

▲ 구성 콘텐츠 예

상세페이지 스토리텔링

| 1. 호기심 자극 | 오프닝 토크 |
| | 제목 + 대표 사진 |

| 2. 제품의 상세 이해 | 상세 스펙 |

| 3. 활용 제안 | 응용 사진 |

4. 고객 발목 붙잡기	장점 제안
	이벤트
	후기 지인 추천

| 5. 분란 소지 미리 막기 | 상품 정보 |
| | 제공 고시 |

▲ 상품 상세페이지 스토리보드의 예

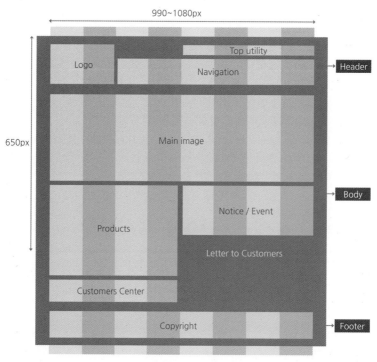

▲ 전체 레이아웃 구성의 예

콘텐츠마다 상대적인 중요도가 있어 이에 따라 콘텐츠를 분류하고 배치하여 리듬감을 부여합니다. 물론 내비게이션도 중요하지만 브랜드 아이덴티티를 알리는 것이 더 중요하기 때문에 로고 영역을 넓고 크게 배치합니다. 상대적으로 덜 중요한 로그인, 회원가입 유틸리티 영역은 좁고 작게 배치합니다. 어떤 사람은 메뉴가 왼쪽에 있는 것이 편리하다고 하고, 어떤 사람은 오른쪽에 있는 것이 보기 좋다고 말합니다. 결국 쇼핑몰 레이아웃은 심미성(보기 좋게)과 기능성(사용 편리) 사이의 적절한 조화가 필요합니다.

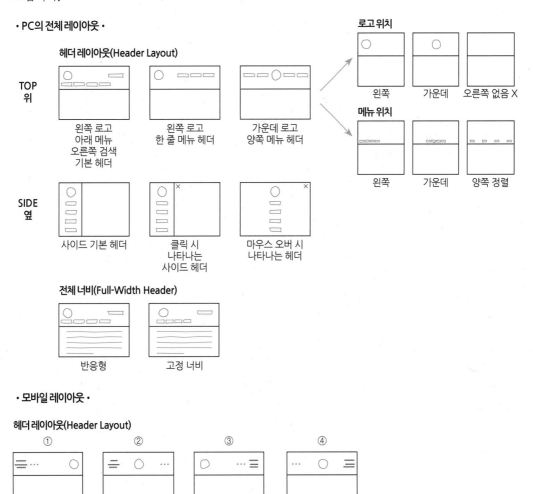

• PC의 전체 레이아웃 •

헤더 레이아웃(Header Layout)

TOP 위

- 왼쪽 로고 아래 메뉴 오른쪽 검색 기본 헤더
- 왼쪽 로고 한 줄 메뉴 헤더
- 가운데 로고 양쪽 메뉴 헤더

로고 위치
- 왼쪽
- 가운데
- 오른쪽 없음 X

메뉴 위치
- 왼쪽
- 가운데
- 양쪽 정렬

SIDE 옆

- 사이드 기본 헤더
- 클릭 시 나타나는 사이드 헤더
- 마우스 오버 시 나타나는 헤더

전체 너비(Full-Width Header)

- 반응형
- 고정 너비

• 모바일 레이아웃 •

헤더 레이아웃(Header Layout)

① 왼쪽 햄버거 메뉴 + 오른쪽 로고
② 왼쪽 햄버거 메뉴 + 가운데 로고
③ 오른쪽 햄버거 메뉴 + 왼쪽 로고
④ 오른쪽 햄버거 메뉴 + 가운데 로고

Tip

햄버거 메뉴는 세 개의 선이 겹친 모양이 햄버거 같다고 해서 부릅니다.

45

모듈 레이아웃(Module Layout)

제목과 소제목, 설명 그리고 이미지를 어떤 레이아웃으로 구성할 것인지 계획하는 단계입니다. 글자만 나열할 수도 있지만 글자에 제목이나 소제목을 달면 콘텐츠를 읽기가 한결 수월해집니다. 여기에 콘텐츠를 설명하는 이미지를 곁들이면 더욱 맛깔나게 읽을 수 있습니다. 그러나 모든 콘텐츠에 제목과 설명 이미지를 추가하면 너무 복잡해지므로 얼마나 자세하고 생동감 있게 디자인할 것이냐는 반복되는 이야기지만 '콘텐츠의 중요도'에 따라 좌우됩니다.

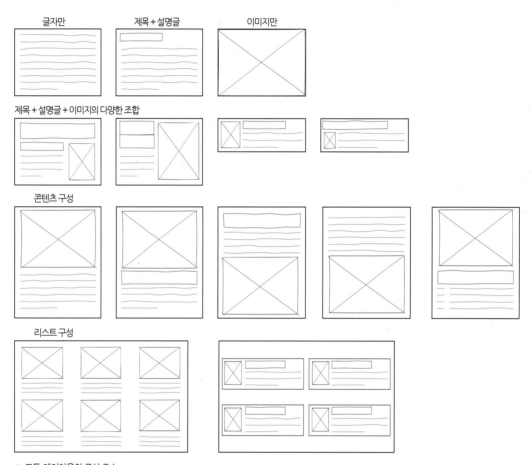

▲ 모듈 레이아웃의 구성 요소

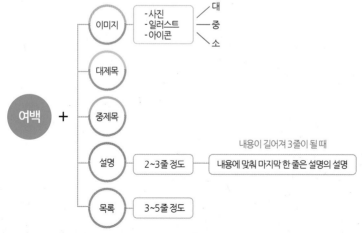

▲ 모듈 레이아웃의 종류

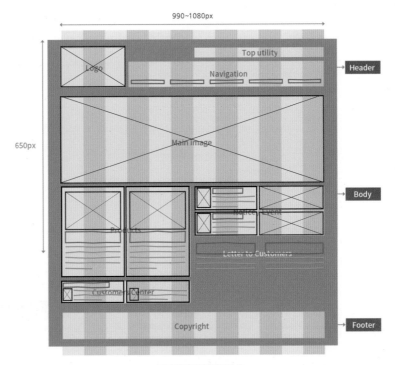

▲ 모듈 레이아웃의 구성 예

화면의 리듬감

화면에 '리듬감'을 부여한다는 것은 강조하는 디자인과 약한 디자인을 조화롭게 구성하는 것을 말합니다. '강-약-중간-약'으로 디자인의 강도를 조절하며 리듬감을 부여하면 고객에게 호감을 불러일으키고 시선을 매끄럽게 유도하여 화면에 좀 더 주의를 기울이게 합니다. 우선 시각 요소를 반복 사용하여 전체적인 통일감을 줍니다. 또 자연스럽게 변화를 적용한 시각적인 흐름은 경쾌한 리듬감을 줍니다.

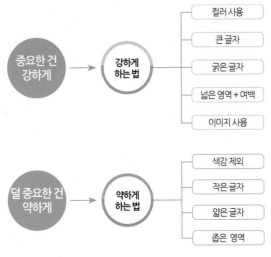

▲ 강약 디자인 과정

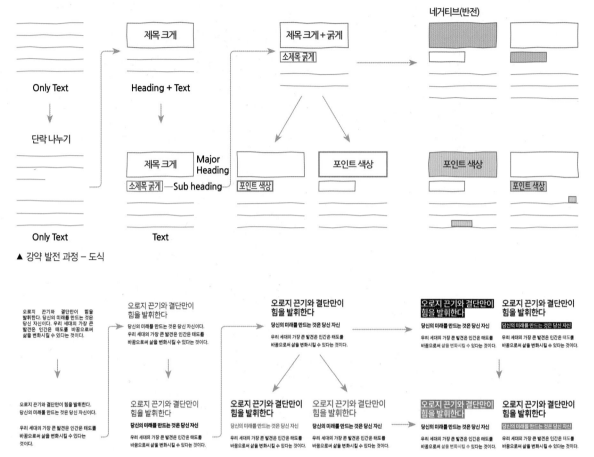

▲ 강약 발전 과정 – 도식

▲ 강약 발전 과정 – 문자 디자인

여백의 표현

화면의 리듬감은 모듈의 넓이, 글자 크기와 굵기, 글자 색상과 배경 색상의 조화로 이루어집니다. 설명 중에 하나 빠진 게 있습니다.

단락을 나누기 위해 사용한 것은 무엇일까요? 제목과 본문을 구분하기 위해, 문장의 행과 행 사이를 떨어뜨려 읽기 좋게 하려고 무얼 사용했을까요?

바로 '여백'입니다. '여백의 미'처럼 종이 캔버스에 큰 붓으로 하나의 점을 찍어 놓고 수천만 원을 호가하는 작품에는 점의 '모양'도 중요하지만 얼마나 환상적으로 점의 위치를 잡았는지가 바로 예술인 겁니다. 점이 찍힌 '위치' 주변에는 점을 최고로 돋보이게 해줄 '환상적인 여백'이 있고 여백의 배율과 크기로 인해 주인공인 점이 더욱 빛을 발할 수 있습니다.

여백에 공들이기

학생들의 디자인을 검토하면서 3분 정도의 시간을 들여 손보고 나면 깔끔한 디자인이 새롭게 탄생합니다. 이때 가장 먼저 확인하는 절차는 '여백'의 정도를 확인하고 디자인에 공기의 흐름을 만드는 것입니다. 여백에 적절한 흐름을 만들어 숨통을 틔우면(반대로 여백의 흐름을 좁혀야 하는 경우도 있지요.) 디자인이 한층 새로워집니다.

여백을 강조하는 이유

여백이라는 붓은 쉽게 사용할 수 없어 익숙해지려면 시간이 필요합니다. 그러나 잊지 마세요! 아트웍을 디자인할 때 어떤 요소에서도 여백을 고려하지 않은 곳은 없답니다. 바둑판에 바둑알을 하나 내려놓으면서 주변의 정세를 읽는 것과 같은 이치입니다.

메타포 표현

우리의 고객님은 결혼식에 입고 갈 날씬하고 예뻐 보이는 옷을 찾고 있었습니다. 페르소나를 분석해보니 친구들과 어울리는 것을 좋아하면서도 차분한 성격을 보고 이 고객이 느끼는 '예쁘다'는 튀지 않으면서도 자신의 매력을 은근히 보여줄 수 있는 순수한 느낌으로 파악되었습니다.

그녀가 원하는 스타일은 한마디로 말해 '청순 그 자체'로 규명하고 형용사 이미지 스케일에 대입해보니 1사 분면의 B영역 '채도가 낮고=창백하고, 명도가 높은=밝은' 파스텔 계열의 색상으로 표현하기로 했습니다. 컬러리스트들의 제안도 한껏 받아들여 메인 컬러와 포인트 컬러를 선정했지요. 디자인 초보자는 가능하면 색을 최소한으로 사용하고 필요할 때마다 조심스럽게 서브 컬러를 하나씩 추가하기로 했습니다. 그 후에는 레이아웃을 잡았습니다. 쇼핑몰의 모든 페이지에서 공통으로 사용할 로고, 메뉴, 본문, 푸터가 들어갈 전체 레이아웃을 잡고 본문에 배치된 모듈 레이아웃의 리듬감도 모노톤으로 표현하며 계획을 세웠습니다.

우리가 결정한 메타포는 '복숭앗빛 모태 청순'이었습니다. 탱글탱글 보드라운 복숭아 느낌이 청순한 매력을 표현하기에 딱!입니다. 그렇다면 디자인으로 어떻게 표현할 수 있을까요?

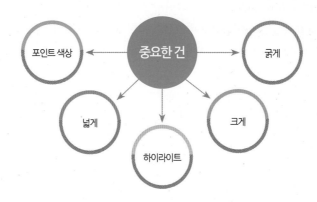

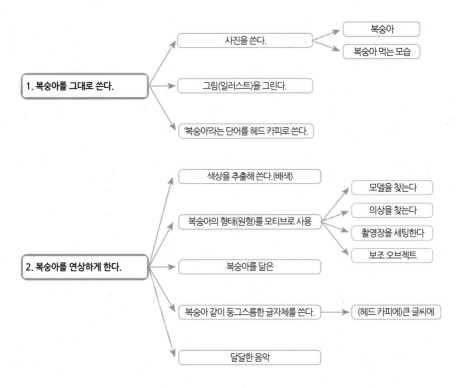

이 요소들은 전부 한 화면에 적용하지 않습니다. 메타포는 소금과도 같은 양념이므로 과하지 않게 간을 딱 맞춰 디자인해야 합니다. 메타포를 담은 디자인을 최종으로 멋지게 적용합니다.

산책하면서 영감을 얻어 단숨에 떠올려야 하는 부분은 '메타포'를 찾는 것이고, 책상에 진득하게 앉아 충분히 시간을 투자해야 하는 것은 '브레인스토밍'과 '자료 찾기'입니다. 여기서 주의해야 할 점은 자료를 찾고 디자인할 때 '어떻게 만들었는지 경쟁업체를 들여다보지 말 것!'입니다. 동종업계 분석은 판도라의 상자와도 같아서 한 번 열어본 후 생긴 고정관념은 창조적인 작업을 하는 데 방해가 되므로 유의합니다.

자료를 찾을 때부터 저작권에 유의하면서 검색하는 게 좋습니다. 진짜 무료인지 깜짝 놀랄 정도로 수준 높은 CC0 등급(CC Zero)[5]의 라이선스 이미지가 많은 사이트를 소개합니다. 저작권을 보호받는 자료도 많이 있으니 이미지 사용 전에는 꼭 라이선스를 확인하고 사용하기 바랍니다.

• 무료 이미지 사이트
픽사베이(pixabay.com)
그래티소그래피(gratisography.com)
아임크리에이터(imcreator.com/free)
펙셀스(pexels.com)

• 픽토그램 / 아이콘
thenounproject.com
flaticon.com

---

[5] 저작권이 소멸된 저작물로, 저작권 보호 기간이 지났거나 만료된 저작물 또는 저작권자가 저작권을 포기한 저작물을 말합니다.

5 디자인 트렌드를 통한 차별화

레이아웃에 이미지와 콘텐츠를 얹혀 어느 정도 디자인 윤곽이 나왔습니다. 이제 경쟁업체를 분석하고 디자인을 업그레이드하는 '진짜' 디자인 단계에 들어갑니다.

보통 디자인하거나 문서를 작업할 때 가장 먼저 시장조사를 합니다. 그리고 나서 동종업계의 '누구처럼 만들어야겠다'라든지, '이것보다 잘 만들면 되겠네'라고 생각하지요. 디자인은 보이는 부분이기 때문에 동종(경쟁)업계의 시장조사를 먼저 하는 방식으로 접근하면 따라 하기밖에 안 되거나 넘어설 수 없는 보통의 수준이 되고 맙니다. 디자이너에게 의뢰할 때에도 참고 사이트를 동종업계로 두어서는 안 됩니다.

먼저 콘셉트를 정하고 디자인한 후 동종업계를 들여다봐야 합니다. 혹시 먼저 조사한다고 해도 인사이트를 얻으려 하지 말고 비판적인 시각으로 바라보세요. '이래서 문제가 있으니 이건 이렇게 하면 안 되겠어!'라면서 반면교사로 배울 점만 찾습니다.

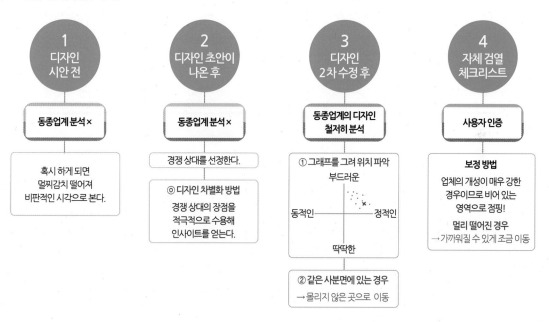

디자인 초안이 나오면 이제 2단계로 들어가 자료조사를 합니다. 동종업계를 분석하는 것이 아니라 경쟁상대를 현명하게 선정합니다.

나이키의 경쟁상대는 어디일까요? 나이키는 흔히 예상하는 아디다스가 아닌 닌텐도라고 선언했습니다. 반전이지요? 사업의 본질을 두고 볼 때 맥도날드의 경쟁상대는 버거킹이 아니라 피자헛이 됩니다. 카페가 '커피를 파는 곳이냐, 공간을 파는 곳이냐'라는 질문에 답한다면 스타벅스의 경쟁상대는 어디라고 하면 좋을지 답을 찾아갈 수 있습니다. 결국 매출을 하락시키는 곳이 어디인가를 생각해보면 좋습니다.

즉, 동종업계를 분석하는 것이 아니라 경쟁상대를 현명하게 선정해 마케팅 전략부터 디자인까지 참고해서 인사이트를 얻는 것이 디자인을 차별화하는 방법입니다.

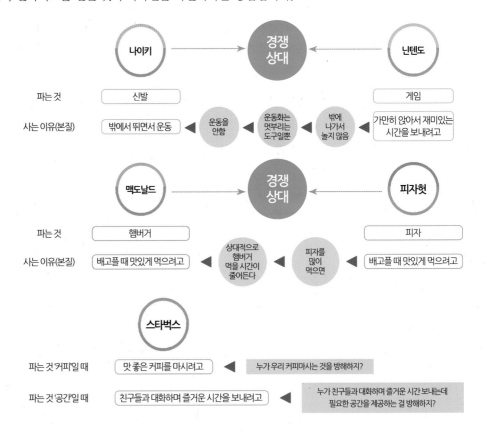

경쟁상대보다 부족하지도, 넘치지도 않게

먼저 경쟁상대를 선정하고 그들의 장점을 살펴야 합니다. 그리고 배우고 이길 수 있을 정도로 콘셉트를 성장시켜야 해요. 디자인은 마케팅 전술을 시각적으로 표현하는 것이기 때문에 전략도 함께 수립된다면 시너지가 더욱 발휘됩니다.

인사이트를 얻되 과하지 않도록 주의해야 해요. 업종이 변경될 정도의 전략을 세워서는 곤란해집니다. 디자인도 산으로 가지 않도록 신중해야 합니다.

동종업계를 분석할 때는 디자인 스타일이 정적인지 동적인지, 부드러운지 딱딱한지, 색감이 어떤지를 따져 그래프에 표시합니다.

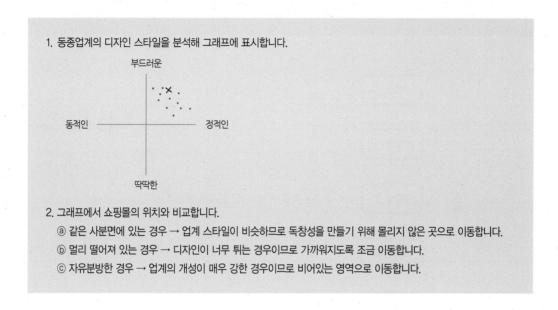

1. 동종업계의 디자인 스타일을 분석해 그래프에 표시합니다.

2. 그래프에서 쇼핑몰의 위치와 비교합니다.
    ⓐ 같은 사분면에 있는 경우 → 업계 스타일이 비슷하므로 독창성을 만들기 위해 몰리지 않은 곳으로 이동합니다.
    ⓑ 멀리 떨어져 있는 경우 → 디자인이 너무 튀는 경우이므로 가까워지도록 조금 이동합니다.
    ⓒ 자유분방한 경우 → 업계의 개성이 매우 강한 경우이므로 비어있는 영역으로 이동합니다.

이제 디자인 보정의 목표지점이 생겼습니다. 포토샵의 Layers 패널에서 보정 레이어(Adjustment Layer)를 이용하여 보정합니다.

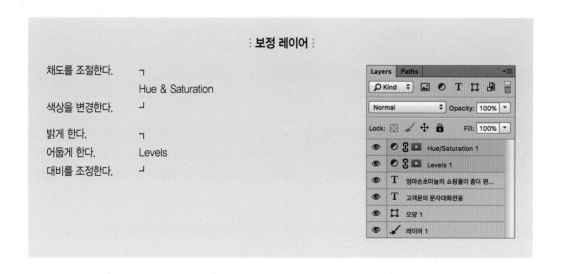

: 보정 레이어 :

전체적으로 새로 만드는 것이 아니라 느낌을 보정하는 것은 간단합니다. 전면 교체해야 할 정도로 극한 상황이 아니라면 채도, 명도, 색상 변환으로 변화를 줄 수 있습니다. 어떤 경우에는 간단히 포인트만 살려도 되기 때문에 목표 지점을 어떻게 잡느냐는 신의 한 수를 두도록 합니다.

6

그래서 하고 싶은 말은 무엇인가? - 설문조사

이제 거의 마지막 단계에 이르렀습니다. 주변에 설문조사를 하여 굳이 설명하지 않아도 한눈에 보고 답할 수 있는지 물어봅니다.

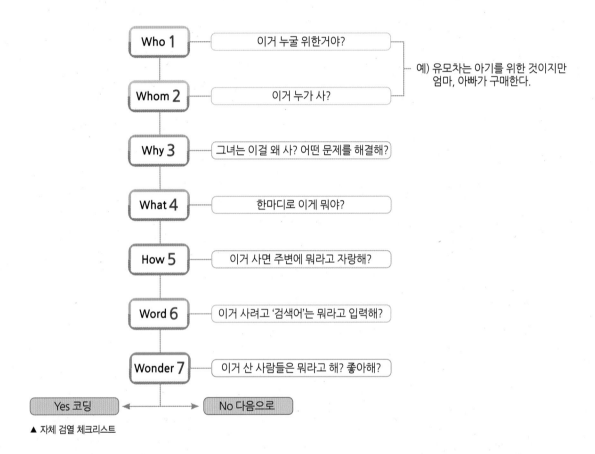

▲ 자체 검열 체크리스트

디자인은 결국 전술이며 전략을 한눈에 알아볼 수 있으면 잘된 것입니다. 색감과 비율, 여백을 논하는 것은 내부에서 제작할 때 확인할 사항이고 이들의 조화가 이루어져야 자체 검열 체크리스트에 제대로 대답할 수 있습니다. 좋은 디자인은 잘 팔리는 쇼핑몰로 답합니다. 사람들을 끌어들이고 사람들이 움직이는 모습이 보이지요. 디자인을 위한 디자인은 디자인 회사에서 할 일입니다.

위의 자체 검열 체크리스트에서 한눈에 보고 답할 수 있다면 쇼핑몰 오픈을 위한 준비가 되었다고 할 수 있습니다. 충분히 표현했다고 생각하는데 주변에서 한눈에 알아볼 수 없다고 한다면 다음 섹션으로 넘어가 살펴봅니다.

7 쇼핑몰 콘텐츠는 무조건 읽기 쉽게

디자인을 잘 살펴보고 수정하면서 내 눈에는 멋져 보여도 자체 검열 체크리스트에서 'No' 판정을 받았다면 처음부터 다시 디자인하는 것 보다는 이번 과정을 눈여겨보기 바랍니다.

모니터 화면의 글은 인쇄물보다 가독성이 15% 이상 떨어집니다. 쇼핑몰에서 고객에게 메시지가 전달되지 않는 이유는 주변에 유혹이 많기 때문이므로 어렵게 쓴 글도 쉽게 읽을 수 있도록 조치가 필요합니다. 읽기 쉽게 만드는 방법은 화면에 리듬감을 만드는 디자인 작업과 비슷하므로 모듈별로 세심하게 따져 신중하게 적용하기를 권합니다.

중요한 부분은 강조하기

자체 검열 체크리스트에 답할 수 있는 내용이 있는지 확인합니다. 내용상 중요한 부분은 글자를 크고 굵게 만들고, 영역을 넓게(여백도 충분하게) 확보합니다. 색상도 활용하여 강조합니다. 혹시 여기도 빨간색, 저기도 빨간색으로 강조하진 않았나요? 중요한 부분은 디자인적인 강조 외에 다시 한번 요약하여 보여주거나 이미지로 시각화하는 것도 방법입니다.

덜 중요한 부분은 약하게 하기

'강조하는 것' 주변에 덜 중요한 부분은 과감히 약하게 디자인해야 합니다. 글자를 작고 얇게 만들고, 영역도 좁게 만듭니다. 이때 무채색으로 약하게 만드는 것이 중요합니다.

무엇보다 중요하지 않은 콘텐츠는 삭제하는 것이 좋습니다. 강조도 과감하게 해야 하지만 약하게 하는 것도 과감한 용기가 필요합니다.

문장은 짧게 쓰기

단번에 알아볼 수 있을 정도로 쉬운 문장으로 만드세요. 특히 헤드 카피(Head Copy)는 어린이가 읽어도 이해할 수 있는 수준으로 낮춰서 짧게 쓰고, 용어도 쉽게 변경합니다.

단락 나누고 제목 달기

최대 3줄로 단락을 나눕니다. 쇼핑몰의 초기 화면(Index Page)은 뉴스나 블로그 콘텐츠처럼 작정하고 문서를 읽겠다고 다짐하는 콘텐츠가 아닙니다. 쇼핑몰 콘텐츠는 위에서부터 순서대로 읽지 않고 무의식적으로 눈길을 끄는 콘텐츠를 찾아 시선이 흐릅니다. 팔짱을 끼고 뒤로 기대어 앉아 '얼마나 좋은 물건인지 나를 설득시켜봐!'라고 하는 고객에게 3줄이 넘어가는 콘텐츠가 있다면 그 글은 읽지 않는다고 생각해도 좋습니다.

또 내용을 분류해서 제목으로 보냅니다. 제목만 읽어도 내용을 이해할 수 있도록 포괄해야 합니다. 고객은 더 자세한 정보를 얻고 싶을 때 내용을 읽기 때문에 한눈에 중요한 내용을 읽을 수 있도록 내용을 최대한 줄입니다.

PART

2

쇼핑몰 운영에 절대 빠질 수 없는 기본기인 편집하기 좋은 사진 촬영 노하우부터 쇼핑몰 운영에 꼭 필요한 포토샵의
왕초보 핵심 기능을 살펴보겠습니다.

쇼핑몰 운영에 꼭 필요한 포토샵 핵심 기능

상품을 돋보이는 촬영 기술

어떤 상품을 판매할 목적으로 촬영한다면 사진의 목적을 분명하게 하고 구매 여부를 판단하기 쉽도록 도와주는 '상품 사진' 촬영에 집중해야 합니다. 멋을 내기 위한 '이미지 컷'을 넘어 상품의 유익한 정보가 담긴 상품 사진 촬영에 대해 알아보겠습니다.

1 포토그래퍼처럼 스튜디오를 꾸미는 노하우 ● ● ●

구매에 도움을 주는 상품 사진 전문가들

- 포토그래퍼(Photographer) : 상품 사진 촬영과 편집
- 머천다이저(Merchandiser; MD) : 상품 기획 및 쇼핑 가이드 작성
- 카피라이터(Copywriter) : 메인 슬로건 제작
- 디자이너(Designer) : 쇼핑몰 콘텐츠 디자인
- 마케터(Marketer) : 상품의 상세 설명과 스펙 안내
- 커스터머(Customer) : 고객이 되어 상품 평가

이 모든 일을 매력적으로 소화하는 쇼핑몰 CEO는 쇼핑몰 관리에서부터 재무 관리, 회계, 생산/서비스, 마케팅, 인사 조직 관리까지 일당백을 합니다. 쇼핑몰 사업 규모가 커지면서 각각의 업무를 전문가에게 할당하기 전까지는 보통 혼자서 모든 역할을 담당해야 합니다.

상품 사진을 촬영하는 데는 사진에 관한 많은 지식이 모두 필요하지는 않습니다. 여기서는 포토그래퍼처럼 판매를 목적으로 하는 상품 사진 촬영에 관한 최소한의 지식과 더불어 카메라 액세서리에 관해 알아보겠습니다.

무엇보다 보기 쉽게 촬영하는 것이 가장 중요합니다. 어떤 상품을 판매할 목적으로 촬영한다면 일단 고객에게 상품 구매에 꼭 필요한 정보를 시각적으로 전달해야 합니다.

다양한 촬영 기법으로 멋지게 찍은 상품 사진을 '이미지 컷'이라고 합니다. 이러한 사진은 '상품 사진'과 구별되어야 하므로 촬영 전에 사진의 목적을 분명하게 하고 구매 여부를 판단하기 쉽도록 도와주는 '상품 사진' 촬영에 집중해야 합니다.

▲ 구매할 때 참고가 되는 상품 사진   ▲ 이미지 컷에 중점을 둔 사진

그리고 상품에 대한 애정이 듬뿍 담겨 있어야 합니다. 이때 고객 입장에서 보고 싶은 사진을 생각할 수 있습니다.

어떤 상품인지 '핵심'이 뚜렷하게 나타나야 합니다. 다시 말해 상품이 어떤 상황에 놓여 있을 때 진가를 발하는지 전달하는 사진이어야 합니다. 식품을 판매한다면 침이 넘어갈 정도로 먹음직스럽게 촬영해야 합니다. 가죽 점퍼라면 입었을 때 멋진 모습의 사진이 쇼핑몰에서 고객의 입장을 염두에 둔 사진입니다. 결국 상품 사진 촬영은 상품의 유익한 정보를 담으며 멋을 내기 위한 '이미지 컷'이 되지 않도록 기본에 충실해야 합니다.

▲ 핵심을 소개하지 않은 사진   ▲ 고객의 입장을 생각하고 세팅하여 촬영한 상품 사진

카메라의 이해

선호하는 쇼핑몰의 상품 사진들을 보다 보면 어떤 카메라로 촬영했는지 궁금해집니다. 예전에는 사진의 색감만 봐도 카메라 브랜드를 알 수 있었지요. 요즘은 색감 보정 기능(Picture Style; 픽처 스타일)으로 채도와 색감, 대비, 선명도를 조정할 수 있고, 포토샵 후보정에 따라 사진의 느낌이 확연하게 달라집니다. 카메라 브랜드의 고유한 특색보다는 후보정에서 더 많은 영향을 받기 때문에 쇼핑몰 사진 촬영에서는 촬영 세팅과 후보정에 유리한 카메라를 선택하는 것이 적합합니다.

디지털 카메라는 크게 DSLR 카메라, 하이엔드 카메라, 콤팩트 카메라, 미러리스 카메라로 나눌 수 있습니다.

	콤팩트 카메라	하이엔드 카메라	미러리스 카메라	DSLR 카메라
렌즈 교환 가능 여부	x		o	
액세서리 호환 여부	없다 ←－－－－－－－－－－－－－－－－－－→ 다양하다			
크기	작다 ←－－－－－－－－－－－－－－－－－－→ 크다			
사용 편의성	쉽다 ←－－－－－－－－－－－－－－－－－－→ 어렵다			

▲ 콤팩트 카메라　　　▲ 하이엔드 카메라　　　▲ 미러리스 카메라　　　▲ SLR 카메라

SLR 카메라

렌즈를 통해 들어오는 빛을 거울이나 프리즘으로 반사시켜 광학 파인더로 보여주는 방식의 수동 카메라입니다. 일반 디지털 카메라는 렌즈를 통해 들어오는 빛을 CCD나 CMOS로 읽은 후 액정표시장치(LCD)로 보여주는 방식이지만, SLR 카메라는 렌즈를 통해 들어오는 상과 눈으로 보이는 상이 같게 표현되므로 LCD처럼 전자화된 화면을 보는 것과 다릅니다.

콘셉트와 상황에 따라 렌즈를 교환할 수 있으며 표준, 망원, 광각, 접사, 줌 렌즈 등 다양한 렌즈를 사용할 수 있어 원하는 대로 자유롭게 촬영할 수 있습니다. 디지털(Digital) 방식의 SLR, 즉 우리가 잘 알고 있는 DSLR 카메라는 전문가뿐만 아니라 일반 사용자에게도 널리 사랑받고 있습니다.

상품 촬영에 적합한 보급형 DSLR 카메라 추천 기종

▲ 캐논 800D　　　▲ 니콘 D800　　　▲ 펜탁스 K-70

미러리스 카메라

DSLR 카메라에서 반사 거울과 프리즘을 없애 내부 공간을 줄여 카메라 외형을 작고 가볍게 만든 카메라입니다. 거울이 사라지면서 뷰파인더 대신 액정표시장치(LCD)를 통해 피사체의 상태를 확인하며 촬영할 수 있습니다. 얇고 가벼워 휴대성이 좋고 렌즈를 교환할 수 있어 상품 촬영에 추천할만하며 다양한 피사체에 대응할 수 있습니다.

상품 촬영에 적합한 미러리스 카메라 추천 기종

▲ 올림푸스 PEN E-PL8   ▲ 소니 α6000   ▲ 파나소닉 LUMIX GX7   ▲ 후지필름 X-A5

하이엔드 카메라

대부분의 수동 기능을 지원합니다. 조명을 잘 세팅하면 손쉽게 좋은 결과물을 얻을 수 있습니다. 접사 촬영이 가능하고 간단한 설정으로 쉽게 촬영할 수 있어 좋은 렌즈가 탑재되어 있다면 상품 사진 촬영에 무리 없이 사용할 수 있습니다. 포커싱 속도와 정확도가 SLR 카메라보다 떨어지지만 크기가 작고 소음도 적어 사람이 많은 공공장소에서 촬영자와 모델의 부담이 줄어드는 장점이 있습니다. 구매하기 전에는 실내 스튜디오에서 사용하기 위해 외장 플래시(스트로보)와 연결하기 위한 핫슈 단자가 있는지 체크해야 합니다.

콤팩트 카메라

디자인이 예쁘고 휴대하기 좋지만, 외부 조명을 연결할 수 없고 화질이 떨어지므로 쇼핑몰 촬영을 위한 메인 카메라로 이용하기는 어렵습니다. 스마트폰 카메라의 우수한 품질로 콤팩트 카메라의 시장은 축소되는 추세입니다.

잠깐만요! | 핫슈(싱크로슈)

촬영 시 카메라에 내장된 플래시의 빛이 부족할 경우 외장 플래시를 연결하기 위한 확장 단자입니다. 촬영의 정확성을 높이기 위한 외장 뷰파인더도 연결할 수 있으며 플래시나 뷰파인더 구매 시 호환 모델을 꼭 확인해야 합니다.

렌즈의 이해

눈으로 세상을 바라보는 것과 카메라 렌즈를 통해 촬영되는 모습은 다릅니다. 광각 렌즈나 망원 렌즈를 자신의 눈이라 생각하고 렌즈를 통해 보일 사진의 느낌, 즉 렌즈의 감각을 익혀야 하지요. 렌즈의 감각을 이해하고, 촬영하고 싶은 사진을 떠올릴 수 있도록 이미지 트레이닝이 필요합니다.

광각 렌즈는 같은 촬영 위치에서 넓게 주위 상황을 조금 더 디테일하게 담도록 촬영할 수 있고, 망원 렌즈는 먼 곳에 있는 배경을 크게 압축하여 박력 있게 촬영할 수 있습니다.

▲ 광각 렌즈로 촬영한 피사체   ▲ 망원 렌즈로 촬영한 피사체

상품 사진 촬영에 필요한 액세서리

상품 사진 촬영을 위한 카메라 액세서리는 크게 빛을 부드럽게 만들기 위한 아이템과 상품을 더욱 보기 좋게 연출하기 위한 아이템이 있습니다. 광질을 부드럽게 제어하거나 빛의 방향에 따라 생기는 강한 그림자를 조절하기 위한 아이템으로 촬영 배경지, 반사판, 디퓨저 박스, 트레이싱 페이퍼가 있습니다. 또 다양한 아이템을 활용해 상품을 촬영할 때 피사체를 원하는 위치에 고정하기 위한 아이템으로 점토 점착제, 종이 테이프, 투명한 아크릴 큐브, 빨래집게 등을 이용합니다. 각 액세서리의 특징을 알아보고 원활하게 촬영할 수 있도록 활용 방법에 대해 알아보겠습니다.

촬영 배경지

인물이나 상품을 촬영할 때 배경지를 설치하면 깔끔하고 깨끗한 이미지를 얻을 수 있고 후보정이 쉬워집니다. 배경지는 기본적으로 흰색이지만, 상품에 따라 배경색을 골라 다양한 인상을 연출할 수 있습니다. 이때 오염에 강하고 구김이 잘 생기지 않는 재질을 고려해야 합니다.

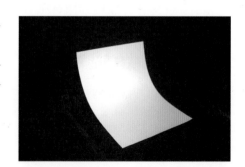

삼각대

카메라를 지지하는 삼각 형태의 지지대입니다. 주로 비슷한 크기의 상품 사진을 촬영할 때나 고정된 위치에서 촬영할 때 효과적입니다. 특히 실내 촬영의 경우 형광등이나 LED 라이트를 사용하는데 실외보다 어둡고 노출이 부족한 상황에서 저속 촬영으로 셔터스피드가 느려질 때 흔들림을 방지할 수 있습니다.

또한 삼각대는 주제를 이상적인 구도로 만들기 위하여 여유 있게 배치할 수 있으며 초점의 위치를 정확하게 결정할 수 있습니다. 사진의 품질을 높이기 위해서는 삼각대가 필수입니다.

삼각대의 크기와 종류를 선택할 때는 사용하는 카메라와 렌즈를 감안하여 충분히 지탱할 수 있는 종류를 선택해야 합니다. 보통 카메라의 높이나 앵글을 미세하게 조정하는 경우가 많은데 기본적으로는 3WAY 타입과 엘레베이터 기능이 편리합니다.

반사판

일반적으로 흰색 반사판은 빛을 반사해 어두운 부분의 밝기를 조절하는 장비입니다. 촬영 시 피사체의 빛이 비추지 않는 반대쪽에 배치해 어둡게 표현되는 것을 방지합니다. 왼쪽에 조명을 배치한다면 상품 오른쪽에 반사판을 배치하고, 역광으로 빛이 뒤에서 온다면 상품의 앞쪽 아래에 배치합니다. 이처럼 빛의 각도나 반사를 이용하여 조명의 밝기를 조절하는 것이 중요합니다.

외장 플래시(인공조명; 스트로보)

주광원인 햇빛이 부족한 곳에서 촬영할 때 외장 플래시를 사용합니다. 한낮의 태양광 색 온도를 표현하기 위해 보통 5000~6000K로 사용합니다. 흰색 영역에 빛을 더해 음식이나 과일 사진을 더욱 신선하게 촬영합니다.

인물 사진처럼 입체감 있는 사진을 원할 때에는 천장 바운스(반사)가 가능한 외장 플래시를 선택해 방향을 천장이나 벽으로 향하게 하여 빛을 반사합니다. 인물의 정면뿐 아니라 측면에도 빛이 풍부하게 만들어져 입체감 있는 촬영이 가능합니다.

디퓨저 박스

부드럽고 고른 조명을 피사체에 제공하여 빛의 분산 효과를 만들기 위해 디퓨저 박스를 사용합니다. 직접적인 조명과 비교해 플래시 라이트와 그림자 강도를 약하게 만들어 조금 더 자연스러운 분위기를 연출할 수 있습니다.

점토 점착제

상품을 고정하거나 배경지를 벽과 테이블에 고정할 때 흔적을 남기지 않습니다. 간단하게 붙였다 뗄 수 있고 반복해 재사용할 수 있어 편리합니다.

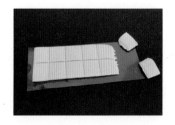

종이 마스킹 테이프

일반적으로 사용하는 투명 테이프보다 접착력
이 약해 일시적으로 고정하여 촬영한 후 떼어
내고 정리하기 쉽습니다.

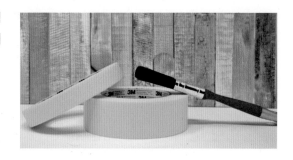

투명 아크릴 큐브

작은 시계나 반지와 같은 상품은 그냥 놓아두는 것만으로는 원하는
사진을 얻기가 쉽지 않습니다. 투명한 아크릴 큐브로 상품을 지지
하거나 허공에 띄우는 방법으로 다양하게 활용할 수 있습니다.

에어 블로워

상품에는 눈에 보이는 것보다 많은 이물질이 붙어 있습니다. 티끌
과 먼지를 제거할 때 바람을 불어 사용합니다.

장갑

상품을 세팅할 때 광택이 있는 소재의 경우 직접 상품을 만지면 지
문이 남으므로 손에 꼭 맞아 편리한 라텍스 장갑의 사용을 권합
니다.

2 상품을 돋보이게 하는 빛과 배경

사진에 맛을 더하는 빛

촬영할 때 맨 처음 고려해야 하는 것은 광선으로 빛의 방향과 질을 생각해야 합니다. 빛의 방향은 빛이 뒤에서 오는지(역광), 정면을 비추는지(순광), 대각선 전방에서 비추는지(사광), 수직 상단에서 비추는지(탑라이트)를 확인합니다. 빛의 질은 맑은 날 쨍하게 내리쬐어 진한 그림자를 만드는지(명암차가 있는 빛), 흐린 날 부드럽게 비추어 옅은 그림자를 만드는지(평탄한 빛)에 따라서 사진에 맛을 더합니다.

▲ 사광

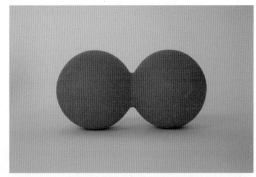

▲ 순광

▲ 역광

▲ 탑라이트

잠깐만요! 화소 vs 화질

흔히 화소를 기준으로 디지털 카메라를 평가합니다. 화소 수가 높다는 것은 화질이 좋다는 뜻이 아니라 사진 크기가 '크다'는 것입니다. 카메라의 센서(CCD, CMOS) 크기가 화질의 품질을 좌우하며 사진의 선예도에서 큰 차이를 보이므로 유의합니다.

광선 계획하기

야외 촬영의 경우에는 날씨와 촬영 시간에 따른 태양의 위치를 고려해 빛이 닿는 곳을 예측합니다. 어떤 조건에서 원하는 결과물을 얻어낼 수 있을지 촬영 일정과 지점을 미리 결정해 좋은 사진을 찍을 확률을 높입니다.

실내에서 촬영할 때는 의도적으로 광선의 위치와 종류를 계획하여 조절할 수 있습니다. 촬영 시 화각에 담길 배경과 상품을 염두에 두고 빛이 닿는 가장 밝은 곳(하이라이트)과 어두운 곳(섀도)을 생각합니다. 순광은 역광보다 명암 차이가 굉장히 큽니다. 명암 차이가 클수록 만족할 만한 노출을 찾기 어려워 다루기 쉽지 않지요. 즉 명암차를 확인하고, 촬영하려는 피사체를 어느 위치에 배치할지 계획한 다음 보조 액세서리로 빛을 조절할 수 있습니다.

빛으로 하이라이트 조절하기

- 자연 채광과 외장 플래시로 빛을 부여합니다.
- 디퓨저로 빛을 확산합니다. 광원 앞에 배치해 빛을 부드럽게 만들 수 있습니다. 자연 채광을 약하게 하기 위해 커튼이나 트레이싱지로 창문을 가려 평탄한 빛을 만들 수 있으며, 외장 플래시에 디퓨저 박스를 씌워 빛을 분산시킬 수 있습니다.
- 빛이 닿는 방법(순광, 사광, 역광, 탑라이트), 즉 빛의 방향을 조절합니다. 피사체 위치를 바꿔 빛의 방향을 조절할 수도 있습니다.

빛으로 그림자 조절하기

- 흰색 또는 은색 반사판으로 빛을 반사시켜 어두운 영역의 광량을 보충합니다. 직접 빛이 비추는 곳보다는 약한 빛을 만들어 입체감을 유지합니다.
- 검은색 반사판으로 빛을 흡수해 어두운 영역을 강조합니다. 음영을 강조할 수 있어 대비(콘트라스트)가 강한 묘사를 연출할 수 있습니다.

▲ 촬영 스튜디오

상품을 살리는 배경

단순한 배경

어느 위치에서 촬영을 진행할지 촬영 포인트를 지정할 때는 신중해야 합니다. 훌륭한 상품과 모델이 준비되더라도 어디에서 찍느냐에 따라 큰 차이를 만들 수 있기 때문입니다. 예쁜 배경은 이미지 컷으로 사진을 돋보일 수 있지만 자칫하면 배경이 더욱 돋보여 상품이 묻히는 역효과가 일어날 수 있습니다. 주변 배경과 소품은 조연이고 주인공인 상품을 돋보이도록 제 역할을 해야 합니다. 상품 사진은 배경색에 따라 인상이 크게 달라지므로 상품의 특징을 확실히 알 수 있도록 배경을 단순하게 정리해 촬영하면 상품을 충분히 보여줄 수 있습니다.

▲ 배경에 묻히는 사진

▲ 단순한 배경으로 돋보이는 사진

배경과 상품의 색상 궁합 – 배색

흰 배경

흔히 상품의 배경을 흰색으로 표현합니다. 그 이유는 가장 다루기 쉽고 편리하기 때문입니다. 피사체에 배경이 반사되지 않아 객관적으로 촬영할 수 있으며 후보정을 하거나 배경을 잘라낼 때 편리합니다.

▲ 흰 켄트지 배경

▲ 흰 천 배경

검은 배경

흰 배경보다 무거운 분위기나 중후한 또는 시크한 이미지를 연출할 수 있습니다. 시계와 반지 같은 금속류를 촬영할 때는 검은 배경을 상품에 반사되도록 비추어 고급스럽게 촬영할 수 있습니다.

▲ 검은 켄트지 배경

▲ 검은 천 배경

컬러풀한 배경

컬러풀한 배경을 고를 때는 색 자체가 가진 강한 개성을 염두에 두어야 합니다. 그러나 실내에서 상품을 객관적으로 촬영하고 싶을 때는 색상 자체의 이미지가 상품에 강하게 적용하기 때문에 컬러풀한 배경은 추천하지 않습니다.

컬러풀한 배경을 고를 때는 상품 자체의 색상을 미리 파악하여 잘 어울리는 색상을 선택해야 합니다. 예를 들어, 빨간색 상품에 붉은 계열의 배경을 선택하면 어느 것도 돋보이지 않기 때문입니다.

색이 가진 이미지도 고려해야 합니다. 붉은 계열은 따뜻한 느낌을 주고, 푸른 계열은 차가운 분위기를 연출할 수 있습니다.

▲ 빨간색 배경

▲ 노란색 배경

▲ 남색 배경

3 상품 사진 촬영을 위해 알아두어야 할 여덟 가지 ● ● ●

노출

카메라가 받는 빛의 양을 노출이라고 하며, 적당한 밝기의 사진을 적정 노출이라고 합니다.

카메라는 적당한 밝기의 회색(18% Gray)을 적정 노출의 기준으로 삼기 때문에 무조건 사진의 평균 밝기를 18% 회색에 맞추고 촬영합니다. 그러면 어두운 카페에서 사진을 찍는 경우 얼굴이 뽀얗게 나오고, 흰 벽으로 둘러싸인 방에서 찍는 경우 얼굴이 칙칙하게 촬영됩니다. 따라서 사진을 찍을 때 원리를 이해하고 원하는 노출 값을 설정해야 합니다. 사진에 맛을 더하는 노출은 조리개, 셔터스피드, ISO의 조합으로 결정됩니다.

날씨에 따라

맑고 빛이 강한 날 → 빛이 적게 들어오도록 → 조리개를 조이고, 셔터를 빠르게, ISO 낮추기
흐리고 빛이 약한 날 → 빛이 많이 들어오도록 → 조리개를 열고, 셔터를 느리게, ISO 올리기

▲ 맑은 날에 찍은 사진

▲ 흐린 날에 찍은 사진

명암 차에 따라

노출을 하이라이트에 맞추면 → 노출이 부족하여 → 섀도 부분이 검게 뭉개지며 샤프한 인상
노출을 섀도에 맞추면 → 노출이 과다해져 → 하이라이트 부분이 밝게 날아가 부드러운 인상

▲ 노출을 하이라이트에 맞춘 사진

▲ 노출을 섀도에 맞춘 사진

잠깐만요! 　 **노출은 어디에 맞추는 것이 좋을까?**

적정한 노출은 보여주고 싶은 것에 맞춰야 합니다. 실제보다 밝거나 어둡게 찍히는 경우에는 노출 보정 기능으로 조정합니다. 흰색 피사체와 밝은 장소에서는 플러스 보정을 하고, 검은색 피사체와 어두운 장소에서는 마이너스 보정을 하여 실제 분위기를 담아냅니다.

← 마이너스 보정　　　　　플러스 보정 →
(어두워진다)　　　　　　(밝아진다)

측광

카메라가 적정 노출을 찾기 위해 밝기를 정하는 것을 측광이라고 합니다. 측광 방식은 18% Gray에 맞춰져 있는 카메라의 단점을 보완해 카메라의 어느 영역을 기준으로 사진의 밝기를 결정할 것인지에 따라 보통 네 가지로 나뉩니다.

스팟 측광 : 가운데 타깃으로부터 약 3.5%의 노출을 측광합니다.

부분 측광 : 가운데 타깃으로부터 약 6~10% 범위로 노출을 측광하며 스팟 측광보다 좀 더 넓은 영역을 기준으로 측광합니다. 역광처럼 배경과 피사체의 밝기 차이가 심한 경우에 효과적입니다.

가운데 중점 평균 측광 : 뷰파인더의 가운데에서 75%, 주변에서 25% 비율로 밝기를 측정하는 방식입니다. 피사체가 화면에 가득 차는 클로즈업 촬영을 할 때 효과적입니다.

평가 측광 : 풍경이나 일반 촬영에 사용하는 대부분 카메라의 표준 측광 모드입니다. 앵글 전체의 AF포인트 위치에서 피사체의 밝기를 측정하여 평균을 계산해 노출을 측광합니다.

이처럼 사진의 밝기를 다양한 자동 측광 시스템으로 카메라가 자동 계산해 편리하게 촬영할 수 있지만 밝은 불빛 하나만 들어와도 확 틀어지는 것이 노출이기 때문에 환경에 따라 사진 밝기의 편차가 심해집니다. 수동으로 측광(M 모드)하면 직접 세팅해야 하기 때문에 처음에는 어렵지만 다양하게 찍어보고 미리 예측하는 게 훨씬 좋습니다. 조리개와 셔터스피드, ISO를 직접 조절하는 수동 측광에 익숙해지면 안정되고 통일감 있는 결과물을 얻을 수 있습니다.

조리개

조리개는 많이 열수록 많은 빛이 들어오며 아웃포커싱이 좋아집니다. 반대로 조리개를 조이면 적은 빛이 들어오며 근거리부터 원거리까지 선명해집니다.

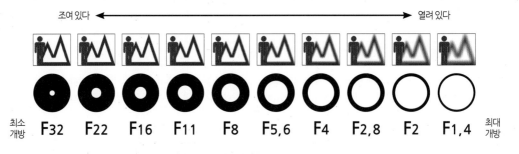

조여 있다 ← → 열려 있다

| 최소 개방 | F32 | F22 | F16 | F11 | F8 | F5,6 | F4 | F2,8 | F2 | F1,4 | 최대 개방 |

잠깐만요! **아웃포커싱을 유지하면서 밝은 사진을 찍으려면?**

아웃포커싱을 유지하면서 사진을 밝게 찍고 싶으면 셔터스피드를 느리게 하며, 흔들리지 않는 범위까지 내립니다. 이때 부족한 노출은 ISO로 보충합니다.

아웃포커싱으로 밝게 찍은 사진 ▶

셔터스피드

셔터스피드는 느릴수록 빛이 많이 들어오며 사진이 흔들립니다. 반대로 셔터스피드가 빠를수록 빛이 적게 들어오며 사진은 흔들리지 않고 또렷해집니다.

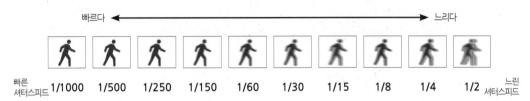

빠르다 ←──────────────────────→ 느리다

| 빠른
셔터스피드 | 1/1000 | 1/500 | 1/250 | 1/150 | 1/60 | 1/30 | 1/15 | 1/8 | 1/4 | 1/2 | 느린
셔터스피드 |

잠깐만요! · **흔들리지 않게 사진을 찍으려면?**

셔터스피드는 1/60초 이하로 내려가면 흔들릴 가능성이 있습니다. 광량이 부족해 저속 촬영을 해야 할 때 흔들리지 않게 찍기 위해서는 삼각대 촬영이 필수입니다. 삼각대를 사용해도 셔터를 누를 때 카메라가 살짝 움직여 흔들리는 경우가 있습니다. 이때 2초 셀프타이머 사용을 추천합니다. 촬영 시간에 제약이 있는 경우에는 리모컨을 사용하면 유용합니다.

▲ 빠른 셔터스피드

▲ 느린 셔터스피드

ISO 감도

ISO 감도는 올릴수록 밝아지며 사진에 노이즈가 많이 생기면서 품질이 낮아집니다. 반대로 ISO 감도를 낮출수록 어두워지며 사진은 깨끗하고 품질이 좋아집니다.

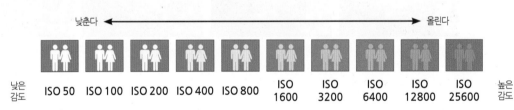

낮춘다 ←──────────────────────→ 올린다

| 낮은
감도 | ISO 50 | ISO 100 | ISO 200 | ISO 400 | ISO 800 | ISO
1600 | ISO
3200 | ISO
6400 | ISO
12800 | ISO
25600 | 높은
감도 |

풍경 사진을 찍을 때 날이 너무 밝으면 ISO 감도를 낮추고 조리개를 조입니다. 조리개를 조이면 가운데부터 주변까지 선명한 사진이 촬영되며, 이때 셔터스피드가 흔들리지 않는 범위인지 확인합니다. 사진이 흔들리면 조리개를 조금 열어 셔터스피드를 확보하거나 ISO를 올려 조절합니다.

▲ ISO 100   ▲ ISO 200   ▲ ISO 400

▲ ISO 800   ▲ ISO 1600   ▲ ISO 3200

화이트 밸런스(WB)

사진에 풍미를 더하기 위해 색상을 보정하는 것이 바로 화이트 밸런스입니다. 카메라의 화이트 밸런스는 광원에 맞춰 태양광 모드(기본 색감), 흐림 모드(연한 세피아 계열), 그늘 모드(짙은 세피아 계열), 텅스텐 광 모드(블루 계열) 등이 있습니다. 필터 대신 사진에 색상을 입힌다고 생각할 수 있지요.

조명을 이용하는 스튜디오에서 촬영할 때는 화이트 밸런스를 한 번만 제대로 세팅하면 변경하지 않아도 됩니다. 야외 촬영의 경우에는 같은 옷임에도 불구하고 색이 다르게 표현되는 경우가 있습니다. 이처럼 촬영 시간과 장소의 조건이 계속 달라지기 때문에 자동 모드보다는 광원에 맞는 화이트 밸런스를 선택해 촬영하는 것을 권합니다.

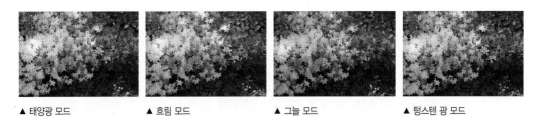

▲ 태양광 모드   ▲ 흐림 모드   ▲ 그늘 모드   ▲ 텅스텐 광 모드

픽처 스타일

필름 카메라 시절에는 모노크롬(흑백)으로 촬영하고 싶다면 필름을 바꿔야 했습니다. 요즘은 색감 보정을 선택하여 색상을 화려하게 찍거나 사진의 콘트라스트를 다양하게 변경할 수 있습니다.

카메라 브랜드를 설명할 때 캐논은 화사하고, 니콘은 진하며, 소니는 사실적이고, 올림푸스는 인물에 최적화되었으며, 펜탁스는 독특하다고 하는 색감 논쟁은 사실 의미가 없다고 해도 과언이 아닙니다. 픽처 스타일(색감 보정)은 표준, 인물, 풍경, 뉴트럴, 생생, 일몰, 모노크롬(흑백) 등이 있으며 이들은 샤프니스, 콘트라스트, 채도, 색조의 네 가지 항목을 조정하여 결과물을 얻습니다. 사진의 강약을 조정하는 '콘트라스트', 색상의 화려함을 조정하는 '채도'에 주안점을 두고 촬영에 활용합니다.

다음의 사진은 픽처 스타일의 색감 비교를 위해 같은 조건에서 촬영하였으나 각 옵션에 해당하는 상황에 사용하는 것이 더욱 품질 좋은 이미지를 얻는 데 도움이 됩니다. 예를 들어, 풍경 모드는 야외에서 풍경을 찍을 때 설정하면 자연광을 염두에 둔 조건에서 자연의 생생한 느낌을 살릴 수 있습니다.

▲ 표준 모드 　　　　　　　　　 ▲ 인물 모드 　　　　　　　　　 ▲ 풍경 모드

▲ 생생한 모드 　　　　　　　　　 ▲ 일몰 모드 　　　　　　　　　 ▲ 모노크롬 모드

초점

초점은 주로 맞았다거나 빗나갔다라고 표현하며 전달하고 싶은 이미지에 따라 초점을 맞추는 위치가 달라집니다. 노출이나 콘트라스트, 색상은 후보정할 수 있지만 초점은 나중에 조정할 수 없으므로 유의해야 합니다. 같은 구도와 촬영 거리라도 초점에 따라 결과물이 달라집니다.

셔터를 반만 누르는 반셔터로 노출을 측정하고, 초점을 맞춰 원하는 구도로 이동해 촬영할 수 있습니다. 연출하여 찍는 상품 사진은 포커스를 수동으로 설정하여 촬영하고, 포커스를 맞춰 빠르게 촬영해야 하는 상황에서는 빠른 AF(Auto-Focus; 자동 초점 조절) 기능을 사용하여 촬영합니다.

▲ 근거리 초점 사진 　　　　　　　　　　　　　　　 ▲ 원거리 초점 사진

필살 포즈를 찾아라! 패션 사진 찍는 법

상품의 형태를 만들어 촬영하기

가방은 물건이 담겨 있을 때 모양이 제대로 잡힙니다. 안에 아무것도 들어 있지 않은 새 상품만으로는 형태가 일그러지므로 포장재나 천을 넣어 가방 속을 부풀립니다. 손잡이가 겹치는 부분을 점토 점착제로 고정하거나 낚시 줄을 이용해 공중에 떠있도록 하여 입체감을 연출합니다. 고객 입장에서 가방을 들었을 때 연출할 수 있는 느낌을 살려 입체적으로 찍습니다.

▲ 일그러진 형태(나쁜 예) ▲ 손잡이에 점토 점착제를 붙여 손잡이를 고정한 가방 ▲ 포장재를 넣어 형태를 잡아 고객의 입장을 고려한 가방 컷(좋은 예)

펼쳐 놓고 탑뷰(Top View)로 촬영하기

옷을 촬영할 때 가장 주의해야 하는 것은 바로 주름입니다. 주름이 많은 옷은 아름답더라도 볼품이 없으므로 꼼꼼하게 다려서 주름진 부분을 펴거나 옷 안에 도화지를 넣어 옷 형태를 정돈하는 것도 좋은 방법입니다. 옷은 행거에 걸거나 모델이 입는 다양한 촬영 방법이 있는데 디테일한 상품 촬영을 위해 펼쳐 놓고 탑뷰(위)에서 찍는 방법이 가장 일반적입니다.

옷을 바닥에 펼쳐 놓고 찍으면 대각선 위에서 찍게 되어 정확한 형태가 나오지 않습니다. 이때에는 흰 보드 판 한쪽 면에 책을 이용하여 각도를 조정해서 기울어지도록 촬영합니다.

  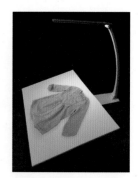

▲ 팔이 벌어지고 구겨진 옷 ▲ 가지런하고 다림질된 옷 ▲ 기울어진 흰 보드판 위의 옷

스토리가 있는 장난감 사진 찍는 법

요소가 많을 때는 주인공을 설정해서 촬영하기

피사체의 수가 많을 때는 주인공을 설정합니다. 상품을 가장 매력적으로 만드는 주인공을 중심으로 주변에 조연들을 흐트러뜨리지 않고 일정한 규칙을 만들어 배치합니다. 완만한 八(팔) 자를 그리거나 방향성을 가지게 하여 잘 정돈된 깊이감을 만들어내는 것이 포인트입니다.

실제로 촬영하다 보면 요소가 많을 때는 광각 렌즈로 넓게 촬영하고 싶지만 광각이 될수록 형태가 무너지기 때문에 망원 렌즈를 이용하면 정돈하기 쉽습니다.

 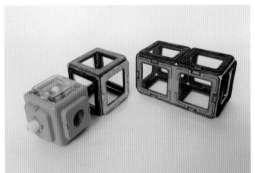

▲ 방향성 없는 배치로 대각선 위에서 찍은 사진　　　　▲ 八(팔) 자로 정리하고 대각선 아래에서 찍은 사진

소재의 질감을 살려 촬영하기

소재의 질감을 표현한다는 것은 곧 빛의 방향을 이용하는 것입니다. 조명의 방향과 광량을 조정해 하이라이트를 만들고 반사판으로 섀도의 광량을 늘리거나 줄여 소재의 질감을 살립니다. 금속은 천이나 플라스틱, 고무보다 광원의 영향을 많이 받습니다. 강한 빛을 받아 하이라이트가 날아갈 때는 디퓨져 박스나 트레이싱지로 빛을 부드럽게 만듭니다.

▲ 조명 때문에 생기는 그림자의 차이

상품마다 얼짱 각도가 있다는 사실! 공산품 사진 찍는 법

얼짱 각도를 찾아 상품의 표정 촬영하기

상품마다 가장 예쁘게 보이는 위치가 있습니다. 로우 앵글(Low Angle)로 찍으면 윗면이 보이지 않고, 하이 앵글(High Angle)로 찍으면 피사체가 작아지며 정면이 보이지 않아 존재감이 약해집니다. 그러므로 정면과 옆면, 윗면이 고루 보이는 얼짱 각도를 찾아냅니다.

공산품은 어두운 상품이 많아 빛의 질감을 표현해야 입체감을 풍부하게 표현할 수 있습니다. 추가로 조명을 사용하여 하이라이트 영역을 넓게 만듭니다.

▲ 얼짱 앵글

▲ 대두 앵글

납작한 상품은 입체적으로 촬영하기

휴대폰처럼 납작한 상품은 평면적이므로 촬영할 때 정면과 옆면이 함께 보이도록 각도를 조정합니다. 결국 얼마나 입체적으로 보여줄 수 있을지가 촬영 포인트입니다. 입체감을 만들기 위해서는 촬영 각도와 렌즈 선택이 중요합니다. 경계가 확실한 피사체는 광각 렌즈로 촬영하면 원근감이 두드러집니다. 만약 정확한 묘사를 원한다면 망원 렌즈를 이용합니다. 아크릴 큐브를 이용해 바닥면에서 띄워 그림자를 만드는 것도 입체감을 부여하는 데 효과적입니다.

▲ 사각형이 드러나도록 바닥면에 놓고 촬영

▲ 바닥에서 띄워 사선에서 촬영

조명이 비쳐 반짝이는 유리 재질 사진 찍는 법

자연광으로 청명한 느낌 만들기

유리병처럼 투명감이 있는 피사체는 자연광을 이용해 밝은 분위기로 찍으면 청명한 느낌을 연출할 수 있습니다. 음식이 들어 있는 유리병을 찍을 때는 라벨이 잘 보이는 각도에서 병이 크게 보이도록 구도를 잡고 창문에서 들어오는 자연광을 이용한 후 플러스 보정으로 밝게 촬영합니다. 자연광은 포근하고 부드러운 질감을 표현할 때 유용한 광원이며 반사판의 거리를 조정해 음영에 강약을 만듭니다. 반사판을 피사체에 너무 가까이 가져가면 지나치게 밝아져 밋밋한 사진이 되므로 반사판의 거리와 각도를 조절합니다.

▲ 광원이 단조로운 사진   ▲ 자연광과 플러스 보정을 이용해 청량한 느낌의 유리병 사진

하이라이트를 넣어 촬영하기

투명감이 있어 겉면이 반사되는 병은 일부러 비치는 모습을 계획해 반영을 만듭니다. 어두운 피사체의 경우 고급스러움을 강조하기 위해 검은 배경을 사용합니다. 실내가 너무 밝지 않아야 병의 반사를 최소한으로 억제할 수 있습니다. 너무 밝게 찍으면 힘없는 사진이 되므로 마이너스 보정으로 강렬한 느낌을 담습니다. 조명을 직접 비추면 하이라이트가 너무 쨍하게 밝아지므로 디퓨져 판이나 트레이싱 지를 조명과 피사체 사이에 두어 부드럽게 퍼지는 빛을 연출합니다.

▲ 일반 광원의 와인병   ▲ 조명을 조절한 와인병 사진

상품을 배경과 분리하는 작업을 전문용어로 '누끼따기'라고 하며, 다양한 방법이 있습니다. 디자인을 위한 누끼 작업, 즉 상품을 배경과 정교하게 분리하기 위해서는 패스(Path)를 이용합니다. 여기서는 빠르게 돌아가는 쇼핑몰 운영을 위해 쉽고 간편하게 자주 사용할 수 있는 기능을 중심으로 소개합니다.

우선 배경과 분리하기 위한 이미지는 촬영과 이미지 선택부터 남다릅니다. 다음과 같은 사진은 배경과 인물을 분리하기 힘듭니다. 이 이미지 작업이 쉽지 않은 이유는 부분적으로 아웃포커싱되었고 머리카락처럼 고난도 영역이 복잡한 배경과 맞물려 있으며 어두운 양복 상의는 배경의 어두운 그림자에 묻혔기 때문입니다.

어떤 이미지가 배경 분리 작업에 좋은 이미지일까요? 촬영할 때부터 배경과 분리하는 작업을 염두에 두고 촬영하려면 어떻게 해야 할까요? 합성하기 어려운 사진을 편집하면서 부족한 실력을 탓하지 않도록 후보정이 편리한 사진을 촬영하는 방법에 관해 알아보겠습니다.

흰색 배경지에 두고 촬영하기

배경에 색이 있는 경우에는 촬영 대상에 따라 배경색이 반사되어 상품에 비칠 수 있습니다. 윤광이 나는 꿀 피부를 가진 모델이 파란 배경에서 사진을 촬영하면 피부가 살짝 파랗게 반사됩니다. 배경과 함께 있을 때는 잘 어울리지만 배경을 지우면 멍 자국처럼 푸르게 변한 피부를 볼 수 있습니다. 그러므로 흰색 배경지에서 바닥 면에 최대한 그림자가 생기지 않도록 조명을 이용해 촬영합니다.

야외에서는 단순한 배경을 찾아 촬영하기

드넓은 바다를 배경으로 찍는 것 외에 야외에서 촬영할 때 단순한 배경을 찾기란 어렵습니다. 그래도 야외에서 사진을 촬영해야 한다면 최대한 단순한 배경을 찾아 그림자가 선명하게 생기지 않도록 해야 합니다. 복잡한 배경에서 촬영한 사진이라면 애써 배경을 분리하지 않고 살리는 스타일로 디자인해도 좋습니다.

잔머리는 깔끔하게 정리하기

야외에서 촬영한 사진의 배경을 밝고 하얗게 만드는 게 목적이라면 문제없지만, 인물을 배경과 분리하여 강렬한 색상의 배경으로 바꾸려면 머리카락 한 올 한 올을 살려 자연스러운 합성을 하기 쉽지 않습니다. 인물의 머리카락은 잔머리까지 깔끔하게 정리하여 촬영합니다.

> **Tip**
>
> 흰색 배경에서 풍성한 머리카락이 살아 있도록 촬영한 경우는 복잡하고 강렬한 배경과 합성할 수 있습니다. 87쪽의 '머리카락을 자연스럽게 배경과 분리하기'를 참고하세요.

아웃포커싱으로 촬영하지 않기

아래 사진에서 강렬한 색상의 배경을 더하기 위해 상품을 배경과 분리하는 것은 결코 쉽지 않습니다. 앞에 놓인 장난감과 블루베리는 문제없지만, 뒤에 아웃포커싱된 뚜껑 때문이지요. 아웃포커싱은 주요 피사체를 돋보이기 위해 주변을 뿌옇게 만드는 것으로 이미 흐려진 사진을 또렷하게 분리하면 상상력을 동원해 편집해야 하고 잘 선택해서 합성해도 자연스럽지 않아 아웃포커싱으로 촬영하지 않습니다.

쇼핑몰 디자인을 위한
포토샵 핵심 기능

쇼핑몰 상품 상세페이지에 편집하기 좋게 계획한 사진을 바탕으로 포토샵의 왕초보 핵심 기능을 함께 실습하면서 기본기를 다집니다.

1 배경을 밝고 하얗게 만들기 - Select

쇼핑몰 상세페이지에서 흰 배경에 상품을 깔끔하게 소개하기 위해 배경을 흰색으로 만들어 봅니다. 배경과 분리하기 위해 정교하게 선택 영역을 지정하지 않아도 간단하게 만들 수 있습니다.

■ **예제 파일** : 02\배경분리_운동화.jpg　　**완성 파일** : 02\배경분리_운동화_수정후.jpg

01 | 02 폴더에서 '배경분리_운동화.jpg' 파일을 불러옵니다. Tools 패널에서 사각형 선택 도구(▢)를 선택하고 다음과 같이 운동화 부분을 대각선으로 드래그해 선택합니다.

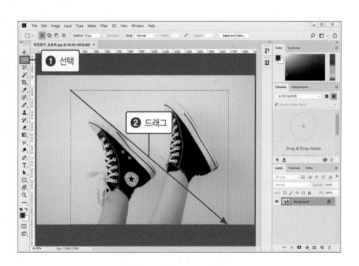

| 잠깐만요! | 사진 분석 |

오른쪽 사진은 한 톤(Tone)의 회색 배경으로 보이지만 위에서 아래로 갈수록 조금씩 어두워집니다. 상품에 흰색이 있는데 흰 배경에서 촬영해 채도 차이가 없으며 배경을 분리하기 조금 까다롭습니다. 톤 보정에 유의하지 않으면 상품의 밝은 영역이 뭉개질 수 있습니다.

02 | 메뉴에서 (Select) → Inverse(Shift+Ctrl+I)를 실행하여 선택 영역을 반전합니다.

03 | 전경색을 '흰색(#ffffff)'으로 지정하고 Alt + Delete 를 눌러 선택 영역에 채워 자연스러운 배경색 보정을 위한 목표 지점을 설정합니다. 메뉴에서 (Select) → Deselect(Ctrl + D)를 실행하거나 선택 영역 외부를 클릭해 선택 영역을 해제합니다.

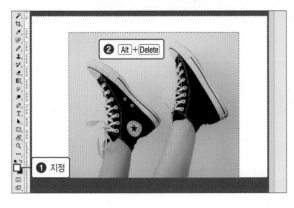

04 | 메뉴에서 (Image) → Adjustments → Levels(Ctrl + L)를 실행해 Levels 대화상자가 표시되면 흰색 스포이트를 선택합니다. 캔버스에서 하얗게 만들려는 배경(중간 부분)을 클릭하고 〈OK〉 버튼을 클릭합니다.

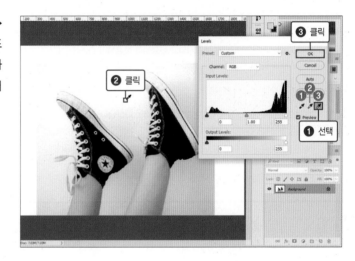

05 | Tools 패널에서 브러시 도구()를 선택합니다. 캔버스에서 마우스 오른쪽 버튼을 클릭하여 표시되는 Brushes 패널에서 브러시 종류를 'Soft Round', Size를 '300px'로 설정합니다. 배경의 외곽 부분을 드래그해 흰색 브러시로 칠합니다.

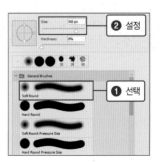

06 | Tools 패널에서 'Quick Mask Mode' 아이콘(■ ,Q)을 클릭합니다. 퀵 마스크 모드로 전환되면 그레이디언트 도구(■)를 선택하고 옵션바에서 'Foreground to Transparent'를 선택한 다음 캔버스에 대각선으로 드래그합니다.

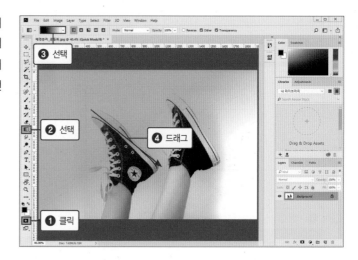

Tip

퀵 마스크 모드(Quick Mask Mode)는 선택 영역을 빠르게 편집할 수 있는 모드입니다. 'Quick Mask Mode' 아이콘을 클릭해도 화면은 그대로지만, 파일 이름에 'Alpha/8(알파 8비트)'가 표시되고 전경색과 배경색이 검은색과 흰색으로 바뀝니다. 표준 편집 모드에서는 'RGB/8#'로 표시됩니다.

왜 그럴까요?

검은색/흰색으로 그러데이션을 만들었는데 왜 빨간색이 나타나나요?

퀵 마스크 모드는 선택 영역을 편집하는 기능으로 선택 영역과 미선택 영역을 화면에서 색상으로 표현하기 위해 선택 영역은 색상이 없고, 미선택 영역은 빨간색으로 표시됩니다. 이때 표시되는 색은 얼마든지 변경할 수 있습니다.

07 | Tools 패널에서 'Quick Mask Mode' 아이콘(■)을 다시 한 번 클릭하여 표준 편집 모드로 전환하면 선택 영역을 확인할 수 있습니다.

왜 그럴까요?

그러데이션 선택 영역이 점선으로 보여요

퀵 마스크 모드에서 그러데이션을 이용해 선택 영역을 만들었는데 표준 편집 모드로 전환하니 선택 영역이 점선으로 보입니다. 이것은 선택 영역에서 50%에 해당하는 지점을 기준으로 점선으로 표시한 것이기 때문입니다.

08 | 다시 메뉴에서 (Image) → Adjustments → Levels(Ctrl + L)를 실행합니다. Levels 대화 상자가 표시되면 오른쪽 하이라이트 조절점을 왼쪽으로 드래그합니다. 레벨 값을 '0, 1.12, 230' 정도로 설정한 다음 〈OK〉 버튼을 클릭합니다.

09 | 메뉴에서 (Image) → Adjustments → Hue/Saturation(Ctrl + U)을 실행해 Hue/Saturation 대화상자가 표시되면 Saturation을 '-24'로 설정한 다음 〈OK〉 버튼을 클릭합니다. Ctrl + D를 눌러 선택 영역을 해제합니다.

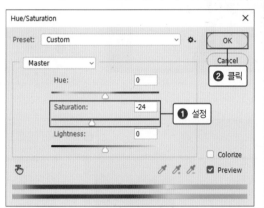

왜 그럴까요?

앞서 레벨을 조정해 사진을 밝게 만들었는데 보정하는 과정에서 채도가 과도하게 높아졌습니다. 배경색을 보면 위쪽과 아래쪽 채도가 심하게 차이 나는 것을 확인할 수 있지요. 채도를 낮추기 위해 Saturation을 낮게 설정합니다.

10 | Tools 패널에서 닷지 도구()를 선택합니다. 옵션바에서 Range를 'Midtones', Exposure를 '70%'로 설정한 다음 배경에 남아있는 회색 부분에 드래그합니다. 상품 상세페이지에 사용하기 좋게 이미지 배경이 흰색으로 편집되어 다양한 효과를 더할 수 있습니다.

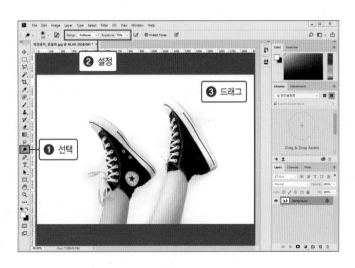

Tip

신발 사이 영역은 완전한 흰색이 아니라도 괜찮습니다. 흰색 운동화 끈이 없어지지 않게 하려면 배경에 약간의 회색이 필요하기 때문입니다.

마술봉 도구를 이용해 모델을 선택하고 배경에 마스크를 적용한 다음 솔리드 색상을 이용해 하나의 상품을 다양한 컬러의 배경에서 소개합니다.

■ **예제 파일** : 02\배경분리_가방든모델.jpg   **완성 파일** : 02\배경분리_가방든모델_수정후.jpg

01 | 02 폴더의 '배경분리_가방든모델.jpg' 파일을 불러온 다음 Layers 패널에서 'Background' 레이어를 더블클릭합니다. New Layer 대화상자가 표시되면 〈OK〉 버튼을 클릭하여 배경 레이어를 일반 레이어로 변경합니다.

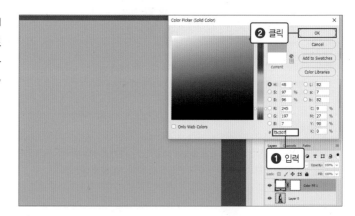

왜 그럴까요?

배경 레이어의 배경을 투명하게 만들기 위해 잠겨 있던 배경 레이어를 일반 레이어로 변경합니다.

02 | Layers 패널 아래쪽에서 'Create new fill and Adjustments layer' 아이콘(🖋)을 클릭해 표시되는 메뉴의 'Solid Color'를 선택합니다. Color Picker 대화상자가 표시되면 #에 'f5c507(노란색)'을 입력하고 〈OK〉 버튼을 클릭합니다.

03 | Layers 패널에서 'Color Fill 1' 레이어를 선택하고 'Layer 0' 레이어 아래로 드래그해 이동해서 모델을 나타냅니다.

84

04 | 마술봉 도구(✎)를 선택하고 Layers 패널에서 'Layer 0' 레이어를 선택합니다. 옵션바에서 Sample Size를 'Point Sample', Tolerance를 '25'로 설정합니다. 'Anti-Alias'와 'Contiguous'에 체크 표시한 다음 캔버스의 배경을 클릭합니다.

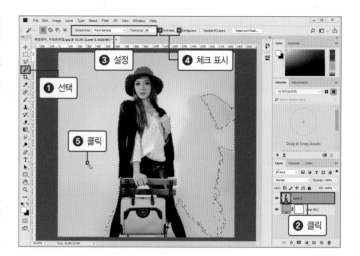

왜 그럴까요?

모델을 선택하기 위해 먼저 단순한 색으로 구성된 배경을 선택한 다음 선택 영역을 반전하는 것이 더욱 편리합니다.

05 | Shift를 누른 채 마우스 포인터에 '+'가 나타나면 선택되지 않는 지점을 클릭합니다. 인물을 제외한 배경이 선택 영역으로 지정되었습니다.

Tip

어느 지점을 먼저 클릭하느냐에 따라 선택 영역이 달라질 수 있습니다.

06 | 가방 주변의 배경을 선택하겠습니다. 먼저 돋보기 도구(🔍)를 이용하거나 Ctrl + + 를 눌러 화면을 확대합니다.

모델 손 부분에 선택 영역이 추가되어 해제하기 위해 옵션바에서 Tolerance를 '17'로 설정합니다. Alt 를 눌러 마우스 포인터에 '-'가 나타나면 손 부분을 클릭합니다.

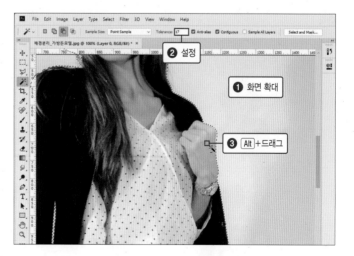

07 | 배경이 선택된 채 메뉴에서 (Select) →
Inverse(Shift+Ctrl+I)를 실행하여 선택 영역을
반전합니다. 모델이 선택되면 옵션바에서 〈Select
and Mask〉 버튼을 클릭합니다. Properties 패널
의 View에서 'On Layers'를 선택합니다.

08 | Properties 패널의 Global Refinements
항목에서 Smooth를 '5', Shift Edge를 '–100%'로
설정합니다. Output To를 'Selection'으로 지정한
다음 〈OK〉 버튼을 클릭합니다.

09 | Layers 패널에서 'Add a mask' 아이콘(🔲)을 클릭합니다. 선택된 모델이 나타나고 선택되지 않은 배경은 마스크가 적용되
어 숨겨집니다.

3

머리카락을 자연스럽게 배경과 분리하기 - Global Refinements

머리카락이 풍성하게 촬영된 인물 사진과 배경을 합성해 보겠습니다. 다음의 사진은 잔머리를 정리해 촬영한 사진은 아니지만 합성이 가능한 이유는 흰색 배경에서 촬영했기 때문입니다.

■ **예제 파일** : 02\배경분리_해드는창가.jpg, 배경분리_풍성한머리칼.jpg　　**완성 파일** : 02\배경분리_해드는창가_수정후.psd

01 | 02 폴더에서 '배경분리_해드는창가.jpg'와 '배경분리_풍성한머리칼.jpg' 파일을 불러옵니다. 옵션바에서 W(폭)와 H(높이)를 각각 '17%'로 설정해 크기를 조정합니다.

02 | Tools 패널에서 마술봉 도구(🪄)를 선택합니다. 옵션바에서 Tolerance를 '20'으로 설정하고 배경을 클릭하여 선택 영역을 지정합니다.

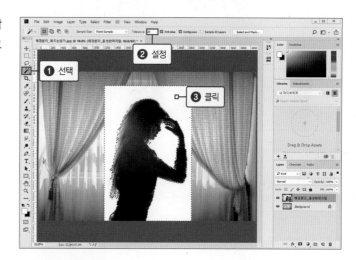

03 | 메뉴에서 (Select) → Inverse(Shift+Ctrl +I)를 실행하여 선택 영역을 반전해서 인물을 선택합니다. 옵션바에서 〈Select and Mask〉 버튼을 클릭하여 마스크를 적용한 다음 Properties 패널의 View에서 'On Layers'를 선택합니다.

04 | Properties 패널의 Global Refinements 항목에서 Smooth를 '10', Shift Edge를 '–100%'로 설정합니다. Output Settings 항목의 Output To 를 'New Layer with Layer Mask'로 지정합니다.

05 | 가장자리 다듬기 브러시 도구를 선택한 다음 옵션바에서 Size를 '70'으로 설정합니다. 화면을 확대하고 머리카락 부분에 드래그하여 자연스럽게 분리한 다음 〈OK〉 버튼을 클릭합니다.

Tip

브러시 크기는 ⓘ를 눌러 축소하고 ⓘ를 눌러 확대할 수 있습니다.

06 | 모델의 머리카락까지 자연스럽게 배경과 분리해 다른 이미지와 합성했습니다.

4 **불필요한 부분 자르기 - Crop**

자르기 도구를 이용해 필요한 부분만 남기고 그 외의 영역을 깔끔하게 정리할 수 있습니다. 사진에서 불필요한 부분을 제거하거나 구도를 좋게 만들어 보세요.

■ **예제 파일** : 02\크롭_창문의여인.jpg　　**완성 파일** : 02\크롭_창문의여인_수정후.jpg

01 | 02 폴더에서 '크롭_창문의여인.jpg' 파일을 불러옵니다. 자르기 도구(🔲)를 선택하면 자르기 영역이 표시됩니다. 이미지 왼쪽 위 조절점을 클릭한 다음 오른쪽 아래로 드래그합니다. 오른쪽 아래 조절점은 왼쪽 위로 드래그합니다.

02 | 캔버스를 드래그해 사진의 위치를 이동하고 Enter를 눌러 적용합니다.

03 | 그리드 선과 창문의 각도를 확인하니 사진이 살짝 기울어져 있습니다. 오른쪽 위 조절점을 살짝 드래그하여 반시계 방향으로 회전한 다음 Enter를 눌러 적용합니다. 같은 방법으로 사진의 구도를 조정해 상품을 돋보일 수 있습니다.

5 웹용으로 사진 크기 줄이기 - Image Size

쇼핑몰 사진을 촬영하고 상품 사진을 업데이트하다 보면 금세 컴퓨터 하드디스크 용량이 부족해집니다. 이번에는 고해상도 이미지를 웹에서 사용할 수 있도록 크기를 줄입니다.

📄 예제 파일 : 02\이미지사이즈_테이블.jpg　　완성 파일 : 02\이미지사이즈_테이블_수정후.jpg

01 | 02 폴더의 '이미지사이즈_테이블.jpg' 파일을 불러옵니다. 메뉴에서 (Image) → Image Size(Ctrl+Alt+I)를 실행하여 Image Size 대화상자가 표시되면 촬영 후 크기를 조정하지 않은 고해상도의 이미지 속성을 확인합니다.

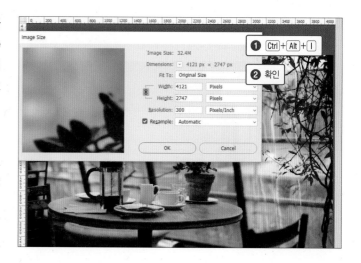

> **Tip**
>
> 파일 이름에서 마우스 오른쪽 버튼을 클릭하여 표시되는 메뉴의 **Image Size**를 실행해도 됩니다.
> Image Size 대화상자에서 Width/Height를 'Pixels'로 지정해 이미지 크기를 확인할 수 있습니다.

02 | 비율에 맞춰 이미지 크기를 조정하기 위해 'Constrain aspect ratio(비율 동일하게)' 아이콘(🔗)을 클릭해서 비활성화합니다. Width(폭)를 '307', Height(높이)를 '205', Resolution을 '72'로 설정한 다음 〈OK〉 버튼을 클릭합니다.

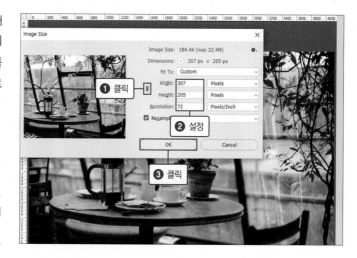

> **Tip**
>
> 인쇄용 해상도(Resolution)는 150~300dpi를 사용합니다. 예제에서는 72dpi(웹용) 해상도로 변경하였습니다.

> **Tip**
>
> Image Size 대화상자에서 Image Size 항목을 확인하면 184.4K 용량이 될 것이라고 미리 계산하여 알려줍니다. 수정하기 전 32.4M 용량의 이미지 20장은 영화 한 편의 용량(약 700MB)과도 같으므로 고해상도 이미지입니다. 이때 계산된 용량은 원본 PSD 파일 용량으로, JPG 포맷으로 압축하여 저장하면 더 적은 용량으로 저장할 수 있습니다.

6 날씬한 모델 만들기 - Liquify

Liquify 기능은 이미지 표면을 잡아 당기는 방식으로 유동적인 변화를 줄 수 있습니다. 드래그하는 대로 자유롭게 변형할 수 있으므로 몸매를 날씬하게 만들거나 눈을 크게 만드는 등 모델 사진을 쉽게 수정할 수 있습니다.

■ **예제 파일 :** 02\Liquify_여성.jpg   **완성 파일 :** 02\Liquify_여성_수정후.jpg

01 | 02 폴더에서 'Liquify_여성.jpg' 파일을 불러옵니다. 멋진 모델을 더욱 날씬하게 만들기 위해 메뉴에서 (**Filter**) → **Liquify**(Shift+Ctrl+X)를 실행합니다.

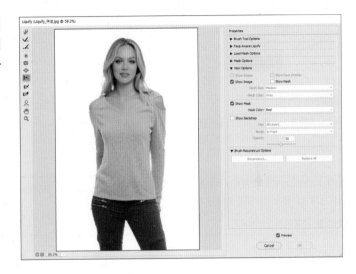

02 | 날씬한 팔뚝을 만들기 위해 Tools 패널에서 왜곡 도구를 선택합니다. Brush Tool Options 항목에서 Size를 '100', Pressure를 '77', Density를 '30'으로 설정합니다. 인물의 양팔을 안쪽으로 드래그해 날씬하게 보정합니다.

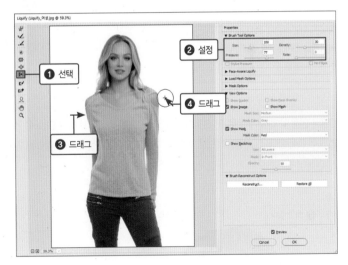

> **Tip**
>
> 잘못된 부분은 Ctrl+Z를 눌러 실행을 취소하여 효과 적용 전으로 돌아가고, 한 번 더 Ctrl+Z를 눌러 실행을 취소하면 원래대로 되돌릴 수 있습니다. 이전 단계의 실행을 취소하기 위해서는 Ctrl+Alt+Z를 누릅니다.

03 | 모델의 허리를 잘록하게 만들려고 보니 팔과 겹쳐 휘어질 것 같습니다. Tools 패널에서 마스크 도구를 선택한 다음 보호하려는 양팔을 드래그해 마스크를 적용합니다.

Tip

마스크 지우개 도구를 선택하면 잘못된 마스크 영역을 드래그하여 지울 수 있습니다. 수정하려는 허리 라인을 생각해서 팔 부분만 마스크를 적용합니다.

04 | 변형 도구를 선택한 다음 Size를 '250' 정도로 크게 설정합니다. 바깥쪽에서 안쪽으로 드래그해 허리를 잘록하게 만듭니다.

Tip

최대한 자연스럽게 보정하기 위해서는 조금씩 변화를 주고 이미지를 전체적으로 자주 확인해야 합니다. 급격한 변화는 부작용을 낳을 수 있으므로 유의합니다.

05 | 인물의 얼굴 부분을 확대한 다음 얼굴 크기에 맞도록 브러시 Size를 '150' 정도로 설정합니다. 턱 부분을 드래그해 살짝 브이라인으로 다듬습니다. 비정상적으로 팔이 휘거나 몸의 축이 틀어지지 않았는지 확인하고 〈OK〉 버튼을 클릭합니다. 모델을 더욱 날씬하게 만들어 전체적으로 자연스럽게 보정되었습니다.

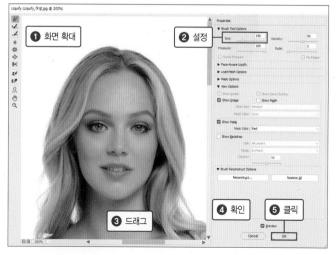 

7 | 깨끗한 피부 표현을 위한 잡티 지우기 - Spot Healing Brush

스팟 힐링 브러시 도구는 이미지의 특정 영역을 클릭하여 해당 지점의 인접 픽셀을 가져와 복원하기 때문에 주로 작은 결점을 제거할 때 사용합니다. 깨끗한 피부 표현을 위해 결점을 커버하는 보정 방법을 알아봅니다.

■ **예제 파일** : 02\스팟힐링브러시_얼굴.jpg   **완성 파일** : 02\스팟힐링브러시_얼굴_수정후.jpg

01 | 02 폴더에서 '스팟힐링브러시_얼굴.jpg' 파일을 불러옵니다. 사진에서 코 오른쪽에 있는 점을 지우기 위해 Tools 패널에서 스팟 힐링 브러시 도구(✐)를 선택한 다음 옵션바에서 Size를 '20px'로 설정합니다.

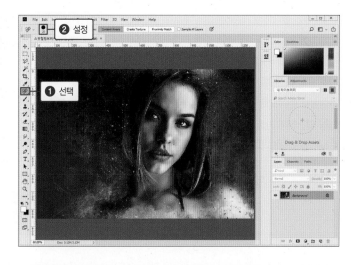

02 | 점 부분을 클릭합니다. 주변과 어울리는 픽셀이 채워지며 자연스럽게 점이 지워집니다.

Content-Aware Scale 기능은 이미지를 늘려 원하는 폭으로 맞출 때 유용합니다. 특히 가로로 긴 배너 이미지를 제작할 때 원하는 길이만큼 늘려도 보호할 부분은 보호하면서 특정 부분만 자연스럽게 변형할 수 있습니다.

■ 예제 파일 : 02\Content-Aware_Scale_풍경.jpg   완성 파일 : 02\Content-Aware_Scale_풍경_수정후.jpg

01 | 02 폴더에서 'Content-Aware_Scale_풍경.jpg' 파일을 불러옵니다. 성을 보호하면서 이미지를 가로로 늘리겠습니다.
자르기 도구(□)를 선택한 다음 이미지 왼쪽 가운데 조절점을 왼쪽으로 드래그합니다. 이때 표시되는 툴팁을 확인하며 가로 크기를 '1600px'으로 조정하여 캔버스를 확장합니다.

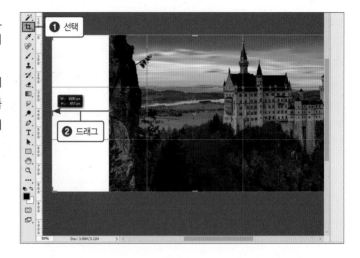

02 | 사각형 선택 도구(□)를 선택하고 다음과 같이 성 부분을 드래그하여 선택합니다.

03 | 메뉴에서 (Select) → Save Selection을 실행합니다. Save Selection 대화상자가 표시되면 Name에 '성'을 입력한 다음 〈OK〉 버튼을 클릭합니다.

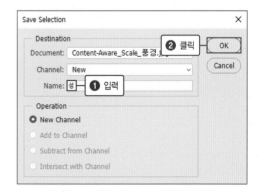

04 | 메뉴에서 (Select) → Deselect(Ctrl+D)를 실행하여 선택 영역을 해제합니다.

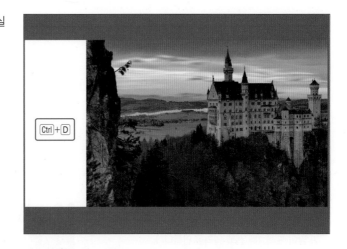

05 | 사각형 선택 도구(□)로 이미지 영역을 드래그해 선택합니다.

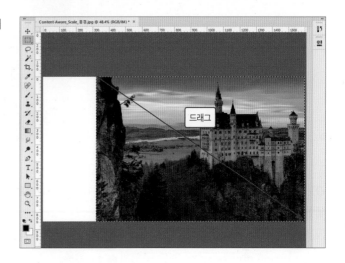

06 | 메뉴에서 (Edit) → Content−Aware Scale을 실행하고, 옵션바의 Protect를 보호할 선택 영역인 '성'으로 지정한 다음 'Protect skin tones' 아이콘(🕴)을 클릭합니다. 왼쪽 가운데 조절점을 드래그해 이미지를 늘립니다. 성은 그대로인 상태에서 배경 이미지가 확장되면 Enter를 눌러 적용합니다.

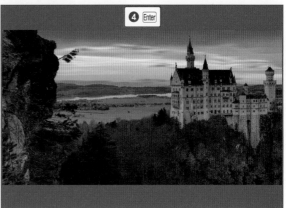

9 불필요한 부분 지우고 자동으로 채우기 - Content-Aware

Content−Aware 기능을 이용해 자동으로 불필요한 부분을 배경 이미지로 채워 자연스럽게 지울 수 있습니다. 주변 인물 등을 감쪽같이 제거해 모델이나 상품을 돋보입니다.

■ **예제 파일** : 02\Content−Aware_아이들.jpg   **완성 파일** : 02\Content−Aware_아이들_수정후.jpg

01 | 02 폴더에서 'Content−Aware_아이들.jpg' 파일을 불러옵니다. 멀리 보이는 배경의 인물들을 지우기 위해 먼저 원형 선택 도구(◯)를 선택하고 다음과 같이 드래그해 선택 영역을 만듭니다.

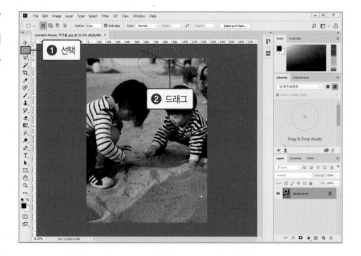

02 | 메뉴에서 (**Edit**) → **Fill**((Shift)+(F5))을 실행하여 Fill 대화상자가 표시되면 Use를 'Content−Aware'로 지정하고 〈OK〉 버튼을 클릭합니다.

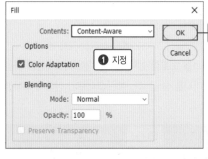

> **Tip**
>
> 선택 영역이 원하지 않는 이미지로 채워지면 실행을 취소하고 다시 선택 영역을 좁게 지정하세요. 여러 번에 나눠 Content−Aware 기능을 적용하면 좀 더 자연스럽습니다.

03 | 왼쪽 위 영역을 선택한 다음 **02**번과 같은 방법으로 Content-Aware 명령을 실행해 지웁니다.

04 | 선택 영역을 오른쪽으로 이동한 다음 같은 방법으로 Content-Aware 명령을 실행해 지웁니다.

05 | 세밀한 선택을 위해 올가미 도구(⌀)를 선택한 다음 오른쪽 인물을 드래그하여 선택합니다.

06 | 메뉴에서 (**Edit**) → **Fill**(Shift+F5)을 실행하여 Fill 대화상자가 표시되면 Contents를 'Content-Aware'로 지정한 다음 〈OK〉 버튼을 클릭해서 적용합니다.

07 | 어색한 부분을 드래그해 선택 영역을 만듭니다. **06**번과 같은 방법으로 Content-Aware 명령을 실행해 지웁니다.

08 | Ctrl+D를 눌러 선택을 해제합니다. 주요 인물 뒤쪽의 인물들이 감쪽같이 사라졌습니다. 같은 방법으로 상품이나 모델 주변을 깔끔하게 정리할 수 있습니다.

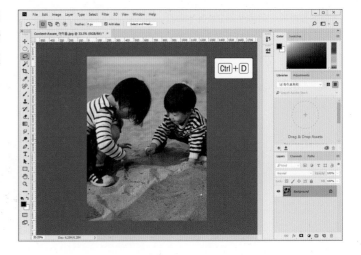

밝고 화사한 이미지 만들기 - Levels

Levels는 이미지의 명도와 대비를 조절하며 밝은 부분과 중간 부분, 어두운 부분을 나눠 풍부한 색상으로 보정할 수 있습니다. 빛의 노출이 부족한 실내에서 촬영된 어두운 사진을 레벨을 조정해 밝고 화사하게 만들어 봅니다.

■ **예제 파일** : 02\레벨_어두운실내.jpg   **완성 파일** : 02\레벨_어두운실내_수정후.jpg

01 | 02 폴더에서 '레벨_어두운실내.jpg' 파일을 불러옵니다. Layers 패널에서 'Create new fill and Adjustments layer' 아이콘(⚫)을 클릭하여 표시되는 메뉴의 'Levels'를 선택합니다. Levels 보정 레이어가 추가되고, Properties 패널에 Levels가 나타납니다.

왜 그럴까요?

메뉴에서 (**Layer**) → **Adjustments** → **Levels**(Ctrl+L)를 실행해 이미지를 보정하면 원본 레이어에서 직접 수정되지만, 보정 레이어를 만들면 원본 레이어를 유지한 채 이후에도 자유롭게 보정할 수 있습니다.

02 | Levels 그래프에서 오른쪽 하이라이트 조절점을 왼쪽으로 드래그하여 이미지를 밝게 만듭니다. 가운데 미드톤 조절점을 왼쪽으로 드래그해 중간 톤을 조정(감마 보정)합니다.

03 | Shift+Ctrl+S를 눌러 다른 이름으로 JPG 파일을 저장합니다. 저장 위치를 지정한 다음 파일 이름을 입력하고 파일 형식을 지정한 후 〈저장〉 버튼을 클릭합니다.

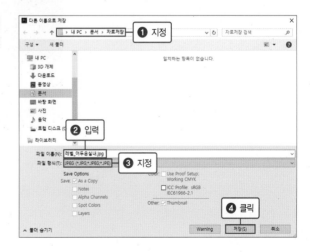

11 어두운 사진 노출 조절하기 - Shadow/Highlights

어두운 장소에서 촬영하면 조명이 닿지 않는 영역은 어둡게 묻힙니다. 밝은 영역을 유지하면서 어두운 영역만 보정하여 이미지를 살리겠습니다.

■ 예제 파일 : 02\셰도우.jpg　　완성 파일 : 02\셰도우_수정후.jpg

01 | 02 폴더에서 '셰도우.jpg' 파일을 불러옵니다. 메뉴에서 (Image) → Adjustments → Shadows/Highlights를 실행합니다.

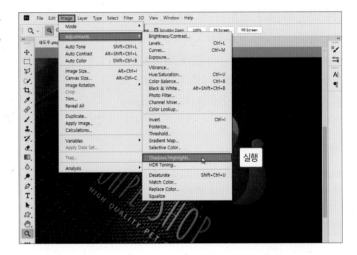

02 | Shadows/Highlights 대화상자에서 어두운 영역인 Shadows 항목의 Amount를 '38%', Tone을 '41%', Radius를 '125px'로 설정하고, 밝은 영역인 Highlights 항목의 Amount를 '34%', Tone을 '19%', Radius를 '19px'로 설정합니다. 이미지를 밝게 조정하기 위해 Adjustments 항목의 Color를 '+32', Midtone을 '0'으로 설정하고 〈OK〉 버튼을 클릭합니다. 밝은 영역을 유지한 채 어두운 이미지가 보정됩니다.

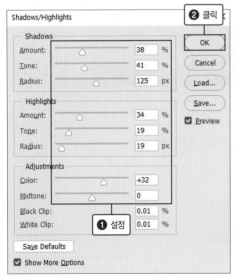

12 특정 부분의 색상 바꾸기 - Replace Color

선택 영역을 지정하지 않고 특정 색상을 변경해야 할 때 Replace 기능을 이용하면 스포이트로 간단하게 특정 색상을 대체할 수 있습니다. 상품의 색상을 사진만으로 표현하기 어려울 때 이용하면 편리합니다.

■ 예제 파일 : 02\색상바꾸기_아기옷.jpg　　　완성 파일 : 02\색상바꾸기_아기옷_수정후.jpg

01 | 02 폴더에서 '색상바꾸기_아기옷.jpg' 파일을 불러옵니다. 옷 색상을 바꾸기 위해 먼저 마술봉 도구(✎)를 선택합니다. 옵션바에서 Tolerance를 '93'으로 설정하고 'Anti-Alias'와 'Contiguous'에 체크 표시한 다음 아기 옷을 클릭합니다.

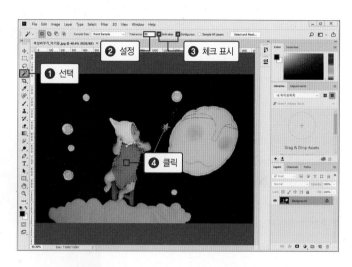

02 | Shift를 누른 채 마우스 포인터에 '+'가 나타나면 아기 옷의 오른쪽과 왼쪽 어깨를 클릭합니다. 옵션바에서 〈Select and Mask〉 버튼을 클릭하여 마스크를 적용합니다.

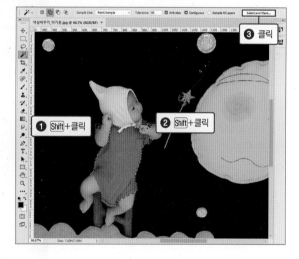

Tip

불필요한 부분이 선택되면 Ctrl+Z를 눌러 실행을 취소하거나, Alt를 누른 채 마우스 포인터에 '-'가 나타났을 때 제외하고 싶은 영역을 클릭합니다.

03 | Properties 패널에서 Shift Edge를 '100%'로 설정한 다음 〈OK〉 버튼을 클릭합니다.

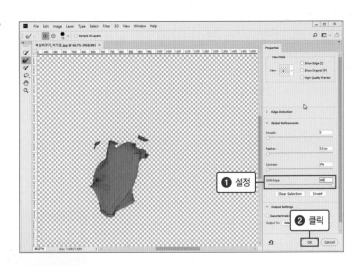

04 | 메뉴에서 〔Image〕 → Adjustments → Replace Color를 실행합니다. 아기 옷을 클릭해 색상을 추출하고 적용할 영역을 선택합니다. Fuzziness를 '146'으로 설정합니다. 대체할 색상을 지정하기 위해 Hue를 '−32', Saturation을 '−24'로 설정한 다음 〈OK〉 버튼을 클릭합니다.

> **Tip**
>
> Result의 색상을 클릭해 직접 색상 값을 입력할 수도 있습니다.

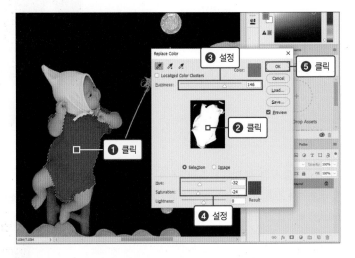

05 | Replace Color 기능을 이용해 아기 옷 색상만 변경했습니다. 이와 같은 방법으로 다양한 색상의 상품이나 배경색 등을 표현할 수 있습니다.

3 상세 정보 표시를 위한 타이포그래피 기능

문자에 시각적인 리듬감(Graphy; 표현 기법)을 부여하면 글을 읽기가 한결 수월합니다. 중요한 것은 강조하고, 덜 중요한 것은 약하게 만들어가며 내용에 강약 중간약으로 시각적인 리듬감을 부여하며 한눈에 들어오고 아름답게 표현하는 타이포그래피를 실습해 보겠습니다.

디자인에서 중요한 것은 강조하기 위해 글자를 크게, 두껍게, 포인트 컬러를 사용하여 힘을 싣습니다. 덜 중요한 것은 약하게 만들기 위해 글자를 작게, 얇게, 색을 옅게 만들어 힘을 뺍니다. 웹에서는 보통 가독성이 인쇄물보다 15% 정도 떨어지므로 중요하지 않은 내용이 있다면 과감하게 삭제합니다.

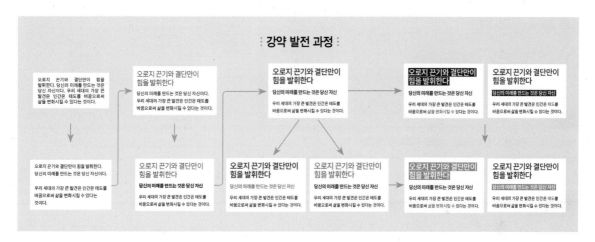

Character(문자) 패널 살펴보기

Character 패널을 이용해 폰트를 변경한 다음 글자를 크고, 작게, 두껍게, 색상도 적용하는 등 다양한 효과를 적용할 수 있습니다. 글자와 글자 사이(자간), 문장의 행과 행 사이(행간)는 너무 가까우면 답답해 보이고 읽기 어려우며 너무 멀리 떨어져 있으면 의미를 파악하기 불편합니다. 디자인에 강약을 적용하면서 적당한 크기를 적용해 봅니다.

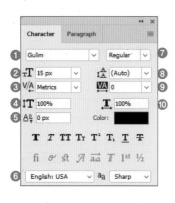

❶ **글꼴 모음** : 사용할 글꼴을 지정합니다.

❷ **글자 크기** : 글꼴의 크기를 설정합니다.

❸ **비율 간격** : 문자 주변 간격이 비율에 맞게 압축됩니다.

❹ **세로 장평** : 글자의 세로 크기를 설정합니다.

❺ **기준선 이동** : 기본적으로 위로 이동하며 '–2'처럼 음수를 입력하면 아래로 이동합니다.

❻ **언어** : 언어를 지정하면 하이픈과 맞춤법 기능이 선택 언어에 맞춰집니다.

❼ **글꼴 스타일** : 선택한 글꼴의 두께 변화, 기울임 등을 지정할 수 있습니다. 선택한 글꼴에 따라 없는 경우도 있습니다.

❽ **행간** : 행과 행 사이의 간격을 설정합니다.

❾ **자간** : 글자와 글자 사이의 간격을 설정합니다.

❿ **가로 장평** : 글자의 가로 크기를 설정합니다.

저작권에 문제가 없는 글꼴을 설치하여 타이포그래피를 업그레이드할 수 있습니다. 다음의 과정을 따라하며 다른 글꼴도 같은 방법으로 설치하여 이용하세요.

■ **예제 파일** : 02\강약만들기.txt

01 | 무료 글꼴을 설치하기 위해 'NotoSans CJKkr-hinted' 폰트를 다운로드한 다음 압축을 해제하고 해당 폴더로 이동합니다. 확장자가 OTF, TTF인 파일을 선택한 다음 마우스 오른쪽 버튼을 클릭하여 표시되는 메뉴에서 **설치**를 실행하면 자동으로 글꼴이 설치됩니다.

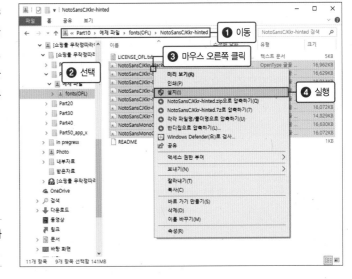

Tip

'NotoSans' 폰트를 다운로드하는 방법은 105쪽을 참고하세요.

잠깐만요! **글꼴을 함부로 설치해 사용해도 되나요?**

예제에서 사용하는 글꼴은 오픈폰트 라이선스입니다. OFL(Open Font License)은 글꼴 자체를 판매하는 것이 아니라면 모든 상업적 이용이 자유롭습니다. 네이버 나눔폰트가 대표적인 OFL 글꼴이며 웹 폰트로 자주 이용합니다. 웹용 또는 출판물, 유튜브 동영상의 자막은 물론 로고 작업에도 자유롭게 이용할 수 있습니다. 또한 앱에 임베딩할 수도 있으니 저작권 걱정 없이 마음껏 사용하세요. 단, OFL을 선언하지 않은 글꼴은 무료라도 허용 범위에 제약이 있는 경우가 많으니 저작권을 꼼꼼히 살펴보고 사용해야 합니다.

02 | 포토샵 메뉴에서 (File) → New(Ctrl+N)를 실행합니다. New Document 대화상자에서 파일 이름을 '타이포그래피', Width를 '1900Pixels', Height를 '500Pixels', Resolution을 '72Pixels/inch', Color Mode를 'RGB Color / 8bit'로 지정한 다음 〈Create〉 버튼을 클릭합니다.

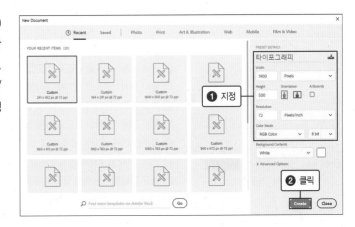

03 | 가로쓰기 문자 도구(T)를 선택한 다음 캔버스에 드래그하고 텍스트 박스 크기를 W는 '224px', H는 '120px'로 설정합니다.

커서가 깜빡거리면 02 폴더의 '강약만들기.txt'에서 '오로지 끈기와~변화시킬 수 있다는 것이다.'를 복사한 다음 붙여 넣습니다.

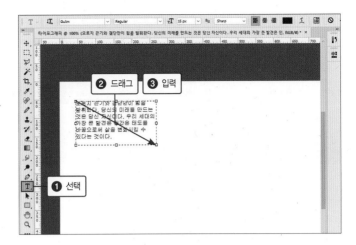

04 | 입력한 텍스트 전체를 드래그하여 블록으로 지정합니다.

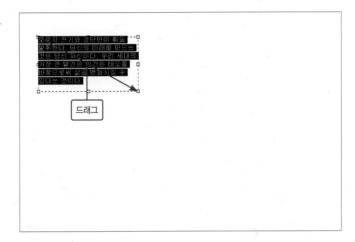

05 | 글자 크기, 색상 등 글꼴 관련 속성을 설정하기 위해 메뉴에서 (Window) → Character를 실행합니다.

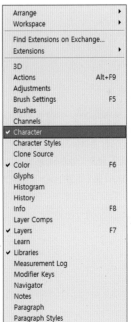

잠깐만요!　　**구글 Noto 폰트 다운로드**

Google Noto Fonts(http://www.google.co.kr/get/noto) 고딕체인 'Noto Sans'의 글꼴 두께는 총 7종입니다. 이 글꼴은 구글과 어도비가 합작으로 만든 무료 폰트로서 구글에서는 '노토', 어도비에서는 '본고딕'이라는 이름으로 배포합니다.

Noto 폰트를 다운로드하기 위해 먼저 웹 사이트에 접속합니다. 이때 〈Downloads All Fonts〉 버튼을 클릭하면 전세계의 폰트를 전부 다운로드(1GB)하므로 유의합니다. 한글 글꼴만 다운로드하기 위해 검색창에 'Korean'을 입력하여 검색합니다. 고딕체인 'Noto Sans CJK KR'과 명조체인 'Noto Serif CJK KR'을 다운로드해서 설치하여 사용합니다.

06 | Character 패널에서 글꼴을 'Noto Sans CJK KR'로 지정합니다.

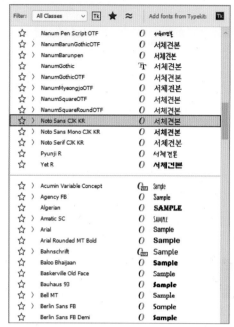

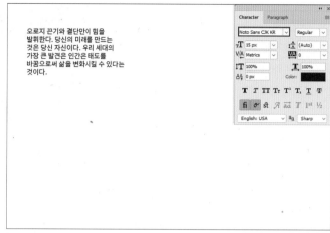

Tip

글꼴은 알파벳 순서로 정렬됩니다. 글꼴 이름 오른쪽 미리 보기로 확인할 수 있으며, 한글 글꼴은 '서체견본'으로, 영문 글꼴은 'Sample'로 확인할 수 있습니다.

07 | Character 패널에서 글꼴 스타일을 'Demi Light'로 지정합니다.

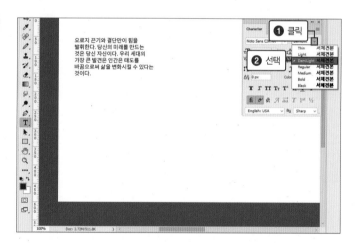

잠깐만요! **얇고 두꺼운 글자를 표현하려면?**

다양한 두께로 제작한 글꼴을 선택하세요. 문자 속성의 'Bold' 아이콘을 클릭하는 것보다 글꼴 스타일을 두꺼운 글꼴로 변경 하면 글꼴의 아름다움을 잘 표현할 수 있습니다. 왼쪽은 'Bold' 아이콘을 클릭해 두껍게 만들었고, 오른쪽은 글꼴 스타일에서 **오로지 오로지** 'Bold'를 지정했습니다. 확대하면 글자 경계의 차이가 깔끔한 것을 확인할 수 있습니다.

08 | Character 패널에서 글자 크기를 '15px'로 설정합니다. Color를 '#2f2f2f(어두운 회색)', Anti-Aliasing을 'Sharp'로 지정합니다.

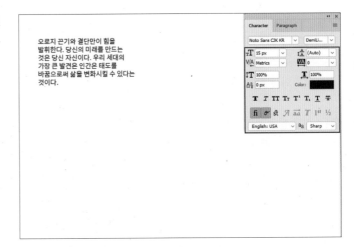

잠깐만요! ╲ 안티 에일리어싱(Anti-Aliasing)

오른쪽 이미지에서 위의 글자 경계에는 회색이 보입니다. 회색, 즉 불투명한 검은색으로 자연스럽게 표현한 것인데요. 중간 단계 색조 없이 검은색만으로 글자를 표현하면 어떻게 보일까요?

아래의 글자처럼 매끄럽지 못하고 경계가 울퉁불퉁하게 나타나는데, 이러한 현상을 계단 현상이라고 합니다. 안티 에일리어싱(Anti-Aliasing)은 이를 해결하기 위한 방법으로 사람의 눈에 부드럽게 보이도록 중간 색조로 나타내는 화면 처리 기술입니다.

포토샵에는 None(적용 안 함), Sharp(날카롭게), Crisp(청명하게), Strong(두껍게), Smooth(부드럽게)의 옵션이 있습니다.

---

09 | 메뉴에서 (Window) → **Paragraph**를 실행해 Paragraph 패널을 표시합니다. 'Justify last left' 아이콘(▤)을 클릭해 단락을 정렬합니다.

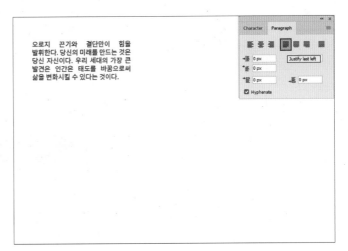

10 | 문자 편집 모드를 마치기 위해 Ctrl+Enter를 누르거나 옵션바의 ✓를 클릭합니다.

클릭

글자 크기의 변화와 행간, 자간, 장평의 미세한 조정으로 느껴지는 분명한 차이를 비교합니다.

01 | 이전 실습 과정을 이어서 진행합니다. Ctrl +J 를 눌러 레이어를 복제합니다. 이동 도구(✛)를 선택한 다음 단락을 드래그해 아래로 이동합니다. Paragraph 패널에서 'Left align text' 아이콘(▤) 을 클릭해 문단을 왼쪽 정렬합니다.

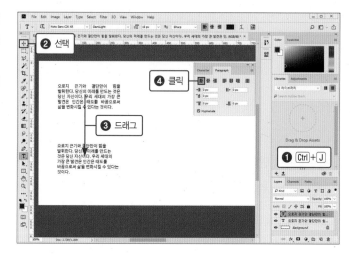

02 | 가로쓰기 문자 도구(T)를 선택한 다음 '당신 자신이다.' 뒤쪽을 클릭하면 문자 편집 모드로 전환 됩니다. 단락을 나누기 위해 Enter 를 두 번 눌러 줄바 꿈합니다.

텍스트 프레임의 오른쪽 아래 모서리를 드래그하여 W(폭)를 '255px', H(높이)를 '180px'로 조정해서 확 대합니다.

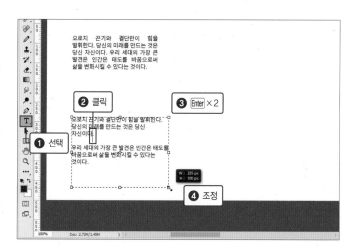

03 | Character 패널에서 행간을 '24px', 자간을 '-10', 가로 장평을 '97%'로 설정합니다.

행간을 넓혀 읽을 때 좀 더 수월하게 만들고 자간을 조금 좁혀 문자를 날씬하게 만들었습니다. 같은 내용 이라도 한 글자가 차지하는 면적이 좁아지면서 좀 더 편안하게 읽힙니다.

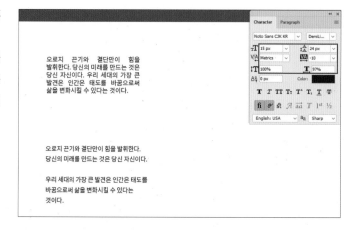

한 단락의 문장이 세 줄을 넘어가면 꼭 제목을 만드세요. 고객은 세세하게 읽지 않아도 한 눈에 단락의 전체 내용을 파악할 수 있고, 내용이 명확하게 들어온 후에야 자세한 내용을 읽어보고 싶은 욕구가 생기기 때문입니다.

01 | 이전 실습 과정을 이어서 진행합니다. 레이어를 복제하고 아래쪽 텍스트 프레임을 드래그해 오른쪽 위로 이동합니다. '오로지 끈기와~발휘한다'를 드래그하여 블록으로 지정합니다.

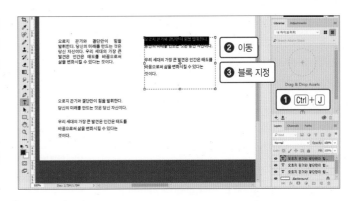

왜 그럴까요?

수정할 글자를 선택해 블록으로 지정하지 않으면 이후 과정에서 해당 레이어의 모든 글자 속성이 변경됩니다.

02 | Character 패널에서 글자 크기를 '24px', 글꼴 스타일을 'Light', 행간을 '28px', 자간을 '–10'으로 설정합니다.

제목 글자를 크게, 행간도 넓게 변경하여 강조하고 글자가 커진 만큼 글자 사이 여백도 커졌으니 자간은 더 좁혔습니다. 본문과의 이질감을 줄이기 위해 제목 문자는 얇게 지정합니다.

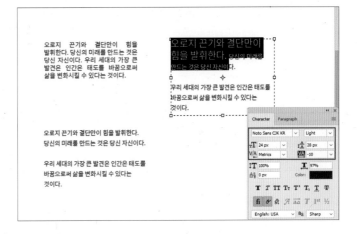

03 | 당신의 미래에서 '당' 자 앞에 커서를 두고 Enter를 눌러 줄바꿈합니다. 제목이 커지고 내용이 짧아져서 단락이 무의미해졌습니다. 우리 세대의 '우'자 앞에 커서를 두고 Backspace를 눌러 줄바꿈을 없앱니다.

제목 글자가 커진 만큼 주변 여백도 확보해야 합니다. '당신의 미래를~자신이다.'를 드래그해 블록으로 지정하고 행간을 '32px'로 설정합니다.

글을 읽는 호흡에 맞춰 '힘을 발휘한다'의 '힘' 자 앞에서 Enter를 눌러 줄바꿈합니다.

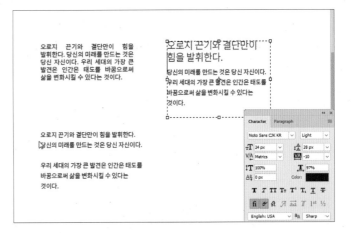

4 소제목 만들기

소제목은 대제목의 가독성을 방해하지 않으면서 그 자체로 강조되어야 합니다. 또한 본문을 요약한 느낌이 나도록 문장 형태를 구절로 변경합니다.

01 | 이전 실습 과정을 이어서 진행합니다. 레이어를 복제하고 아래로 이동합니다. 가로쓰기 문자 도구(T)를 선택한 다음 '당신의 미래를~당신 자신이다.'를 드래그하여 블록으로 지정합니다.

소제목을 만들기 위해 Character 패널에서 글자 크기를 '15px'로 설정합니다. 글꼴 스타일을 'Bold'로 지정합니다. 글자가 두꺼워진 만큼 사이의 간격도 두꺼워져서 자간을 '−50'으로 좁혀 가독성을 확보합니다. Color를 #1e1e1e(좀 더 진한 회색)'로 지정합니다. 글자가 더 돋보이도록 행간을 '34px'로 설정하여 행의 위쪽 여백을 확보합니다. 행 아래쪽 여백도 확보하기 위해 '우리 세대의~태도를'을 드래그해 블록으로 지정하고 행간을 '34px'로 설정합니다.

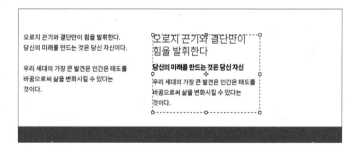

02 | '이다.'를 선택한 다음 Delete를 눌러 삭제합니다. 대제목으로 분리한 문장의 마침표(.)를 지웁니다.

> **Tip**
>
> 제목을 독립적으로 쓸 때 기본 문장법으로는 '글의 제목이나 작품명, 각종 구호 등에는 마침표(특히 온점)를 넣지 않는다.'고 하여 제목 끝에는 마침표를 넣지 않습니다.

03 | '우리 세대의~변화시킬 수 있다는 것이다.'를 드래그해 블록으로 지정합니다. 본문이 좀 더 오밀조밀한 느낌이 나도록 글자 크기를 '14px'로 작게 설정합니다.

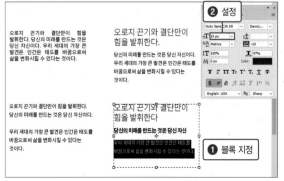

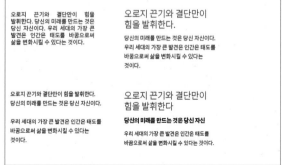

웹 페이지에서 글자 주변에 이벤트 배너와 함께 상품을 홍보하여 번쩍이면 대제목의 힘이 약해지므로 대제목을 조금 더 강조해 보겠습니다.

01 | 이전 실습 과정을 이어서 진행합니다. 레이어를 복제하고 이동 도구(✛)로 드래그해 오른쪽 위로 이동합니다. '오로지 끈기와~발휘한다'를 드래그해 블록으로 지정합니다.

글자 크기를 '26px'로 설정하여 확대하고, 글꼴 스타일을 'Medium'으로 지정해 좀 더 두껍게 변경합니다. 글자가 두꺼워지면서 두꺼워진 자간을 좁히기 위해 자간을 '−50'으로 설정합니다.

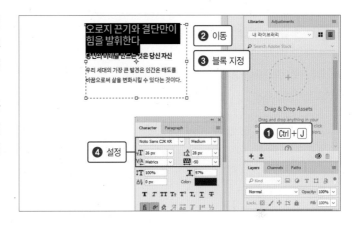

02 | 대제목이 강해졌으므로 이번에는 소제목을 좀 더 약하게 만들어 강약을 조절하겠습니다. '당신의 미래를~당신 자신'을 드래그해 블록으로 지정합니다. 글꼴 스타일을 'Medium'으로 지정해 이전보다 얇게 만듭니다. 위쪽에 좀 더 여백이 생기도록 행간을 '36px'로 설정합니다.

03 | '우리 세대의~있다는 것이다'를 드래그해 블록으로 지정한 다음 행간을 '36px'로 설정합니다. 소제목 아래에 약간의 여백이 생깁니다.

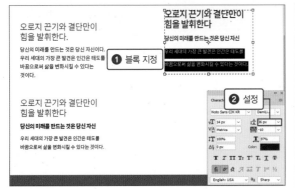
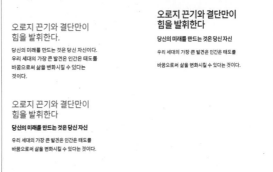

포인트 컬러로 정적인 문자에 생동감을 부여할 수 있습니다. 이때 원하는 스타일의 색감을 선정해 적용합니다.

■ **완성 파일** : 02\타이포그래피_강약발전과정.psd

01 | 이전 실습 과정을 이어서 진행합니다. 레이어를 복제하고 아래로 이동합니다. '당신의~자신'을 드래그해 블록으로 지정하고 Color를 '#e36573(분홍색)'으로 지정합니다.

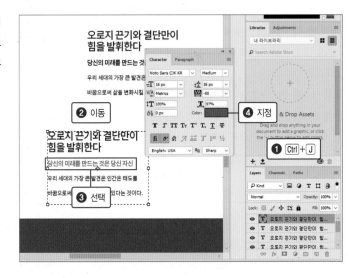

02 | 대제목이 강해졌으므로 이번에는 소제목을 좀 더 약하게 만들어 강약을 조절하겠습니다. 다시 한 번 텍스트 박스를 복제하고 이동한 다음 '오로지 끈기와~발휘한다'를 드래그해 블록으로 지정합니다. Color를 '#e36573(분홍색)'으로 지정합니다.

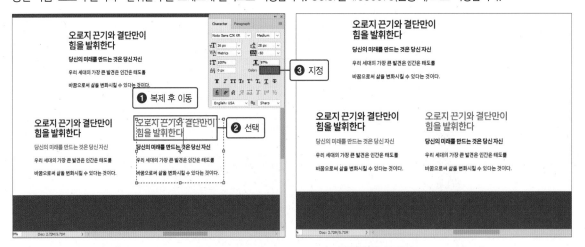

03 | 이번에는 강력한 반전 효과를 가져다줄 네거티브(Negative) 효과를 만들겠습니다. 글자의 크기, 두께, 색상만 바꿔 포인트가 부족할 때 사용할 수 있는 필살기입니다. 레이어를 복제하고 오른쪽 위로 이동합니다.

사각형 도구(□)를 선택하고 캔버스를 클릭해 Create Rectangle 대화상자가 표시되면 Width를 '231px', Height를 '28px'로 설정한 다음 〈OK〉 버튼을 클릭합니다. 옵션바에서 Fill을 '#323232(어두운 회색)'로 변경합니다.

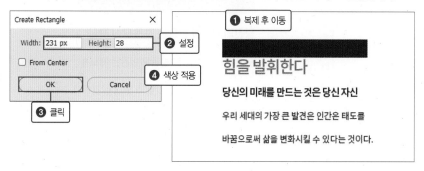

04 | Ctrl + [을 눌러 사각형 레이어를 텍스트 뒤에 다음과 같이 배치합니다.

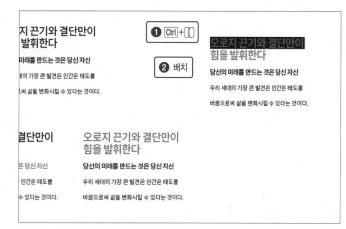

Tip

Layers 패널에서 'Rectangle 1' 레이어를 텍스트 레이어 아래로 드래그해 개체 순서를 이동할 수도 있습니다.

05 | 이동 도구(⊕)를 선택하고 Alt 를 누른 채 마우스 포인터가 두 개의 겹친 화살표 모양(▶)으로 바뀌면 아래로 드래그해 복제합니다.

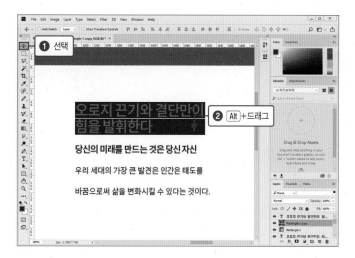

06 | 도형을 변형하기 위해 메뉴에서 (Edit) →
Free Transform(Ctrl+T)을 실행합니다.

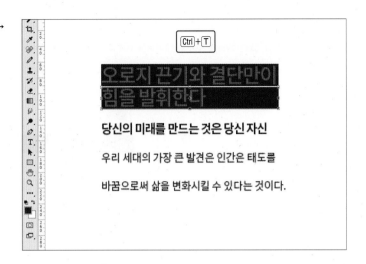

07 | 프레임의 오른쪽 가운데 조절점에 마우스 포
인터를 위치시켰을 때 양쪽 화살표(↔)가 나타나
면 왼쪽으로 드래그해 축소합니다. 이때 W(폭)를
'139px' 정도로 설정합니다. Enter를 누르거나 도형
을 더블클릭하여 변형합니다.

> **Tip**
>
> 정확한 크기로 조정하기 어려우면 메뉴에서 (View) →
> Snap을 실행하여 비활성화한 다음 다시 시도해 보세요.
> 크기 조정 후에는 다시 Snap을 활성화하여 기능을 이용하
> 는 것이 편리합니다.

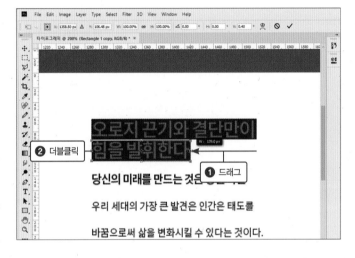

08 | '오로지 끈기와~힘을 발휘한다'를 드래그한
다음 전경색을 '#ffffff(흰색)'로 지정합니다.

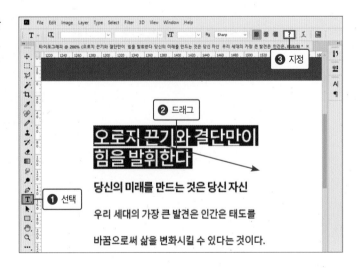

09 | 키워드에 포인트 컬러를 적용해 본문을 읽기 전에 어떤 내용이 펼쳐질 것인지 파악할 수 있도록 합니다. '삶은 변화시킬 수'를 드래그해 블록으로 지정하고 Color를 '#e36573(분홍색)'으로 지정합니다.

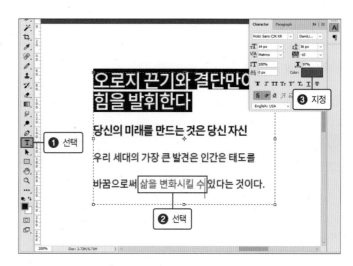

10 | 포인트 컬러로 대제목의 네거티브를 만들기 위해 Layers 패널에서 '오로지 끈기와 결단만이~' 레이어를 선택하고 Ctrl을 누른 채 'Rectangle 1' 레이어와 'Rectangle 1 copy' 레이어를 클릭해 선택합니다.

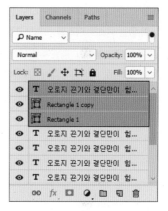

11 | 이동 도구(⊕)를 선택하고 캔버스에서 Alt를 누른 채 아래로 드래그해 복제합니다.

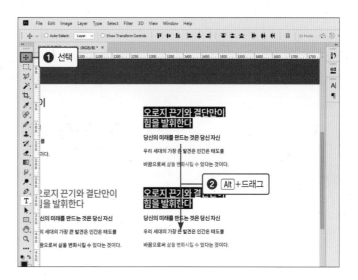

12 | Layers 패널에서 복제된 각 사각형 셰이프 레이어의 섬네일을 더블클릭하여 선택 영역을 지정하고 Color를 '#fa8a8f(연분홍색)'로 변경합니다.

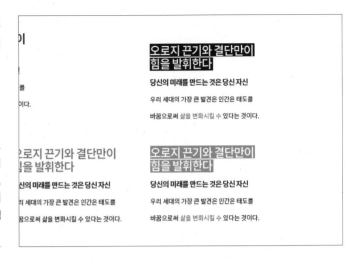

13 | 이번에는 소제목 네거티브 만들기 위해 사각형이 없는 텍스트 박스를 복제하고 오른쪽 위에 배치합니다. Character 패널에서 Color를 '#2f2f2f(어두운 회색)'로 지정합니다. 본문에서 '우리 세대의~ 있다는 것이다.'를 드래그하여 선택하고 글꼴 스타일을 'DemiLight'로 지정합니다.

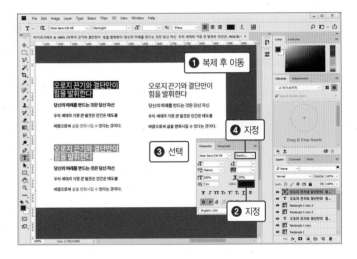

14 | 사각형 도구(□)를 선택한 다음 캔버스를 클릭해 Create Rectangle 대화상자가 표시되면 Width를 '221px', Height를 '20px'로 설정하고 〈OK〉 버튼을 클릭합니다. 전경색을 '#323232(어두운 회색)'로 지정하고 사각형에 적용합니다.

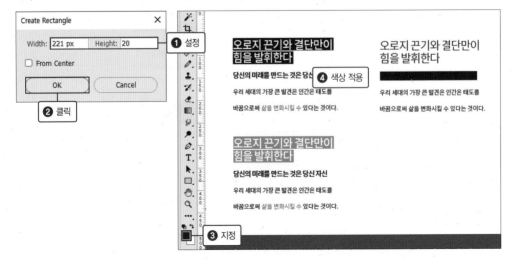

15 | [Ctrl]+[[]을 눌러 사각형을 텍스트 뒤에 배치합니다. 가로쓰기 문자 도구([T])를 선택한 다음 '당신의 미래를~당신 자신'을 드래그하여 선택하고 Color를 '#ffffff(흰색)'로 지정합니다.

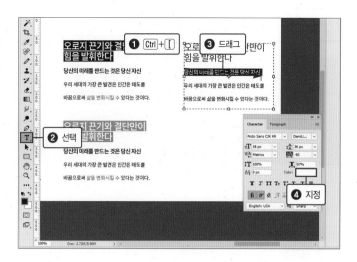

16 | 키워드에 포인트 컬러를 적용하기 위해 본문에서 '태도'를 선택하고 Color를 '#e36573(분홍색)', 글꼴 스타일을 'Medium'으로 지정합니다.

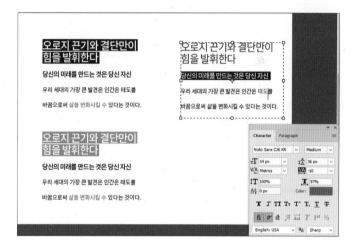

17 | 포인트 컬러로 소제목 네거티브 만들기 위해 Layers 패널에서 '오로지 끈기와 결단만이~' 문자 레이어를 선택하고 [Ctrl]을 누른 채 'Rectangle 2' 레이어를 클릭합니다. 이동 도구([+])를 선택하고 캔버스에서 [Alt]를 누른 채 드래그하여 복제한 다음 아래에 배치합니다.
'Rectangle 2 copy' 레이어 섬네일을 더블클릭해 선택하고 Color를 '#fa8a8f(연분홍색)'로 지정합니다. 소제목에 포인트 컬러로 네거티브를 표현하였습니다.

인쇄용 파일 제작을 위한
포토샵 기본 설정

쇼핑몰을 운영할 때 웹용 이미지만 제작하는 것은 아닙니다. 반품 교환 안내서 또는 택배 상자처럼 인쇄를 위한 디자인도 필요합니다. 인쇄용 파일 제작 전에 꼭 변경해야 하는 기본 설정에 대해 알아보겠습니다.

먼저 메뉴에서 (File) → New(Ctrl+N)를 실행한 다음 New Document 대화상자에서 [Print] 탭을 선택합니다. 국제 규격인 'A4'를 선택하고 오른쪽의 Color Mode를 'CMYK Color'로 지정합니다. [Web] 탭을 선택해 변경되는 세부 정보와 비교할 수 있습니다.

▲ 인쇄용 문서 설정　　　　　　　　　　　　　▲ 웹용 문서 설정

단위

웹에서 사용하는 단위는 픽셀(Pixel)이며, 실물로 인쇄하기 위해 사용하는 인쇄용 파일의 단위는 센티미터(cm) 또는 밀리미터(mm)입니다. 국제 규격인 A4 용지의 크기는 가로 210mm, 세로 297mm이며, A4의 2배는 A3입니다. 특화된 디자인을 제외하고 규격화된 크기에 맞춰 작업하면 인쇄 시 재단 비용을 절약할 수 있습니다.

컬러 모드

컴퓨터 모니터에서는 빛의 3원색인 빨강(Red), 초록(Green), 파랑(Blue)의 RGB Color Mode를 사용합니다. 그러나 인쇄 시 색 구현은 잉크 체계(염료)이며 파랑(Cyan), 자주(Magenta), 노랑(Yellow), 검정(Key=Black)의 CMYK 컬러 모드를 사용합니다. 감산 혼합법인 잉크는 빛의 색상 표현 스펙트럼보다 현저하게 낮은 색 구현 스펙트럼을 갖습니다. 그래서 RGB 컬러 모드로 디자인한 파일을 인쇄할 때 모니터와 확연히 다른 색상을 볼 수 있습니다. 이것은 CMYK로 변환하는 과정에서 구현할 수 있는 색상에 한계가 있기 때문입니다. 인쇄용 작업물 제작 시 CMYK 컬러 모드에서 작업하여 최대한 인쇄물 색상에 가깝게 확인해서 아름다운 색상을 찾아가는 과정이 필요합니다.

해상도

컴퓨터는 모니터에 이미지를 보여주기 위해 픽셀(Pixel)이라는 단위를 사용합니다. 1인치당 들어있는 픽셀 수에 따라 컴퓨터 모니터에서 이미지가 얼마나 정밀하게 표현되는지 나타낼 수 있습니다. 모니터에서는 1인치당 72개 (또는 96개 픽셀)로 표현하며 72(또는 96)pixels/inch로 나타냅니다. 출판을 위한 컬러 이미지는 150~300pixels/inch로 제작하여 웹보다 더욱 섬세하게 표현합니다. 웹용 저해상도로 제작된 이미지를 인쇄하면 선명하지 않으므로 주의해야 합니다. pixels/inch를 모니터에서는 ppi(pixel per inch)라 하고 인쇄용 해상도에서는 dpi(dot per inch)라고 하며 개념상 차이는 없습니다.

> **Tip**
>
> 컬러 프로파일은 새 문서를 만들 때 Advanced Options(고급 옵션)에서 설정하거나 메뉴에서 (**Edit**) → **Color Settings**(Shift+Ctrl+K)를 실행해 설정할 수 있습니다.

재단

인쇄를 위한 작업물에는 반드시 재단선을 위한 여백(상하좌우 3mm)을 설정해야 합니다. 출력소에서 인쇄할 때 인쇄한 종이를 높이 쌓아두고 커팅기로 재단할 때 약간의 이격이 발생할 수 있어 재단 영역에 중요한 콘텐츠가 있다면 잘릴 위험이 있으므로 이 부분을 고려하여 디자인합니다.

메뉴에서 (**Edit**) → **Preferences** → **Units & Rulers**(Ctrl+K)를 실행합니다. Preferences 대화상자의 Rulers는 캔버스의 단위를 표시하며 Type은 글자의 단위를 말합니다. 단위를 변경하여 작업 속도를 높입니다. 인쇄용 작업 에서는 Rulers를 'Centimeters', Type을 'Millimeters'로 지정하고, 웹용 작업에서는 Rulers를 'Pixels', Type을 'Pixels'로 지정합니다.

▲ 인쇄용 환경 설정

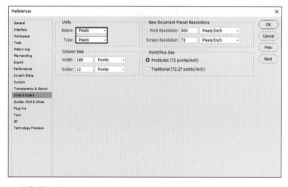

▲ 웹용 환경 설정

잠깐만요! 　**단위를 변경하지 않으면 작업할 수 없나요?**

기본 단위를 변경하지 않으면 작업할 때 단위를 직접 입력하면서 작업이 가능합니다. 예를 들어, Character 패널에서 글자 크기를 입력할 때 '12px' 또는 '3mm'처럼 'px', 'mm' 단위도 함께 입력하면 설정을 변경하지 않고 사용할 수 있습니다. 다만 일일이 단위까지 입력해야 하므로 다소 번거롭습니다. 환경 설정에서 단위를 변경하여 좀 더 편한 작업 환경에서 작업하기 바랍니다.

PART

3

쇼핑몰을 구축할 때 최초로 디자인하는 요소는 쇼핑몰의 정체성을 나타내는 BI(Brand Identity)입니다. 정성껏 로고를 만들고 나면 상품 라벨, 택배 상자, 교환/반품 안내서와 같은 인쇄용 디자인이 필요합니다. 메인 슬라이드 디자인, 팝업 디자인, 이벤트, 공지사항, 배너, 쿠폰 등 쇼핑몰을 홍보할 수 있는 마케팅 요소 이미지를 만들어 봅니다.

쇼핑몰
기본요소
디자인

모던한 느낌으로 패션 의류 쇼핑몰 로고 디자인하기

창업을 하거나 나만의 브랜드를 만들기 위한 첫 걸음은 로고를 디자인하는 것으로, 어떤 브랜드 가치를 가지고 있는지 시각적으로 아이덴티티를 표현합니다. 쇼핑몰을 중심으로 사업을 펼쳐나가면 로고는 웹에서 사용하기 최적의 상태로 디자인하는 것이 좋습니다. 낮은 해상도로 작게 줄였을 때에도 의미 전달이 잘 되는 것이 첫 번째 과제입니다.

- 예제 파일 : 03\빈티지배경.jpg, 나뭇잎.jpg
- 완성 파일 : 03\bi_shingram.psd

- Filter Gallery → Artistic(Stamp)
- Layer Style(Inner Glow)
- Select → Color Range
- Layer Mask

01 | 메뉴에서 (File) → New(Ctrl+N)를 실행합니다. New Document 대화상자에서 파일 이름을 'bi_shingram', Width/Height를 각각 '600Pixels', Resolution을 '72Pixels/Inch'로 설정한 다음 〈Create〉 버튼을 클릭합니다.

02 | 가로쓰기 문자 도구(T)를 선택한 다음 옵션
바에서 글꼴을 'Noto Sans CJK KR', 글자 크기
를 '240px', Anti-Aliasing을 'Sharp', Color를
'#404041(어두운 회색)'로 지정합니다. 캔버스를 클
릭해 'S'를 입력한 다음 Ctrl+T를 누르고 옵션바의
Rotate를 '-4°'로 설정하여 회전합니다.

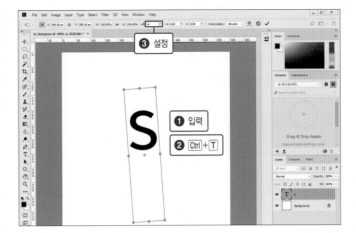

Tip

바운딩 박스의 모서리를 드래그하여 회전할 수도 있습니다.

03 | 03 폴더에서 '빈티지배경.jpg' 파일을 불러옵니다. Ctrl+A를 눌러 전체 선택한 다음 Ctrl+C를 눌러 복사합니다.
'bi_shingram' 작업창에서 Layers 패널의 'S' 레이어를 선택합니다. Tools 패널에서 'Edit in Quick Mask Mode' 아이콘(■)을
클릭합니다. 퀵 마스크 모드 상태에서 Ctrl+V를 눌러 이미지를 붙여 넣고 다시 'Edit in Standard Mode' 아이콘(■)을 클릭하여
표준 모드로 이동합니다.

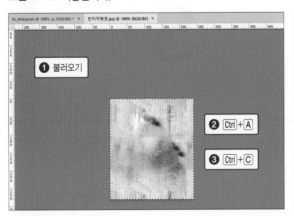
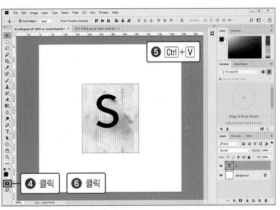

Tip

마스크 영역을 만드는 작업은 흰 종이에 검정 영역을 가위로 오려 구멍을 뚫는 개념입니다. 퀵 마스크 모드에서 이미지를 붙여 넣어 자연스럽게 어두운
영역을 가릴 수 있습니다. 영문 입력 상태에서 Q를 누르면 표준 모드와 퀵 마스크 모드를 전환할 수 있습니다.

04 | Layers 패널에서 'Add layer mask' 아이
콘(■)을 클릭하여 레이어에 마스크를 적용합니다.
Ctrl+J를 눌러 'S copy' 레이어를 복제하면 색이
진해집니다.

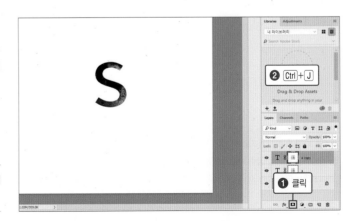

Tip

마스크를 적용하면 어두운 영역에 구멍이 뚫려 바로 밑에
위치한 레이어의 이미지가 나타납니다.

05 | Layers 패널에서 'S copy' 레이어를 선택하고 'Add a layer style' 아이콘(*fx*)을 클릭해 표시되는 메뉴의 'Inner Glow'를 선택합니다. Layer Style 대화상자에서 Blend Mode를 'Soft Light', Color를 '#404040', Noise를 '10%', Size를 '16px'로 설정한 다음 〈OK〉 버튼을 클릭합니다.

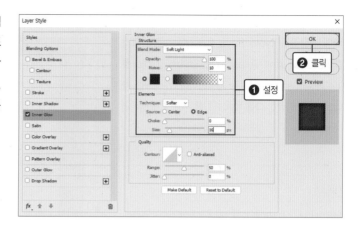

06 | 원형 도구(◯)를 선택하고 옵션바에서 Fill과 Stroke을 'No Color'로 지정합니다. 캔버스에 드래그하여 Width/Height가 각각 '220px'인 원을 그립니다.

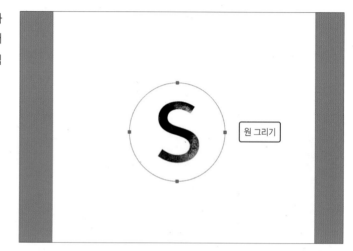

원 그리기

07 | Character 패널에서 글꼴을 'Noto Sans CJK KR', 글자 크기를 '30px', 자간을 '75', Color를 #404041(어두운 회색)로 지정합니다. 옵션바에서 'Center text' 아이콘(壹)을 클릭하여 가운데 정렬합니다. 가로쓰기 문자 도구(T)를 선택하고 원의 위쪽 가운데를 클릭한 다음 'SHINGRAM'을 입력합니다. 'GRAM'은 글꼴 스타일을 'Bold'로 변경하고 가운데로 이동합니다.

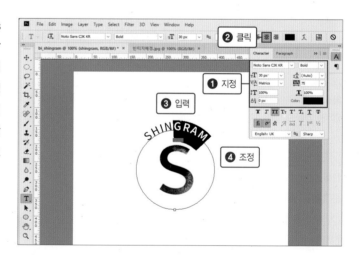

Tip

패스를 따라 흐르는 문자를 만들기 위해 가로쓰기 문자 도구로 패스를 클릭하면 해당 지점을 중심점으로 문자를 입력할 수 있습니다. 먼저 문자를 가운데 정렬하고 패스를 클릭하면 중심점을 기준으로 가운데 정렬됩니다.
Character 패널에서 'All Caps' 아이콘을 클릭하면 한꺼번에 대문자로 변경됩니다.

08 | 03 폴더에서 '나뭇잎.jpg' 파일을 불러온 다음 전경색을 '#404041(어두운 회색)', 배경색을 '#ffffff(흰색)'로 지정합니다. 메뉴에서 (Filter) → Filter Gallery를 실행합니다. Sketch 필터에서 도장으로 찍은 듯한 표현을 위해 'Stamp'를 선택합니다. Light/Dark Balance를 '39', Smoothness를 '1'로 설정한 다음 〈OK〉 버튼을 클릭합니다.

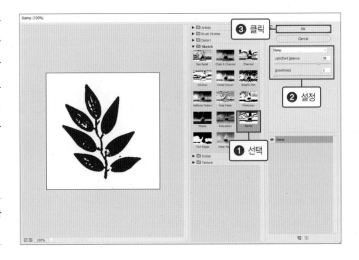

Tip

검색 사이트에서 다양한 나뭇잎 이미지를 찾아 새로운 아트웍을 만들어 보세요.

---

09 | 마술봉 도구(✦)를 선택하고 옵션바의 Tolerance를 '4'로 설정한 다음 'Anti-Alias'와 'Contiguous'의 체크 표시를 해제합니다. 나뭇잎을 클릭하여 선택하고 Ctrl+C를 눌러 복사합니다.

'bi_shingram' 작업창을 선택한 다음 Ctrl+V를 눌러 붙여 넣습니다. 메뉴에서 (Filter) → Convert for Smart Filters를 실행해 스마트 오브젝트 레이어로 만듭니다. Ctrl+T를 누르고 옵션바에서 W를 '30%', H를 '-30%', Rotate를 '125°'로 설정하여 회전합니다. S의 꼬리처럼 끝에 위치하도록 이동하여 마무리합니다.

Tip

스마트 오브젝트 레이어는 고유 속성을 유지해야 할 경우에 사용합니다. 이미지를 작게 줄였다가 다시 늘려도 원본 이미지에 손상을 주지 않습니다.

아기자기한 느낌으로 쇼핑몰 로고 디자인하기

귀여운 콘셉트의 반려동물을 위한 쇼핑몰 로고를 만들어 봅니다. 채도가 높은 색을 이용해 밝고 활발한 느낌을 주고 정형화되지 않은 원을 겹치며 아기자기함을 표현합니다. 쇼핑몰 로고는 주로 웹에서 이용하기 때문에 '웹용 파일'로 설정하여 제작합니다. 로고는 인쇄를 위해 고해상도로 조정할 때에도 이미지가 깨지지 않도록 벡터(Vector) 요소로 디자인하는 특징이 있습니다.

- 예제 파일 : 03\강아지아이콘.psd
- 완성 파일 : 03\bi_ohpetshop.psd

- Ellipse Shape(Fill)
- Free Transform(Scale, Rotate, Distort)
- Layer Opacity Layer Style(Stroke)
- Clipping Mask

01 | 메뉴에서 (File) → New(Ctrl+N)를 실행합니다. New Document 대화상자에서 파일 이름을 'bi_ohpetshop', Width를 '600Pixels', Height를 '490Pixels', Resolution을 '72Pixels/inch'로 설정한 다음 〈Create〉 버튼을 클릭합니다.

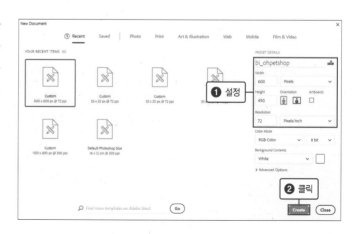

02 | 원형 도구(⬭)를 선택하고 옵션바에서 Fill을 '#0abbb5(민트색)', Stroke를 'No Color'로 지정합니다. 캔버스에 드래그하여 Width가 '130px', Height가 '110px'인 원을 그립니다.

메뉴에서 (Edit) → Transform Path → Distort를 실행하고 모서리를 드래그하여 자유롭게 변형한 다음 레이어 이름을 '1'로 변경합니다.

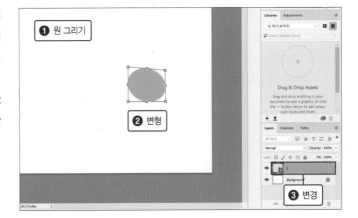

Tip

Ctrl+T를 누른 다음 Ctrl을 누른 채 마우스 포인터를 바운딩 박스의 조절점으로 가져가 드래그하여 Distort 명령처럼 자유롭게 변형할 수 있습니다.

03 | 같은 방법으로 Width가 '190px', Height가 '128px'인 원을 만들고 레이어 이름을 '2'로 변경합니다. 옵션바에서 Fill을 '#8a32b6(보라색)'으로 변경하고, Layers 패널에서 Opacity(투명도)를 '80%'로 설정합니다. Ctrl+T를 누르고 바운딩 박스를 시계 방향으로 회전합니다.

Tip

먼저 원의 색상을 바꾸면 '1' 레이어가 선택된 상태이므로 처음에 만든 원의 색상이 바뀝니다. 먼저 도형을 그려 새로운 레이어가 만들어지면 원하는 색상으로 변경하세요.

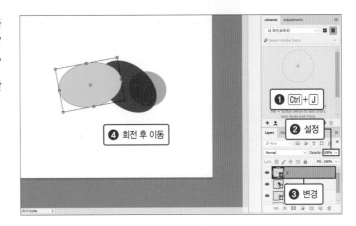

04 | Ctrl+J를 눌러 '2' 레이어를 복제한 다음 Opacity를 '100%'로 설정합니다. 레이어 이름을 '3'으로 변경하고 옵션바에서 Fill을 '#badd4f(연두색)'로 지정합니다. Ctrl+T를 누르고 바운딩 박스를 반시계 방향으로 회전한 다음 왼쪽으로 이동합니다.

05 | 같은 방법으로 Width/Height가 각각 '134px'인 원을 만들고 레이어 이름을 '4'로 변경합니다. 옵션바에서 Fill을 '#12b2ac(민트색)'로 지정하고, Opacity를 '70%'로 설정해 아래의 연두색 원과 색상을 겹칩니다. Layers 패널의 '4' 레이어에서 Alt+Ctrl+G를 눌러 클리핑 마스크를 적용합니다.

Tip

Alt를 누른 채 클리핑 마스크를 적용하고자 하는 레이어 사이를 클릭해도 됩니다.

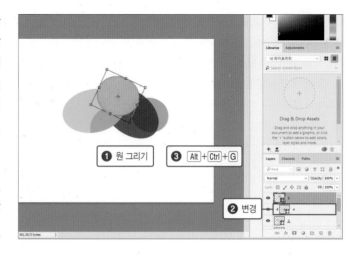

06 | 이번에는 Width가 '129px', Height가 '117px', Fill이 '#ffa922(주황색)'인 원을 그리고 레이어 이름을 '5'로 변경합니다. Ctrl+T를 누르고 시계 방향으로 약간 회전한 다음 위에 배치합니다.

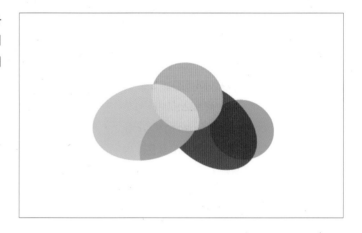

07 | '3' 레이어를 선택하고 Ctrl+J를 눌러 레이어를 복제한 다음 이름을 '3-1'로 변경합니다. '5' 레이어 위로 드래그하여 이동하고 Alt+Ctrl+G를 눌러 클리핑 마스크를 적용한 다음 Opacity를 '56%'로 설정합니다.

Tip

Layers 패널에서 복사하려는 레이어를 'Create a new layer' 아이콘으로 드래그해도 복제됩니다.

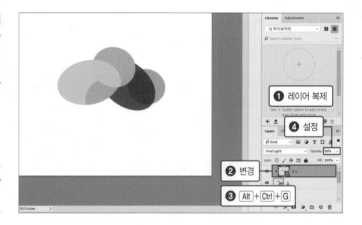

08 | 같은 방법으로 '2' 레이어를 선택하고 Ctrl
+J를 눌러 레이어를 복제한 다음 이름을 '2-1'로
변경합니다. '3-1' 레이어 위로 드래그하여 이동하고
Alt + Ctrl + G를 눌러 클리핑 마스크를 적용하고
Opacity를 '45%'로 설정합니다.

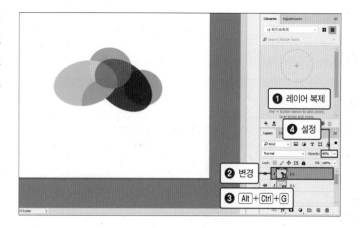

09 | 원형 도구(◎)로 Width/Height가 '19px',
Color가 '#fbac4c(주황색)'인 원을 그리고 레이어
이름을 '6'으로 변경한 다음 왼쪽 위로 이동합니다.

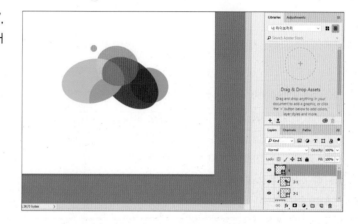

10 | 같은 방법으로 Width/Height가 '22px', Color가 '#0abbb5(민트색)'인 원을 그리고 레이어 이름을 '7'로 변경한 다음 오른쪽
위로 이동합니다. Width/Height가 '13px'인 작은 원을 그리고 레이어 이름을 '8'로 변경한 다음 왼쪽 아래로 이동합니다.

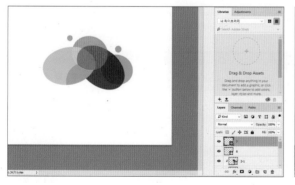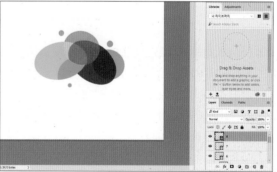

잠깐만요!   **벡터(Vector)와 비트맵(Bitmap)**

벡터와 비트맵은 이미지를 표현하는 방식을 말합니다. 비트맵은 픽셀(작은 점)들이 모여 표현되며 사진과 같은 이미지 형식입니다. 벡터는 수학적인 함
수 관계인 점, 선, 면으로 표현하며 서체, 로고, 아이콘 등의 이미지에 적합합니다. 수학적 좌표로 이미지를 구성하기 때문에 크기를 키우거나 줄여도 이
미지의 손상이 없습니다.

---

11 │ 03 폴더에서 '강아지아이콘.psd' 파일을 불러온 다음 'bi_ohpetshop' 캔버스에 복사해서 붙여 넣습니다. '강아지아이콘' 레이어를 선택하고 Layers 패널에서 'Add a layer style' 아이콘(ƒx)을 클릭하여 표시되는 메뉴에서 'Stroke'를 선택합니다. Layer Style 대화상자가 표시되면 Size를 '1px', Position을 'Outside', Blend Mode를 'Multiply', Opacity를 '20%', Color를 '#89898b(회색)'로 지정하고 〈OK〉 버튼을 클릭하여 얇은 회색 테두리를 만듭니다.

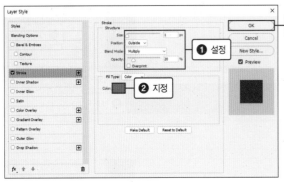 

12 │ 가로쓰기 문자 도구(T)를 선택한 다음 Character 패널에서 글꼴을 'Amatic SC', 글꼴 스타일을 'Bold', 글자 크기를 '70px', 자간을 '20', Anti-Aliasing을 'Strong'으로 지정합니다.
캔버스를 클릭해 'OHPETSHOP'을 입력합니다. 'OH'를 선택하고 Color를 '#a9a9a9(밝은 회색)'로 바꿉니다. 'PET'은 '#24afaa(민트색)', 'SHOP'은 '#a9a9a9(밝은 회색)'를 지정합니다.

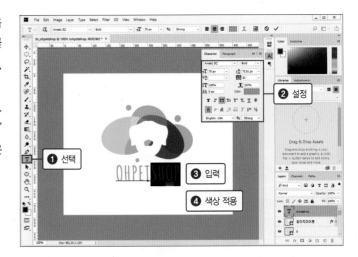

13 │ 텍스트 아래에 가로로 길게 드래그하여 W 가 '210px', H가 '28px'인 텍스트 박스를 만듭니다. 'HIGH QUALITY PET SHOP'을 입력한 다음 Paragraph 패널의 'Justify all(양끝 정렬)' 아이콘 (▪)을 클릭하여 마무리합니다.

3 BI 디자인

빈티지 느낌의 라벨 디자인하기

병에 둘러 붙이는 라벨 스티커를 만들어 봅니다. 편안한 느낌을 주기 위해 자극적인 요소, 색상을 절제하고 여백의 미를 살려 디자인합니다. 라벨 스티커는 인쇄해서 이용하므로 '인쇄용 파일'로 제작합니다. '인쇄용 파일 제작을 위한 기본 설정'에 관한 자세한 내용은 118쪽을 참고하세요.

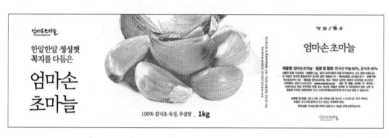

- **예제 파일** : 03\엄마손초마늘_내용.txt, bi_manle.psd, 마늘들.jpg, 잎사귀_라인일러스트.psd
- **완성 파일** : 03\bi_manle_label.psd

- Print Guide(절단선, 마진 설정)
- (Filter) → Filter Gallery
- Ellipse Paragraph Type
- Custom Shape / Brush
- Free Transform(Rotate)

1 라벨 레이아웃 디자인하기 ● ● ●

01 | 메뉴에서 (**File**) → New(Ctrl+N)를 실행합니다. New Document 대화상자에서 파일 이름을 'bi_manle_label', Width를 '204Millimeters', Height를 '60Millimeters', Resolution을 '300 Pixels/inch', Color Mode를 'CMYK Color / 8bit'로 지정한 다음 〈Create〉 버튼을 클릭합니다.

> **Tip**
>
> 새 문서를 설정할 때 꼭 단위 'Millimeters'와 컬러 모드 'CMYK Color'의 설정을 체크하세요. 웹용 단위인 'px'로 설정하면 이후 작업이 어려워집니다.

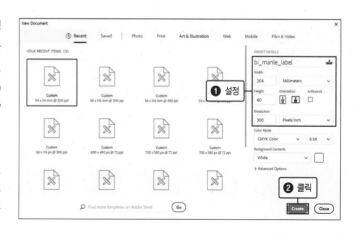

02 | 사각형 도구(▣)를 선택하고 옵션바에서 Fill을 '#000000(검은색)'으로 지정합니다. 캔버스에 드래그하여 Width가 '204mm', Height가 '60mm'인 사각형을 그립니다. 레이어 이름을 'Bleed'로 변경합니다.

Tip

인쇄 시 잘려나가는 도련 영역을 만드는 작업입니다.

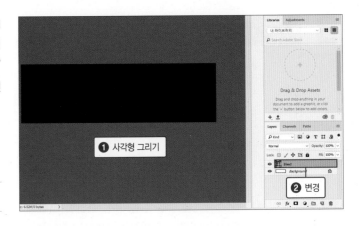

03 | 이어서 캔버스에 드래그하여 Width가 '200mm', Height가 '56mm'인 사각형을 그립니다. 옵션바에서 Fill을 '#b4202c(빨간색)'로 지정한 다음 레이어 이름을 'Trim'으로 변경합니다.

Tip

두 번째 도형을 그리기 위해 먼저 색상을 변경하면 첫 번째 도형 레이어가 선택된 상태이므로 첫 번째 도형의 색상이 바뀌기 때문에 도형을 그리고 나서 색상을 변경하세요.

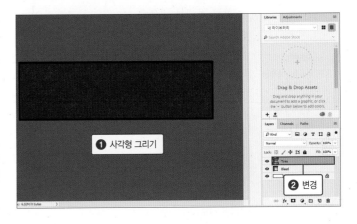

04 | 캔버스에 드래그하여 Width가 '196mm', Height가 '52mm'인 사각형을 만듭니다. 옵션바에서 Fill을 '#ef9e23(노란색)'으로 지정하고 레이어 이름을 'Area'로 변경합니다.
[Ctrl]을 누른 채 'Background', 'Bleed', 'Trim', 'Area' 레이어를 선택합니다. 옵션바에서 'Align vertical centers' 아이콘(▮▮)과 'Align horizontal centers' 아이콘(▮)을 클릭하여 정렬합니다.

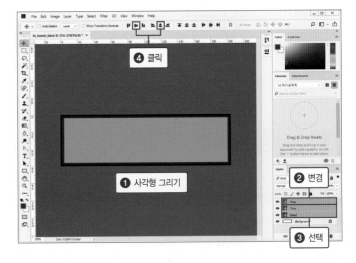

05 | 기준선을 만들기 위해 먼저 Ctrl+R을 눌러 눈금자를 표시한 다음 왼쪽과 위쪽 눈금자를 캔버스로 드래그하여 가로와 세로 안내선을 만듭니다. 'Bleed', 'Trim', 'Area' 레이어의 눈 아이콘(◉)을 클릭하여 숨깁니다.

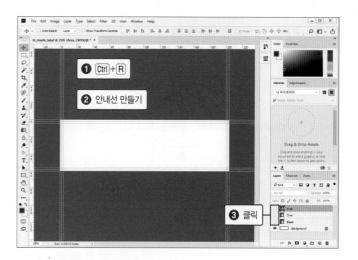

06 | 탐색기에서 03 폴더의 '마늘들.jpg' 파일을 캔버스에 드래그해 불러옵니다. 옵션바에서 W/H를 '9.6%'로 설정하여 크기를 조정합니다.

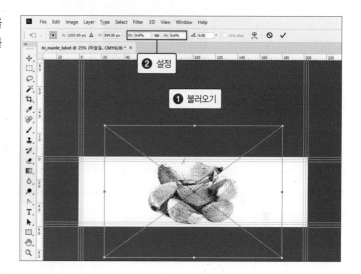

07 | Layers 패널에서 'Add a layer style' 아이콘(fx)을 클릭해 표시되는 메뉴에서 'Color Overlay'를 선택합니다. Layer Style 대화상자에서 Blend Mode를 'Screen', Color를 '#be4629(말린 장미색)', Opacity를 '100%'로 설정하고 〈OK〉 버튼을 클릭합니다.

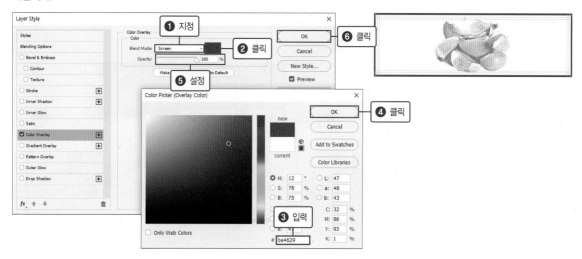

133

01 | 탐색기에서 03 폴더의 'bi_manle.psd' 파일(로고)을 캔버스에 드래그해 불러온 다음 옵션바에서 W/H를 '10%'로 설정합니다. Layers 패널에서 'Add a layer style' 아이콘(*fx*)을 클릭해 표시되는 메뉴의 'Color Overlay'를 선택합니다. Layer Style 대화상자에서 Blend Mode를 'Normal', 색상을 '#231815(어두운 고동색)'로 설정한 다음 〈OK〉 버튼을 클릭합니다.

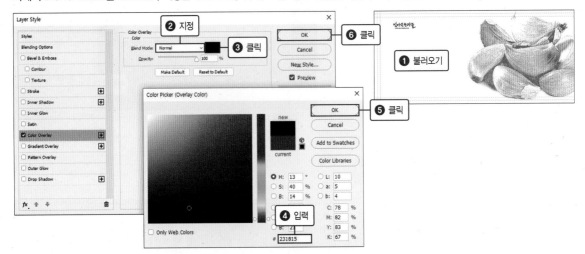

02 | Character 패널에서 글꼴을 'Nanum Myeongjo', 글꼴 스타일을 'Regular', 글자 크기를 '4.31mm', 자간을 '−75', 가로 장평을 '96%', Color를 '#231815(어두운 고동색)', Anti-Aliasing을 'Crisp'로 지정합니다. 가로쓰기 문자 도구(T)를 이용해서 문자를 입력하고 '정성껏 꼭지'를 드래그하여 선택한 다음 글꼴 스타일을 'Bold'로 지정합니다.

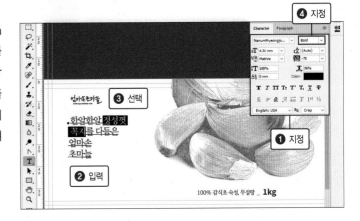

03 | '엄마손 초마늘' 문자를 드래그하여 선택하고 글자 크기를 '10.2mm'로 변경합니다. '엄마손' 문자를 선택하고 행간을 '13.4mm'로 변경합니다. '한'과 '꼭' 문자 앞에 한 칸을 띄어쓰기합니다.

04 | 가로쓰기 문자 도구(T)를 이용해 문자를 입력합니다. Character 패널에서 글자 크기를 '2.7mm', 행간을 'Auto', 자간을 '-75'로 설정합니다.
'1kg'을 입력하고 글꼴을 'Noto Sans CJK KR', 글꼴 스타일을 'Bold', 글자 크기를 '3.6mm', 자간을 '0', Color를 '#45403f(어두운 회색)'로 지정합니다.

05 | 문자를 입력하고 Character 패널에서 글꼴을 'Nanum Myeongjo', 글꼴 스타일을 'Regular', 글자 크기를 '1.4mm', 행간을 '2.2mm', Color를 '#231815(어두운 고동색)'로 지정합니다.
'엄마손초마늘' 문자를 드래그하여 선택한 다음 글꼴 스타일을 'Bold'로 변경합니다.
Ctrl+T를 누르고 옵션바의 Rotate를 '-90°'로 설정한 다음 Enter를 두 번 눌러 적용합니다.

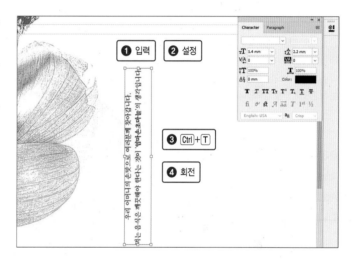

06 | 원형 도구(◯)를 선택하고 옵션바에서 Fill을 'No Color', Stroke를 '#b4202c(빨간색)'로 지정합니다. 캔버스에 드래그하여 Width/Height가 '51mm'인 원을 그립니다. 레이어 이름을 'Guide line'으로 변경합니다.

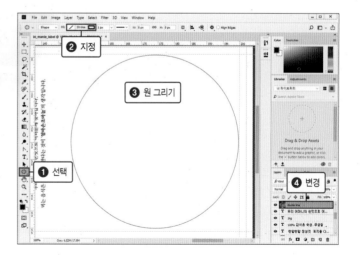

07 | 가로쓰기 문자 도구(T)를 선택하고 원 안쪽에 둥근 점선 아이콘이 나타나면 클릭하여 내용을 입력합니다.

Character 패널에서 글꼴을 'Noto Sans CJK KR', 글자 크기를 '1.34mm', 행간을 '1.8mm', 자간을 '−45', 가로 장평을 '97%'로 설정합니다.

Tip

내용은 03 폴더의 '엄마손초마늘_내용.txt' 파일에서 복사하여 사용하세요.

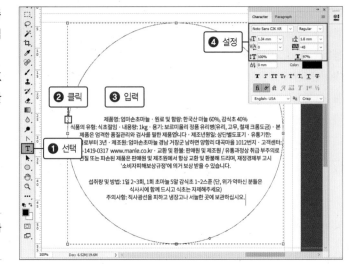

Tip

마우스 포인터 모양을 잘 살펴보세요. 둥근 점선 아이콘은 도형 크기에 맞춰 문단 형식으로 글을 입력하고, 물결무늬 아이콘은 도형 패스에 맞춰 흐르는 느낌으로 글을 입력합니다. 사각형 점선 아이콘은 도형의 영향을 받지 않는 일반 입력창입니다.

08 | 문자를 드래그하여 선택한 다음 Paragraph 패널에서 'Justify just left' 아이콘(▤)을 클릭하고, Add space after paragraph를 '0.4mm'로 설정합니다.

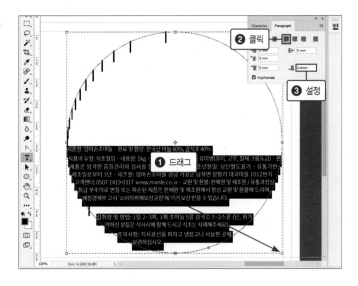

09 | 제목 부분의 글꼴 스타일을 'Medium'으로 지정합니다. 도메인 주소는 더욱 강조하고자 글꼴 스타일을 'Bold'로 변경합니다. 영문과 숫자, 기호와 기호 옆 마지막 글자를 하나씩 선택하고 자간을 '−10'으로 설정합니다. 첫 번째 줄 내용을 선택한 다음 글자 크기를 '2mm'로 변경합니다.

10 | 가로쓰기 문자 도구(T)를 이용해 '엄마손초마늘'을 붙여서 입력하고 Character 패널에서 글꼴을 'Nanum Myeongjo', 글자 크기를 '5.4mm', 자간을 '−75', 가로 장평을 '96%'로 설정합니다. '손'을 선택하고 자간을 '50'으로 설정합니다.

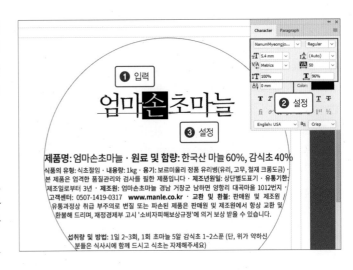

11 | 'bi_manle' 레이어를 선택한 다음 (Ctrl)+(J)를 눌러 복제하고 마우스 오른쪽 버튼을 클릭해 표시되는 메뉴에서 **Clear Layer Style**을 실행하여 레이어 스타일을 삭제합니다.
(Ctrl)+(T)를 누른 다음 옵션바에서 W/H를 '7.5%'로 설정합니다. 빨간색 원 아래로 이동합니다.

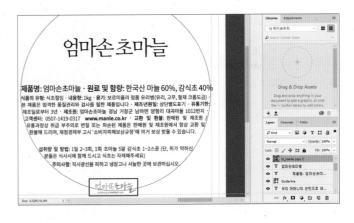

12 | 탐색기의 03 폴더에서 '잎사귀_라인일러스트.psd' 파일을 선택하고 캔버스로 드래그해 아이콘 이미지들을 가져옵니다. 옵션바에서 W/H를 '50%'로 설정하고 빨간색 원 위로 이동합니다.

13 | 브러시 도구(✏️)를 선택하고 전경색을 '#fbb440(주황색)'으로 지정합니다. Layers 패널에서 'Create a new layer' 아이콘(🗂️)을 클릭하여 새 레이어를 만들고 이름을 'Deco'로 변경합니다. 캔버스에서 마우스 오른쪽 버튼을 클릭하여 표시되는 Brushes 패널에서 'Soft Round' 브러시를 선택하고 Size를 '20px', Hardness를 '50%'로 설정한 다음 캔버스에 점을 그립니다. Size를 '8px'로 설정한 다음 작은 점도 그립니다.

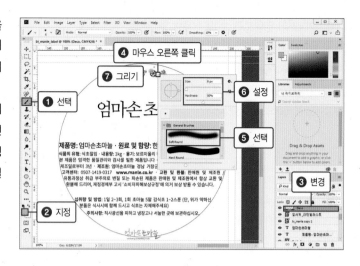

14 | Layers 패널에서 'Deco' 레이어를 '잎사귀_라인일러스트' 레이어 아래로 드래그하여 이동하고 'Guide line' 레이어의 눈 아이콘(👁️)을 클릭하여 숨겨서 마무리합니다.

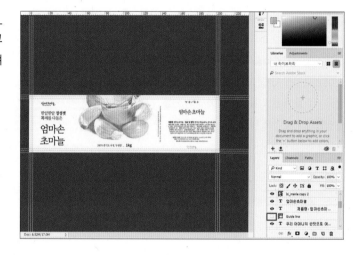

브랜드 홍보를 위한 택배 상자 라벨 디자인하기

온라인 사업의 기본은 쇼핑몰에 주문이 들어오면 택배로 발송하는 것입니다. 전국을 누비며 브랜드를 홍보하는 영업사원의 역할을 하는 것이 바로 택배 상자이지요. 인쇄 추가 비용이 적게 들도록 1도 인쇄로 멀리서도 잘 보이게 디자인해 봅니다.

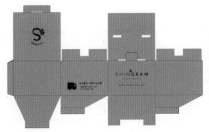 

- **예제 파일** : 03\패턴_종이재질.pat, 나뭇잎_2.png, 택배트럭.psd, 하트.psd, 맘씨좋은_내용.txt
- **완성 파일** : 03\box_label_front.psd, box_label_side.psd

- 로고 변형
- Layer Mask
- Pattern Overlay
- Line Shape

1 택배 상자 라벨 앞면 디자인하기 • • •

01 | 메뉴에서 (File) → New(Ctrl+N)를 실행합니다. New Document 대화상자에서 파일 이름을 'box_label_front', Width를 '260Millimeters', Height를 '180Millimeters', Resolution을 '300 Pixels/Inch', Color Model을 'CMYK Color / 8bit'로 지정한 다음 〈Create〉 버튼을 클릭합니다.

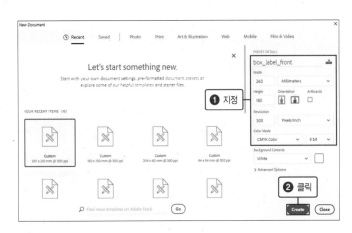

02 | 패턴을 등록하기 위해 메뉴에서 **(Edit)** → **Presets** → **Preset Manager**를 실행합니다. Preset Manager 대화상자가 표시되면 Preset Type을 'Patterns'로 지정하고 〈Load〉 버튼을 클릭합니다. Load 대화상자가 표시되면 03 폴더에서 '패턴_종이재질.pat' 파일을 선택한 다음 〈Load〉 버튼을 클릭합니다. 다시 Preset Manager 대화상자에서 〈Done〉 버튼을 클릭합니다.

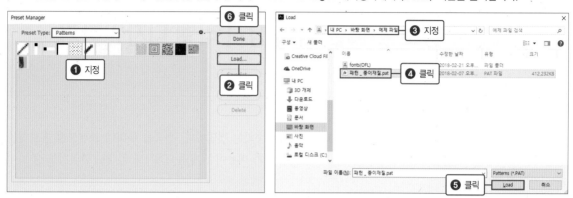

03 | Layers 패널에서 'Create new fill or adjustment layer' 아이콘(●)을 클릭해 표시되는 메뉴에서 'Pattern'을 선택합니다. Pattern Fill 대화상자가 표시되면 패턴 이미지 중 '패턴_크라프트지'를 선택하고 Scale을 '100%'로 설정합니다. 'Link with Layer'에 체크 표시한 다음 〈OK〉 버튼을 클릭합니다.

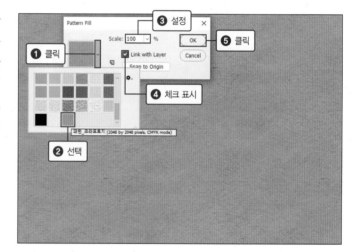

04 | 가로쓰기 문자 도구(T)를 이용해 'SHINGRAM'을 입력하고 Character 패널에서 글꼴을 'Raleway', 글자 크기를 '24mm', 자간을 '320', Color를 '#3e3a39(진한 회색)'로 지정합니다. 'GRAM'을 선택하고 글꼴 스타일을 'SemiBold'로 지정합니다. 옵션바에서 'Center text' 아이콘(틀)을 클릭하여 가운데 정렬합니다.

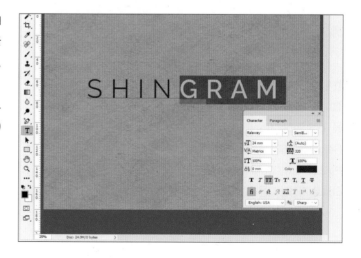

05 | Ctrl+G를 눌러 그룹을 만들고 이름을 'Label'
로 변경한 다음 블렌딩 모드를 'Multiply'로 지정합
니다.

06 | 가로쓰기 문자 도구(T)를 이용해 'trend for
fashion'을 입력한 다음 Character 패널에서 글꼴
을 'Vollkorn', 글꼴 스타일을 'Italic', 글자 크기를
'11.5mm', 자간을 '167', Color를 '#3e3a39(진한
회색)'로 지정합니다.

07 | 선 도구(/)를 선택한 다음 옵션바에서 Fill을
'#727171(회색)', Stroke를 'No Color / 2mm'로
설정합니다. 캔버스에서 Shift를 누른 채 가로로 드래
그하며 툴 팁을 참고해서 'L : 180mm' 길이의 선을
그립니다.

08 | 레이어 이름을 'line'으로 변경합니다. 가로쓰기 문자 도구(T)를 이용해 도메인 주소를 입력하고 Character 패널에서 글꼴을 'Vollkorn', 글꼴 스타일을 'Italic', 글자 크기를 '14mm', 자간을 '167', Color를 '#3e3a39(진한 회색)'로 지정합니다.

09 | Layers 패널에서 'Label' 그룹의 모든 레이어를 선택합니다. 이동 도구(✛)를 선택한 다음 옵션바에서 'Align Horizontal Centers' 아이콘(♣)을 클릭하여 가운데 정렬합니다.

10 | 03 폴더에서 '나뭇잎_2.png' 파일을 캔버스로 드래그하여 불러옵니다. 옵션바에서 W/H를 '26.7%', Rotate를 '−32.3°'로 설정합니다.

잠깐만요! 　**인쇄용 전개도 파일 제작**

원하는 크기와 스타일의 택배 상자를 선택했다면 인쇄업체에 직접 의뢰하여 택배 상자의 전개도 파일을 다운로드합니다. 정확한 위치에 원하는 크기로 제작하고 싶다면 직접 디자인을 얹혀서 보내는 것이 좋습니다. 규격화된 택배 상자를 선택한 경우에는 A 또는 B면에 들어갈 위치를 확인해 이미지 파일만 보내도 택배 상자 제작에 어려움이 없습니다.

11 | Layers 패널에서 'Add layer mask' 아이콘(⬚)을 클릭하여 마스크를 적용합니다. 브러시 도구(✎)를 선택한 다음 ⊠를 눌러 전경색과 배경색을 교체하여 배경색을 '#000000(검은색)'으로 지정합니다.

옵션바에서 브러시를 'Hard Round'로 선택하고 Size를 '50px'로 설정합니다. 가리고 싶은 잎사귀 아랫부분을 드래그하여 지웁니다.

12 | 파일을 저장한 다음 메뉴에서 (**File**) → **Save As**(Shift+Ctrl+S)를 실행합니다. 다른 이름으로 저장 대화상자가 표시되면 저장 위치를 지정한 다음 파일 이름에 'box_label_side.psd'를 입력하고 〈Save〉 버튼을 클릭하여 택배 상자 옆면 파일을 저장합니다.

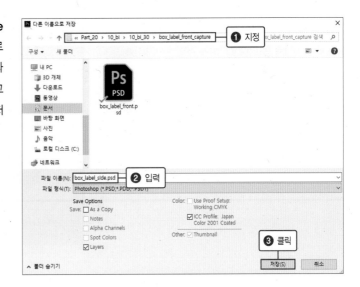

2 택배 상자 라벨 옆면 디자인하기 ● ● ●

01 | Layers 패널에서 'Label' 그룹 이름을 'Label 2'로 변경합니다. 라벨을 디자인하기 위해 'Pattern Fill 1' 레이어를 제외한 레이어를 삭제한 다음 'Label 2' 그룹을 선택합니다.

02 | 03 폴더에서 '택배트럭.psd' 파일을 불러온
다음 'truck shape' 레이어를 'box_label_side.
psd' 작업창에 복제합니다. Ctrl+T를 누르고 옵션
바에서 W/H를 '50%'로 설정해 크기를 조정합니다.

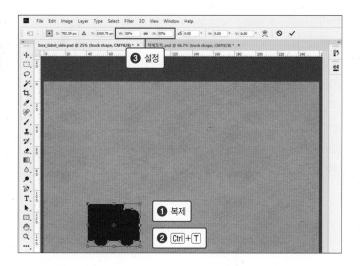

03 | 탐색기의 03 폴더에서 '하트.psd' 파일을 캔
버스로 드래그해 불러옵니다. 패스 선택 도구(▶)를
선택하고 'heart shape'를 클릭한 다음 Ctrl+C를
눌러 복사합니다. 'truck shape' 레이어를 선택하고
Ctrl+V를 눌러 붙여 넣습니다.

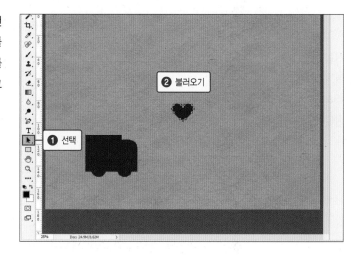

04 | 옵션바에서 'Path Operations' 아이콘(▣)
을 클릭하여 표시되는 메뉴에서 'Subtract from
Front Shape'를 선택합니다.

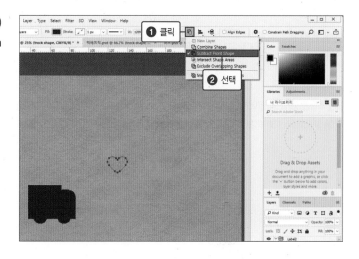

144

05 │ Ctrl+T를 누른 다음 트럭 오른쪽 위에 드래 그하여 이동합니다. 옵션바에서 W/H를 '50%'로 설 정하여 축소합니다.

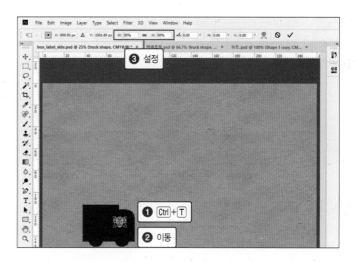

06 │ 가로쓰기 문자 도구(T)를 이용해 내용을 입력한 다음 Character 패널에서 글꼴을 'Noto Sans CJK KR', 글꼴 스타일을 'Black', 글자 크기 를 '11mm', 자간을 '167', Color를 '#3d3a39(어두 운 회색)'로 지정합니다.

> **Tip**
>
> 내용은 03 폴더의 '맘씨좋은_내용.txt' 파일을 참고하세요.

07 │ 추가로 문구를 입력하고 Character 패널에서 글꼴 스타일을 'Medium', 글자 크기를 '10mm', 행간을 '12mm', 자간을 '−10' 으로 지정하여 마무리합니다. 인쇄용 전개도 파일을 제작해 실제로 출력하는 방법은 142쪽의 [잠깐만요]를 참고합니다.

고객 만족을 위한 교환/반품 안내 디자인하기

택배로 상품을 받았을 때 교환/반품에 대해 상세히 안내하면 쇼핑몰에 대해 신뢰를 줄 수 있습니다. 이처럼 고객이 상품을 구매한 다음에는 사후관리에도 신경 써야 합니다. 여기서는 고객 만족을 위한 친절한 교환/반품 안내서를 디자인하겠습니다.

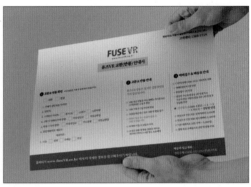

■ 예제 파일 : 03\bi_fusevr.psd, 교환반품안내서_내용.txt
■ 완성 파일 : 03\guide_refund.psd

■ Line / Rectangle / Circle Shape(Fill, Stroke)
■ Layer Opacity

---

1 교환/반품 안내 페이지 상단 디자인하기   • • •

01 | 메뉴에서 (File) → New(Ctrl+N)를 실행합니다. New Document 대화상자에서 파일 이름을 'guide_refund', Width를 '297Millimeters', Height를 '210Millimeters', Color Mode를 'CMYK Color / 8bit'로 지정하고 〈Create〉 버튼을 클릭합니다.

02 | 새 레이어를 만들기 위해 Shift+Ctrl+N을 눌러 New Layer 대화상자에서 Name에 'Guide'를 입력하고 〈OK〉 버튼을 클릭합니다. 전경색을 '#939393(회색)'으로 지정한 다음 Ctrl+A를 눌러 전체 선택하고 Alt+Delete를 눌러 색을 채웁니다.

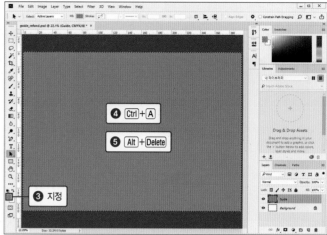

03 | 메뉴의 (Select) → **Transform Selection**을 실행합니다. 옵션바에서 W를 '291mm', H를 '204mm'로 설정한 다음 Delete를 눌러 선택 영역을 지웁니다.

04 | Ctrl을 누른 채 'Guide' 레이어의 섬네일을 클릭하여 선택 영역을 만듭니다. Ctrl+R을 눌러 눈금자를 표시한 다음 왼쪽과 위쪽 눈금자를 각각 이미지의 선택 영역으로 드래그하여 가로/세로 안내선을 만듭니다.

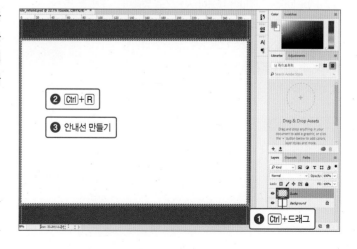

Tip

사방에 3mm 도련 영역을 설정하는 작업입니다.

05 | 사각형 선택 도구(▢)를 선택한 다음 흰색 부분에 드래그하면서 툴 팁을 확인하며 W/H가 '7mm'인 선택 영역을 만듭니다. 다음과 같이 선택 영역을 기준으로 왼쪽 위 안내선 옆에 드래그하여 가로/세로 안내선을 추가합니다. 선택 영역을 오른쪽 아래로 이동한 다음 같은 방법으로 가로/세로 안내선을 추가합니다.

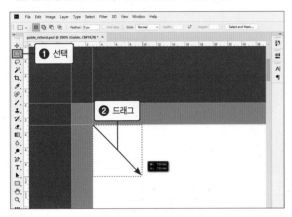

06 | 레이어 그룹을 만들고 이름을 'top'으로 변경합니다. 탐색기의 03 폴더에서 'bi_fusevr.psd' 파일을 캔버스에 드래그해 불러옵니다. 옵션바에서 W/H를 '34%'로 설정하고 'bi_fusevr' 레이어의 섬네일을 더블클릭합니다. 편집 모드에서 'Franchises use FUSE VR' 레이어의 눈 아이콘(👁)을 클릭하여 숨깁니다. Ctrl+S를 눌러 파일을 저장하고 창을 닫습니다.

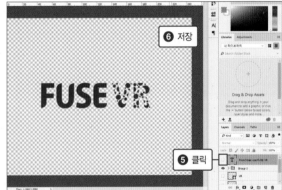

07 | 'bi_fusevr' 레이어 내용이 자동으로 업데이트됩니다. 도메인 주소를 입력하고 Character 패널에서 글꼴을 'Noto Sans CJK KR', 글꼴 스타일을 'Medium', 글자 크기를 '3mm', 자간을 '200', Color를 #494454(어두운 회색)로 지정합니다.

08 | 사각형 도구(▢)를 선택하고 옵션바에서 Fill 을 '#b2d8f3(하늘색)'으로 지정한 다음 캔버스에 드 래그해 Width가 '82mm', Height가 '14mm'인 사 각형을 만듭니다.

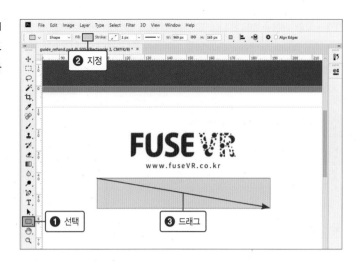

09 | 가로쓰기 문자 도구(T)를 이용해 제목을 입 력하고 Character 패널에서 글꼴을 'Noto Serif CJK KR', 글꼴 스타일을 'Bold', 글자 크기를 '7mm', 자간을 '−75', 가로 장평을 '97%', Color를 '#000000(검은색)', Anti−Aliasing을 'Sharp'로 지정합니다.

Tip

03 폴더의 '교환반품안내서_내용.txt' 파일에서 내용을 복 사하여 사용하세요.

10 | 오른쪽 위에 '반송 주소~'를 입력한 다음 Character 패널에서 글자 크기를 '4mm', 자간을 '−75', 가로 장평을 '97%'로 설정합니다. 고객 센터 전화번호도 입력하고 글자 크기를 '5mm' 로 변경합니다.

Tip

영문, 숫자, 기호와 기호 옆 마지막 글자를 하나씩 선택한 다음 자간을 '0', 가로 장평을 '100%'로 설정하면 가독성이 높아지고 글꼴의 아름다움을 표현할 수도 있습니다.

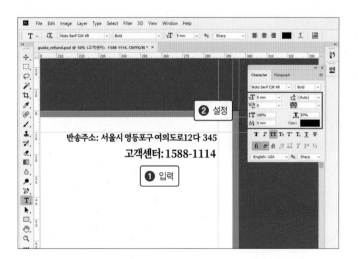

11 | 'top' 그룹을 선택한 다음 'Create a new group' 아이콘(□)을 클릭하고 그룹 이름을 'contents'로 변경합니다.
메뉴에서 (View) → New Guide를 실행하여 표시되는 New Guide 대화상자에서 'Vertical'을 선택하고 Position을 '50%'로 설
정한 다음 〈OK〉 버튼을 클릭합니다.

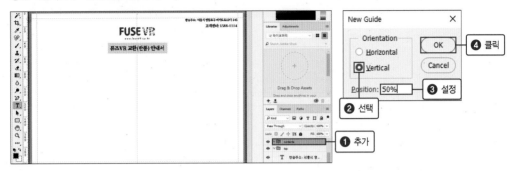

2 교환/반품 안내 페이지 상세 정보 디자인하기 · · ·

01 | 사각형 도구(□)를 선택한 다음 옵션바에서 Fill을 '#b2d8f3(하늘색)'으로 지정하고 다음과 같이 캔버스를 클릭합니다. Create
Rectangle 대화상자가 표시되면 Width를 '1mm', Height를 '93mm'로 설정하고 〈OK〉 버튼을 클릭합니다. 레이어 이름을 'line 1'
로 변경하고 안내선에 맞춰 선을 이동합니다.

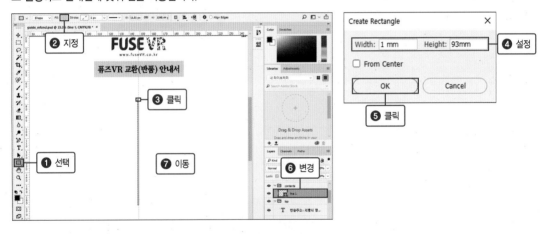

02 | 메뉴에서 (View) → New Guide를 실행하여 표시되는 New Guide 대화상자에서 'Vertical'을 선택하고 Position을 '75%'
로 설정한 다음 〈OK〉 버튼을 클릭합니다. Ctrl+J를 눌러 'line 1' 레이어를 복제한 다음 이름을 'line 2'로 변경하고 안내선에 맞춰
이동합니다. Ctrl을 누른 채 'line 1'과 'line 2' 레이어를 선택하고 Ctrl+G를 눌러 그룹을 만든 다음 이름을 'line'으로 변경합니다.

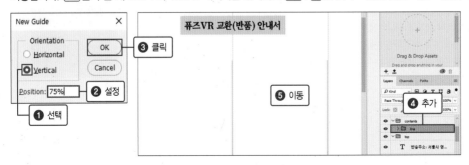

03 | 'line' 그룹을 선택한 채 'Create a new group' 아이콘(□)을 클릭하고 그룹 이름을 'title 1'로 변경합니다. 원형 도구(○) 를 선택하고 옵션바에서 Fill을 '#000000(검은색)'으로 변경한 다음 캔버스를 클릭합니다. Create Ellipse 대화상자에서 Width/ Height를 '6.6mm'로 설정한 다음 〈OK〉 버튼을 클릭합니다.

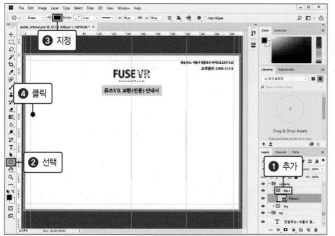
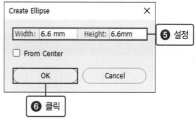

04 | '1 교환~보내주세요'를 입력하고 Character 패널에서 글꼴을 'Noto Serif CJK KR', 글꼴 스 타일을 'Bold', 글자 크기를 '5mm', 자간을 '–75', Color를 '#000000(검은색)', Anti–Aliasing을 'Sharp'로 지정합니다.

숫자 '1'을 선택한 다음 Color를 '#ffffff(흰색)'로 변경 합니다. '아래 내용을~보내주세요'를 선택하고 글자 크기를 '3.5mm', Color를 '#5e5e5f(회색)'로 변경 합니다.

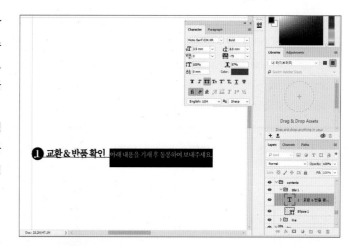

05 | 'title 1' 그룹을 선택한 다음 Ctrl+J를 눌러 복제하고 그룹 이름을 'title 2'로 변경한 다음 옆으로 이동합니다. 같은 방법으로 한 번 더 복제하고 그룹 이름을 'title 3'로 변경한 다음 옆으로 이동합니다. 'title 2'와 'title 3'의 내용을 다음과 같이 변경합니다.

06 | 'title 3' 그룹 위에 'Group 1' 그룹을 만듭니다. 사각형 도구(□)를 선택하고 옵션바에서 Fill을 'No Color', Stroke를 '#d5d5d5(밝은 회색)', Stroke를 '0.68mm'로 설정한 다음 캔버스를 클릭합니다. Create Rectangle 대화상자에서 Width/Height를 '6.52mm'로 설정한 다음 〈OK〉 버튼을 클릭합니다. 레이어 이름을 'check box'로 변경합니다.

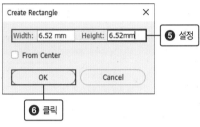

07 | 가로쓰기 문자 도구(T)를 이용해 '교환 반품'을 입력하고 Character 패널에서 글꼴을 'Noto Serif CJK KR', 글꼴 스타일을 'Bold', 글자 크기를 '4.3mm', 자간을 '-75', 가로 장평을 '97%', Color를 '#5e5e5f(회색)'로 지정합니다.

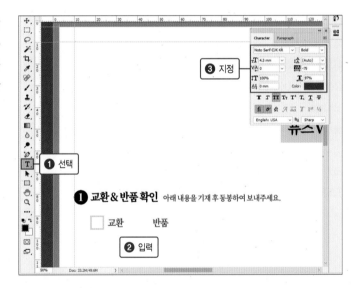

08 | 'check box' 레이어를 선택하고 Ctrl+J를 눌러 복제한 다음 '반품' 문자 왼쪽으로 이동하여 고객이 체크 표시할 수 있도록 디자인합니다.

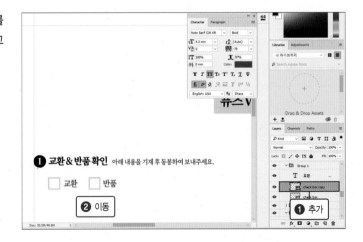

09 | '1. 구매자 성함~변심'을 입력하고 Character 패널에서 글자 크기를 '4mm', 행간을 '8.5mm'로 설정합니다.

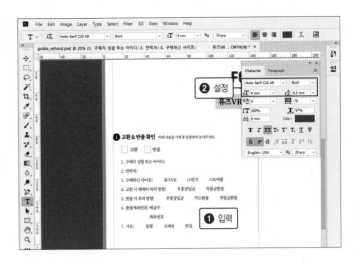

10 | 사각형 도구(▢)를 선택한 다음 옵션바에서 Fill을 '#d5d5d5(밝은 회색)'로 지정하고 다음과 같이 캔버스를 클릭합니다. Create Rectangle 대화상자에서 Width를 '117mm', Height를 '0.08mm'로 설정한 다음 〈OK〉 버튼을 클릭합니다. 레이어 이름을 'gray line'으로 변경합니다.

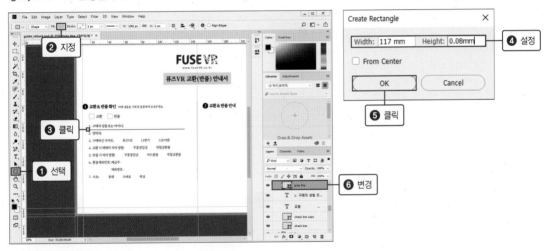

11 | 'gray line' 레이어를 선택하고 Ctrl+J를 눌러 복제한 다음 아래로 이동합니다. 같은 방법을 반복하여 항목마다 밑줄을 추가합니다.

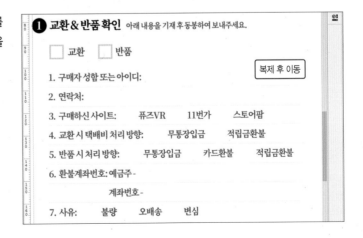

12 | 'check box' 레이어를 체크 표시해야 하는
영역에 맞춰 [Ctrl]+[J]를 눌러 복제하고 배치합니다.

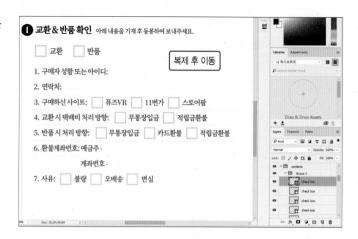

13 | 'Group 1' 그룹을 선택하고 'Create a new
group' 아이콘(📁)을 클릭합니다. 가로쓰기 문자
도구([T])를 이용해 '퓨즈VR~발송됩니다.'를 입력한
다음 Character 패널에서 글자 크기를 '4.5mm',
행간을 '6mm', Color를 '#6b9dc2(하늘색)'로 지정
합니다.

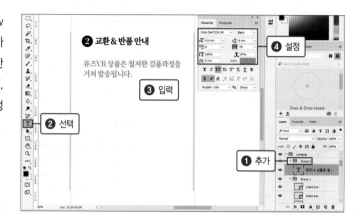

14 | 캔버스를 클릭한 다음 '☆ 교환 혹은~소요예
정'을 입력하고 Character 패널에서 글자 크기를
'3.5mm', Color를 '#5e5e5f(회색)'로 지정합니다.
강조하고자 하는 '☆ 택배비~반품 지연'을 드래그해
선택하고 Color를 '#6ea4cb(연한 하늘색)'로 변경
합니다.

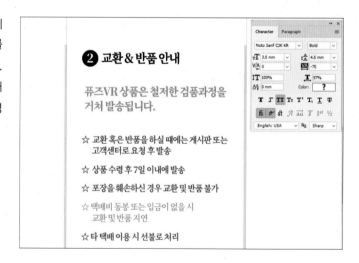

잠깐만요! 　교환/반품 안내서

고객이 어떠한 사유로 상품의 교환이나 반품을 원할 때 일정한 양식에 맞춰 필요한 정보를 기입하도록 하여 빠르고 정확하게 교환/반품 절차를 밟을 수
있게 안내합니다.
서식 구성 항목은 고객명, 전화번호, 주문 일자, 제품명, 반품/교환 여부, 반품/교환 사유, 카드 및 현금 구분, 환불 계좌 등의 내용이 기재됩니다.
택배를 발송할 때마다 한 장씩 넣어야 하는 소모품이니 단가를 무시할 수 없지요. 종이 재질은 96~100g의 아트지처럼 흔히 볼 수 있는 전단지 두께
로 인쇄하면 부담이 없습니다.

---

15 | Paragraph 패널에서 Indent first line 을 '-4.2mm', Add space after paragraph를 '3mm'로 설정하여 단락을 정렬합니다.

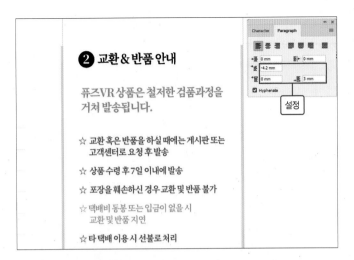

16 | '☆ CI한국택배~무료'를 입력한 다음 Character 패널에서 글자 크기를 '3.5mm', 행간을 '5mm'로 설정합니다. Paragraph 패널에서 Indent first line을 '-4.2mm', Add space after paragraph를 '2mm'로 설정합니다.

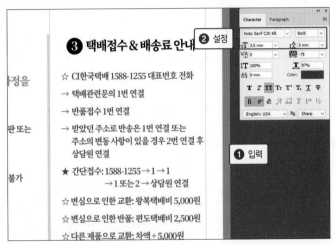
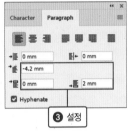

17 | 강조하고자 하는 '간단접수~상담원 연결'을 드래그하여 선택하고 글자 크기를 '4mm', 글꼴 스타일을 'Black'으로 지정합니다.
'간단접수'를 선택하고 Color를 '#6b9dc2(하늘색)'로 지정합니다. '★'을 선택한 다음 글자 크기를 '4.3mm', 행간을 '6.5mm'로 설정합니다.

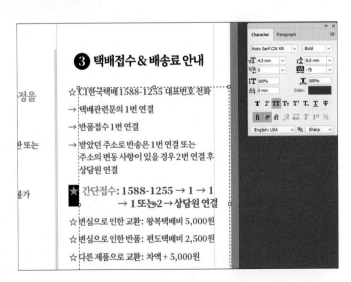

> **Tip**
>
> 영문, 숫자, 기호와 기호 옆 마지막 글자를 하나씩 선택하고 자간을 '0', 가로 장평을 '100%'로 변경하여 가독성을 높입니다.

18 | 사각형 도구(▢)를 선택한 다음 Fill을 '#1b4c89(남색)'로 지정하고 캔버스를 클릭합니다. Create Rectangle 대화상자에서 Width를 '297mm', Height를 '26mm'로 설정하고 〈OK〉 버튼을 클릭합니다.

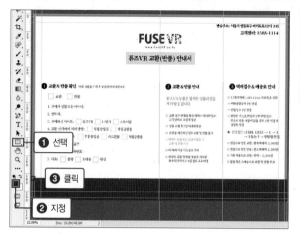

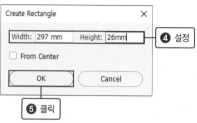

19 | '홈페이지~바랍니다.'를 입력하고 Character 패널에서 글자 크기를 '5mm', 행간을 'Auto', 자간을 '-50', Color를 '#ffffff(흰색)', Anti-Aliasing을 'Crisp'로 지정합니다.

도메인 주소를 선택하고 글꼴 스타일을 'Black', 자간을 '0', 가로 장평을 '100%'로 설정합니다.

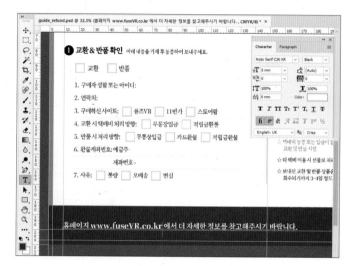

20 | '배송비~(주)퓨즈VR'을 입력하고 Character 패널에서 글꼴 스타일을 'SemiBold', 글자 크기를 '4mm', 행간을 '7mm', 자간을 '-50', 가로 장평을 '97%'로 설정합니다. '배송비 입금계좌'를 선택한 다음 글꼴 스타일을 'Black', 자간을 '-25'로 설정하여 마무리합니다.

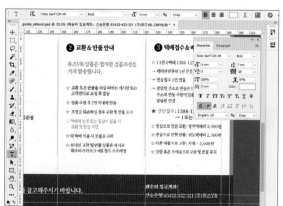

6

✨ 마케팅 요소 디자인

쇼핑몰을 소개하는 메인 슬라이드 디자인하기

고객이 쇼핑몰에 방문하여 처음 마주하는 부분은 메인 페이지이므로 가장 먼저 전달하고 싶은 중요한 내용을 강렬하게 보여줘야 합니다. 중요한 메시지를 전달하기 위해 메인 슬라이드 이미지 영역은 넓은 공간을 차지합니다. 고객의 마음을 한눈에 사로잡기 위해 패션 브랜드를 소개하는 감각적인 메인 슬라이드를 디자인해 봅니다.

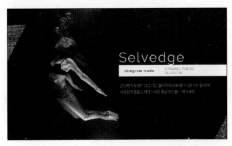 

- 예제 파일 : 03\청바지여인.jpg, 청바지_내용.txt, 청바지패턴.jpg
- 완성 파일 : 03\main_slide_pc_large.psd

- Random Brush
- Filter Layer(Levels, Color Balance)
- Smart Filters / Clipping Mask
- Layer Blending Mode / Layer Mask
- Layer Style(Bevel & Emboss, Inner Glow 등)

1 슬라이드 배경 디자인하기 ● ● ●

01 | 메뉴에서 (File) → New(Ctrl+N)를 실행합니다. New Document 대화상자에서 파일 이름을 'main_slide_pc_large', Width를 '1020Pixels', Height를 '593Pixels', Resolution을 '72Pixels/Inch', Color Mode를 'RGB Color / 8bit'로 설정한 다음 〈Create〉 버튼을 클릭합니다.

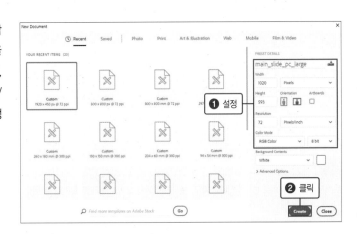

02 | 전경색을 '#0b1625(진남색)', 배경색을 '#12243e(남색)'로 지정하고 Layers 패널에서 'Create new fill or adjustment layer' 아이콘(◑)을 클릭한 다음 표시되는 메뉴의 'Gradient'를 선택합니다. Gradient Fill 대화상자에서 Gradient를 'Foreground to Background(전경색에서 배경색으로)'를 선택한 다음 〈OK〉 버튼을 클릭합니다.

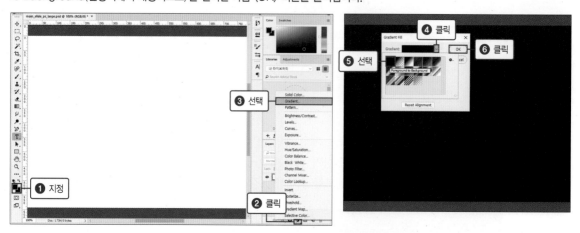

03 | 전경색을 '#ffffff(흰색)'로 지정한 다음 브러시 도구(✎)를 선택합니다. F5 를 누르고 Brushes 패 널의 Brush Tip Shape 항목에서 Size를 '28px', Angle을 '90°', Roundness를 '84%'로 설정한 다음 'Spacing'에 체크 표시하고 '933%'로 설정합니다.

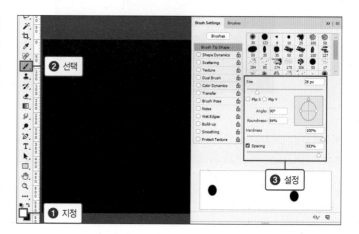

Tip

브러시 도구의 옵션바에서 'Toggle the Brush panel' 아 이콘을 클릭하여 Brushes 패널을 표시할 수도 있습니다.

04 | 왼쪽 영역에서 'Shape Dynamics'를 선택한 다음 Size Jitter를 '84%'로 설정합니다.

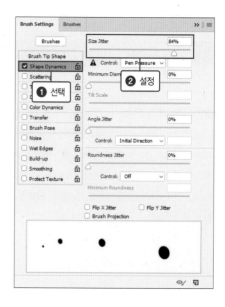

Tip

브러시 크기를 임의로 변화시킵니다. 미리 보기 영역에서 브러시 형태를 확인할 수 있습니다.

158

05 | 왼쪽 영역에서 'Scattering'을 선택한 다음 Scatter를 '1000%'로 설정해 분산시키고 Count를 '3'으로 설정합니다. 왼쪽 영역의 'Smoothing'을 체크 표시합니다.

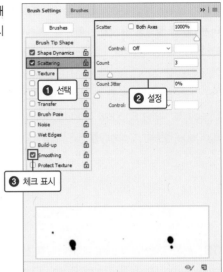

06 | Layers 패널에서 'Create a new layer' 아이콘(□)을 클릭하여 새 레이어를 만들고 이름을 'far'로 변경합니다. 캔버스의 왼쪽에서 오른쪽으로 가로로 드래그합니다.

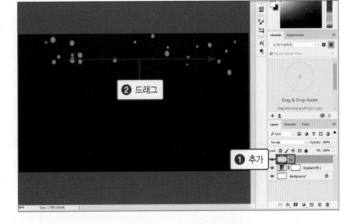

 Tip

원하는 물방울 형태가 나타날 때까지 Ctrl+Z를 눌러 실행을 취소하고 다시 그립니다.

07 | Layers 패널에서 Opacity를 '80%', Fill을 '5%'로 설정하여 불투명도를 적용합니다.

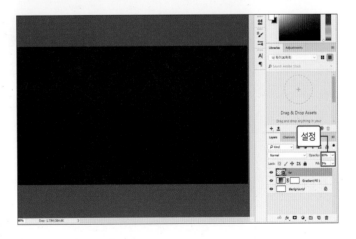

Tip

레이어 스타일을 적용할 때 Opacity는 전체 불투명도를 조절하므로 예제에서는 레이어 스타일이 80%만 나타납니다. Fill은 색상 영역의 불투명도만 조절하여 흰색 브러시 색상은 5%만 나타나고 레이어 스타일의 효과는 가려지지 않습니다.

08 | Layers 패널에서 'Add a layer style' 아이콘(*fx*)을 클릭해 표시되는 메뉴의 'Bevel & Emboss'를 선택합니다. Layer Style 대화상자에서 Size를 '5px', Angle을 '111°', Altitude를 '80°', Highlight Mode를 'Screen / #ffffff(흰색)', Opacity를 '49%', Shadow Mode를 'Multiply / #0d0e0e(검은색)', Opacity를 '15%'로 설정합니다.

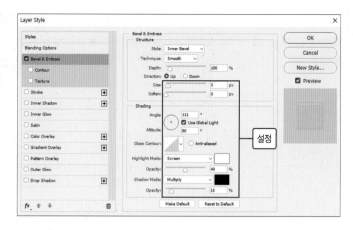

09 | 왼쪽 영역에서 'Inner Shadow'를 선택합니다. Blend Mode를 'Color Burn', Color를 '#0d0e0e(검은색)', Opacity를 '30%', Angle을 '111°', Distance를 '5px', Choke를 '5%', Size를 '10px'로 설정합니다.

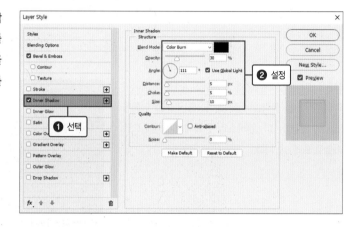

10 | 왼쪽 영역에서 'Inner Glow'를 선택합니다. Opacity를 '30%', Color를 '#ffffff(흰색)', Choke를 '5%', Size를 '10px'로 설정합니다.

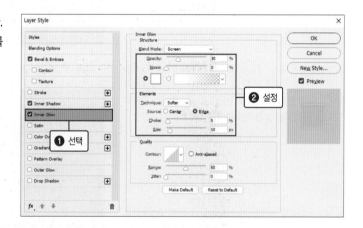

11 | 왼쪽 영역에서 'Drop Shadow'를 선택합니다. Blend Mode를 'Linear Light', Color를 '#0d0e0e(검은색)', Opacity를 '9%', Angle을 '111%', Distance를 '3px', Size를 '5px'로 설정하고 〈OK〉 버튼을 클릭합니다.

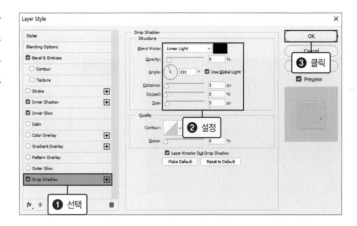

12 | 'far' 레이어에서 마우스 오른쪽 버튼을 클릭하여 표시되는 메뉴의 **Convert to Smart Object**를 실행합니다. 메뉴에서 (Filter) → Blur → Gaussian Blur를 실행한 다음 Gaussian Blur 대화상자에서 Radius를 '3Pixels'로 설정하고 〈OK〉 버튼을 클릭합니다. Ctrl+G를 누르고 그룹 이름을 'Water Drops'로 변경합니다.

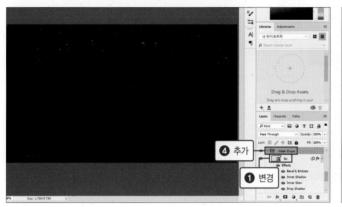
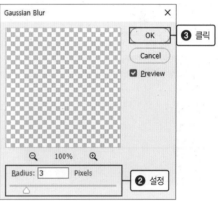

13 | 새 레이어를 만들고 이름을 'near'로 변경합니다. 캔버스에서 가로로 드래그하여 원하는 형태의 물방울을 그립니다. 'near' 레이어에서 마우스 오른쪽 버튼을 클릭하여 표시되는 메뉴의 **Convert to Smart Object**를 실행합니다. 'far' 레이어에서 마우스 오른쪽 버튼을 클릭하여 표시되는 메뉴의 **Copy Layer Style**을 실행하고, 'near' 레이어에서 마우스 오른쪽 버튼을 클릭하여 표시되는 메뉴의 **Paste Layer Style**을 실행합니다. 'near' 레이어의 Opacity를 '100%', Fill을 '3%'로 설정하여 불투명도를 조정합니다.

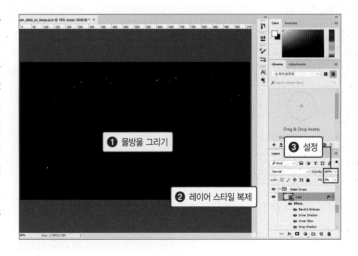

Tip

여기서는 레이어 스타일만 복사하여 적용하고 스마트 필터는 복사하지 않습니다.

14 | 가까운 부분의 물방울은 좀 더 쨍하게 반짝이도록 Layers 패널에서 'near' 레이어의 'Bevel & Emboss' 스타일을 클릭합니다. Layer Style 대화상자에서 Highlight Mode의 Opacity를 '90%'로 설정한 다음 〈OK〉 버튼을 클릭합니다.

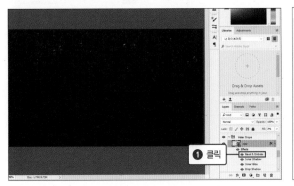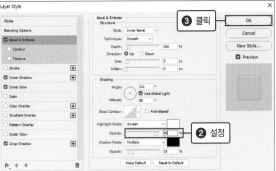

15 | 'Water Drops' 그룹 레이어를 선택하고 Ctrl+G를 눌러 새 그룹을 만든 다음 이름을 'img'로 변경합니다. 03 폴더에서 '청바지여인.jpg' 파일을 캔버스에 드래그하여 불러온 다음 옵션바에서 W/H를 '31%'로 설정합니다. Layers 패널에서 '청바지여인' 레이어를 더블클릭한 다음 Layer Style 대화상자에서 블렌딩 모드를 'Lighter Color'로 지정하고 〈OK〉 버튼을 클릭합니다.

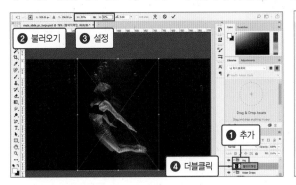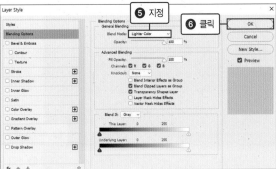

16 | Layers 패널에서 'Create new fill or adjustment layer' 아이콘( )을 클릭해 표시되는 메뉴의 'Color Balance'를 선택합니다. Properties 패널의 Color Balance 항목에서 Tone을 'Midtones', Blue를 '44'로 설정합니다. 'Preserve Luminosity'에 체크 표시하고 Ctrl+Alt+G를 눌러 클리핑 마스크를 적용합니다.

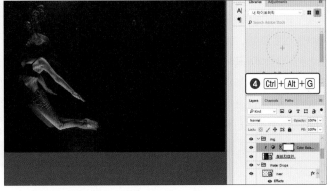

> **Tip**
>
> 'Preserve Luminosity'는 컬러 밸런스를 조정하며 이미지가 어두워지는 것을 방지합니다. '청바지여인.jpg' 이미지만 보정 레이어가 적용되도록 클리핑 마스크를 만듭니다.

17 | Layers 패널에서 'Create new fill or adjustment layer' 아이콘(◑)을 클릭해 표시되는 메뉴의 'Levels'를 선택합니다. Properties 패널의 Levels 항목에서 레벨 값을 '12, 1.07, 203'으로 설정하고 Ctrl+Alt+G를 눌러 클리핑 마스크를 적용합니다.

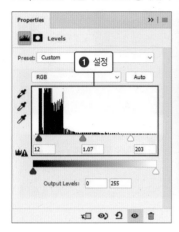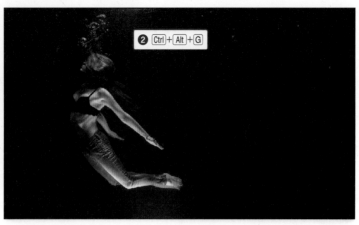

2 슬라이드에 문자 디자인 추가하기

01 | 'img' 그룹 위에 새 그룹을 만들고 이름을 'txt'로 변경합니다. 사각형 도구(□)를 선택한 다음 옵션바에서 Fill을 '#ffffff(흰색)'로 지정하고 Width가 '504px', Height가 '52px'인 사각형을 그립니다.

02 | 가로쓰기 문자 도구(T)를 이용해 'Selvedge' 를 입력하고 Character 패널에서 글꼴을 'Rale way', 글꼴 스타일을 'Light', 글자 크기를 '60px'로 설정합니다.

> **Tip**
>
> 03 폴더의 '청바지_내용.txt' 파일에서 내용을 복사하여 사용하세요.

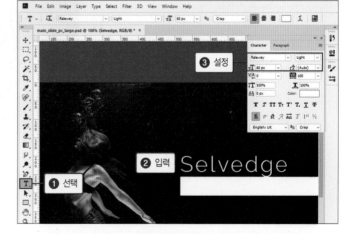

03 | 'shingram made'를 입력하고 Character 패널에서 글꼴 스타일을 'Bold', 글자 크기를 '14px', 자간을 '200', Color를 '#12243e(진남색)'로 지정합니다.

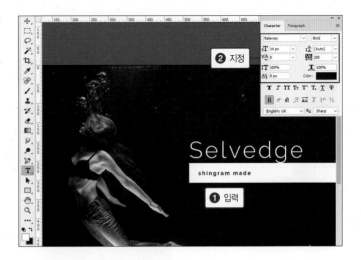

04 | 선 도구(✎)를 선택하고 옵션바에서 Fill을 '#12243e(진남색)', Stroke를 'No Color / 1px'로 설정합니다. 캔버스에서 Shift를 누른 채 세로로 드래그하여 툴 팁을 참고해서 'L : 30px' 길이의 선을 그립니다.

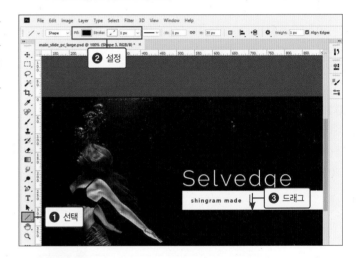

05 | 가로쓰기 문자 도구(T)를 이용해 'Original ~Selvedge'를 입력하고 Character 패널에서 글꼴 스타일을 'Light', 글자 크기를 '14px'로 설정합니다. 'All Caps' 아이콘(TT)을 클릭하고 Anti-Aliasing을 'Crisp'로 지정합니다.

06 | '신그램 자체제작~느껴보세요.'를 입력한 다음 Character 패널에서 글꼴을 'Noto Sans CJK KR', 글꼴 스타일을 'Regular', 글자 크기를 '18px', 행간을 '27.5px', 자간을 '-50', 가로 장평을 '97%', Color를 '#ffffff(흰색)'로 지정합니다. Layers 패널의 Opacity를 '40%'로 설정합니다.

07 | Ctrl+G를 눌러 새 그룹을 만들고 이름을 'deco'로 변경합니다. 사각형 도구(□)를 선택하고 다음과 같이 캔버스를 클릭합니다. Create Rectangle 대화상자에서 Width를 '200px', Height를 '360px'로 설정하고 〈OK〉 버튼을 클릭합니다.

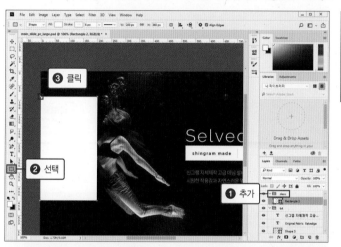

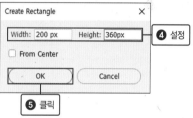

08 | 기준점 삭제 도구(✎)를 선택한 다음 오른쪽 아래의 기준점을 클릭하여 삼각형을 만들고 레이어 이름을 'semo'로 변경합니다.

패스 선택 도구(▶)를 선택하고 삼각형을 선택합니다. Ctrl+T를 누르고 옵션바에서 Angle을 '-1.5°'로 설정해 반시계 방향으로 약간 회전합니다. Ctrl+J를 눌러 복제한 다음 레이어 이름을 'semo 2'로 변경합니다. 옵션바에서 Fill을 '#09172b(검은색)'로 지정한 다음 위로 이동합니다.

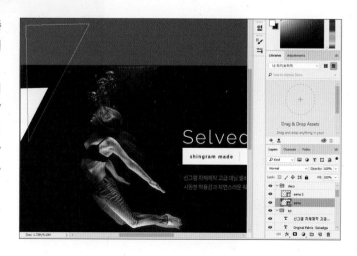

09 | 패스 선택 도구(▶)를 선택한 다음 'semo 2' 레이어의 삼각형을 선택합니다. [Alt]를 누른 채 오른쪽 아래로 드래그하여 복제합니다. [Ctrl]+[T]를 누른 다음 복제한 도형을 회전하고 알맞게 배치합니다.

Tip

스마트 오브젝트는 원본을 보관해 이미지를 줄였다가 다시 늘려도 해상도에 상관없이 언제나 깨끗한 품질을 보여주며, 포토샵 효과를 복원할 수 있습니다.

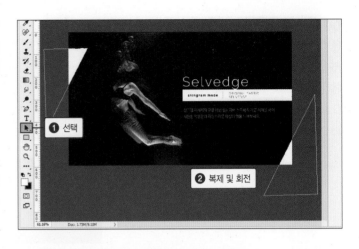

① 선택
② 복제 및 회전

10 | 03 폴더에서 '청바지패턴.jpg' 파일을 불러옵니다.

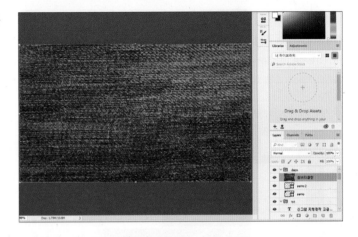

11 | 캔버스에 꽉 차게 확대하고 클리핑 마스크를 적용하여 마무리합니다.

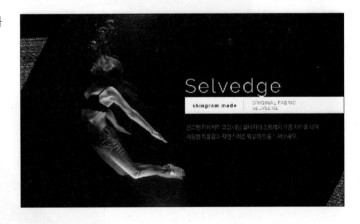

7

✨ 마케팅 요소 디자인

혜택을 한눈에 보여주는 멀티 팝업 창 디자인하기

쇼핑몰에서 즐길 수 있는 모든 혜택을 모아 한눈에 볼 수 있도록 짜임새 있게 정리하면 고객의 편의성이 높아져 팝업 창도 긍정적으로 느낄 수 있습니다. 이번에는 중요한 메뉴와 상품을 가리지 않도록 작은 크기의 멀티 팝업 창을 만들어 봅니다.

- 예제 파일 : 03\라운드패턴.png, 나뭇잎패턴.png
- 완성 파일 : 03\popup_multi_popup.psd

- Path(Draw, Delete, Selection)
- Rectangle / Rounded Rectangle / Line Shape(Fill)
- Layer Style(Drop Shadow, Pattern Overlay)
- Clipping Mask

1 첫 번째 페이지 만들기

● ● ●

01 | 03 폴더에서 '라운드패턴.png' 파일을 불러옵니다. 패턴을 등록하기 위해 먼저 메뉴에서 (**Edit**) → **Define Pattern**을 실행합니다. Pattern Name 대화상자가 표시되면 〈OK〉 버튼을 클릭합니다.

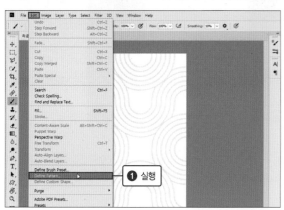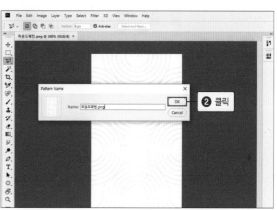

02 | 메뉴에서 (**File**) → New([Ctrl]+[N])를 실행합니다. New Document 대화상자에서 파일 이름을 'popup_multi_popup', Width를 '310Pixels', Height를 '518Pixels', Resolution을 '72Pixels/inch', Color Mode를 'RGB Color / 8bit'로 설정한 다음 〈Create〉 버튼을 클릭합니다.

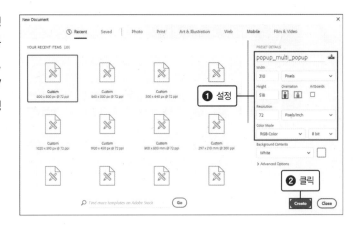

03 | 사각형 도구(□)를 이용하여 Width/Height가 각각 '310px'인 사각형을 그립니다. 옵션바에서 Fill을 '#e5e5e5(회색)', Stroke를 '#5176ad(파란색) / 14px'로 설정합니다. Layers 패널에서 레이어 이름을 'border'로 변경합니다.

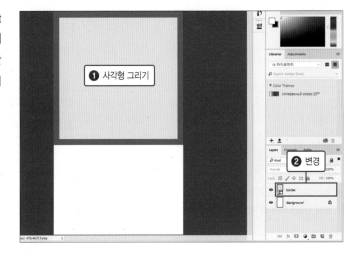

04 | 'Add a layer style' 아이콘([fx])을 클릭한 다음 표시되는 메뉴에서 'Pattern Overlay'를 선택합니다. Layer Style 대화상자에서 Blend Mode를 'Multiply', Opacity를 '52%', Pattern을 '라운드패턴.png'로 지정한 다음 〈OK〉 버튼을 클릭합니다. [Ctrl]+[G]를 눌러 그룹을 만들고 이름을 'popup_01'로 변경합니다.

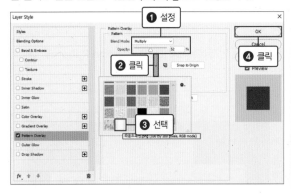

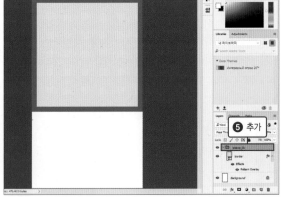

05 | '01'을 입력하고 Character 패널에서 글꼴을 'Source Sans Pro', 글꼴 스타일을 'SemiBold Italic', 글자 크기를 '33px', Color를 '#ffffff(흰색)'로 지정한 다음 'Underline' 아이콘(T)을 클릭해 밑줄을 추가합니다.

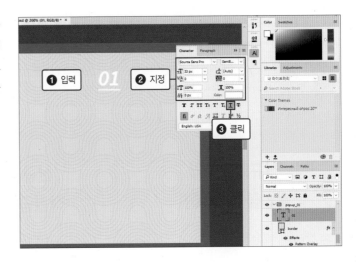

06 | Layers 패널에서 'Add a layer style' 아이콘(fx)을 클릭한 다음 표시되는 메뉴에서 'Drop Shadow'를 선택합니다. Layer Style 대화상자에서 Blend Mode를 'Multiply', 색상을 '#0d0e0e(검은색)', Opacity를 '26%', Angle을 '126°', Distance를 '0px', Spread를 '0%', Size를 '10px'로 설정한 다음 〈OK〉 버튼을 클릭합니다.

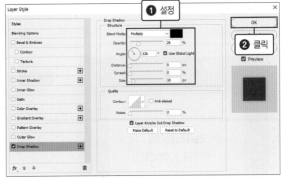

07 | 가로쓰기 문자 도구(T)를 이용해 '신규회원가입 적립금 2,000P'를 입력하고 Character 패널에서 글꼴을 'Noto Sans CJK KR', 글꼴 스타일을 'Black', 글자 크기를 '24px', 행간을 '38px', 자간을 '−50', 가로 장평을 '97%', Color를 '#30508b(파란색)', Anti-Aliasing을 'Sharp'로 지정합니다. '2,000'을 선택한 다음 Color를 '#b21120(빨간색)'으로 지정하고, '2,000P'를 선택한 다음 글자 크기를 '25px', 자간을 '0', 가로 장평을 '100%'로 변경합니다.

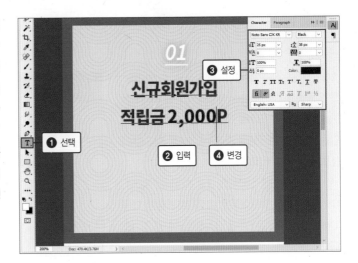

08 | 문자에 하이라이트를 나타내기 위해 먼저 사각형 도구(▢)를 선택하고 Width가 '130px', Height가 '34px'인 사각형을 만든 다음 옵션바에서 Fill을 '#ffffff(흰색)'로 지정합니다. Layers 패널에서 레이어 이름을 'highlight'로 변경한 다음 '신규회원가입 적립금 2,000P' 레이어 아래로 이동합니다. Ctrl+Alt를 누른 채 흰색 사각형을 드래그하여 아래로 복제 및 이동합니다. Ctrl+T를 누르고 가로를 '160px'에 맞춰 양쪽으로 늘립니다.

09 | Ctrl+Alt를 누른 채 '01' 레이어의 'Drop Shadow' 스타일을 'highlight' 레이어로 드래그하여 레이어 스타일을 복제합니다. 'highlight' 레이어의 'Drop Shadow' 스타일을 클릭하여 Layer Style 대화상자가 표시되면 Opacity를 '6%'로 설정한 다음 〈OK〉 버튼을 클릭합니다.

10 | '지금 신규 회원이~적립금을 드립니다.' 를 입력하고 Character 패널에서 글꼴 스타일을 'Regular', 글자 크기를 '15px', 행간을 '22px', 자간을 '−50', 가로 장평을 '97%', Color를 '#434343 (진회색)'으로 지정합니다.

'즉시 사용 가능'을 선택하고 글꼴 스타일을 'Bold', Color를 '#151515(어두운 회색)'로 변경한 다음 'Underline' 아이콘(T̲)을 클릭하여 밑줄을 추가합니다.

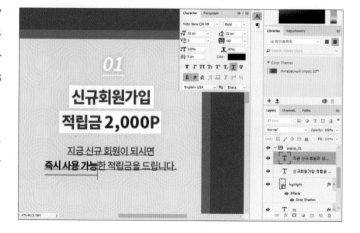

11 | 'Create a new group' 아이콘(□)을 클릭한 다음 그룹 이름을 'btn_join'으로 변경합니다. 둥근 사각형 도구(□)를 이용해 Width가 '108px', Height가 '30px', Radius가 '16px'인 둥근 사각형을 만듭니다. 옵션바에서 Fill을 '#30508b(파란색)'로 지정하고 레이어 이름을 'bg'로 변경합니다.

Tip

둥근 사각형의 Radius(둥근 모서리)는 Properties 패널에서도 설정할 수 있습니다.

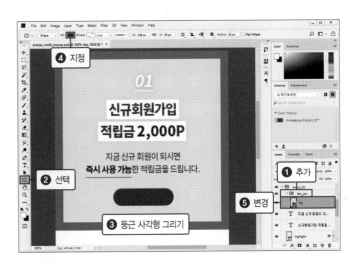

12 | '회원가입'을 입력하고 Character 패널에서 글꼴 스타일을 'Bold', 글자 크기를 '15px', 자간을 '-50', 가로 장평을 '97%', Color를 '#ffffff(흰색)'로 지정합니다.

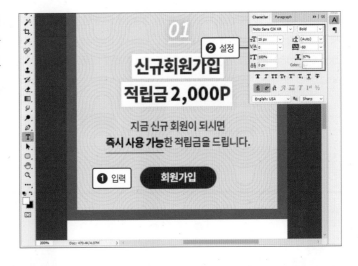

13 | 'popup_01' 그룹을 선택한 채 'Create a new group' 아이콘(□)을 클릭한 다음 이름을 'tab'으로 변경합니다.

사각형 도구(□)로 Width/Height가 '102px'인 정사각형을 만듭니다. 옵션바에서 Fill을 '#5176ad(파란색)'로 지정한 다음 레이어 이름을 'box 01'로 변경합니다.

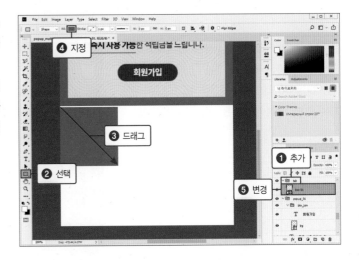

14 | 이동 도구(⊕)를 선택한 다음 Alt를 누른 채
정사각형을 오른쪽으로 드래그하여 복제합니다.
옵션바에서 Fill을 '#b9b9b9(회색)'로 지정한 다음
레이어 이름을 'box 02'로 변경합니다.

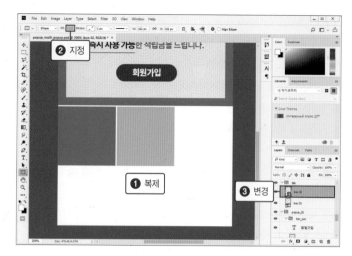

15 | 다시 한 번 정사각형을 복제하고 Fill을 '#96aed3(밝은 파란색)'으로 지정한 다음 레이어 이름을 'box 03'로 변경합니다.
세 개의 정사각형 레이어들을 선택한 다음 'Create a new layer' 아이콘(🔲)으로 드래그하여 복제합니다. 레이어 이름을 'box 04',
'box 05', 'box 06'으로 변경한 다음 캔버스에서 아래로 이동하여 배치합니다.

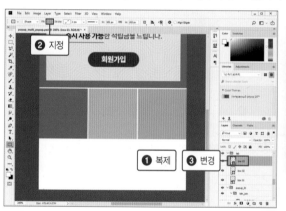

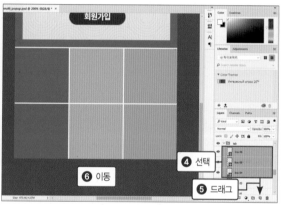

16 | 'box 04' 레이어의 색상을 '#dedede(밝은
회색)', 'box 05' 레이어의 색상을 '#34588a(파란
색)', 'box 06' 레이어의 색상을 '#525252(어두운
회색)'로 변경하여 다양한 톤의 색상을 적용합니다.

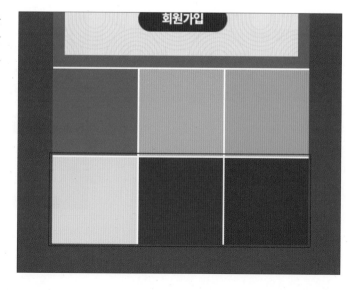

17 | '01'을 입력하고 Character 패널에서 글꼴을 'Source Sans Pro', 글꼴 스타일을 'Black Italic', 글자 크기를 '46px', Color를 '#ffffff(흰색)'로 지정합니다.

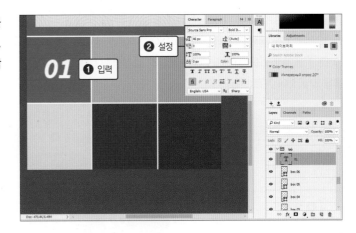

18 | 'Add a layer style' 아이콘(*fx*)을 클릭하여 표시되는 메뉴에서 'Stroke'를 선택합니다. Layer Style 대화상자에서 Size를 '5px', Position을 'Outside', Color를 '#30508b(파란색)'로 지정한 다음 〈OK〉 버튼을 클릭합니다.

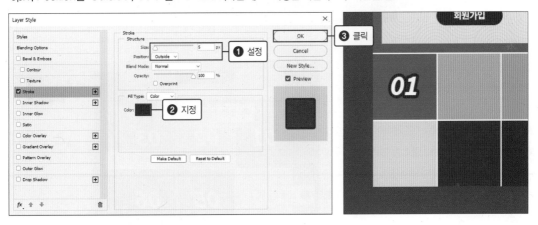

19 | Ctrl+J를 눌러 숫자를 복제한 다음 오른쪽으로 이동합니다. 복제된 숫자를 '02'로 변경하고 Stoke를 '#9a9a9a(진회색)'로 지정합니다. 같은 방법으로 숫자를 복제하여 배치하고 다음과 같이 색상을 03(#718dbd), 04(#c1c1c1), 05(#1f3b6a), 06(#363636)로 지정합니다.

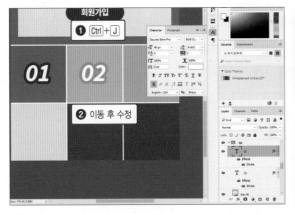

20 | 'box 01' 레이어를 선택합니다. 사각형 도구(□)를 선택하고 01 위치를 클릭합니다. Create Rectangle 대화상자에서 Width를 '120px', Height를 '60px'로 설정하고 〈OK〉 버튼을 클릭한 다음 색상을 '#30508b(파란색)'로 지정합니다.

Ctrl+T를 누르고 옵션바에서 Rotate를 '45°'로 설정하여 회전합니다. Ctrl+Alt+G를 눌러 클리핑 마스크를 적용하고 레이어 이름을 'shadow 01'로 변경합니다.

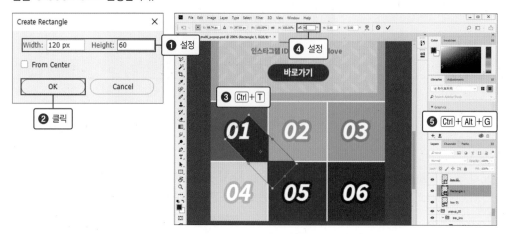

21 | 직접 선택 도구(▷)를 선택하고 다음과 같이 사각형의 조절점을 조정하여 자연스러운 그림자를 만듭니다. 'shadow 01' 레이어를 복제한 다음 이름을 'shadow 02'로 변경하고 'box 02' 레이어 위로 이동합니다. Ctrl+Alt+G를 눌러 클리핑 마스크를 적용하고 색상을 '#9a9a9a(진회색)'로 지정합니다.

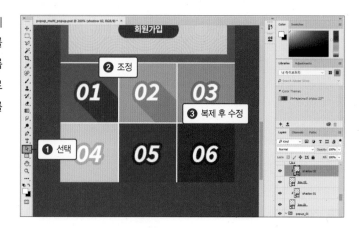

22 | 같은 방법으로 숫자 뒤에 그림자 레이어를 복제해서 배치한 다음 색상을 변경합니다.

번호별 그림자 색상
• shadow 03 : #718dbd
• shadow 04 : #c1c1c1
• shadow 05 : #1f3b6a
• shadow 06 : #363636

01 | 03 폴더에서 '나뭇잎패턴.png' 파일을 불러
옵니다. 메뉴에서 (Edit) → **Define Pattern**을 실
행하고 Pattern Name 대화상자에서 〈OK〉 버튼을
클릭합니다.

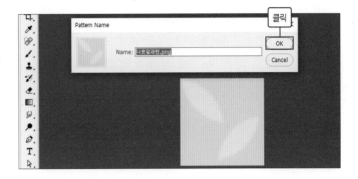

02 | 'popup_01' 그룹을 선택한 다음 Ctrl+J를 눌러 복제합니다. 그룹 이름을 'popup_02'로 변경한 다음 눈 아이콘(◉)을 클
릭해 숨깁니다. 'border' 레이어를 선택한 다음 눈 아이콘(◉)을 클릭하여 표시하고 옵션바에서 Stroke를 '#b9b9b9(회색)'로 지정
합니다. 'border' 레이어의 'Pattern Overlay' 스타일을 클릭하고 Layer Style 대화상자에서 Pattern을 '나뭇잎패턴.png'으로 지
정한 다음 〈OK〉 버튼을 클릭합니다.

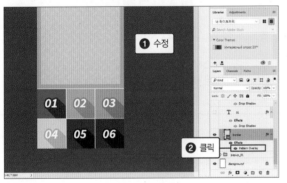 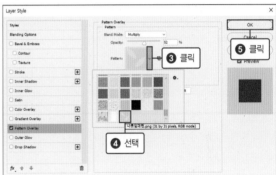

03 | '01' 레이어의 문자를 '02'로 변경합니다.
'인스타그램 좋아요 이벤트'를 입력하고 Character
패널에서 글꼴을 'Noto Sans CJK KR', 글꼴 스타일
을 'Black', 글자 크기를 '24px', 행간을 '38px', 자간
을 '–50', 가로 장평을 '97%', Color를 '#525252(진
회색)', Anti–Aliasing을 'Sharp'로 지정합니다.
'좋아요 이벤트'를 선택하고 글꼴 스타일을 'Regular'
로 변경합니다. '좋아요'를 선택한 다음 Color를
'#b21120(빨간색)', '이벤트'를 선택하고 Color를
'#9a9a9a(회색)'로 변경합니다.

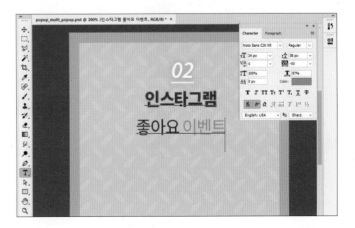

04 | 'highlight' 레이어의 눈 아이콘(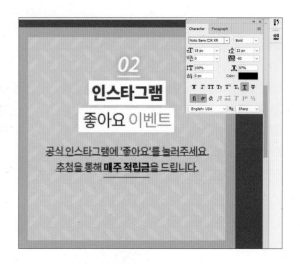)을 클릭하여 표시하고
Ctrl+T를 눌러 크기를 조절합니다.

'공식 인스타그램에~적립금을 드립니다.'를 입력합니다.

Character 패널에서 글꼴 스타일을 'Regular', 글자 크기를
'15px', 행간을 '22px', Color를 '#434343(진회색)'으로 지정합
니다. '매주 적립금'을 선택한 다음 글꼴 스타일을 'Bold', Color를
'#151515(어두운 회색)'로 지정합니다.

05 | '인스타그램 ID : shingram_love'를 입력합니다.

Character 패널에서 글꼴 스타일을 'Bold', 글자 크기를 '12px',
Color를 '#5176ad(밝은 파란색)'로 지정합니다. 'ID : shingram_
love'를 선택한 다음 자간을 '0', 가로 장평을 '100%'로 설정합
니다.

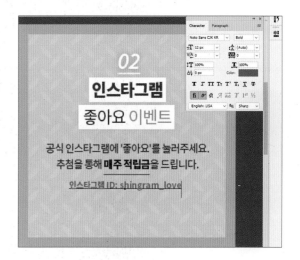

06 | Layers 패널에서 'btn_join' 그룹의 눈 아이콘(👁)을 클릭하여 표시하고 그룹 이름을 'btn_link'로 변경합니다. '회원가입' 문
자를 '바로가기'로 변경하고 버튼을 아래로 이동하여 작업을 마무리합니다.

팝업으로 보여지는 공지사항 디자인하기

고객이 중요한 공지사항을 놓쳐 클레임이 발생할 수 있다면 팝업 창을 활용하여 잘 보이도록 노출하는 것이 효율적입니다. 이번에는 연휴에 배송 일정을 알려주는 공지사항 팝업 창을 디자인합니다. 공지사항에서는 차분하게 공문의 느낌을 살리는 것이 핵심입니다.

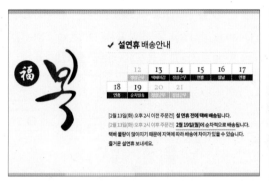

- **예제 파일** : 03\거친배경.jpg, 한글_복.ai, 한자_복.psd, 설연휴배송안내_내용.txt
- **완성 파일** : 03\popup_holiday.psd

- Circle / Rectangle / Custom Shape(Fill, Stroke)
- Layer Opacity
- Layer Style(Pattern Overlay)

1 전통적인 배경 디자인하기 ● ● ●

01 | 03 폴더에서 '거친배경.jpg' 파일을 불러옵니다. 메뉴에서 (Edit) → **Define Pattern**을 실행한 다음 Pattern Name 대화상자에서 〈OK〉 버튼을 클릭합니다.

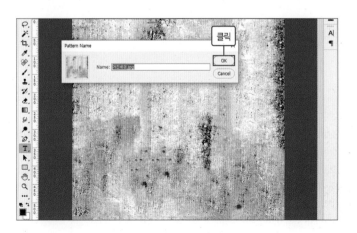

02 | 메뉴에서 (File) → New(Ctrl+N)를 실행합
니다. New Document 대화상자에서 파일 이름을
'popup_holiday', Width를 '860Pixels', Height
를 '500Pixels', Resolution을 '72Pixels/inch',
Color Mode를 'RGB Color / 8bit'로 설정하고
〈Create〉 버튼을 클릭합니다.

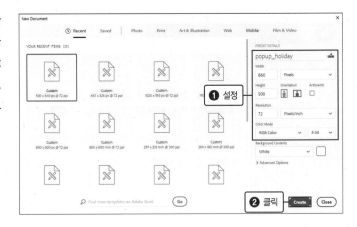

03 | Layers 패널에서 'Create a new group' 아이콘(□)을 클릭하고 그룹 이름을 'Back'으로 변경합니다. 'Create new fill
or adjustment layer' 아이콘(●)을 클릭하여 표시되는 메뉴의 'Solid Color'를 선택합니다. Color Picker 대화상자에서 #에
'f7f6ef(아이보리색)'를 입력한 다음 〈OK〉 버튼을 클릭합니다. 'Pattern Overlay' 스타일을 클릭하여 표시되는 Layer Style 대화상
자에서 Blend Mode를 'Lighten', Opacity를 '100%', Pattern을 '거친배경.jpg'로 지정한 다음 〈OK〉 버튼을 클릭합니다.

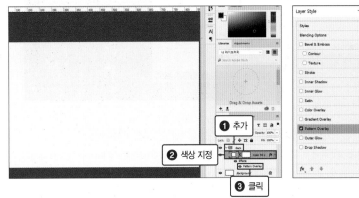
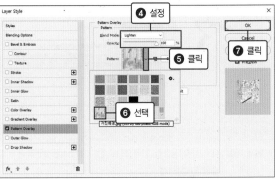

04 | 사각형 도구(□)를 이용해 Width가 '215px',
Height가 '10px'인 사각형을 만듭니다. 옵션바에서
Fill을 '#97c49b(연초록색)', Stroke를 'No Color'
로 지정합니다. 레이어 이름을 'green'으로 변경한
다음 왼쪽 위에 배치합니다.

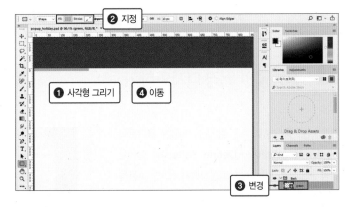

잠깐만요!   **직접 쓴 손글씨로 디자인하기**

종이에 펜으로 '복(예)' 자를 크게 흘려 씁니다. 붓으로 쓰면 두께가 어떻게 변할지 생각하면서 테두리를 그립니다. 좀 못생겨도 괜찮아요. 안쪽을 까맣게
칠한 다음 휴대폰으로 그림자가 글자에 걸치지 않도록 사진을 촬영합니다. SNS나 문자 메시지, 이메일을 이용해 사진을 컴퓨터로 옮깁니다.
포토샵을 실행한 다음 이미지를 불러오고 글자 크기에 맞춰 자른 다음 메뉴에서 (Filter) → Noise → Reduce Noise를 실행하여 노이즈를 줄입니
다. 메뉴에서 (Image) → Adjustments → Black & White를 실행하여 이미지를 흑백으로 만들고, 크기를 조정한 다음 레벨 값을 조정합니다.
일러스트레이터를 실행한 다음 메뉴에서 (Window) → Image Trace를 실행합니다. Image Trace 패널에서 옵션을 설정하고 〈Expand〉 버튼을
클릭하여 벡터 이미지로 변경합니다. 다시 포토샵에서 레이어의 섬네일을 더블클릭하여 색상을 변경하여 다양하게 활용할 수 있습니다.

---

05 | 'green' 레이어를 선택한 상태에서 Ctrl+J를 눌러 복제합니다. 옵션바에서 Fill을 '#f1caa7(연주황색)'로 지정하고 오른쪽으로 이동한 다음 레이어 이름을 'orange'로 변경합니다.
같은 방법으로 레이어를 복제한 다음 색상을 지정하고 오른쪽에 배치합니다.

• pink : #f3daeb　　• blue : #b5ced9

06 | 위쪽의 색상 바 레이어들을 선택한 다음 Ctrl+G를 눌러 그룹으로 지정하고 이름을 'Line'으로 변경합니다. Ctrl+J를 눌러 'Line' 그룹을 복제하고 그룹 이름을 'Line 2'로 변경합니다. Ctrl+T를 누르고 캔버스에서 마우스 오른쪽 버튼을 클릭하여 표시되는 메뉴에서 **Flip Horizontal**을 실행한 다음 아래로 이동합니다.

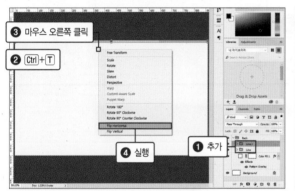 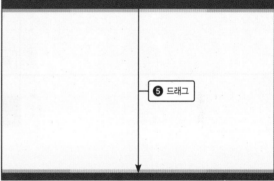

07 | 03 폴더에서 종이에 손글씨로 직접 써서 벡터(Vector) 포맷으로 변환한 '한글_복.ai' 파일을 불러옵니다. Open As Smart Object 대화상자가 표시되면 Select를 'Page'로 선택하고 〈OK〉 버튼을 클릭합니다. 옵션바에서 W/H를 각각 '54%'로 설정한 다음 캔버스 왼쪽에 배치합니다.

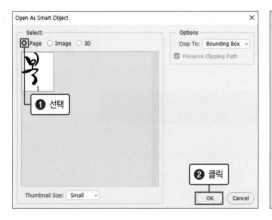 

08 | Layers 패널에서 'Add a layer style' 아이콘(fx)을 클릭하여 표시되는 메뉴의 'Pattern Overlay'를 선택합니다. Layer Style 대화상자에서 Blend Mode를 'Hard Light', Opacity를 '30%', Pattern을 '거친배경.jpg', Scale을 '49%'로 설정한 다음 〈OK〉 버튼을 클릭합니다.

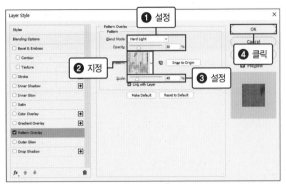

09 | '복' 레이어를 선택한 상태에서 Ctrl+G를 눌러 그룹을 만들고 이름을 'Left'로 변경합니다. 원형 도구(○)를 이용해 Width/Height가 '78px'인 원을 그립니다. 옵션바에서 Fill을 '#8d0505(빨간색)'로 지정하고 다음과 같이 배치합니다.

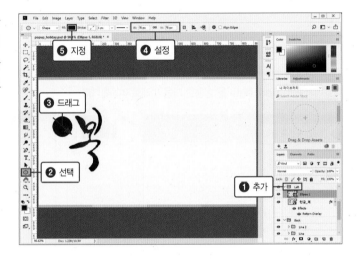

10 | 03 폴더에서 '한자_복.psd' 파일을 불러옵니다. 'Left' 그룹을 선택한 상태에서 'Create a new group' 아이콘(▢)을 클릭하고 이름을 'Title'로 변경합니다.

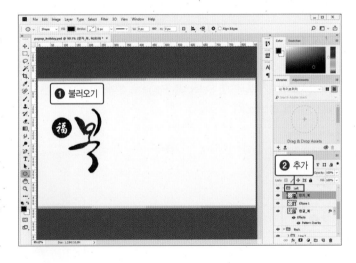

> **Tip**
>
> '한자_복.psd' 파일의 한문 글꼴은 '방정행해체(Xingkai)' 입니다.

01 | 가로쓰기 문자 도구(T)를 이용해 '설연휴 배송안내'를 입력하고 Character 패널에서 글꼴을 'Noto Sans CJK KR', 글꼴 스타일을 'Regular', 글자 크기를 '26px', 자간을 '–50', 가로 장평을 '97%', Color를 '#000000(검은색)'으로 지정합니다. '설연휴'를 선택한 다음 글꼴 스타일을 'Bold'로 변경합니다.

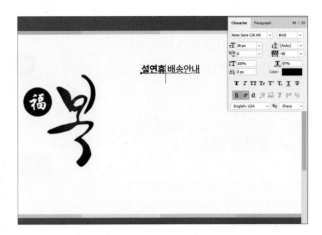

> **Tip**
>
> 03 폴더의 '설연휴배송안내_내용.txt'에서 공지사항에 관한 내용을 복사하여 붙여 넣으세요.

02 | 사용자 셰이프 도구(⬠)를 선택한 다음 옵션바에서 Shape를 'Checkmark', Color를 '#8d0505(빨간색)'로 지정합니다. 캔버스에 드래그하여 체크 표시를 그린 다음 옵션바에서 Width/Height를 '19px'로 설정하여 크기를 조정합니다. 레이어 이름을 'check'로 변경합니다.

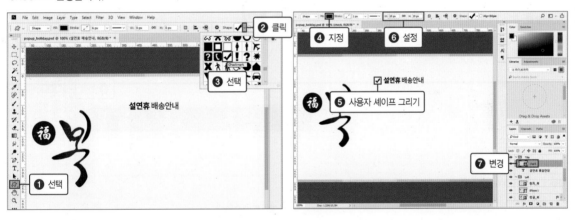

03 | 사각형 도구(▭)를 선택한 다음 옵션바에서 Fill을 '#000000(검은색)'으로 지정하고 Width가 '454px', Height가 '1px'인 얇은 사각형을 그립니다. Layers 패널에서 Opacity를 '10%'로 설정한 다음 레이어 이름을 'line_black'으로 변경합니다.

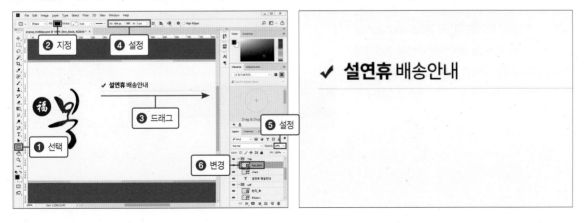

04 | 'line_black' 레이어를 선택한 다음 [Ctrl]+[J]를 눌러 복제하고 이름을 'line_white'로 변경합니다. 옵션바에서 Fill을 '#ffffff(흰색)'로 지정하고 Layers 패널에서 Opacity를 '100%'로 설정합니다. 이동 도구([+])를 선택하고 [↓]를 한 번 눌러 이동합니다.

✓ **설연휴** 배송안내

05 | 'Title' 그룹을 선택한 상태에서 'Create a new group' 아이콘([□])을 클릭하고 그룹 이름을 'Calendar'로 변경합니다.

사각형 도구([□])를 선택한 다음 Width가 '64px', Height가 '52px'인 사각형을 만듭니다. 옵션바에서 Stroke를 #d7d7d7(회색) / 1px'로 설정합니다. 레이어 이름을 'bg'로 변경합니다.

06 | 이어서 Width가 '64px', Height가 '19px'인 사각형을 만듭니다. 옵션바에서 Fill을 '#000000(검은색)', Stroke를 'No Color'로 지정합니다. 레이어 이름을 'black'으로 변경합니다.

[Ctrl]을 누른 채 'bg'와 'black' 레이어를 선택합니다. 이동 도구([+])를 선택한 다음 옵션바에서 'Align bottom Edges' 아이콘([⊥])과 'Align horizontal centers' 아이콘([♣])을 클릭하여 아래쪽 가운데에 배치합니다. 달력을 만들기 위해 [Ctrl]+[G]를 눌러 그룹으로 만들고 이름을 'Day_black'으로 변경합니다.

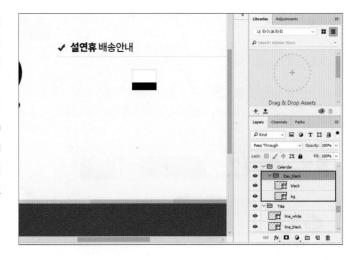

07 | 가로쓰기 문자 도구(T)를 이용해 '14'를 입력하고 Character 패널에서 글꼴을 'Vollkorn', 글자 크기를 '25px'로 설정합니다.

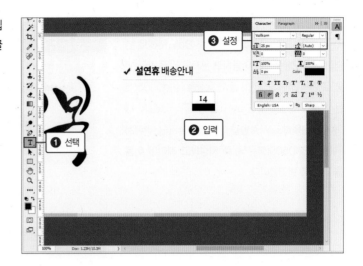

08 | 아래에 '정상근무'를 입력하고 Character 패널에서 글꼴을 'Noto Sans CJK KR', 글자 크기를 '13px', 자간을 '-75', Color를 '#ffffff(흰색)'로 지정합니다.

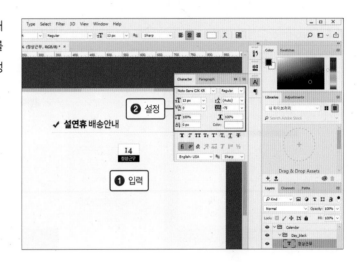

09 | 'Day_black' 그룹을 선택하고 Ctrl+J를 눌러 복제합니다. 왼쪽으로 이동하고 문자를 각 '13', '택배마감'으로 변경합니다.

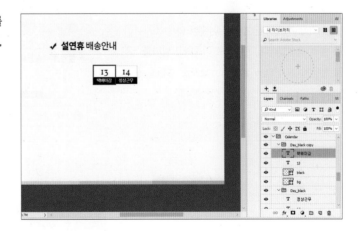

10 | 'Day_black copy' 그룹을 선택한 다음 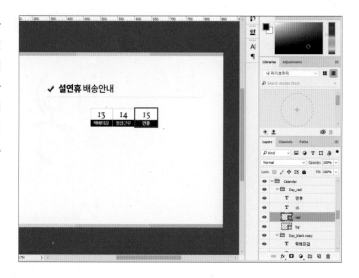 Ctrl+J를 눌러 복제하고 이름을 'Day_red'로 변경합니다. 오른쪽으로 이동하고 문자를 각각 '15', '연휴'로 변경합니다. '15'의 글자 색상을 '#8d0505(붉은색)'로 지정합니다. 'Day_red' 그룹의 'black' 레이어를 선택하고 사각형을 선택합니다. 옵션바에서 Fill을 '#8d0505(붉은색)'로 지정하고 레이어 이름을 'red'로 변경합니다.

11 | 'Day_red' 그룹을 선택한 다음 Ctrl+J를 눌러 복제하고 오른쪽으로 이동합니다. 문자를 각각 '16', '설날'로 변경합니다. 같은 방법으로 'Day_red copy' 그룹을 복제하고 오른쪽으로 이동한 다음 문자를 '17', '연휴'로 변경합니다.

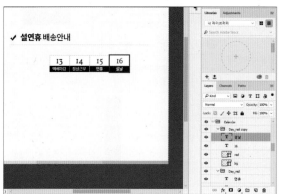
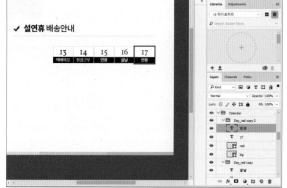

12 | 'Day_black' 그룹을 선택한 다음 Ctrl+J 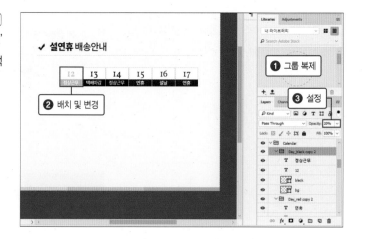 를 눌러 복제합니다. 왼쪽으로 이동하고 날짜를 '12'로 변경합니다. 'Day_black copy 2' 그룹을 선택한 다음 Opacity를 '20%'로 설정합니다.

13 | 같은 방법으로 다음과 같이 날짜와 정보를 추가하여 달력을 만듭니다.

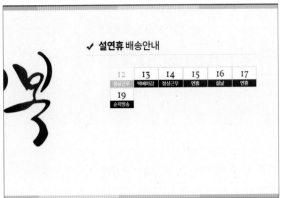
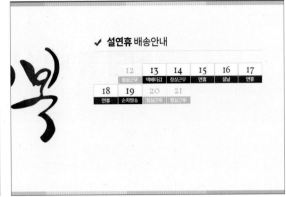

14 | '[2월 13일~설연휴 보내세요.]'를 입력하고 Character 패널에서 글꼴을 'Noto Sans CJK KR', 글자 크기를 '15px', 행간을 '28px', 자간을 '-50', 가로 장평을 '97%', Color를 '#000000(검은색)'으로 지정합니다.

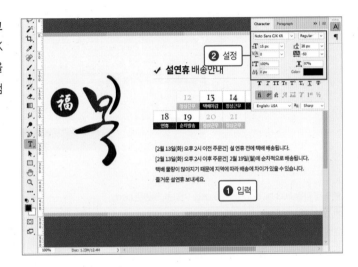

15 | '[2월 13일(화) 오후 2시 이전 주문건]'을 선택하고 Color를 '#8d0505(빨간색)', '[2월 13일(화) 오후 2시 이후 주문건]'을 선택하고 Color를 '#d89960(노란색)'으로 지정합니다.
'설 연휴 전에 택배 배송'과 '2월 19일(월)'의 글꼴 스타일을 'Bold'로 지정합니다. '2월 19일(월)에 순차적으로 배송'을 선택한 다음 'Underline' 아이콘(T)을 클릭하여 밑줄을 추가해서 마무리합니다.

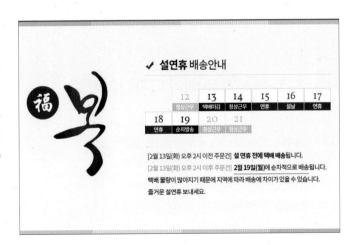

9 ✦ 마케팅 요소 디자인

상단 풀 배너 광고 디자인하기

일반적으로 배너는 콘텐츠 안에서 메시지를 전달합니다. 그중 상단 풀 배너는 로고와 내비게이션보다 위쪽인 쇼핑몰 레이아웃 밖에 위치하며, 쇼핑몰의 정체성(아이덴티티)보다 더 중요하게 여겨집니다. 서브 페이지로 이동해도 계속 노출되므로 전체 디자인과 어울리도록 신경 써서 디자인합니다.

- 예제 파일 : 03\bi_ohpetshop.psd, 아이콘_펫관련.psd
- 완성 파일 : 03\banner_full.psd

- Rectangle / Rounded Rectangle Shape(Fill)
- Pencil
- Define Pattern
- Layer Style(Pattern Overlay)
- Layer Opacity

1 도트 형식의 풀 배너 디자인하기 ● ● ●

01 | 메뉴에서 (**File**) → **New**(Ctrl+N)를 실행합니다. New Document 대화상자에서 파일 이름을 'pattern_line', Width/Height를 '8Pixels', Resolution을 '72Pixels/inch', Color Mode를 'RGB Color / 8bit'로 설정하고 〈Create〉 버튼을 클릭합니다.

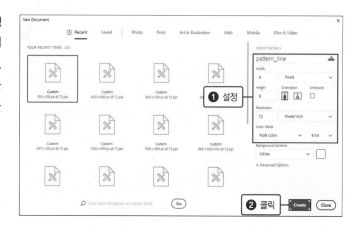

02 | 화면을 '1600%'로 확대합니다. 전경색을
'#000000(검은색)'으로 지정하고 Layers 패널의
'Create a new layer' 아이콘(🔲)을 클릭합니다.
연필 도구(✏️)를 선택한 다음 옵션바에서 브러시 크
기를 '1px'로 설정하고 다음과 같이 한 점씩 대각선
을 찍어 그립니다.

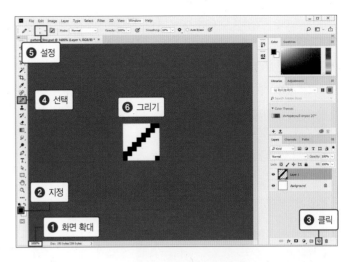

Tip

2px 굵기의 사선 패턴을 제작하는 과정이므로 반복되는 패
턴의 굵기에 따라 달라지는 배경을 확인해 보세요.

03 | Layers 패널에서 'background' 레이어의
눈 아이콘(👁)을 클릭하여 레이어를 숨깁니다.
메뉴에서 (Edit) → Define Pattern을 실행해 표시
되는 Pattern Name 대화상자에서 Name에 '사선
2px'을 입력하고 〈OK〉 버튼을 클릭합니다.

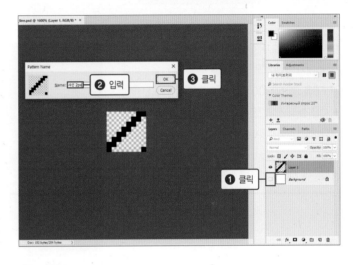

04 | 메뉴에서 (File) → New(Ctrl+N)를 실행합
니다. New Document 대화상자에서 파일 이름을
'banner_full', Width를 '1920Pixels', Height를
'70Pixels'로 설정한 다음 〈Create〉 버튼을 클릭합
니다.

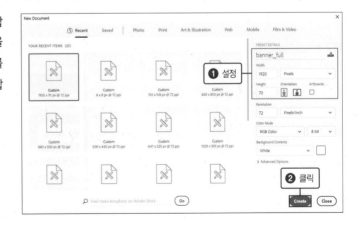

05 | Layers 패널에서 'Create new fill or adjustment layer' 아이콘(◉)을 클릭해 표시되는 메뉴의 'Solid Color'를 선택합니다. Color Picker 대화상자에서 #에 'ffb8cc(연분홍색)'를 입력한 다음 〈OK〉 버튼을 클릭합니다.

'Add a layer style' 아이콘(fx)을 클릭해 표시되는 메뉴에서 'Pattern Overlay'를 선택합니다. Layer Style 대화상자에서 Blend Mode를 'Overlay', Opacity를 '27%', Pattern을 '사선 2px'로 지정한 다음 〈OK〉 버튼을 클릭합니다.

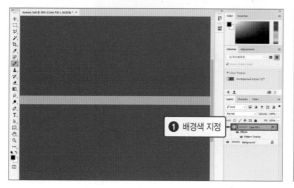 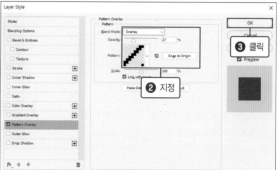

06 | 사각형 도구(▭)를 이용해 Width가 '980px', Height가 '70px'인 사각형을 만듭니다. 옵션바에서 Fill을 '#000000(검은색)'으로 지정합니다. Ctrl +A를 눌러 전체 선택하고 이동 도구(✛)를 선택합니다. 옵션바에서 'Align vertical centers' 아이콘(◫)과 'Align horizontal centers' 아이콘(◫)을 클릭하여 캔버스 가운데에 정렬합니다.

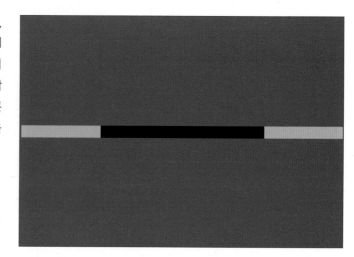

07 | 기준선을 만들기 위해 먼저 Ctrl+R을 눌러 눈금자를 표시합니다. 왼쪽 눈금자를 클릭한 다음 검은색 사각형 양쪽에 맞춰 드래그하여 세로 안내선을 만듭니다. 'Rectangle 1' 레이어의 눈 아이콘(◉)을 클릭하여 숨깁니다.

Tip

작은 모니터 사용자를 위해 안내선 안에 중요한 콘텐츠가 위치하도록 디자인합니다.

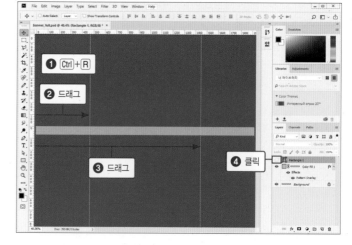

01 | 가로쓰기 문자 도구(T)를 이용해 '단 3일!~ 치석 탈출'을 입력하고 Character 패널에서 글꼴을 'Noto Sans CJK KR', 글꼴 스타일을 'Bold', 글자 크기를 '23px', 자간을 '–50', 가로 장평을 '97%', Color를 '#ffffff(흰색)'로 지정합니다. '3'의 글자 크기를 '32px', 글꼴 스타일을 'Bold', 기준선 설정을 '–3px'로 설정합니다. 'I'를 선택한 다음 'Italic' 아이콘(T)을 클릭하여 기울입니다.

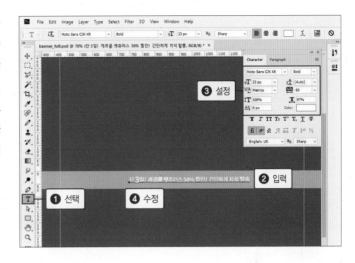

02 | 'Create a new group' 아이콘(□)을 클릭하여 그룹을 만들고 이름을 'btn_link'로 변경합니다. 둥근 사각형 도구(□)를 이용해 Width가 '183px', Height가 '38px'인 둥근 사각형을 만듭니다. 옵션바에서 Fill을 '#ffffff(흰색)'로 지정하고 레이어 이름을 'bg'로 변경합니다.

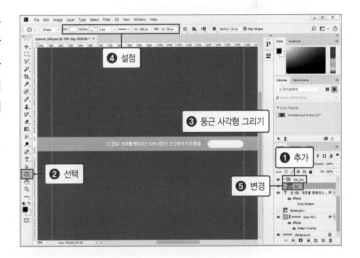

03 | '이벤트 바로가기'를 입력하고 Character 패널에서 글꼴 스타일을 'Medium', 글자 크기를 '19px, Color를 '#cc071e(빨간색)'로 지정합니다. '이벤트'를 선택한 다음 글꼴 스타일을 'Black'으로 변경합니다.

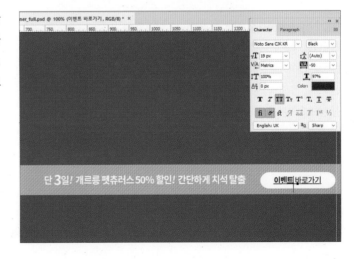

04 | 03 폴더에서 'bi_ohpetshop.psd' 파일을 불러옵니다. 가로쓰기 문자 도구(T)를 선택하고 'ohpetshop' 레이어의 'OH'와 'SHOP'을 드래그하여 블록으로 지정한 다음 Color를 '#ffffff(흰색)'로 변경합니다. 문자에서 마우스 오른쪽 버튼을 클릭하여 표시되는 메뉴의 **Duplicate Layers**를 실행합니다. Duplicate Layers 대화상자에서 Document를 'banner_full.psd'로 지정하고 〈OK〉 버튼을 클릭합니다.

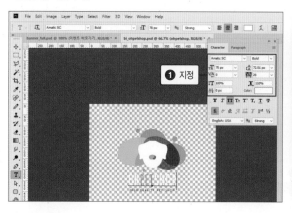
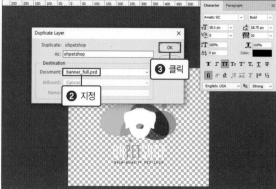

왜 그럴까요?

복사한 레이어가 화면 밖으로 넘어가서 보이지 않나요?

레이어가 선택된 상태이므로 Ctrl+A를 눌러 전체 선택하고 이동 도구(+)를 선택합니다. 옵션바에서 'Align top edges' 아이콘(T)과 'Align left edges' 아이콘(E)을 클릭하면 캔버스의 왼쪽 위로 이동합니다. Ctrl+D를 눌러 선택 영역을 해제합니다.

---

05 | 문자 로고를 복제하여 캔버스에 붙여 넣습니다. Ctrl+T를 누르고 옵션바에서 W/H를 '44%'로 설정하여 축소한 다음 위치를 조정합니다.

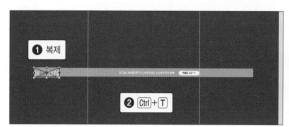

06 | 03 폴더에서 '아이콘_펫관련.psd' 파일을 불러옵니다. Shift를 누른 채 '아이콘_기어'와 '아이콘_밥그릇' 레이어를 선택합니다. 패스 선택 도구(▶)를 선택하고 옵션바에서 Fill을 '#ffffff(흰색)'로 지정하면 한 번에 아이콘 색상이 변경됩니다.

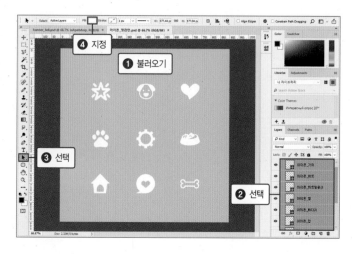

07 | '아이콘_펫관련.psd' 작업창을 분리하여 배너 디자인 작업창과 나란히 배치합니다.

이동 도구(✛)를 선택한 다음 '아이콘_밥그릇' 레이어를 선택하고 'banner_full' 작업창으로 드래그하여 복제합니다.

08 | Ctrl+T를 누르고 옵션바에서 'Maintain aspect ratio' 아이콘(🔗)을 클릭한 다음 W를 '32px'로 설정합니다. 반시계 방향으로 회전하기 위해 Rotate를 '−10°'로 설정합니다. Layers 패널에서 Opacity를 '44%'로 설정합니다.

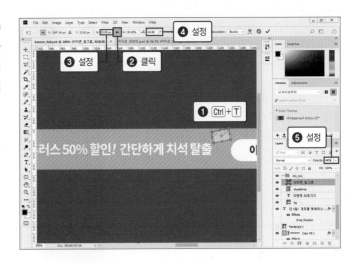

09 | 같은 방법으로 '아이콘_펫관련.psd' 작업창에서 디자인 요소들을 'banner_full' 작업창으로 드래그하여 복제한 다음 크기를 조정하고 회전합니다.

▲ '아이콘_강아지얼굴' 레이어 – W/H : 44px, Rotate : −12°

▲ '아이콘_강아지발바닥' 레이어 – W/H : 28px, Rotate : −30°, Opacity : 44%

▲ '아이콘_집' 레이어 – W/H : 32px, Rotate : 25°

▲ '아이콘_뼈다귀' 레이어 – W/H : 43px, Rotate : 19°

▲ '아이콘_별' 레이어 – W/H : 73px, Rotate : 21°, Opacity : 20%

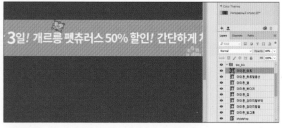

▲ '아이콘_하트' 레이어 – W/H : 19px, Rotate : 21°, Opacity : 44%

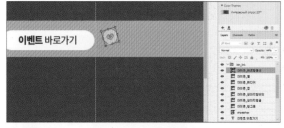

▲ '아이콘_하트말풍선' 레이어 – W/H : 29px, Rotate : –17°, Opacity : 44%

▲ '아이콘_기어' 레이어 – W/H : 81px, Opacity : 30%

10 | Layers 패널에서 Shift 를 누른 채 '아이콘_
기어'와 '아이콘_밥그릇' 레이어를 선택합니다. Ctrl
+G 를 눌러 그룹을 만들고 이름을 'Icon'으로 변경
하여 마무리합니다.

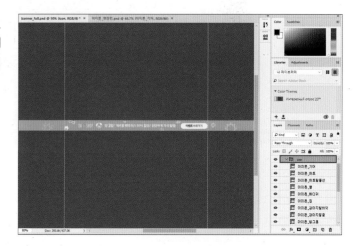

고객 참여를 유도하는 이벤트 페이지 디자인하기

고객의 적극적인 참여를 유도하기 위한 이벤트 페이지도 팝업 형태로 보여주면 좋습니다. 배경의 노란색과 보색인 보라색을 이용해 〈자세히 보기〉 버튼을 배치하여 눈에 잘 띄게 디자인합니다.

- 예제 파일 : 03\강아지.jpg, 강아지츄러스.jpg, 손가락.psd,
  스마트폰.psd, 아이콘_카메라.psd
- 완성 파일 : 03\banner_square.psd

- Rectangle / Rounded Rectangle Shape(Fill)
- Layer Style(Inner Glow, Drop Shadow)
- Smart Filters(Gaussian Blur)
- Filter Layer(Solid Color)

1 참여하는 것 같은 화면으로 디자인하기

01 | 메뉴에서 (File) → New(Ctrl+N)를 실행합니다. New Document 대화상자에서 파일 이름을 'banner_square', Width/Height를 '480Pixels', Resolution을 '72Pixels/inch', Color Mode를 'RGB Color / 8bit'로 설정하고 〈Create〉 버튼을 클릭합니다.

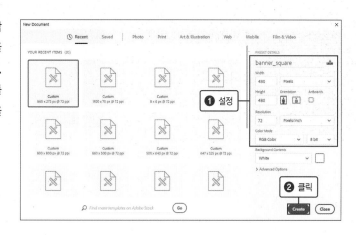

02 | 탐색기에서 03 폴더의 '강아지.jpg' 파일을 캔버스로 드래그하여 불러옵니다. 옵션바에서 W/H를 각각 '70%'로 설정하여 크기를 조정합니다.

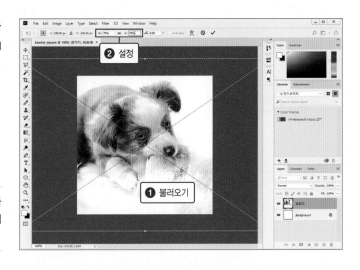

03 | 메뉴에서 (Filter) → Blur → Gaussian Blur를 실행하여 Gaussian Blur 대화상자가 표시되면 Radius를 '2.3Pixels'로 설정하고 〈OK〉 버튼을 클릭합니다.

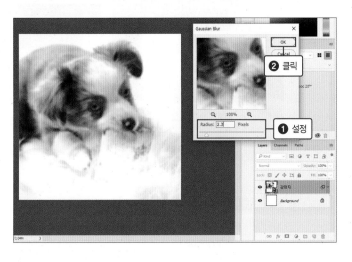

04 | Layers 패널에서 'Create new fill or adjustment layer' 아이콘(◉)을 클릭하여 표시되는 메뉴의 'Solid Color'를 선택합니다. Color Picker 대화상자에서 #에 'ffb71d(노란색)'를 입력한 다음 〈OK〉 버튼을 클릭합니다.

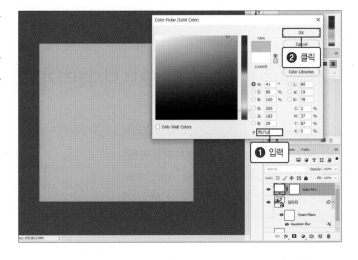

05 | Layers 패널에서 블렌딩 모드를 'Multiply', Opacity를 '85%'로 설정합니다. Ctrl을 누른 채 '강아지'와 'Color Fill 1' 레이어를 선택합니다. Ctrl +G를 눌러 그룹을 만들고 이름을 'BACK'으로 변경합니다.

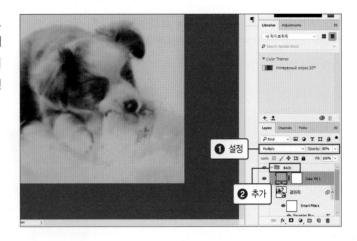

06 | 'Create a new group' 아이콘(▢)을 클릭하여 그룹을 만든 다음 이름을 'IMG'로 변경합니다. 03 폴더에서 '손가락.psd' 파일을 불러온 다음 Ctrl을 누른 채 '손가락_bg'와 '손가락' 그룹을 선택하고 마우스 오른쪽 버튼을 클릭하여 표시되는 메뉴의 **Duplicate Layers**를 실행합니다. Duplicate Layers and Groups 대화상자에서 Document를 'banner_square'로 지정하고 〈OK〉 버튼을 클릭합니다.

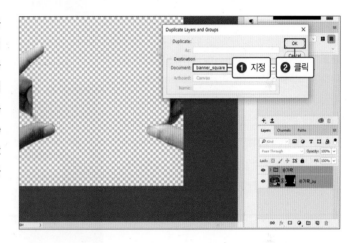

07 | 03 폴더에서 '스마트폰.psd' 파일을 캔버스로 드래그해 불러옵니다. 옵션바에서 Rotate를 '1°'로 설정하여 시계 방향으로 약간 회전합니다. '스마트폰' 레이어를 '손가락' 그룹 아래로 드래그해 이동합니다.

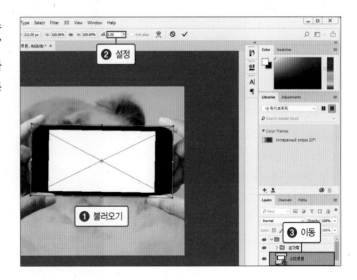

08 | 마술봉 도구(🪄)를 선택한 다음 옵션바에서 Tolerance를 '32'로 설정합니다. '스마트폰' 레이어에서 흰색 배경을 클릭하여 선택합니다.

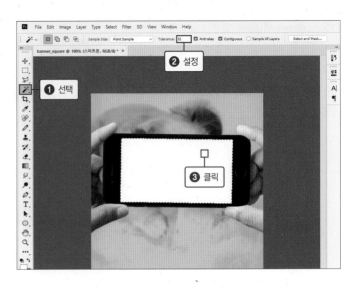

09 | 'Create a new group' 아이콘(🗀)을 클릭하여 그룹을 만든 다음 이름을 'screen'으로 변경합니다. 'screen' 그룹을 '손가락' 그룹 아래로 드래그하여 이동하고 Layers 패널에서 'Add layer mask' 아이콘(◻)을 클릭합니다. 03 폴더에서 '강아지츄러스.jpg' 파일을 캔버스로 드래그하여 불러오고 옵션바에서 W/H를 각각 '34%'로 설정합니다.

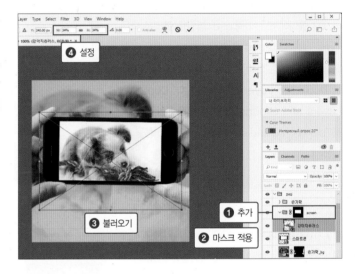

10 | '찰칵!'을 입력하고 Character 패널에서 글꼴을 'BM YEONSUNG OTF', 글자 크기를 '26px', Color를 '#000000(검은색)'으로 지정합니다. '!'를 선택한 다음 'Italic' 아이콘(𝐼)을 클릭하여 기울입니다. Ctrl+T를 누르고 옵션바에서 Rotate를 '24°'로 설정해 시계 방향으로 회전합니다.

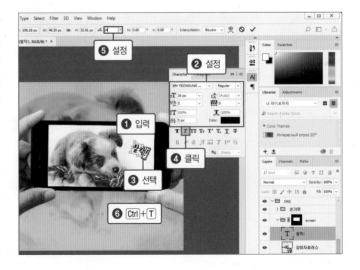

11 | '!!'를 입력하고 Ctrl+T를 누른 다음 옵션바에서 Rotate를 '48°'로 설정해 시계 방향으로 회전합니다.

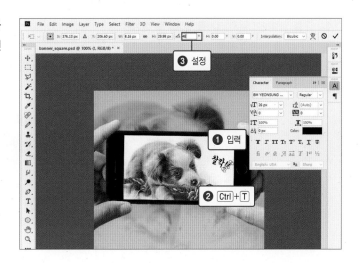

12 | 이어서 '츄~러스'를 입력하고 글자 크기를 '18px'로 설정합니다. 옵션바에서 'Create warped text' 아이콘(⬚)을 클릭하여 Warp Text 대화상자가 표시되면 Style을 'Arc'로 지정한 다음 'Horizontal'을 선택하고, Bend를 '+12%'로 설정한 다음 〈OK〉 버튼을 클릭합니다. Ctrl+T를 누르고 옵션바에서 Rotate를 '–5°'로 설정하여 반시계 방향으로 회전합니다.

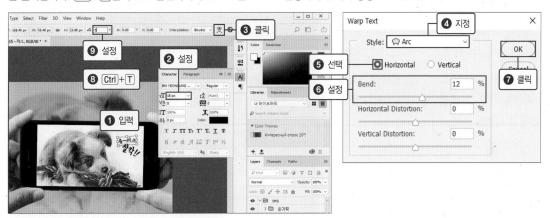

13 | 03 폴더에서 '아이콘_카메라.psd' 파일을 캔버스에 드래그하여 불러옵니다. 옵션바에서 W/H를 '50%', Rotate를 '–12°'로 설정합니다.

14 | '?'를 입력하고 글자 크기를 '26px'로 설정한 다음 [Ctrl]+[T]를 누르고 시계 방향으로 회전합니다. '!'를 입력하고 [Ctrl]+[T]를 눌러 시계 방향으로 회전합니다.

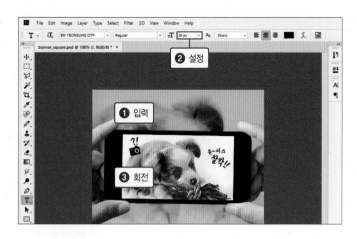

2 이벤트 정보 디자인하기

01 | 'IMG' 그룹을 선택하고 'Create a new group' 아이콘(📁)을 클릭하여 그룹을 만든 다음 이름을 'TXT'로 변경합니다.
'혼자보기 아까울 땐?!'을 입력하고 Character 패널에서 글꼴을 'BM DoHyeon OTF', 글자 크기를 '35px', 자간을 '–50', 가로 장평을 '97%', Color를 '#ffffff(흰색)'로 지정합니다.

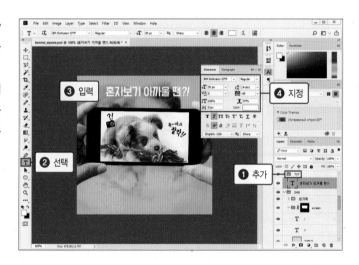

02 | Layers 패널에서 'Add a layer style' 아이콘(fx)을 클릭하여 표시되는 메뉴의 'Drop Shadow'를 선택합니다. Layer Style 대화상자에서 Color를 #0d0e0e(검은색), Angle을 '120°', Distance를 '1px', Spread를 '100%', Size를 '4px'로 설정한 다음 〈OK〉 버튼을 클릭합니다.

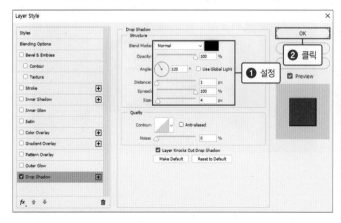

03 | 캔버스를 클릭해 '받으신 제품과~드립니다.'를 입력합니다. Character 패널에서 글꼴을 'Noto Sans CJK KR', 글꼴 스타일을 'Regular', 글자 크기를 '15px', 행간을 '24px', 자간을 '-50', 가로 장평을 '97%'로 설정합니다.

첫 번째와 세 번째 줄 문자의 색상을 '#000000(검은색)', 두 번째 줄 문자의 색상을 '#ffffff(흰색)'로 지정합니다. '인스타그램'과 '공유'를 각각 선택한 다음 글꼴 스타일을 'Bold'로 지정합니다.

04 | 사각형 도구(▢)를 이용해 Width가 '173px', Height가 '23px'인 사각형을 그립니다. 옵션바에서 Fill을 '#0e0a07(검은색)'로 지정합니다. Layers 패널에서 Opacity를 '83%'로 설정하고 'Rectangle 1' 레이어를 '받으신 제품과~' 레이어 아래로 이동합니다.

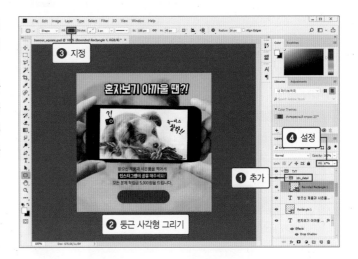

05 | 'Create a new group' 아이콘(▢)을 클릭하여 그룹을 만든 다음 이름을 'btn_detail'로 변경합니다.

둥근 사각형 도구(▢)를 선택한 다음 Width가 '186px', Height가 '45px', Radius가 '23px'인 둥근 사각형을 그립니다. 옵션바에서 Fill을 '#1102d5 (보라색)'로 지정합니다. Layers 패널에서 Fill을 '67%'로 설정합니다.

06 | Layers 패널에서 'Add a layer style' 아이콘(fx)을 클릭하여 표시되는 메뉴에서 'Inner Glow'를 선택합니다. Layer Style 대화상자에서 Blend Mode를 'Multiply', Opacity를 '40%', Color를 '#563aa2(진보라색)', Technique를 'Softer', Size를 '16px'로 설정합니다.

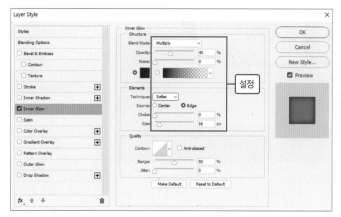 

07 | 왼쪽 영역에서 'Drop Shadow'를 선택한 다음 Blend Mode를 'Multiply', Color를 '#0d0e0e(검은색)', Opacity를 '11%', Angle을 '90%', Distance를 '3px'로 설정하고 〈OK〉 버튼을 클릭합니다.

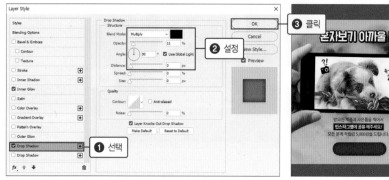 

08 | 가로쓰기 문자 도구(T)를 이용해 '자세히 보기'를 입력하고 Character 패널에서 글꼴을 'Noto Sans CJK KR', 글꼴 스타일을 'Bold', 글자 크기를 '18px', 자간을 '−25', 가로 장평을 '97%', Color를 '#ffffff(흰색)', Anti-Aliasing을 'Strong'으로 지정하여 마무리합니다.

고급스러운 쿠폰 디자인하기

바우처 느낌의 쿠폰 배너 디자인을 만들어 봅니다. 황금빛 노란색과 어두운 배경을 통해 골드 컬러를 강조하며, 반짝이는 느낌과 그림자를 활용해서 고급스러운 이미지를 더욱 강하게 표현할 수 있습니다.

- **예제 파일** : 03\가죽배경.jpg, 골든배경.jpg, 아이콘_잎사귀.psd, 골든동그라미.png
- **완성 파일** : 03\banner_horizontal.psd

- Group Clipping Mask
- Group Layer Style(Drop Shadow)
- Filter Layer(Solid Color, Levels)

---

1 쿠폰 모양 디자인하기 ● ● ●

01 | 메뉴에서 (File) → New(Ctrl+N)를 실행합니다. New Document 대화상자에서 파일 이름을 'banner_horizontal', Width를 '860Pixels', Height를 '273Pixels', Resolution을 '72Pixels/inch', Color Mode를 'RGB Color / 8bit'로 설정하고 〈Create〉 버튼을 클릭합니다.

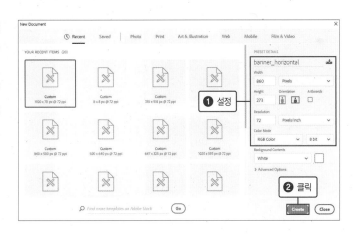

02 | 레이어 그룹을 만들고 이름을 'background'로 변경합니다. 03 폴더에서 '가죽배경.jpg' 파일을 캔버스로 드래그해 불러옵니다. 옵션바에서 W/H를 '61%'로 설정해 크기를 조정합니다.

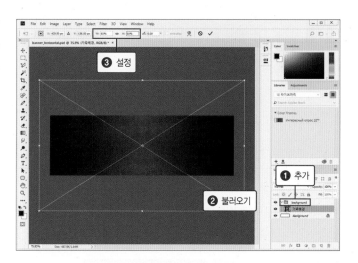

03 | Layers 패널에서 'Create new fill or adjustment layer' 아이콘(⬤)을 클릭하여 표시되는 메뉴의 'Levels'를 선택합니다. Properties 패널의 Levels 항목에서 레벨 값을 '0, 0.72, 233'으로 설정합니다.

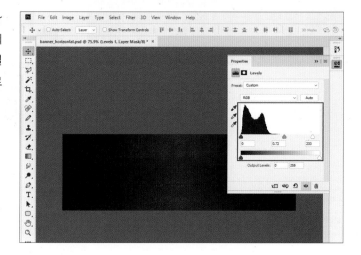

04 | Layers 패널에서 'Create new fill or adjustment layer' 아이콘(⬤)을 클릭해 표시되는 메뉴의 'Solid Color'를 선택하고 Color Picker 대화상자에서 #에 '13161a(검은색)'를 입력한 다음 〈OK〉 버튼을 클릭합니다. 블렌딩 모드를 'Screen'으로 지정합니다.

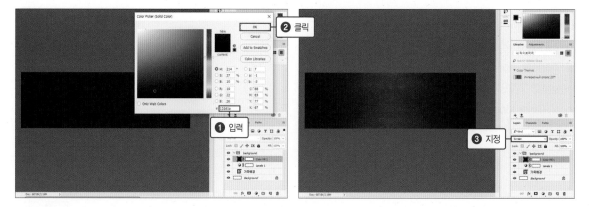

05 | 'background' 그룹을 선택하고 'Create a new group' 아이콘(▢)을 클릭하여 'Group 1' 그룹을 만듭니다.

가로쓰기 문자 도구(T)를 이용해 '오'를 입력하고 Character 패널에서 글꼴을 'BM DoHyeon OTF', 글자 크기를 '108px', 가로 장평을 '97%', Color를 '#ffffff(흰색)'로 지정합니다.

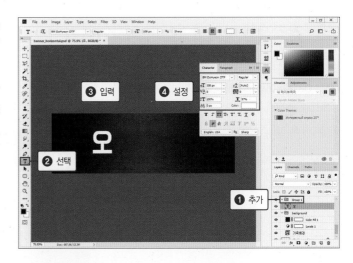

06 | '늘'을 입력하고 이어서 '의', '쿠', '폰'을 각각 입력해 별도의 문자 레이어를 만듭니다. 다음과 같이 글자 사이를 밀착하면서 살짝 띄웁니다.

07 | 'Group 1' 그룹을 선택하고 Layers 패널에서 'Add a layer style' 아이콘(fx)을 클릭한 다음 표시되는 메뉴의 'Drop Shadow'를 선택합니다. Layer Style 대화상자에서 Blend Mode를 'Multiply', Color를 '#0d0e0e(검은색)', Opacity를 '75%', Angle을 '100°', Distance를 '3px', Spread를 '46%', Size를 '1px'로 설정한 다음 〈OK〉 버튼을 클릭합니다.

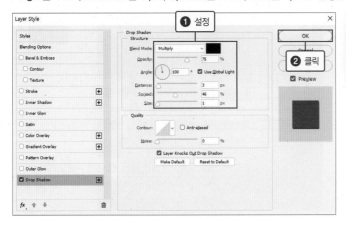

01 | 03 폴더에서 '골든배경.jpg' 파일을 캔버스에 드래그해 불러옵니다. 옵션바에서 W/H를 '94%'로 설정하여 크기를 조정합니다.

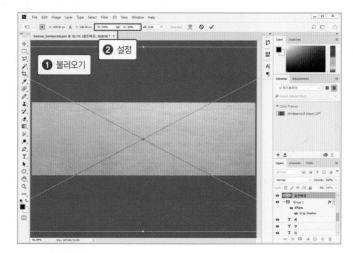

Tip

'골든배경.jpg' 이미지 위쪽은 대체적으로 밝고, 아래쪽은 살짝 어둡습니다.

02 | '골든배경' 레이어를 'Group 1' 그룹 위로 이동한 다음 [Ctrl]+[Alt]+[G]를 눌러 클리핑 마스크를 적용합니다.

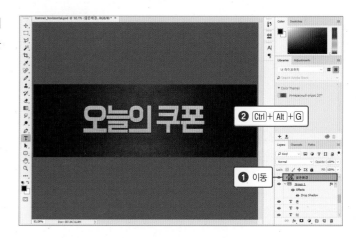

03 | Layers 패널에서 'Create a new layer' 아이콘(▣)을 클릭하여 '골든배경' 레이어 위에 새 레이어를 만들고 이름을 'shadow'로 변경합니다. 사각형 선택 도구(▢)를 선택한 다음 드래그하면서 툴 팁을 참고하여 'W : 90 px, H : 140px' 크기의 선택 영역을 만듭니다.

04 | 그레이디언트 도구(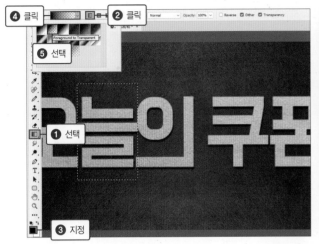)를 선택하고 옵션바에서 'Linear Gradient'를 클릭합니다. 전경색을 '#000000(검은색)'으로 지정하고 옵션바에서 'Foreground to Transparent'를 선택합니다. 캔버스의 왼쪽에서 오른쪽으로 드래그하여 그러데이션을 적용합니다.

05 | Ctrl+D를 눌러 선택을 해제하고 Ctrl+Alt +G를 눌러 클리핑 마스크를 적용합니다. 'shadow' 레이어를 선택한 다음 Ctrl+J를 눌러 복제하고 이름을 'shadow 2'로 변경합니다. '의' 자 위로 이동한 다음 Ctrl+Alt+G를 눌러 클리핑 마스크를 적용합니다.

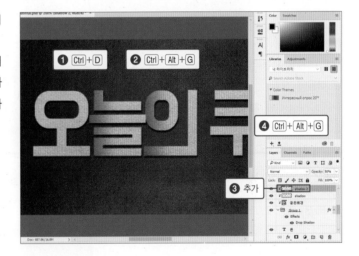

06 | Ctrl을 누른 채 'shadow'와 'shadow 2' 레이어를 선택하고 Ctrl+J를 눌러 복제한 다음 이름을 'shadow 3'과 'shadow 4'로 변경합니다. 각각의 레이어를 '쿠'자와 '폰' 자 위로 이동합니다.

07 | Ctrl을 누른 채 '오' 레이어의 섬네일을 클릭하여 선택 영역을 지정합니다. 'shadow' 레이어를 선택하고 Delete를 눌러 지웁니다. '오' 자에 넘어간 그림자가 지워집니다. Ctrl을 누른 채 '늘' 레이어의 섬네일을 클릭하여 선택 영역을 지정합니다. 'shadow 2' 레이어를 선택하고 Delete를 눌러 지웁니다. '늘' 자에 넘어간 그림자도 지워집니다.

Tip

'쿠'와 '폰' 자의 그림자는 넘어가지 않아 지우지 않습니다.

---

08 | 'Create a new group' 아이콘(🗁)을 클릭해 그룹을 만듭니다. 가로쓰기 문자 도구(T)를 이용해 '오늘 받아~놓치지 마세요!'를 입력한 다음 Character 패널에서 글꼴을 'Noto Sans CJK KR', 글꼴 스타일을 'Bold', 글자 크기를 '21px', 자간을 '-50', 가로 장평을 '97%', Color를 '#fcecbf(상아색)'로 지정합니다. '!'를 선택한 다음 'Italic' 아이콘(T)을 클릭해 기울이고 자간을 '0'으로 변경합니다.

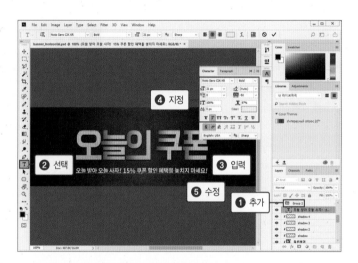

09 | 캔버스를 클릭해 'Today coupon'을 입력한 다음 Character 패널에서 글꼴을 'Pacifico', 글자 크기를 '29px', Color를 '#fcecbf(상아색)'로 지정합니다.

10 | 03 폴더의 '아이콘_잎사귀.psd' 파일을 불러옵니다. Layers 패널에서 Ctrl을 누른 채 'leaf 1'과 'leaf 2' 레이어를 선택합니다. 패스 선택 도구(▶)를 선택하고 옵션바에서 Fill을 '#fcecbf(상아색)'로 지정합니다. 캔버스에서 마우스 오른쪽 버튼을 클릭하여 표시되는 메뉴의 **Duplicate Layers**를 실행합니다. Duplicate Layers 대화상자에서 Document를 'banner_horizontal.psd'로 지정한 다음 〈OK〉 버튼을 클릭합니다.

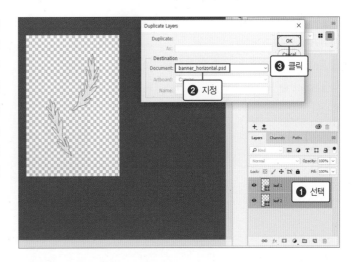

11 | 'leaf 1' 레이어를 오른쪽으로, 'leaf 2' 레이어를 왼쪽으로 이동해 다음과 같이 배치합니다.

12 | Layers 패널에서 'Group 2' 그룹을 선택하고 'Add a layer style' 아이콘(fx)을 클릭한 다음 표시되는 메뉴의 'Drop Shadow'를 선택합니다. Layer Style 대화상자에서 Blend Mode를 'Multiply', Color를 '#0d0e0e(검은색)', Opacity를 '75%', Angle을 '100°', Distance를 '3px', Spread를 '46%', Size를 '1px'로 설정하고 〈OK〉 버튼을 클릭합니다.

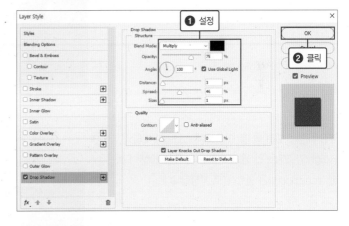

13 | '골든배경' 레이어를 선택한 다음 Ctrl+J를 눌러 복제하고 이름을 '골든배경 2'로 변경합니다.

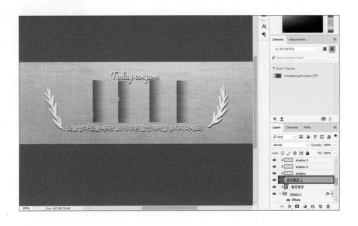

14 | Ctrl+Alt+G를 눌러 '골든배경 2' 레이어에 클리핑 마스크를 적용합니다.

'골든배경 2' 레이어를 'Group 2' 그룹 위로 이동한 다음 Ctrl+Alt+G를 눌러 클리핑 마스크를 적용합니다.

15 | 이동 도구(✛)를 이용해 '골든배경 2' 레이어의 개체를 아래로 이동합니다. '골든배경 2'의 밝은 영역이 노출됩니다. 03 폴더에서 '골든동그라미.png' 파일을 캔버스에 불러옵니다.

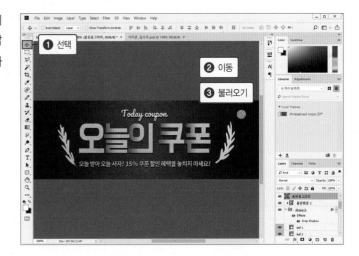

16 | 원형 도구(◯)를 이용하여 Width가 '26px', Height가 '27px'인 원을 그립니다. 옵션바에서 Fill을 #cedbcd(밝은 민트색)로 지정합니다.

17 | 같은 방법으로 여러 개의 원을 추가하여 배치합니다.

• Width : 28px, Height : 30px – Fill : 회색(#5e676)
• Width : 24px, Height : 25px – Fill : 밝은 민트색
  (#cedbcd)
• Width : 24px, Height : 25px – Fill : 노란색
  (#ffce6a)

18 | '골든동그라미' 레이어를 선택하고 Ctrl + J 를 눌러 복제하여 'Ellipse 4' 레이어 위로 이동합니다. Ctrl + T 를 누르고 옵션바에서 W/H를 '60%'로 설정합니다. 같은 방법으로 원을 여러 개 복제해 쿠폰을 장식해서 마무리합니다.

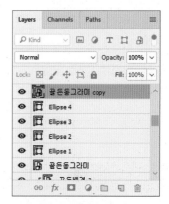

• '골든동그라미 copy 2' 레이어 – Width : 24px, Height : 26px – Fill : 노란색(#ffce6a)
• 'Ellipse 1' 복제 레이어 – Width : 16px, Height : 17px
• 'Ellipse 1 copy' 복제 레이어 – Width : 20px, Height : 20px
• 'Ellipse 5' 복제 레이어 1 – Width : 20px, Height : 20px
• 'Ellipse 5' 복제 레이어 2 – Width : 24px, Height : 24px
• '골든동그라미 copy 3' 레이어 복제
• 'Ellipse 3' 복제 레이어 – Opacity : 20%
• 'Ellipse 2' 복제 레이어 – Width : 14px, Height : 15px
• '골든동그라미 copy 4' 레이어 복제

인포그래픽 형식으로
회원 등급별 혜택 안내 디자인하기

안내 배너는 쇼핑몰을 이용하는 고객에게 친절한 가이드 역할을 합니다. 주문 금액에 따라 멤버십 등급별 할인 정책을 인포그래픽 형식으로 설명하면 충성 고객을 만들기 쉬우므로 함께 만들어 봅니다.

- 예제 파일 : 03\멤버십등급별혜택_내용.txt,
  아이콘_새싹.png, 아이콘_꽃.png, 아이콘_열매.png
- 완성 파일 : 03\guide_banner_grade.psd

- Custom Shape(Gradient, Fill, Stroke)
- Group Layer Style(Outer Glow)
- Layer Style(Bevel & Emboss / Pattern Overlay)

---

1 인포그래픽 형식의 등급 데이터 제작하기 ● ● ●

01 │ 메뉴에서 (File) → New(Ctrl+N)를 실행합니다. New Document 대화상자에서 파일 이름을 'guide_banner_grade', Width를 '860Pixels', Height를 '850Pixels', Resolution을 '72Pixels/inch', Color Mode를 'RGB Color / 8bit'로 설정한 다음 〈Create〉 버튼을 클릭합니다.

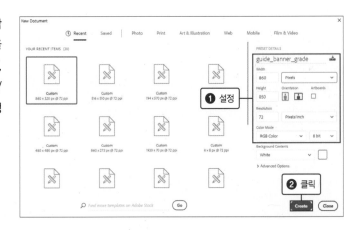

02 | Layers 패널에서 'Create new fill or adjustment layer' 아이콘(◐)을 클릭하여 표시되는 메뉴의 'Solid Color'를 선택합니다. Color Picker 대화상자에서 #에 'a3c5ce(담청색)'를 입력한 다음 〈OK〉 버튼을 클릭해 배경색을 적용합니다.

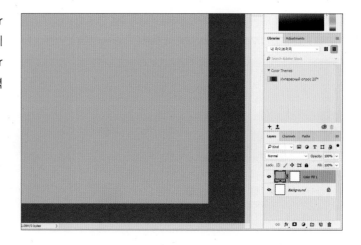

03 | 레이어 그룹을 만들고 이름을 'Arrow'로 변경합니다. 사용자 셰이프 도구(✿)를 선택하고 옵션바에서 Shape를 'Sign 2'로 지정한 다음 캔버스를 클릭합니다. Create Custom Shape 대화상자에서 Width를 '154px'로 설정하고 'Preserve Proportions'에 체크 표시한 다음 〈OK〉 버튼을 클릭합니다.

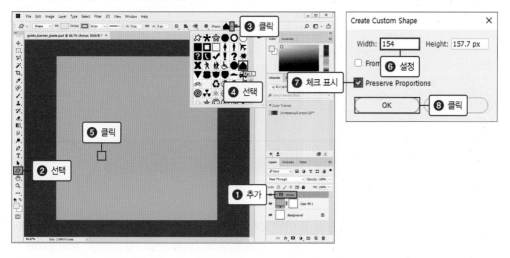

04 | 옵션바에서 Fill을 'Gradient'로 지정하고 왼쪽 색상 조절점을 더블클릭한 다음 Color Picker 대화상자에서 #을 'fe381b(다홍색)'로 지정합니다. 가운데 색상 조절점을 추가하고 '#ff6634(주황색)'로 지정한 다음 오른쪽의 색상 조절점은 '#ff541c(조금 진한 주황색)'로 지정합니다. Gradient Style을 'Linear', 각도를 '90°'로 설정하고 'Align with layer'에 체크 표시합니다.

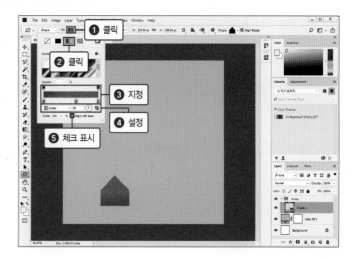

05 | 직접 선택 도구(➤)를 선택하고 개체의 아래쪽을 드래그하여 기준점을 선택한 다음 Shift를 누른 채 ↓를 10번 정도 눌러 긴 화살표를 만듭니다. Layers 패널에서 레이어 이름을 'Arrow 1'로 변경합니다.

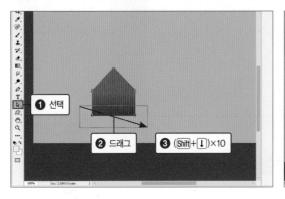
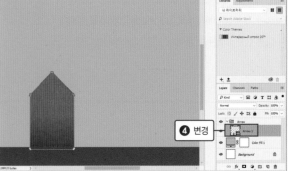

06 | 이번에는 개체의 가운데 부분을 드래그하여 기준점을 선택합니다. Shift를 누른 채 ↑를 여러 번 눌러 다음과 같이 화살표 머리의 높이를 줄입니다.

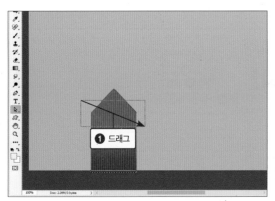

07 | Layers 패널에서 'Add a layer style' 아이콘(fx)을 클릭하여 표시되는 메뉴의 'Bevel & Emboss'를 선택합니다. Layer Style 대화상자의 Style을 'Inner Bevel', Technique를 'Smooth', Depth를 '98%', Direction을 'Up', Size를 '4px', Soften을 '5px', Angle을 '107°', Altitude를 '72°', Highlight Mode를 'Linear Dodge (Add) / #ffffff(흰색)', Opacity를 '100%', Shadow Mode를 'Multiply / #000000(검은색)', Opacity를 '0%'로 설정하고 〈OK〉 버튼을 클릭하여 입체감을 나타냅니다.

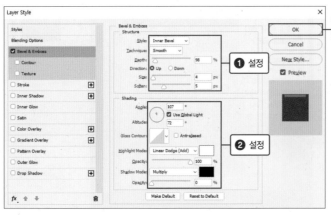
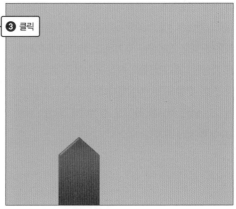

08 | 사각형 도구(□)를 이용해 Width가 '400px', Height가 '170px'인 사각형을 만듭니다. 옵션바에서 Fill을 '#ffffff(흰색)'로 지정합니다. Ctrl+T를 누르고 옵션바에서 Rotate를 '–60°'로 설정하여 반시계 방향으로 회전합니다.

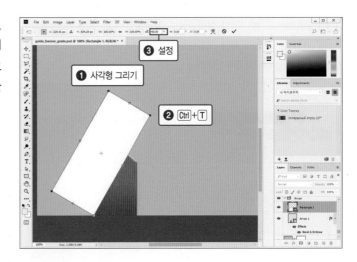

09 | Layers 패널에서 블렌딩 모드를 'Overlay', Opacity를 '20%'로 설정하고 Ctrl+Alt+G를 눌러 클리핑 마스크를 적용합니다.

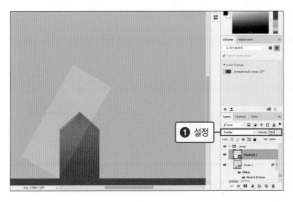 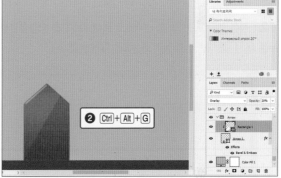

10 | Ctrl을 누른 채 'Arrow 1'과 'Rectangle 1' 레이어를 선택하고 'Create a new layer' 아이콘 (□)으로 드래그합니다.
이동 도구(✛)를 선택한 다음 Shift를 누른 채 복제된 레이어를 오른쪽으로 드래그하여 이동합니다. Shift를 누른 채 ↑를 12번 정도 눌러 위로 이동합니다. 레이어 이름을 각각 'Arrow 2'와 'Rectangle 2'로 변경합니다.

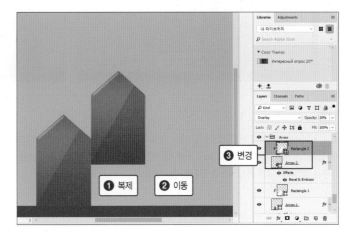

11 | 'Arrow 2' 레이어의 섬네일을 더블클릭합니다. Gradient Editor 대화상자에서 그레디언트 바 왼쪽의 색상 조절점을 '#afafaf(회색)', 가운데 색상 조절점을 '#dadada(밝은 회색)', 오른쪽 색상 조절점을 '#b9b9b9(조금 진한 회색)'로 지정한 다음 〈OK〉 버튼을 클릭하여 적용합니다.

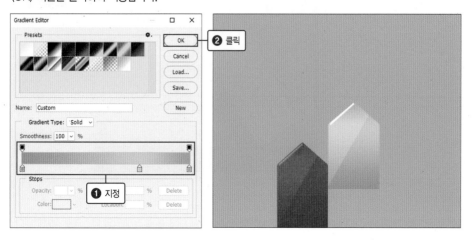

12 | 직접 선택 도구(▷)를 선택하고 회색 화살표를 더블클릭하여 선택합니다. 아래쪽을 드래그하여 기준점을 선택한 다음 Shift를 누른 채 ↓를 12번 정도 눌러 화살표를 길게 늘립니다.

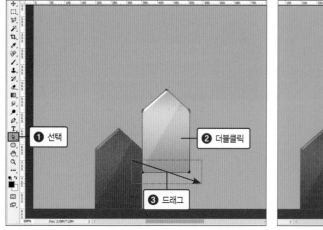 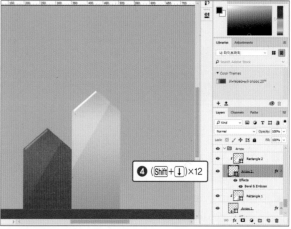

Tip

회색 화살표를 더블클릭하면 레이어 필터링이 활성화되면서 Layers 패널에 편집하려는 레이어만 나타납니다. 해당 레이어의 도형만 편집할 수 있으므로 집중해서 작업할 수 있습니다. 다시 회색 화살표를 더블클릭하면 편집 모드가 비활성화됩니다. Layers 패널에서 'Turn layer filtering on/off' 아이콘을 클릭하여 일반 편집 모드로 전환할 수도 있습니다.

13 | Layers 패널에서 'Arrow 2' 레이어에 적용된 'Bevel & Emboss' 스타일을 클릭합니다. Layer Style 대화상자에서 Highlight Mode의 Opacity를 '51%'로 설정한 다음 〈OK〉 버튼을 클릭합니다. 다시 회색 화살표를 더블클릭합니다.

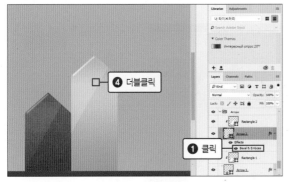 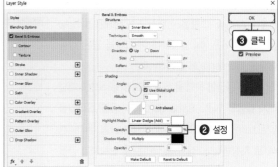

14 | Ctrl을 누른 채 'Arrow 2'와 'Rectangle 2' 레이어를 선택하고 'Create a new layer' 아이콘 (🗐)으로 드래그한 다음 Shift를 누른 채 복제된 레이어를 오른쪽으로 이동합니다. Shift를 누른 채 ↑를 12번 눌러 위로 이동합니다. 레이어 이름을 각각 'Arrow 3'과 'Rectangle 3'으로 변경합니다.

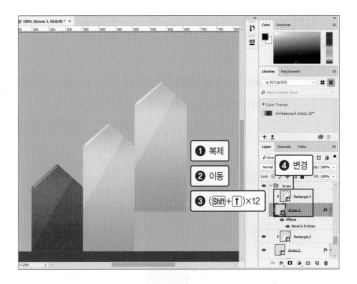

15 | 'Arrow 3' 레이어의 섬네일을 더블클릭합니다. Gradient Editor 대화상자의 그레디언트 바에서 왼쪽 색상 조절점을 '#000000(검은색)', 가운데 색상 조절점을 '#444444(조금 어두운 회색)', 오른쪽 색상 조절점을 '#323232(어두운 회색)'로 지정하고 〈OK〉 버튼을 클릭하여 색상을 변경합니다. 오른쪽 화살표의 길이를 늘립니다.

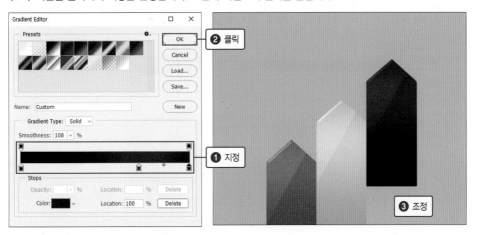

01 | 'Arrow' 그룹을 선택하고 'Create a new group' 아이콘(▣)을 클릭하여 그룹을 만든 다음 이름을 'Contents'로 변경합니다.
'살 수록~등급별 혜택'을 입력하고 Character 패널에서 글꼴을 'Noto Sans CJK KR', 글꼴 스타일을 'Medium', 글자 크기를 '63px', Color를 '#ffffff(흰색)'로 지정합니다. '살 수록 쌓이는'을 선택하고 글꼴 스타일을 'Light'로 변경합니다.

02 | 둥근 사각형 도구(▣)를 선택한 다음 캔버스를 클릭해 Create Rounded Rectangle 대화상자에서 Width를 '530px', Height를 '54px', Radii를 각각 '5px'로 설정하고 〈OK〉 버튼을 클릭합니다. 'Arrow 1' 레이어에서 마우스 오른쪽 버튼을 클릭하여 표시되는 메뉴의 **Copy Shape Attributes**를 실행하고, 'Rounded Rectangle 1' 레이어에서 마우스 오른쪽 버튼을 클릭하여 표시되는 메뉴의 **Paste Shape Attributes**를 실행하여 복제합니다.

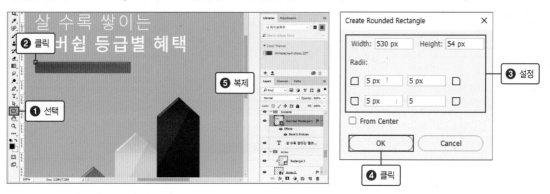

03 | 'Rounded Rectangle 1' 레이어의 섬네일을 더블클릭하고 Gradient Fill 대화상자에서 Angle을 '−83°', Scale을 '310%'로 설정한 다음 〈OK〉 버튼을 클릭합니다. '가입하여~업그레이드!'를 입력하고 Character 패널에서 글꼴을 'Noto Sans CJK KR', 글꼴 스타일을 'Medium', 글자 크기를 '17px', 자간을 '−50', 가로 장평을 '97%'로 설정합니다. '!'를 선택한 다음 'Italic' 아이콘(*I*)을 클릭하여 기울입니다.

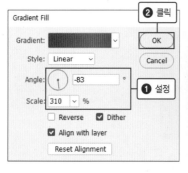

04 | 가로쓰기 문자 도구(T)를 선택하고 캔버스에 드래그해 툴 팁을 참고하며 'W : 376px, H : 158px' 크기의 텍스트 박스를 만듭니다. '최근 6개월~달라질 수 있습니다.'를 입력하고 Character 패널에서 글꼴을 'Noto Sans CJK KR', 글자 크기를 '14px', 행간을 '18px', 자간을 '-25', 가로 장평을 '97%', Color를 '#3e3e3f(진한 회색)'로 지정합니다.

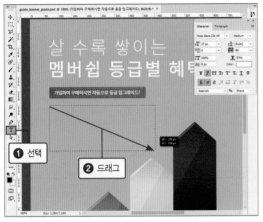

05 | Paragraph 패널에서 Add space after paragraph를 '15px'로 설정하여 정렬합니다.

Tip

Add space after paragraph는 Enter에 의해 줄바꿈된 문장 뒤에 여백을 만듭니다. '구매 건수와' 뒤에서 Enter를 적용하지 않고 텍스트 박스 크기에 의해 줄바꿈되었기 때문에 1행과 2행 사이에 여백이 생기지 않습니다.

06 | 사용자 셰이프 도구()를 선택하고 옵션바에서 Shape를 'Checkmark'로 지정한 다음 캔버스를 클릭합니다. Create Custom Shape 대화상자에서 Width를 '13px'로 설정하고 'Preserve Proportions'에 체크 표시한 다음 〈OK〉 버튼을 클릭합니다.

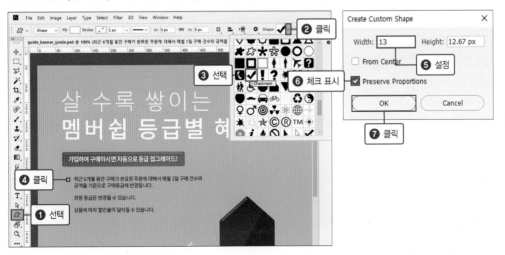

07 | 옵션바에서 Fill을 '#ffffff(흰색)'로 지정합니다. 이동 도구(⊕)를 선택하고 Alt를 누른 채 드래그해 레이어를 복제한 다음 아래로 이동합니다. 한 번 더 복제하여 체크 표시를 추가합니다.

08 | 'Contents' 그룹을 선택하고 'Create a new group' 아이콘(□)을 클릭하여 그룹을 만든 다음 이름을 'Info'로 변경합니다. 03 폴더에서 '아이콘_새싹.png' 파일을 캔버스로 드래그해 불러온 다음 'Add a layer style' 아이콘(fx)을 클릭하여 표시되는 메뉴의 'Color Overlay'를 선택합니다. Layer Style 대화상자에서 Color를 '#ffffff(흰색)', Opacity를 '100%'로 설정하고 〈OK〉 버튼을 클릭합니다.

09 | 03 폴더에서 '아이콘_꽃.png', '아이콘_열매.png' 파일을 캔버스에 드래그하여 불러옵니다. Layers 패널에서 Alt를 누른 채 '아이콘_새싹' 레이어에 적용된 'Color Overlay' 스타일을 '아이콘_꽃' 레이어로 드래그합니다. '아이콘_열매' 레이어에도 동일하게 레이어 스타일을 적용합니다.

> **Tip**
>
> '아이콘_새싹' 레이어에서 마우스 오른쪽 버튼을 클릭하여 표시되는 메뉴의 **Copy Layer Style**을 실행해서 레이어 스타일을 복사하고, '아이콘_꽃' 레이어에서 마우스 오른쪽 버튼을 클릭하여 표시되는 메뉴의 **Paste Layer Style**을 실행하여 레이어 스타일을 복제할 수도 있습니다.

10 | 선 도구(◢)를 선택하고 옵션바에서 Fill을 '#ffffff(흰색)', Stroke를 '1px'로 설정합니다. 캔버스에서 `Shift`를 누른 채 가로로 드래그하면서 툴 팁을 참고하며 'L : 70px' 길이의 선을 만듭니다. 레이어 이름을 'line'으로 변경합니다.

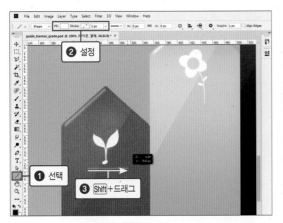

11 | 이동 도구(✛)를 선택하고 캔버스에서 `Alt`를 누른 채 드래그하여 복제합니다. 꽃과 열매 아이콘 아래에 선이 추가되면 레이어 이름을 각각 'line 2', 'line 3'으로 변경합니다.

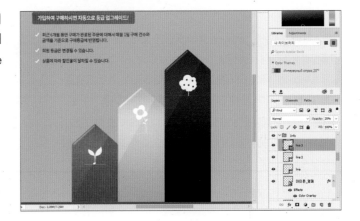

12 | 가로쓰기 문자 도구(T)를 이용해 '1%'를 입력하고 Character 패널에서 글꼴을 'Dosis', 글꼴 스타일을 'Bold', 글자 크기를 '42px', Color를 '#ffffff(흰색)'로 설정합니다. '%'를 선택한 다음 글꼴 스타일을 'Light', 글자 크기를 '18px'로 설정합니다. 레이어를 복제한 다음 '3%'와 '7%'를 추가해 배치합니다.

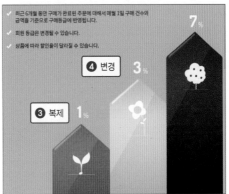

13 | 캔버스를 클릭해 'Welcome 새싹'을 입력하고 Character 패널에서 글꼴을 'Noto Sans CJK KR', 글꼴 스타일을 'Bold', 글자 크기를 '12px'로 설정합니다. 'All Caps' 아이콘(TT)을 클릭하여 영문을 대문자로 변경합니다. '새싹'을 선택하고 글자 크기를 '18px', 자간을 '−25', 가로 장평을 '97%'로 설정합니다. 레이어를 복제한 다음 'VIP 꽃'과 'Platinum 열매'를 입력하여 배치합니다.

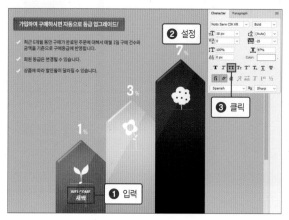
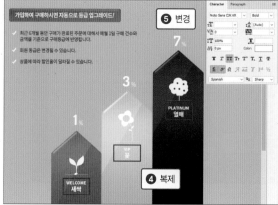

14 | 이어서 '누적 구매 금액 50만원 미만'을 입력하고 Character 패널에서 글꼴을 'Noto Sans CJK KR', 글꼴 스타일을 'Medium', 글자 크기를 '13px', 자간을 '−50', 가로 장평을 '97%'로 설정합니다. 숫자 '50'을 선택하고 글자 크기를 '13px', 자간을 '0', 가로 장평을 '100%'로 설정합니다. 레이어를 복제하고 '누적 구매 금액 50만원~100만원'과 '누적 구매 금액 100만원 이상'을 입력합니다.

15 | Layers 패널에서 'Info' 그룹을 선택한 다음 'Add a layer style' 아이콘(fx)을 클릭하여 표시되는 메뉴의 'Outer Glow'를 선택합니다. Layer Style 대화상자에서 Blend Mode를 'Multiply', Opacity를 '20%', Technique를 'Softer', Size를 '32px'로 설정한 다음 〈OK〉 버튼을 클릭하여 마무리합니다.

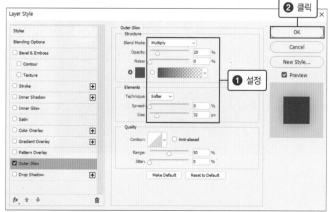

베스트셀러 뱃지 아이콘 디자인하기

쇼핑몰에서 판매하는 상품들은 저마다 고객의 관심도가 다릅니다. 꾸준하게 사랑받는 '베스트셀러'가 있으면 고객에게 잘 알려지지 않았지만 운영자가 '적극 추천'하는 상품도 있습니다. 여기서는 상품에 계급을 부여하는 계급장 스타일의 뱃지 아이콘을 디자인해 봅니다.

- 완성 파일 : 03\badge_class.psd

- Custom Shape(Fill, Stroke)
- Warp Text(Arc)
- Layer Style(Outer Glow, Stroke)
- Clipping Mask

1 계급장 스타일의 뱃지 아이콘 만들기

● ● ●

01 | 메뉴에서 (File) → New(Ctrl+N)를 실행합니다. New Document 대화상자에서 파일 이름을 'badge_class', Width를 '130Pixels', Height를 '100Pixels', Resolution을 '72Pixels/inch', Color Mode를 'RGB Color / 8bit'로 설정하고 〈Create〉 버튼을 클릭합니다.

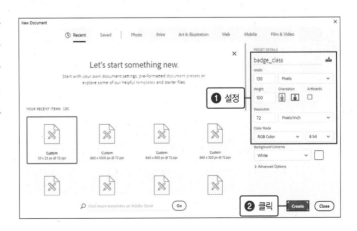

02 | 사용자 셰이프 도구(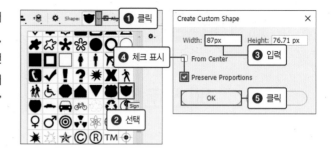)를 선택한 다음 옵션바에서
Shape를 'Sign 5'로 지정하고 Fill을 '#f2a9cb(분홍색)',
Stroke를 '#ed67a4(선분홍색) / 3px'로 설정합니다. 캔
버스를 클릭하고 Create Custom Shape 대화상자에서
Width만 '87px'을 입력한 다음 'Preserve Proportions'
에 체크 표시하고 〈OK〉 버튼을 클릭합니다.

03 | Ctrl+T를 누르고 H를 '84px'로 설정하여
폭을 늘립니다.

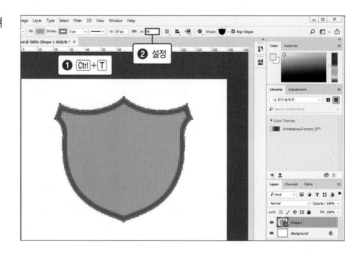

04 | Layers 패널에서 레이어 이름을 'badge'로 변경합니다. 사각형 도구(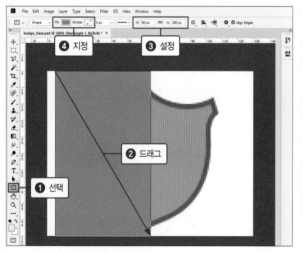)를 선택하고 캔버스에 드래그한 다음 옵션바에서 W
를 '60px', H를 '100px'로 설정하여 사각형을 만듭니다. 옵션바에서 Fill을 '#ef96bf(진분홍색)', Stroke를 'No Color'로 지정하고
Ctrl+Alt+G를 눌러 클리핑 마스크를 적용합니다.

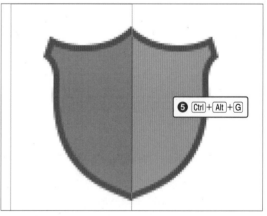

05 | 둥근 사각형 도구(◻)를 선택한 다음 캔버스를 클릭합니다. Create Rounded Rectangle 대화상자에서 Width를 '88px', Height를 '20px', Radii를 각각 '4px'로 설정하고 〈OK〉 버튼을 클릭합니다. 옵션바에서 Fill을 '#24bde1(하늘색)'로 지정합니다.

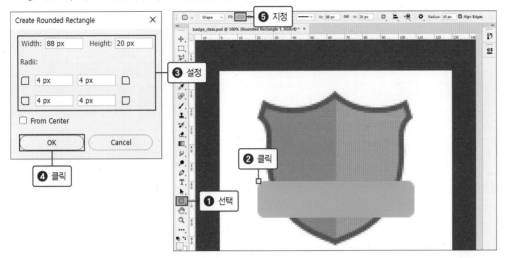

06 | 레이어 이름을 'ribbon'으로 변경합니다. 메뉴에서 (Edit) → Transform → Warp을 실행한 다음 조절점을 드래그해 다음과 같이 왜곡합니다.

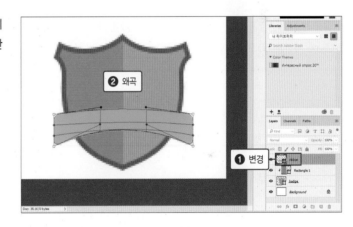

2 베스트셀러 모양 디자인하기

01 | 가로쓰기 문자 도구(T)를 이용해 '1위'를 입력합니다. Character 패널에서 자간을 '200', 가로 장평을 '100%', Color를 '#ffffff(흰색)'로 지정합니다. '1'을 선택한 다음 글꼴을 'Dosis', 글꼴 스타일을 'ExtraBold', 글자 크기를 '32px'로 설정합니다. '위'를 선택한 다음 글꼴을 'BM JUA_OTF', 글자 크기를 '14px'로 설정합니다.

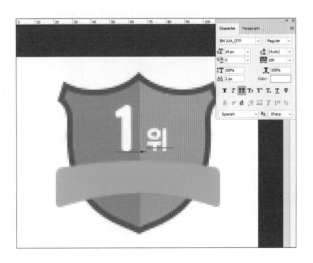

02 | Layers 패널에서 'Add a layer style' 아이콘(*fx*)을 클릭하여 표시되는 메뉴의 'Outer Glow'를 선택합니다. Layer Style 대화상자에서 Blend Mode를 'Normal', Opacity를 '100%', Noise를 '0%', Color를 '#ed67a4(선분홍색)', Technique를 'Softer', Spread를 '78%', Size를 '2px'로 설정한 다음 〈OK〉 버튼을 클릭합니다.

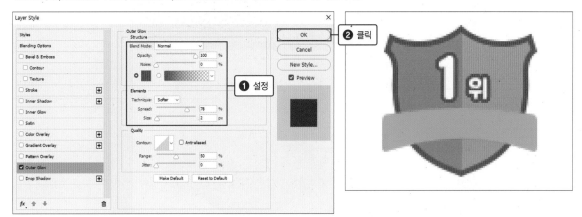

03 | 'BEST SELLER'를 입력하고 Character 패널에서 글꼴을 'Dosis', 글꼴 스타일을 'Extra Bold', 글자 크기를 '11.5px', 자간을 '50'으로 설정합니다.

04 | Layers 패널에서 'Add a layer style' 아이콘(*fx*)을 클릭하여 표시되는 메뉴의 'Stroke'를 선택합니다. Layer Style 대화 상자에서 Size를 '1px', Position을 'Outside', Color를 '#0d9fc1(파란색)'로 지정한 다음 〈OK〉 버튼을 클릭합니다.

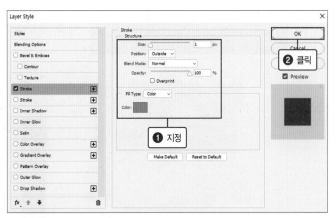

05 | 옵션바에서 'Warp Text' 아이콘(⊥)을 클릭합니다. Warp Text 대화상자에서 Style을 'Arc'로 지정한 다음 'Horizontal'을 선택하고 Bend를 '+13%'로 설정한 다음 〈OK〉 버튼을 클릭합니다.

06 | 사용자 셰이프 도구(⚙)를 선택하고 옵션바에서 Shape를 'Waves'로 지정한 다음 캔버스를 클릭합니다. Create Custom Shape 대화상자에서 Width에 '24px'을 입력하고 'Preserve Proportions'에 체크 표시한 다음 〈OK〉 버튼을 클릭합니다.

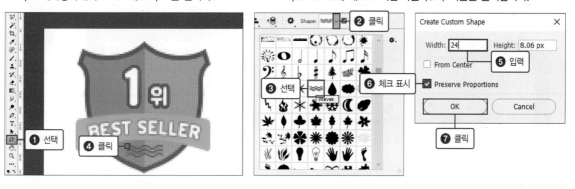

07 | 옵션바에서 Fill을 '#ffffff(흰색)', Stroke를 'No Color'로 지정합니다. Layers 패널에서 'Add a layer style' 아이콘(fx)을 클릭하여 표시되는 메뉴의 'Outer Glow'를 선택합니다. Layer Style 대화상자에서 Opacity를 '48%', Color를 '#ed67a4(선분홍색)', Technique를 'Softer', Spread를 '31%', Size를 '1px'로 설정한 다음 〈OK〉 버튼을 클릭합니다.

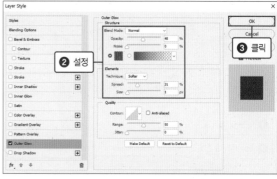

225

08 | 사용자 셰이프 도구(⬚)를 선택하고 옵션바에서 Shape를 'Raindrop'으로 지정한 다음 캔버스를 클릭합니다. Create Custom Shape 대화상자에서 'Preserve Proportions'의 체크 표시를 해제합니다. Width를 '7px', Height를 '25px'로 설정하고 〈OK〉 버튼을 클릭합니다. 옵션바에서 Fill을 '#02a0c9(파란색)'로 지정합니다.

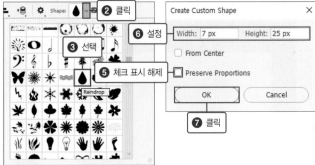

09 | 레이어 이름을 'shadow'로 변경합니다. Ctrl+T를 누르고 반시계 방향으로 회전하기 위해 Rotate를 '-76°'로 설정합니다. 'shadow' 레이어를 'badge' 레이어 아래로 이동합니다.

10 | 이동 도구(⬚)를 선택하고 Alt를 누른 채 왼쪽 리본으로 드래그하여 이동합니다. Ctrl+T를 누르고 캔버스에서 마우스 오른쪽 버튼을 클릭하여 표시되는 메뉴의 **Flip Horizontal**을 실행합니다.

11 | 사용자 셰이프 도구(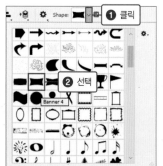)를 선택한 다음 옵션바에서 Shape를 'Banner 4'로 지정합니다.
캔버스를 클릭하고 Create Custom Shape 대화상자가 표시되면 Width를 '110px', Height를 '16px'로 설정한 다음 〈OK〉 버튼을 클릭합니다. 옵션바에서 Fill을 '#24bde1(하늘색)'로 지정합니다.

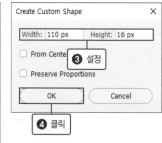

12 | Layers 패널에서 레이어 이름을 'ribbon 2'로 변경하고 'shadow' 레이어 아래로 이동합니다.

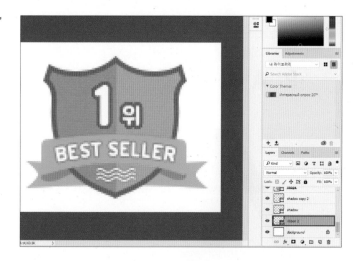

13 | 메뉴에서 (**Edit**) → **Transform** → **Warp**을 실행합니다. 조절점을 드래그해 왜곡하고 [Enter]를 눌러 적용해서 마무리합니다.

PART

4

상품의 상세페이지는 고객이 직접 상품 정보를 확인하고 구매 여부를 판가름할 수 있는 곳이므로 매우 중요합니다. 상품의 매력을 한껏 뽐내는 인트로와 헤드 카피 디자인, 고객의 시선을 사로잡는 고객 후기, 추천글, 활용 제안 및 쇼 핑 가이드 등의 친절한 상품 소개를 위한 디자인을 실습하겠습니다.

지갑을 여는 상세페이지와 바이럴 마케팅 디자인

GIF 동영상으로 상품 목록 이미지 만들기

오픈마켓이나 스마트스토어가 아닌 자사 쇼핑몰을 구축하여 운영하고 있다면 사용자 인터페이스(UI)를 비교적 다양하게 구성할 수 있습니다. 그중에서도 GIF 동영상으로 상품 목록 이미지를 구성하면 고객에게 정보를 효과적으로 전달할 수 있지요. 판매 상품 중에서도 전략적으로 야심작에 GIF 동영상 이미지를 적용해 봅니다.

- 예제 파일 : 04\여인과상어.png, Legs Up – 96.mp4,
  Legs Up – 96 폴더
- 완성 파일 : 04\mainimg_gif.psd, mainimg_gif.gif

- 동영상에서 이미지 추출
- 한꺼번에 이미지 크기 조절
- Layer Mask / Layer Opacity
- Timeline → Frame Animation
  (Frames, Delay, Repeat)

01 | 메뉴에서 (File) → New((Ctrl)+(N))를 실행합니다. New Document 대화상자에서 파일 이름을 'mainimg_gif', Width를 '270Pixels', Height를 '375Pixels', Resolution을 '72Pixels/Inch'로 설정한 다음 〈Create〉 버튼을 클릭합니다.

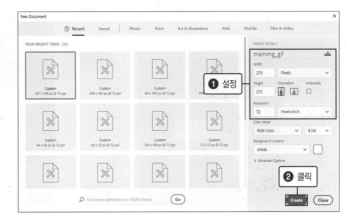

02 | Layers 패널에서 'Create a new group' 아이콘(□)을 클릭하고 그룹 이름을 '#1'로 변경합니다. 'Create new fill or adjustment layer' 아이콘(◑)을 클릭한 다음 'Solid Color'를 선택합니다. Color Picker 대화상자에서 #에 '041422(진남색)'를 입력한 다음 〈OK〉 버튼을 클릭합니다. 04 폴더에서 '여인과상어.png' 파일을 불러온 다음 옵션바에서 W/H를 '35%'로 설정합니다.

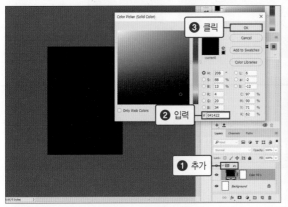
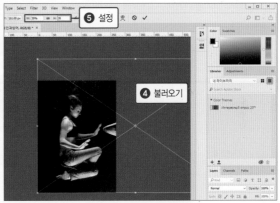

03 | Layers 패널에서 'Add layer mask' 아이콘(◻)을 클릭하고 전경색을 '#000000(검은색)'으로 지정합니다. 브러시 도구(✏)를 선택하고 상어 이미지 영역과 배경을 드래그하여 칠합니다.

04 | Layers 패널에서 'Create a new layer' 아이콘(🔲)을 클릭하고 레이어 이름을 'light'로 변경합니다.
전경색을 '#002030(남색)'으로 지정하고 그레이디언트 도구(🔲)를 선택합니다. 옵션바에서 'Radial Gradient' 아이콘(🔲)을 클릭
한 다음 아래에서 위로 드래그하고 레이어의 블렌딩 모드를 'Screen'으로 지정합니다.

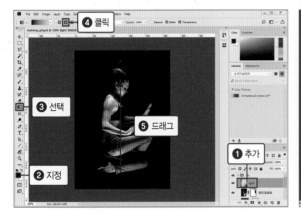

05 | 가로쓰기 문자 도구(T)를 이용해 'CUTTING
BOOTS CUT ver.'를 입력한 다음 Character 패
널에서 글꼴을 'Noto Serif CJK KR', 글꼴 스타일을
'Bold', 글자 크기를 '17px', Color를 '#ffffff(흰색)'로
지정합니다.

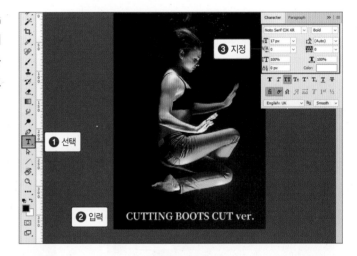

06 | 위에 'for Summer'를 입력하고 Character
패널에서 글자 크기를 '9px', 자간을 '200'으로 설정
합니다.

07 | 가로쓰기 문자 도구(T)를 선택한 상태에서 캔버스를 드래그해 툴 팁을 참고하며 'W : 220px, H : 150px' 크기의 텍스트 박스를 만듭니다. 'LIFE DENIM'을 입력하고 Character 패널에서 글자 크기를 '58px', Color를 '#ffd6d6(연분홍색)'으로 지정합니다. 'LIFE'를 선택하고 글자 크기를 '60px'로 변경합니다.

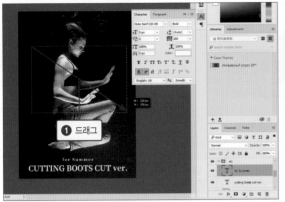 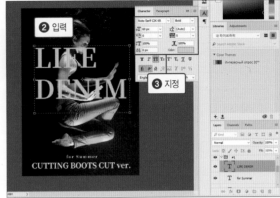

08 | Paragraph 패널에서 'Justify all' 아이콘(▤)을 클릭하여 양끝에 정렬합니다. Layers 패널에서 'Add layer mask' 아이콘(▣)을 클릭하고 전경색을 '#000000(검은색)'으로 지정합니다. 브러시 도구(✎)를 선택하고 캔버스에서 마우스 오른쪽 버튼을 클릭하여 표시되는 Brushes 패널에서 'Hard Round'를 선택한 다음 Size를 '8px'로 설정합니다. 모델 부분을 드래그해 칠합니다.

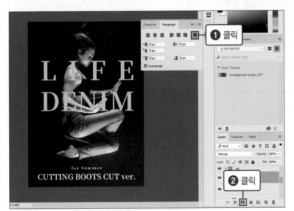 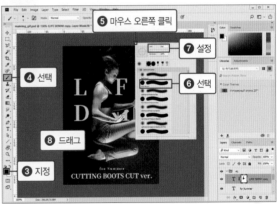

09 | E 자 위에 'shingram'을 입력하고 Character 패널에서 글꼴 스타일을 'SemiBold', 글자 크기를 '7px', 자간을 '75', Color를 '#ffd6d6(연분홍색)'으로 지정합니다.

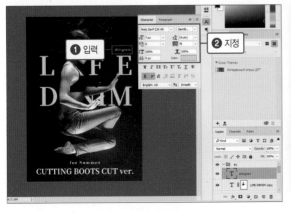 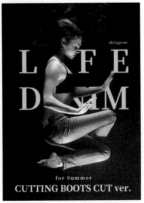

10 | '#1' 그룹을 선택한 다음 'Create a new group' 아이콘(▢)을 클릭하고 이름을 '#2'로 변경합니다. 같은 방법으로 그룹을 추가하고 이름을 'txt'로 변경합니다. 사각형 도구(▢)를 선택한 다음 캔버스를 클릭합니다. Create Rectangle 대화상자에서 Width를 '270px', Height를 '223px'로 설정한 다음 〈OK〉 버튼을 클릭합니다. 옵션바에서 Fill을 #87bdd6(밝은 하늘색)'으로 지정합니다.

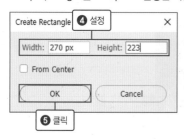

11 | '여름을 이기는~더하다!'를 입력한 다음 Character 패널에서 글꼴 스타일을 'Bold', 글자 크기를 '33px', 자간을 '−75', 가로 장평을 '97%', Color를 '#ffffff(흰색)', Anti-Aliasing을 'Sharp'로 지정합니다. '여름을 이기는'을 선택하고 글꼴 스타일을 'Regular', 글자 크기를 '28px'로 변경합니다. '!'를 선택하고 'Italic' 아이콘(𝑇)을 클릭한 다음 가운데 정렬합니다.

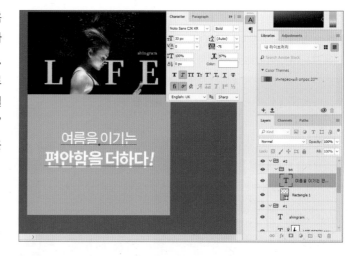

12 | 'dress cool!'을 입력하고 Character 패널에서 글자 크기를 '9px', 자간을 '200', 가로 장평을 '100%', Anti-Aliasing을 'Smooth'로 지정합니다.

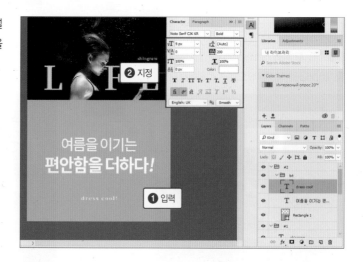

13 | 곰플레이어에서 04 폴더의 'Legs Up –
96.mp4' 파일을 실행합니다. 영상을 정지하고 Ctrl
+G를 눌러 고급 화면 캡처 대화상자에서 연속 저
장 간격을 '0.23초', 연속 저장 프레임을 '100'으로
설정합니다. '재생' 아이콘(▶)을 클릭하고 이어서 〈연
속 화면 저장〉 버튼을 클릭합니다. 〈화면 저장 폴더
열기〉 버튼을 클릭하여 캡처된 이미지를 확인한 다
음 〈닫기〉 버튼을 클릭합니다.

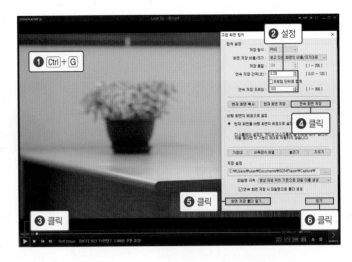

Tip

Spacebar를 눌러 재생 및 일시정지를 실행할 수 있습니다.

14 | 영상에서 움직이지 않는 부분의 이미지를 삭제하기
위해 파일 이름 중 뒷자리가 '2400' 이하로 끝나는 파일을
찾아 삭제합니다.

Tip

04 폴더에서 'Legs Up – 96' 폴더의 캡처 이미지를 참고하세요.
재생 후 〈연속 화면 저장〉 버튼을 클릭한 시차에 따라 생성된 캡처
이미지 수는 차이가 납니다.

15 | 04 폴더에서 'Legs Up – 96.mp4_00000
2400.png'~'Legs Up – 96.mp4_000013360.
png' 파일을 선택한 다음 캔버스에 드래그하고 계속
Enter를 눌러 47개의 파일을 불러옵니다.

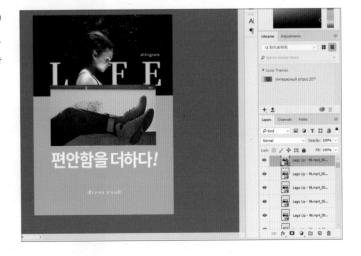

16 | Layers 패널의 'Legs Up-96.mp4_000013360' 레이어를 선택하고 Shift를 누른 채 'Legs Up-96.mp4_000002400' 레이어를 선택합니다. Ctrl+T를 누르고 조절점을 드래그해 폭을 늘립니다. Ctrl+G를 눌러 그룹을 만들고 이름을 'mov'로 변경한 다음 'txt' 그룹 아래로 이동합니다.

Tip

크기를 변경할 때 옵션바에서 W/H를 각각 '134%'로 설정해도 됩니다.

17 | Layers 패널에서 'Create new fill or adjustment layer' 아이콘(◉)을 클릭한 다음 'Curves'를 선택합니다. Properties 패널의 Curves 항목에서 다음과 같이 커브 선을 위로 살짝 드래그합니다. 이미지의 밝은 부분(하이라이트)이 더 밝게 표현됩니다.

18 | 이어서 왼쪽 아래의 커브 선을 아래로 살짝 드래그합니다. 이미지의 어두운 부분(섀도)이 더 어둡게 표현되어 빛이 줄어들면서 색상 대비가 강하게 조절됩니다.

19 | '#2' 그룹을 선택하고 'Create a new group' 아이콘(□)을 클릭한 다음 이름을 'ribbon'으로 변경합니다. 사각형 도구(□) 를 선택하고 캔버스를 클릭합니다. Create Rectangle 대화상자에서 Width/Height를 각각 '84px'로 설정하고 〈OK〉 버튼을 클릭합니다. 옵션바에서 Fill을 '#e6e6e6(밝은 회색)'으로 지정합니다. Layers 패널에서 Opacity를 '80%'로 설정합니다.

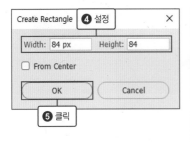
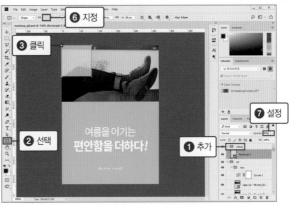

20 | 기준점 삭제 도구(⌀)를 선택한 다음 사각형의 오른쪽 아래 기준점을 클릭해서 삭제하여 삼각형으로 바꿉니다.

21 | '자체제작 MADE by S'를 입력한 다음 Character 패널에서 글꼴 스타일을 'Regular', 글자 크기를 '12px', 행간을 '16px', 자간을 '−25', 가로 장평을 '97%', Color를 '#000000(검은색)'으로 지정합니다. 'MADE by S'를 선택한 다음 글꼴 스타일을 'Bold', 자간을 '0', 가로 장평을 '100%'로 설정합니다.

22 | Paragraph 패널에서 'Center text' 아이콘
(▤)을 클릭하여 가운데 정렬합니다. Ctrl+T를 누
르고 옵션바에서 Rotate를 '–45°'로 설정하여 회전
합니다.

2 GIF 동영상 만들기

01 | 메뉴에서 (Window) → **Timeline**을 실행하여 Timeline 패널을 표시합니다. '▼' 아이콘을 클릭하고 'Create Frame Animation'을 선택합니다. 'Once'로 지정된 Looping Option을 'Forever'로 지정하여 반복 재생합니다.

02 | Layers 패널에서 '#1'과 'ribbon' 그룹의 눈 아이콘(👁)을 클릭하여 표시하고, '#2' 그룹의 눈 아이콘(👁)을 클릭하여 숨깁니다. '0 sec.'로 지정된 'Frame Delay Time' 아이콘(▤)을 클릭한 다음 'Other'를 선택하고 Set Frame Delay 대화상자에서 Set Delay를 '1.96seconds'로 설정한 다음 〈OK〉 버튼을 클릭합니다.

03 | Timeline 패널의 'Duplicates selected frames' 아이콘()을 클릭해 현재 프레임을 복제해서 두 번째 프레임을 만듭니다. Layers 패널에서 '#2' 그룹의 'txt'와 'mov' 그룹의 'Legs Up-96.mp4_000002400' 레이어만 눈 아이콘(👁)을 클릭하여 표시합니다. 두 번째 프레임의 'Frame Delay Time' 아이콘(🔲)을 클릭해 'Other'를 선택하고 '0.13seconds'로 지정한 다음 〈OK〉 버튼을 클릭합니다.

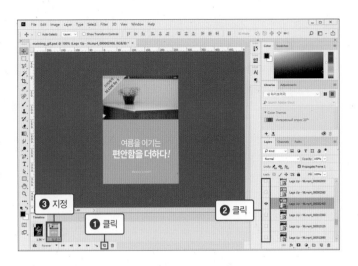

04 | 'Duplicates selected frames' 아이콘()을 클릭해 프레임을 복제해서 세 번째 프레임을 만듭니다. Layers 패널에서 'Legs Up-96.mp4_000002560' 레이어만 눈 아이콘(👁)을 클릭하여 표시합니다.

> **Tip**
>
> 두 번째 프레임에서 지정한 지연 시간이 그대로 복사되었으므로 Frame Delay Time은 변경하지 않습니다.

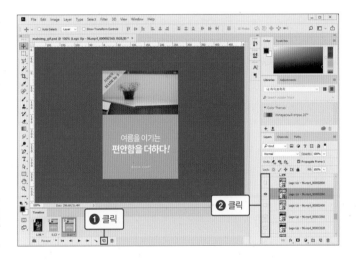

05 | 'Duplicates selected frames' 아이콘()을 클릭해 프레임을 복제해서 네 번째 프레임을 만듭니다. Layers 패널에서 'Legs Up-96.mp4_000002800' 레이어만 눈 아이콘(👁)을 클릭하여 표시합니다.

06 | 같은 방법으로 48번째 프레임까지 만듭니다. Timeline 패널의 '재생(Plays animation)' 아이콘 (▶)을 클릭해 무비클립이 자연스러운지 확인하고 '정지(Stops animation)' 아이콘(■)을 클릭해 멈춥니다.

Tip

GIF 애니메이션의 프레임 수가 많으면 컴퓨터 사양에 따라 재생 속도가 달라질 수 있습니다.

07 | 메뉴에서 (File) → Export → Save for Web(Legacy)을 실행하여 Save for Web 대화상자에서 저장 포맷을 'gif'로 지정한 다음 〈Save〉 버튼을 클릭합니다.

08 | Save Optimized As 대화상자에서 저장 위치를 지정하고 파일 이름을 입력한 다음 〈저장〉 버튼을 클릭하여 GIF 형식으로 저장합니다.

Tip

GIF 포맷 외 다른 포맷으로 저장하면 애니메이션이 움직이지 않습니다.

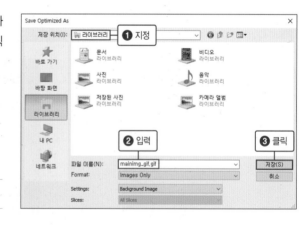

공감대를 형성하는 인트로 디자인하기

고객의 마음속에 들어가 겪고 있는 문제점을 하나씩 꺼내어 공감을 이끌어내면 자연스럽게 관심을 가집니다. 상품을 자세하게 소개하기 전에 고객이 해결하기 원하는 문제와 관련 있다는 사실을 알려 공감대를 형성하는 인트로 디자인을 만들어 봅니다.

- 예제 파일 : 04\bi_FUSEVR.psd, 사람이모티콘.png,
  사람이모티콘_보조선.png
- 완성 파일 : 04\opentalk_problems.psd

- Mixer Brush
- Path(Freeform Pen)
- Layer Style(Color Overlay)

----

01 | 메뉴에서 (**File**) → **New**(Ctrl+N)를 실행합니다. New Document 대화상자에서 파일 이름을 'opentalk_problems', Width를 '860Pixels', Height를 '810Pixels', Resolution을 '72Pixels/Inch'로 설정한 다음 〈Create〉 버튼을 클릭합니다.

02 | 전경색을 '#282d33(진회색)'으로 지정합니다. 'Background' 레이어에서 Alt+Delete를 눌러 전경색을 채웁니다.

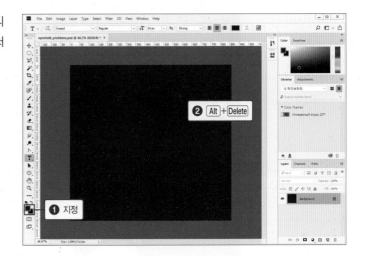

03 | 'Create a new group' 아이콘(□)을 클릭한 다음 이름을 'txt'로 변경합니다. 가로쓰기 문자 도구(T)를 이용해 문자를 입력하고 Character 패널에서 글꼴을 'BM YEONSUNG OTF', 글자 크기를 '64px', 가로 장평을 '97%', Color를 '#ccba82(황토색)'로 지정합니다. 'VR'을 선택한 다음 Color를 '#3ba6cc(하늘색)'로 지정합니다.

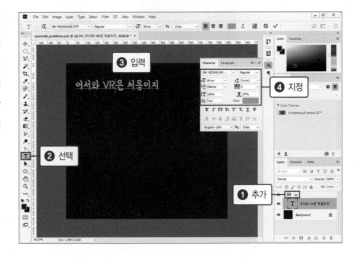

04 | 캔버스를 클릭해 '얼굴에~싶었지만..'을 입력하고 Character 패널에서 글꼴을 'Noto Sans CJK KR', 글꼴 스타일을 'Regular', 글자 크기를 '18px', 행간을 '24px', 자간을 '-25', 가로 장평을 '97%', Color를 '#ffffff(흰색)', Anti-Aliasing을 'Crisp'로 지정합니다.

05 | 캔버스를 클릭해 'Real'을 입력한 다음 Character 패널에서 글꼴을 'Pacifico', 글자 크기를 '53px', Color를 '#3ba6cc(하늘색)', Anti-Aliasing을 'Crisp'로 지정합니다. 같은 방법으로 문자를 복제해 추가하고 스타일을 설정합니다.

- The – 글자 크기 : 22px
- imagination – 글자 크기 : 50px, 색상 : #ffffff(흰색)
- becomes – 글자 크기 : 28px, 색상 : #ccba82(황토색)

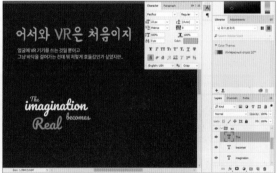

06 | 04 폴더에서 'bi_FUSEVR.psd' 파일을 캔버스에 드래그해 불러온 다음 옵션바에서 W/H를 '28%'로 설정합니다. Layers 패널에서 'Add a layer style' 아이콘(fx)을 클릭해 표시되는 메뉴의 'Color Overlay'를 선택합니다. Layer Style 대화상자에서 색상을 '#ffffff(흰색)', Opacity를 '100%'로 설정한 다음 〈OK〉 버튼을 클릭합니다.

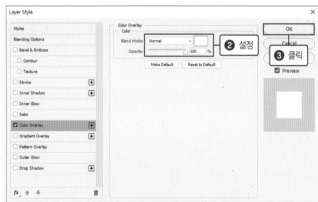

01 | 'txt' 그룹을 선택하고 'Create a new group' 아이콘(🗖)을 클릭한 다음 이름을 'img'로 변경합니다.

프리폼 펜 도구(🖊)를 선택한 다음 옵션바에서 Shape를 선택합니다. Fill을 '#ffffff(흰색)', Stroke를 '#ffffff(흰색) / 8px'로 설정합니다. 캔버스에서 마우스를 떼지 않고 동그라미를 여러 번 이어 원을 채우듯이 그립니다.

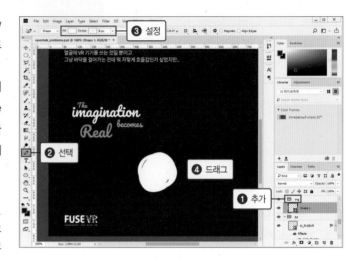

Tip

동그라미를 그릴 때 세 번, 다섯 번, 일곱 번처럼 홀수로 그립니다. 짝수로 동그라미를 드래그하면 속이 빈 도형을 그릴 수 있습니다. 이때 시작점에서 끝낼 수 있게 그리세요.

02 | Ctrl+T를 누르고 옵션바에서 W/H를 '130px'로 설정합니다. 원을 서로 다른 형태로 다음과 같이 다섯 개를 그립니다.

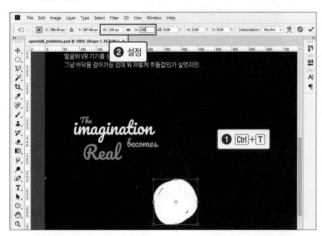 

Tip

원 형태가 마음에 들지 않으면 지우고 다시 그립니다. 원하는 아트웍이 나올 때까지 몇 번이고 다시 그리면 그럴 듯한 작품을 만들 수 있습니다.
크기를 변형할 때 가로와 세로를 자유롭게 조정해 다양한 형태를 만들어 보세요.

03 | 가로쓰기 문자 도구(T)를 이용해 '게임이 아니라 모험을 하고 싶다'를 입력하고 Character 패널에서 글꼴을 'BM YEONSUNG OTF', 글자 크기를 '19px', 행간을 '24px', 자간을 '−50', Color를 '#000000(검은색)', Anti−Aliasing을 'Crisp'로 지정합니다. '모험'을 선택하고 글자 크기를 '24px'로 설정한 다음 'Faux Bold' 아이콘(T)을 클릭하여 굵게 나타냅니다.

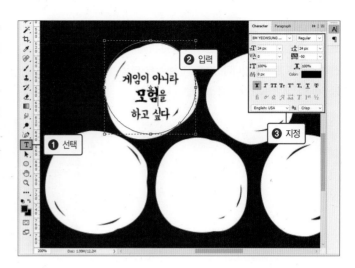

04 | Ctrl+J를 다섯 번 눌러 레이어를 다섯 개 복제합니다. 이동 도구(✛)를 이용해 각각의 원 위로 이동합니다.

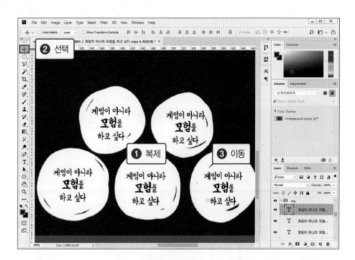

05 | 각각의 문자 레이어 내용을 '뮤지컬을~싶다', '책 읽을~싶다', '선수와~느낌!', '외국의~싶다'로 변경합니다.
강조하려는 키워드를 선택하고 글자 크기를 '24px'로 변경한 다음 'Faux Bold' 아이콘(T)을 클릭해 두껍게 만듭니다.

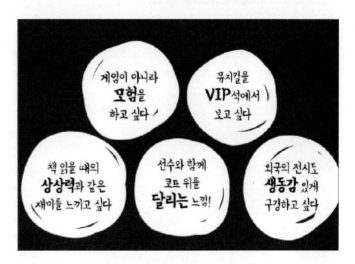

06 | 04 폴더에서 '사람이모티콘.png' 파일을 캔
버스에 드래그해 불러옵니다. 프리폼 펜 도구(✍)를
선택한 다음 원을 그립니다. Ctrl+T를 누른 다음
옵션바에서 W/H를 '60px'로 설정합니다.

07 | 전경색을 '#ffffff(흰색)'로 지정한 다음 브러시 도구(✏)를 선택합니다. 'Create a new layer' 아이콘(🗔)을 클릭한 다음 레이
어 이름을 '사람이모티콘_보조선'으로 변경합니다. Brushes 패널에서 브러시를 'Hard Round', Size를 '8px'로 설정하고 다음과 같
이 보조선을 그립니다.

Tip

04 폴더의 '사람이모티콘_보조선.
png' 파일을 참고하세요. 이때 다른
브러시를 선택해 그려도 좋습니다.

08 | Layers 패널에서 'Create a new layer' 아이콘(🗔)을 클릭하고 레이어 이름을 'snow'로 변경합니다. Brushes 패널에서
Size를 '20px'로 설정한 다음 캔버스에 작게 눈을 그려 다음과 같이 마무리합니다.

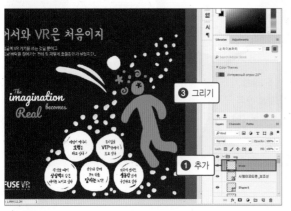

Tip

브러시 크기를 조절하면서 다양한
크기의 눈을 그려보세요. [를 누르
면 브러시 크기가 작아지고,] 를
누르면 커집니다. 마우스로 한 번만
클릭하면 정원의 눈 형태를 그릴 수
있습니다.

3 인트로 디자인

호소력 있는 스토리텔링 디자인하기

영화 '레미제라블'에서 여주인공이 나지막이 독백하는 장면은 큰 소리로 열창하는 것보다 더 호소력 있었습니다. 조용한 어조로 차분하게 스토리를 전하는 방법 또한 고객과의 공감대를 형성하는 데 도움이 됩니다. 쇼핑몰의 이야기를 영화 시놉시스처럼 씬(장면)으로 나누어 전달해 봅니다.

- 예제 파일 : 04\마늘수확.jpg, 마늘스토리텔링_내용.txt,
  아이콘_마늘관련.png, 봄잎사귀.jpg, 옹기종기마늘.jpg,
  bi_manle.psd
- 완성 파일 : 04\opentalk_storytelling.psd

- Layer Opacity
- Clipping Mask
- Layer Style(Outer Glow)
- Smart Filters(Field Blur, Iris Blur, Tilt-shift Blur)

01 | 메뉴에서 (File) → New(Ctrl+N)를 실행합니다. New Document 대화상자에서 파일 이름을 'opentalk_storytelling', Width를 '860Pixels', Height를 '1110Pixels', Resolution을 '72Pixels/Inch'로 설정한 다음 〈Create〉 버튼을 클릭합니다.

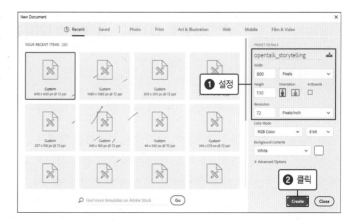

02 | 사각형 도구(▭)를 선택한 다음 캔버스에 드래그하여 Width가 '860px', Height가 '370px'인 사각형을 그립니다. 옵션바에서 Fill을 '#000000(검은색)'으로 지정해 색상을 적용합니다.

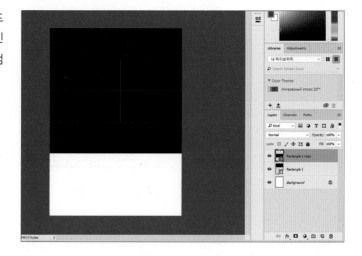

03 | 이동 도구(✛)를 선택하고 Alt를 누른 채 드래그하여 아래로 이동합니다. 'Rectangle 1 copy' 레이어의 섬네일을 더블클릭한 다음 색상을 '#2e2e2e(회색)'로 지정합니다. Alt를 누른 채 다시 드래그하여 아래로 이동한 다음 'Rectangle 1 copy 2' 레이어의 섬네일을 더블클릭하여 선택하고 색상을 '#000000(검은색)'으로 변경합니다.

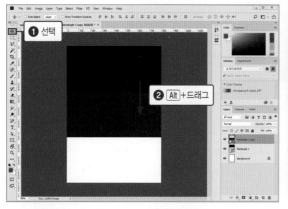

04 | 'Rectangle 1' 레이어를 선택하고 Ctrl+G
를 누른 다음 그룹 이름을 '#1'로 변경합니다.
'Rectangle 1 copy' 레이어를 선택하고 Ctrl+G
를 누른 다음 그룹 이름을 '#2'로 변경합니다.
'Rectangle 1 copy 2' 레이어를 선택하고 Ctrl+G
를 누른 다음 그룹 이름을 '#3'으로 변경합니다.

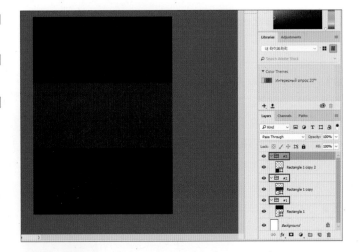

05 | 04 폴더에서 '마늘수확.jpg' 파일을 캔버스
로 드래그해 불러오고 Layers 패널에서 Opacity를
'40%'로 설정합니다.
'마늘수확' 레이어를 'Rectangle 1' 레이어 위로 이
동한 다음 Ctrl+Alt+G를 눌러 클리핑 마스크를
적용합니다.

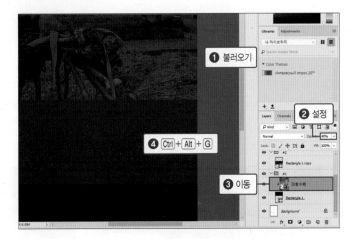

06 | 메뉴에서 (Filter) → Blur Gallery → Iris Blur를 실행합니다. 이미지에 표시된 중심점을 드래그해 가운데로 이동합니다.
원형 조절점과 선 조절점을 드래그해 Blur의 적용 범위를 조정합니다. Blur Tools 패널에서 Blur를 '15px'로 설정합니다.

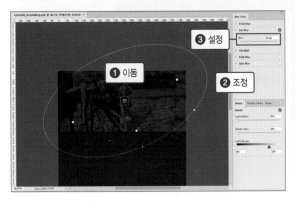

Tip

Iris Blur를 적용할 때 나중에 수정할 수 있도록 Smart Blur로 적용하기 위해서는 스마트 오브젝트(Smart Object)로 변환해야 합니다. 이미지를 드래
그해 불러오면 자동으로 스마트 오브젝트로 불러오기 때문에 변환 작업을 진행하지 않아도 됩니다. 원형 조절점에서부터 시작하여 실선 조절점까지 자
연스럽게 블러가 이어지도록 적용됩니다.

01 | 가로쓰기 문자 도구(T)를 이용해 '10개월의 시간... 한알한알 다듬은 노력'을 입력합니다. Character 패널에서 글꼴을 'NanumMyeongjo OTF', 글꼴 스타일을 'Regular', 글자 크기를 '35px', 자간을 '–50', 가로 장평을 '96%', Color를 '#ffffff(흰색)', Anti-Aliasing을 'Crisp'로 지정합니다. '10개월'을 선택하고 글꼴 스타일을 'Bold'로 변경합니다.

Tip

스토리텔링의 문구는 04 폴더의 '마늘스토리텔링_내용.txt'에서 복사하여 실습하세요.

02 | '마늘을 10개월~좋습니다.'를 입력하고 Character 패널에서 글꼴을 'Noto Sans CJK KR', 글꼴 스타일을 'DemiLight', 글자 크기를 '20px', Anti-Aliasing을 'Sharp'로 지정합니다. '영양소'를 선택하고 글꼴 스타일을 'Bold'로 변경한 다음 '맛'을 선택하고 글꼴을 'Nanum Brush Script OTF', 글자 크기를 '35px', 기준선을 '–4px'로 설정합니다. Paragraph 패널에서 'Center text' 아이콘(≣)을 클릭하여 가운데 정렬합니다.

03 | 04 폴더에서 '아이콘_마늘관련.png' 파일을 캔버스에 드래그해 불러옵니다. Layers 패널에서 'Add a layer style' 아이콘(fx)을 클릭하여 표시되는 메뉴의 'Color Overlay'를 선택합니다. Layer Style 대화상자에서 Color를 '#ffffff(흰색)', Opacity를 '100%'로 설정한 다음 〈OK〉 버튼을 클릭합니다.

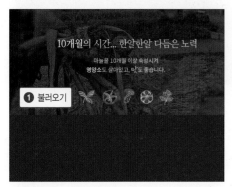

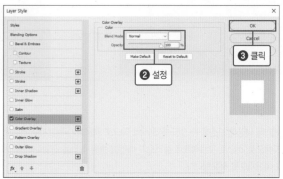

04 | 04 폴더에서 '봄잎사귀.jpg' 파일을 캔버스에 드래그해 불러오고 옵션바에서 W/H를 각각 '67%'로 설정합니다. Layers 패널에서 Opacity를 '80%'로 설정합니다. '봄잎사귀' 레이어를 'Rectangle 1 copy' 레이어 위로 이동하고 [Ctrl]+[Alt]+[G]를 눌러 클리핑 마스크를 적용합니다.

05 | '파란 하늘과~초마늘'을 입력하고 Character 패널에서 글꼴을 'NanumMyeongjoOTF', 글꼴 스타일을 'Regular', 글자 크기를 '35px', 행간을 '55px', 자간을 '-50', 가로 장평을 '96%', Anti-Aliasing을 'Crisp'로 지정합니다.

06 | Layers 패널에서 'Add a layer style' 아이콘(*fx*)을 클릭해 표시되는 메뉴의 'Outer Glow'를 선택합니다. Layer Style 대화상자에서 Opacity를 '91%', Color를 '#418a53(초록색)', Technique를 'Softer', Size를 '27px'로 설정한 다음 〈OK〉 버튼을 클릭합니다.

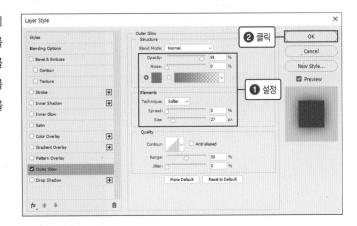

07 | '마늘의 알리신성분과~웰빙푸드입니다.'를 입력하고 Character 패널에서 글꼴을 'Noto Sans CJK KR', 글꼴 스타일을 'DemiLight', 글자 크기를 '16px', 간자을 '-25', Anti-Aliasing을 'Sharp'로 지정합니다. Layers 패널에서 [Alt]를 누른 채 '파란 하늘과 맑은 공기를~' 레이어에 적용된 'Outer Glow' 스타일을 '마늘의 알리신성분과~' 레이어로 드래그하여 적용합니다.

 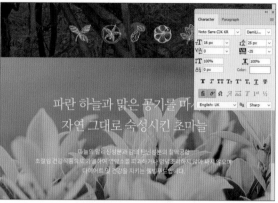

08 | 04 폴더에서 '옹기종기마늘.jpg' 파일을 캔버스에 드래그해 불러오고 옵션바에서 W/H를 각각 '52%'로 설정합니다. '옹기종기마늘' 레이어를 'Rectangle 1 copy 2' 레이어 위로 이동하고 [Ctrl] +[Alt]+[G]를 눌러 클리핑 마스크를 적용합니다.

09 | Layers 패널에서 Opacity를 '50%'로 설정합니다. '옹기종기마늘' 레이어를 'Rectangle 1 copy 2' 레이어 위로 이동하고 [Ctrl]+[Alt]+[G]를 눌러 클리핑 마스크를 적용합니다.

10 | 메뉴에서 (Filter) → **Blur Gallery** → **Iris Blur**를 실행합니다. 중심점을 드래그해 가운데로 이동합니다. 원형 조절점과 선 조절점을 드래그해 Blur의 적용 범위를 조정합니다. Blur Tools 패널에서 Blur를 '15px'로 설정합니다.

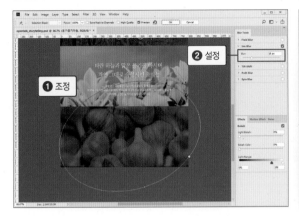

11 | '타임지선정 10대 건강식품 '마늘''을 입력하고 Character 패널에서 글꼴을 'Nanum MyeongjoOTF', 글꼴 스타일을 'Regular', 글자 크기를 '35px', 자간을 '−50', 가로 장평을 '96%', Anti-Aliasing을 'Crisp'로 지정합니다. '마늘'을 선택한 다음 글꼴 스타일을 'Bold'로 변경합니다.

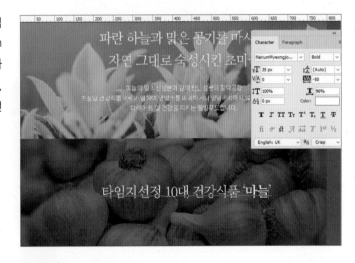

12 | '음식으로 못고치는 병은~선물입니다.'를 입력하고 Character 패널에서 글꼴을 'Noto Sans CJK KR', 글꼴 스타일을 'DemiLight', 글자 크기를 '19px', 자간을 '−25', Anti-Aliasing을 'Sharp'로 지정합니다.

13 | 04 폴더에서 'bi_manle.psd' 파일을 캔버스에 드래그해 불러온 다음 옵션바에서 W/H를 각각 '50%'로 설정합니다. Layers 패널에서 'Add a layer style' 아이콘(*fx*)을 클릭하여 표시되는 메뉴의 'Color Overlay'를 선택합니다. Layer Style 대화상자에서 Color를 '#ffffff(흰색)', Opacity를 '100%'로 설정합니다.

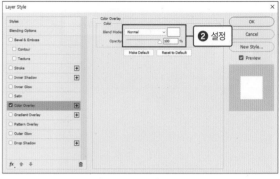

14 | 왼쪽 영역에서 'Outer Glow'를 선택하고 Blend Mode를 'Multiply', Opacity를 '31%', Color를 '#000000(검은색)', Technique를 'Softer', Spread를 '8%', Size를 '29px'로 설정한 다음 〈OK〉 버튼을 클릭하여 마무리합니다.

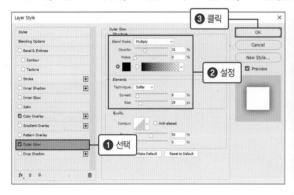
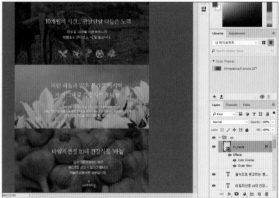

한 마디로 설명하는 헤드 카피 디자인하기

고객의 니즈를 관통하여 진심이 통하는 문구로 공감대를 형성하며 상품을 한마디로 설명하는 헤드 카피를 디자인해 봅니다.

- 예제 파일 : 04\시멘트벽배경.png, 물방울나뭇잎.png,
  강아지장난감2.png, 개르릉펫츄러스_제품사진.jpg
- 완성 파일 : 04\headcopy_basic.psd

- Rounded Rectangle / Line / Square Shape
  (Fill, Stroke)
- Layer Style
  (Drop Shadow, Inner Shadow, Gradient Overlay)
- Create 'Layer Style' Effect Layer

01 | 04 폴더의 '시멘트벽배경.png'을 파일을 불러온 다음 Ctrl+A를 눌러 전체 선택합니다. 메뉴에서 (**Edit**) → **Define Pattern**을 실행하고 Pattern Name 대화상자에서 〈OK〉 버튼을 클릭합니다.

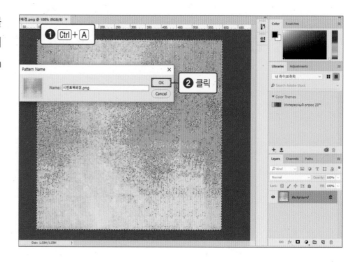

02 | 메뉴에서 (**File**) → **New**(Ctrl+N)를 실행합니다. New Document 대화상자에서 파일 이름을 'headcopy_basic', Width를 '860Pixels', Height를 '1280Pixels', Resolution을 '72Pixels/Inch'로 설정한 다음 〈Create〉 버튼을 클릭합니다.

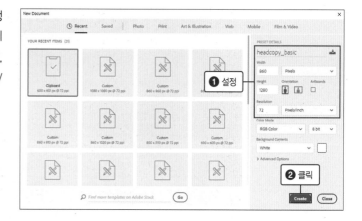

03 | Layers 패널에서 'Create new fill or adjustment layer' 아이콘()을 클릭하여 표시되는 메뉴의 'Solid Color'를 선택합니다. Color Picker 대화상자에서 #에 '0abbb5(민트색)'를 입력한 다음 〈OK〉 버튼을 클릭합니다.

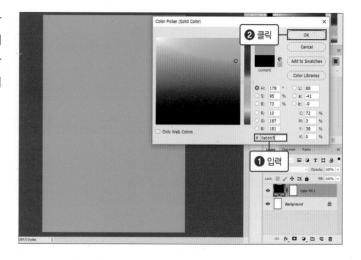

04 | 'Add a layer style' 아이콘(fx)을 클릭하여 표시되는 메뉴의 'Pattern Overlay'를 선택합니다. Layer Style 대화상자에서 Blend Mode를 'Multiply', Opacity를 '53%', Pattern을 '시멘트벽배경.png'로 지정합니다. 〈Snap to Origin〉 버튼을 클릭하고 〈OK〉 버튼을 클릭합니다.

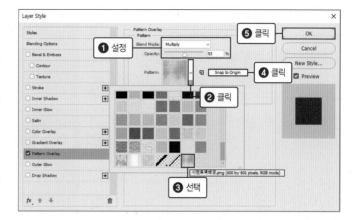

Tip

〈Snap to Origin〉 버튼은 원본에 스냅한다는 뜻으로 패턴을 이동했을 때 기본 위치로 되돌리는 역할을 합니다.

05 | Layers 패널에서 'Color Fill 1' 레이어가 선택된 채 'Add a mask' 아이콘(◻)을 클릭합니다. 사각형 선택 도구(▭)를 선택하고 다음과 같이 위쪽에 드래그해 툴 팁을 참고하며 'W : 860px, H : 64px' 크기의 선택 영역을 만듭니다. 배경색을 '#ffffff(흰색)'로 지정한 다음 Ctrl+Delete를 눌러 채웁니다.

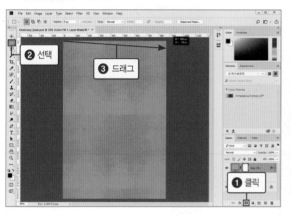

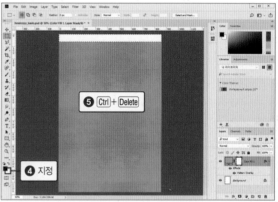

06 | 사각형 도구(▭)를 이용해 Width/Height가 각각 '62px'인 정사각형을 그립니다. 옵션바에서 Fill을 '#000000(검은색)'으로 지정합니다.

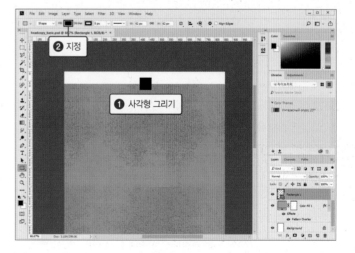

07 | Ctrl+T를 누르고 Shift를 누른 채 조절점을 회전하여 시계 방향으로 '45°' 회전합니다.

가로쓰기 문자 도구(T)를 이용해 '1'을 입력한 다음 Character 패널에서 글꼴을 'Dosis', 글꼴 스타일을 'ExtraBold', 글자 크기를 '45px', Color를 '#f6d678(노란색)', Anti-Aliasing을 'Strong'으로 지정합니다.

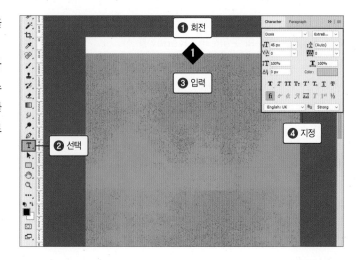

08 | Ctrl을 누른 채 'Rectangle 1'과 '1' 레이어를 선택하고 Ctrl+G를 눌러 그룹을 만든 다음 이름을 'no.'로 변경합니다. 'Create a new group' 아이콘(▢)을 클릭한 다음 그룹 이름을 'txt'으로 변경합니다.

캔버스를 클릭한 다음 '장난꾸러기 비글도'를 입력하고 Character 패널에서 글꼴을 'BM DoHyeon OTF', 글자 크기를 '62px', 자간을 '-50', 가로 장평을 '97%', Color를 '#ffffff(흰색)', Anti-Aliasing을 'Strong'으로 지정합니다.

09 | 이번에는 그림자를 적용하기 위해 'Add a layer style' 아이콘(fx)을 클릭하여 표시되는 메뉴의 'Drop Shadow'를 선택합니다. Layer Style 대화상자에서 Blend Mode를 'Multiply', Color를 '#000000(검은색)', Opacity를 '20%', Angle을 '120°', Distance를 '4px', Spread를 '0%', Size를 '3px'로 설정한 다음 〈OK〉 버튼을 클릭합니다.

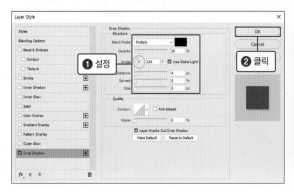

10 | 둥근 사각형 도구(□)를 선택한 다음 캔버스를 클릭합니다. Create Rounded Rectangle 대화상자에서 Width를 '648px', Height를 '106px', Radii를 각각 '53px'로 설정한 다음 〈OK〉 버튼을 클릭합니다. 옵션바에서 Fill을 '#000000(검은색)'으로 지정해 버튼 형태를 만듭니다.

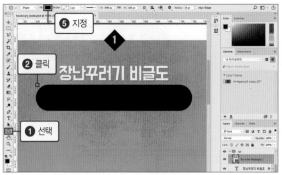

11 | Layers 패널에서 'Add a layer style' 아이콘(fx)을 클릭하여 표시되는 메뉴의 'Gradient Overlay'를 선택합니다. Layer Style 대화상자에서 Blend Mode를 'Normal', Opacity를 '100%'로 설정하고 Gradient 색상을 클릭합니다. Gradient Editor 대화상자에서 왼쪽 색상 조절점을 '#ffe081(노란색)', 오른쪽 색상 조절점을 '#9a7016(황토색)'으로 지정하고 〈OK〉 버튼을 클릭합니다. Style을 'Linear', Angle을 '−88°'로 설정합니다.

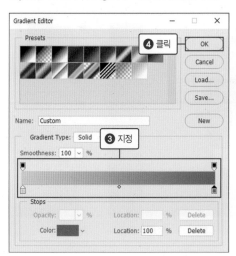
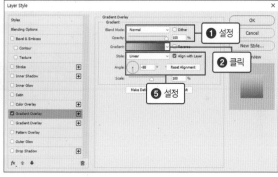

12 | 왼쪽 영역에서 'Inner Glow'를 선택하고 Blend Mode를 'Linear Dodge (Add)', Opacity를 '32%', Color를 '#ecd99f(베이지)', Technique를 'Softer', Source를 'Edge', Choke를 '0%', Size를 '1px'로 설정한 다음 〈OK〉 버튼을 클릭합니다.

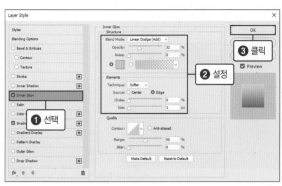

13 | '직접 만들어 안전해요'를 입력하고 Character 패널에서 글꼴을 'BM DoHyeon OTF', 글자 크기를 '46px', 자간을 '−25', 가로 장평을 '97%', Color를 '#000000(검은색)'으로 지정합니다.

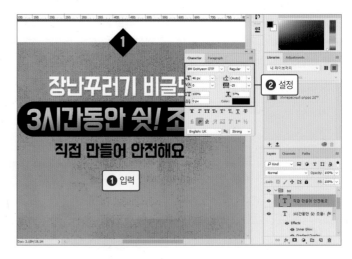

2 상품 정보 추가하기

01 | 'txt' 그룹을 선택하고 'Create a new group' 아이콘(□)을 클릭한 다음 이름을 'img'로 변경합니다. 04 폴더에서 '물방울나뭇잎.png' 파일을 캔버스에 드래그하여 불러옵니다. 옵션바에서 W/H를 각각 '29%', Rotate를 '88"로 설정하여 시계 방향으로 회전합니다.

02 | 'Add a layer style' 아이콘(fx)을 클릭하여 표시되는 메뉴의 'Drop Shadow'를 선택합니다. Layer Style 대화상자에서 Blend Mode를 'Multiply', Color를 '#000000(검은색)', Opacity를 '32%', Angle을 '90°', Size를 '16px'로 설정하고 〈OK〉 버튼을 클릭합니다.

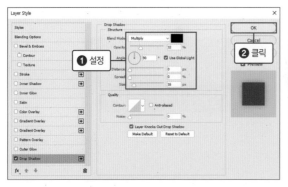

03 | Layers 패널의 '물방울나뭇잎' 레이어에서 마우스 오른쪽 버튼을 클릭하여 표시되는 메뉴의 **Create Layer**를 실행합니다. '물방울나뭇잎's Drop Shadow' 레이어를 선택하고 Ctrl+T를 누른 다음 회전 중심점을 드래그해 나뭇잎 아래로 이동합니다. 반시계 방향으로 회전하여 다음과 같이 −16° 정도 회전합니다.

04 | 사각형 도구(□)를 선택하고 캔버스에 드래그해 Width/Height가 각각 '558px'인 정사각형을 그립니다. 옵션바에서 Fill을 '#dbdfe6(밝은 회색)', Stroke를 '#0abbb5(민트색) / 25px'로 설정합니다. Ctrl+T를 누르고 옵션바에서 Rotate를 '−31°'로 설정하여 반시계 방향으로 회전합니다. 레이어 이름을 'frame'으로 변경합니다.

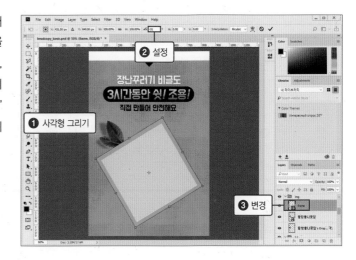

05 | 04 폴더에서 '강아지장난감2.png' 파일을 캔버스에 드래그해 불러옵니다. 옵션바에서 W/H를 각각 '80%', Rotate를 '−36°'로 설정하여 반시계 방향으로 회전합니다. Layers 패널에서 Opacity를 '55%'로 설정합니다.

06 | '강아지장난감2' 레이어를 'frame' 레이어
아래로 이동한 다음 Ctrl+J를 눌러 복제합니다.
Layers 패널에서 '강아지장난감2 copy' 레이어의
블렌딩 모드를 'Overlay', Opacity를 '100%'로 설
정합니다.

07 | 'frame' 레이어를 선택하고 'Add a layer style' 아이콘(fx)을 클릭하여 표시되는 메뉴의 'Drop Shadow'를 선택합니다.
Layer Style 대화상자에서 Blend Mode를 'Multiply', Color를 '#000000(검은색)', Opacity를 '16%', Angle을 '90˚', Size를
'20px'로 설정한 다음 〈OK〉 버튼을 클릭합니다.

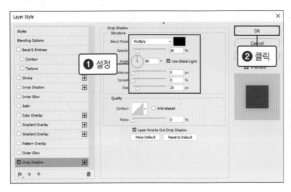

08 | Layers 패널의 'frame' 레이어에서 마우스
오른쪽 버튼을 클릭하여 표시되는 메뉴의 **Create
Layer**를 실행합니다. 'frame's Drop Shadow' 레
이어를 선택하고 Ctrl+T를 누릅니다. 바운딩 박스
의 조절점을 드래그해 Height를 '74%'로 줄이고 아
래쪽 조절점을 드래그해 Height를 '72%'로 줄입니다.

09 | 04 폴더에서 '개르릉펫츄러스_제품사진.jpg' 파일을 캔버스에 드래그해 불러온 다음 옵션바에서 W/H를 각각 '22%'로 설정합니다. '개르릉펫츄러스_제품사진' 레이어를 'frame' 레이어 위에 배치하고 Ctrl+Alt+G를 눌러 클리핑 마스크를 적용합니다.

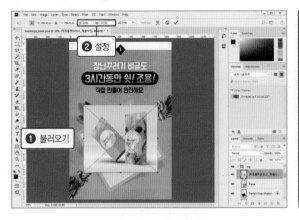 

10 | 'img' 그룹을 선택하고 'Create a new group' 아이콘(□)을 클릭한 다음 이름을 'bottom' 으로 변경합니다.

가로쓰기 문자 도구(T)를 이용해 '내 손으로 직접 만들어주는 장난감'을 입력하고 Character 패널에서 글꼴을 'BM DoHyeon OTF', 글자 크기를 '37px', 행간을 '46px', 자간을 '−50', 가로 장평을 '97%', Color를 '#004240(진청록색)'으로 지정합니다.

11 | 'Add a layer style' 아이콘(fx)을 클릭하여 표시되는 메뉴의 'Inner Shadow'를 선택합니다. Layer Style 대화상자에서 Blend Mode를 'Multiply', Color를 '#000000(검은색)', Opacity를 '40%', Angle을 '120°', Distance를 '2px', Choke를 '22%', Size를 '3px'로 설정한 다음 〈OK〉 버튼을 클릭합니다.

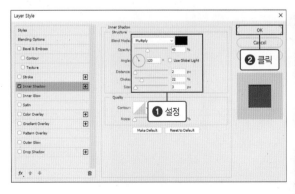 

12 | '100% Cotton'을 입력합니다. Character 패널에서 글꼴을 'Impact', 글자 크기를 '32px', Color를 '#054c4b(청록색)'로 지정합니다. Layers 패널에서 Alt 를 누른 채 '내 손으로 직접 만들어주는 장난감' 레이어에 적용된 'Inner Shadow' 스타일을 '100% Cotton' 레이어로 드래그해서 적용합니다.

13 | 선 도구(⁄)를 선택한 다음 옵션바에서 Fill을 '#000000(검은색)', Stroke를 'No Color / 1px'로 설정합니다. 캔버스에 Shift 를 누른 채 가로로 드래그하면서 툴 팁을 참고하며 'L : 392px' 길이의 선을 그립니다.

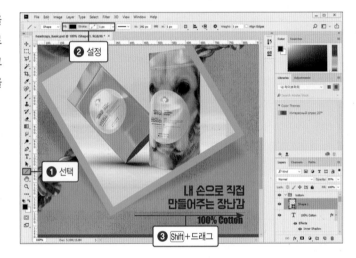

14 | Layers 패널에서 Opacity를 '35%'로 설정하여 마무리합니다.

상품의 이념을 담아 헤드 카피 디자인하기

고객은 자신을 높게 평가하는 판매자에게 호감을 갖습니다. 잠시 상품 설명에서 벗어나 판매자의 이념을 공유하는 헤드 카피를 디자인합니다. "많은 경우 사람들은 원하는 것을 보여주기 전까지 무엇을 원하는 지도 모른다."라고 말한 스티브잡스가 만들어낸 신상품이라면 무엇이 다를지 기대하는 것과 같습니다.

- 예제 파일 : 04\빈티지천배경.jpg, 오브젝트_책.psd, 엄초-라벨_placed.jpg, 오브젝트_아몬드.png, 오브젝트_아몬드_부스러기.png, 오브젝트_이어폰.png, 오브젝트_마늘.png, 오브젝트_단풍잎1.png, 오브젝트_단풍잎2.png, 오브젝트_단풍잎3.png, 오브젝트_나무수저.png, 오브젝트_올리브유.png, 오브젝트_안경.png, 오브젝트_오렌지.png, 오브젝트_양파.png, 오브젝트_엽서.psd, 오브젝트_엽서_내용.jpg, 오브젝트_딸기쥬스.png
- 완성 파일 : 04\headcopy_motivation.psd

- Warp Text(Rise)
- Layer Style(Inner Glow)
- Smart Filters(Gaussian Blur)
- Selection
- Layer Blending Mode(Multiply, Screen)

1 호감이 가는 헤드 카피 디자인하기

01 | 메뉴에서 (**File**) → **New**(Ctrl+N)를 실행합니다. New Document 대화상자에서 파일 이름을 'headcopy_motivation', Width를 '860Pixels', Height를 '730Pixels', Resolution을 '72Pixels/Inch'로 설정한 다음 〈Create〉 버튼을 클릭합니다.

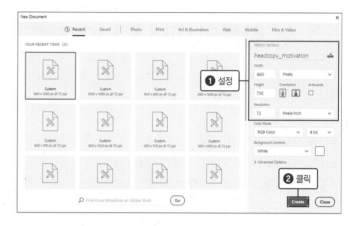

02 | Layers 패널에서 'Create a new group' 아이콘(□)을 클릭하여 그룹을 만들고 이름을 '배경'으로 변경합니다. 04 폴더에서 '빈티지천배경.jpg' 파일을 캔버스에 드래그해 불러온 다음 옵션바에서 W/H를 '72%'로 설정하여 크기를 조정합니다.

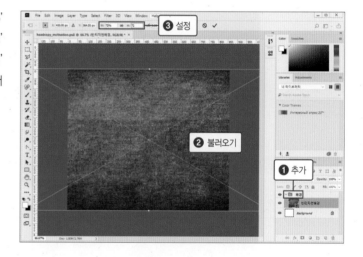

03 | Layers 패널에서 'Create new fill or adjustment layer' 아이콘(◑)을 클릭하여 표시되는 메뉴의 'Photo Filter'를 선택합니다. Properties 패널의 Photo Filter 항목에서 Filter를 'Sepia', Density를 '87%'로 설정하고 'Preserve Luminosity'에 체크 표시합니다.

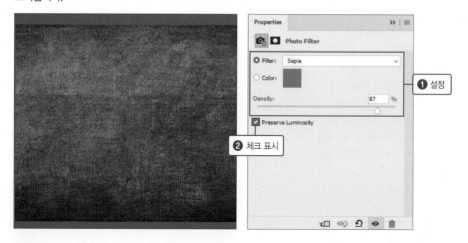

04 | '배경' 그룹을 선택하고 'Create a new group' 아이콘(□)을 클릭한 다음 이름을 '메인카피'로 변경합니다.

가로쓰기 문자 도구(T)를 이용해 '당신의~큽니다'를 입력한 다음 Character 패널에서 글꼴을 'BM YEONSUNG OTF', 글자 크기를 '54px', 행간을 '60px', 자간을 '-30', Color를 '#dcdad3(아이보리)', Anti-Aliasing을 'Strong'으로 지정합니다.

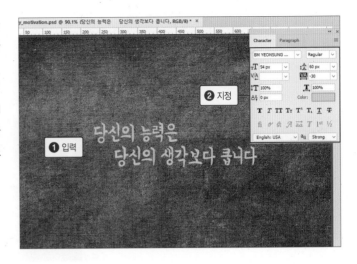

05 | Layers 패널에서 'Add a layer style' 아이콘(fx)을 클릭하여 표시되는 메뉴의 'Outer Glow'를 선택합니다. Layer Style 대화상자에서 Blend Mode를 'Multiply', Opacity를 '68%', Noise를 '0%', Color를 '#636858(녹색)', Technique를 'Softer', Size를 '54px'로 설정한 다음 〈OK〉 버튼을 클릭합니다.

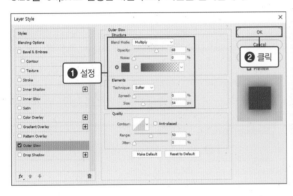
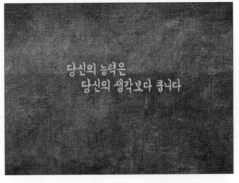

06 | 'EST.'를 입력하고 Character 패널에서 글꼴을 'Pacifico', 글자 크기를 '18px', Color를 '#dcdad3(아이보리)', Anti-Aliasing을 'Smooth'로 지정합니다.

'The'를 입력하고 글꼴을 'Dynalight', 글자 크기를 '68px'로 설정합니다. 'T'를 선택한 다음 글자 크기를 '87px', 자간을 '-50'으로 설정합니다.

'1980'을 입력한 다음 글꼴을 'Pacifico', 글자 크기를 '30px'로 설정합니다.

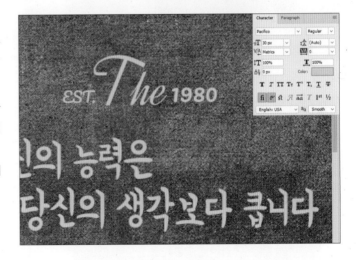

07 | '.................'을 입력하고 Character 패널에서 글꼴을 'Dosis', 글자 크기를 '26px'로 설정합니다.

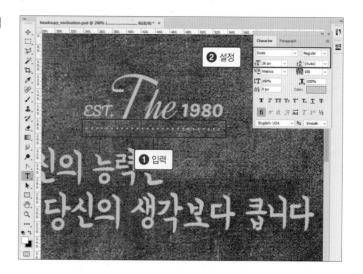

08 | 'Pure and natural'을 입력하고 Character 패널에서 글꼴을 'Dynalight', 글자 크기를 '25px', 가로 장평을 '130%', Anti-Aliasing을 'Strong'으로 지정합니다. 옵션바에서 'Warp Text' 아이콘(🔲)을 클릭하고 Warp Text 대화상자에서 Style을 'Rise', 'Horizontal'을 선택합니다. Bend를 '+21%'로 설정한 다음 〈OK〉 버튼을 클릭합니다.

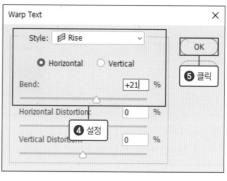

09 | 사용자 셰이프 도구(🔲)를 선택한 다음 옵션바에서 Shape를 'Artistic 10', Fill을 '#dcdad3(아이보리)'으로 지정합니다. 캔버스를 클릭하고 Create Custom Shape 대화상자에서 'Preserve Proportions'의 체크 표시를 해제합니다. Width를 '52px', Height를 '302px'로 설정한 다음 〈OK〉 버튼을 클릭합니다.

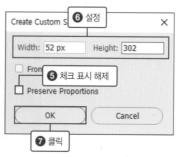

10 | 직접 선택 도구(⟋)를 선택한 다음 기준점을 선택하고 [Shift]를 누른 채 [↓]를 세 번 정도 눌러 모양을 얇게 만듭니다.

11 | [Ctrl]+[T]를 누르고 개체에서 마우스 오른쪽 버튼을 클릭하여 표시되는 메뉴의 **Flip Horizontal**을 실행합니다. 옵션바에서 W를 '33%', H를 '−33%', Rotate를 '75°'로 설정하여 시계 방향으로 회전합니다.

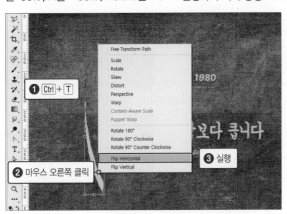

> **Tip**
>
> **Flip Horizontal** 명령을 실행해 좌우를 반전시키면 옵션바의 W는 '음수(−)'가 됩니다. **Flip Vertical** 명령을 실행해 상하 반전시키면 옵션바의 H는 '음수(−)'가 됩니다. 다시 말해 W와 H를 음수로 설정하여 좌우 반전 또는 상하 반전시킬 수 있습니다.

12 이동 도구(✛)를 선택하고 'Shape 1' 레이어를 선택한 다음 [Alt]를 누른 채 도형을 드래그하여 이동 및 복제합니다. [Ctrl]+[T]를 누른 다음 Rotate를 '180°'로 설정하여 회전합니다.

01 | Layers 패널에서 '메인카피' 그룹을 선택하고 'Create a new group' 아이콘(📁)을 클릭한 다음 이름을 '오브젝트'로 변경합니다. 또 다른 그룹을 만들고 이름을 '책'으로 변경합니다. 04 폴더에서 '오브젝트_책.psd' 파일을 캔버스에 드래그해 불러온 다음 옵션바에서 W/H를 '50%'로 설정합니다.

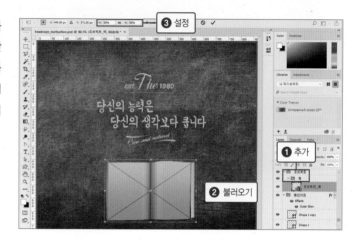

02 | '오브젝트_책' 레이어의 섬네일을 더블클릭하여 편집 모드를 표시합니다. '1페이지' 레이어의 섬네일도 더블클릭하여 1페이지의 편집 모드로 이동합니다. 04 폴더에서 '엄초-라벨_placed.jpg' 파일을 캔버스에 드래그해 불러온 다음 옵션바에서 W/H를 '49%'로 설정합니다.

> **Tip**
>
> 스마트 오브젝트 레이어를 편집하기 위해서는 해당 레이어의 섬네일을 더블클릭하고 원본 디자인을 편집한 다음 저장하여 반영할 수 있습니다.

03 | Layers 패널에서 'Add layer mask' 아이콘(🔲)을 클릭한 다음 전경색을 '#000000(검은색)'으로 지정합니다. 그레이디언트 도구(🔲)를 선택하고 옵션바에서 'Click to edit the Gradient'를 클릭합니다. Gradient Editor 대화상자에서 'Foreground to Transparent'를 선택한 다음 〈OK〉 버튼을 클릭합니다. 'Linear Gradient' 아이콘(🔲)을 클릭한 다음 캔버스의 왼쪽에서 가운데로 드래그하여 그러데이션을 적용합니다.

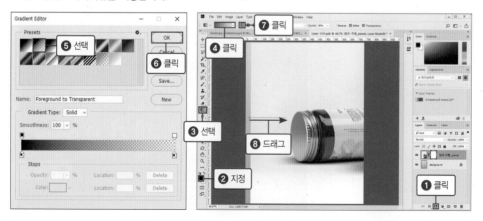

04 | 파일을 저장하고 작업창을 닫습니다. '오브젝트_책.psd' 편집 모드로 이동하면 왼쪽 페이지가 편집된 것을 확인할 수 있습니다. '2페이지' 레이어의 섬네일을 더블클릭하여 편집 모드로 이동합니다. 04 폴더에서 '엄초-라벨_placed.jpg' 파일을 캔버스에 드래그하여 불러온 다음 옵션바에서 W/H를 '50%'로 설정합니다. Layers 패널에서 블렌딩 모드를 'Multiply'로 지정하여 합성합니다.

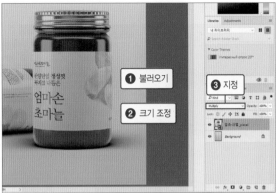

05 | 파일을 저장하고 작업창을 닫습니다. '오브젝트_책.psd' 편집 모드로 이동하면 오른쪽 페이지가 편집된 것을 확인할 수 있습니다. 다시 한 번 파일을 저장하고 작업창을 닫습니다.

06 | 'headcopy_motivation' 작업창으로 이동하면 '오브젝트_책' 레이어가 편집된 것을 확인할 수 있습니다. Ctrl+J를 눌러 복제한 다음 메뉴에서 (Filter) → Blur → Gaussian Blur를 실행합니다. Gaussian Blur 대화상자에서 Radius를 '14Pixels'로 설정한 다음 〈OK〉 버튼을 클릭합니다. Ctrl+T를 누른 다음 옵션바에서 W/H를 '54%'로 설정합니다.

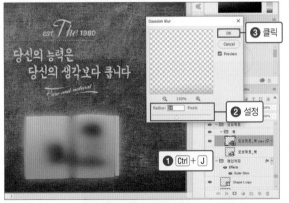
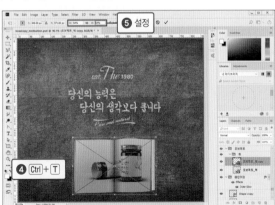

07 | Layers 패널에서 블렌딩 모드를 'Multiply'로 지정하고 '오브젝트_책 copy' 레이어를 '오브젝트_책' 레이어 아래로 이동한 다음 Ctrl+J를 눌러 복제합니다. '오브젝트_책 copy 2' 레이어에 적용된 스마트 필터인 'Gaussian Blur' 스타일을 클릭합니다. Gaussian Blur 대화상자에서 Radius를 '48Pixels'로 설정한 다음 〈OK〉 버튼을 클릭합니다. Ctrl+T를 누르고 옵션바에서 W/H 를 '60%'로 설정한 다음 오른쪽 아래로 살짝 드래그하여 이동합니다.

08 | '책' 그룹을 선택하고 'Create a new group' 아이콘(▢)을 클릭한 다음 이름을 '아몬드'로 변경합니다. 04 폴더에서 '오브젝트_아몬드_부스러기.png' 파일을 캔버스에 드래그해 불러옵니다. 옵션바에서 W/H를 '15%', Rotate를 '−30˚'로 설정하여 반시계 방향으로 회전합니다. 04 폴더에서 '오브젝트_아몬드.png' 파일을 캔버스에 드래그해 불러옵니다. 옵션바에서 W/H를 각각 '39%', Rotate를 '20˚'로 설정하여 시계 방향으로 회전합니다.

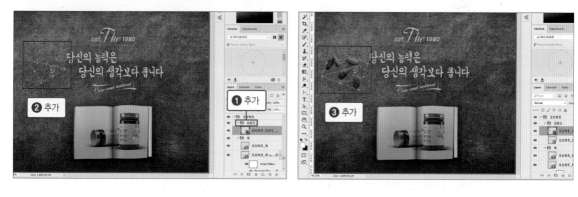

09 | '오브젝트_아몬드_부스러기' 레이어를 선택하고 'Add a layer style' 아이콘(fx)을 클릭하여 표시되는 메뉴의 'Drop Shadow'를 선택합니다. Layer Style 대화상자에서 Blend Mode를 'Multiply', Color를 '#171718(검은색)', Opacity를 '75%', Angle을 '73˚', Distance를 '1px', Size를 '1px'로 설정한 다음 〈OK〉 버튼을 클릭합니다.

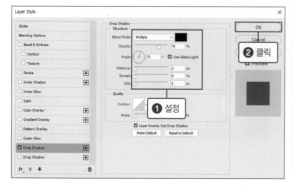

10 | '오브젝트_아몬드' 레이어를 선택하고 Ctrl +J를 눌러 복제합니다. Alt를 누른 채 '오브젝트_ 책 copy 2' 레이어에 적용된 스마트 필터인 'Gaussian Blur'를 '오브젝트_아몬드 copy' 레이 어로 드래그합니다. 'Gaussian Blur' 스타일을 클 릭하고 Gaussian Blur 대화상자에서 Radius를 '2Pixels'로 설정한 다음 〈OK〉 버튼을 클릭합니다. Layers 패널에서 블렌딩 모드를 'Multiply'로 지정 하여 합성합니다.

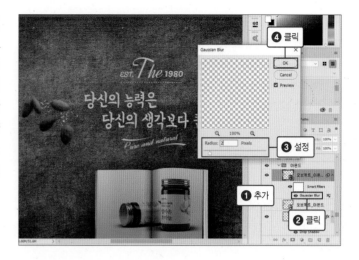

11 | '오브젝트_아몬드 copy' 레이어를 '오브젝트 _아몬드' 레이어 아래로 이동하고 Ctrl +J를 눌러 복제합니다.

스마트 필터인 'Gaussian Blur' 스타일을 클릭하 고 Gaussian Blur 대화상자에서 Radius를 '8.7 Pixels'로 설정한 다음 〈OK〉 버튼을 클릭합니다.

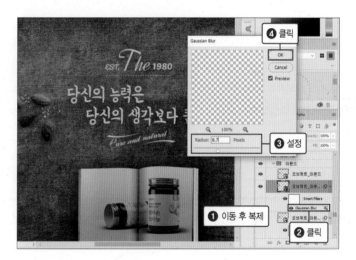

12 | 같은 방법으로 04 폴더에서 '오브젝트_이 어폰.png', '오브젝트_마늘.png', '오브젝트_단풍 잎1.png'~'오브젝트_단풍잎3.png', '오브젝트_ 나무수저.png', '오브젝트_올리브유.png', '오브젝트 _안경.png' 파일을 불러오고 그림자를 적용합니다.

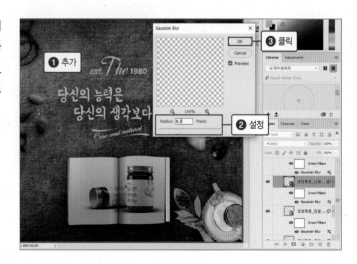

Tip

기존의 Blur 효과는 비트맵 이미지에 직접 적용되어 나중에 수정할 수 없고 원본을 복원할 수 없었습니다. 스마트 오브젝트에 Blur 효과를 적용하면 똑 똑한 '스마트 필터'로 적용되어 효과를 언제든지 수정하고 복원할 수 있습니다.

13 | '오브젝트' 그룹을 선택하고 'Create a new group' 아이콘(□)을 클릭한 다음 이름을 '엽서'로 변경합니다. 04 폴더에서 '오브젝트_엽서.psd' 파일을 캔버스에 드래그해 불러온 다음 옵션바에서 W/H를 '25%'로 설정합니다.

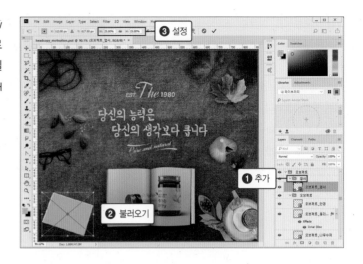

14 | '오브젝트_엽서' 레이어의 섬네일을 더블클릭하여 편집 모드로 이동합니다. '엽서' 레이어의 섬네일을 더블클릭하여 편집 모드로 이동합니다. 04 폴더에서 '오브젝트_엽서_내용.jpg' 파일을 캔버스에 드래그하여 불러옵니다.

15 | 파일을 저장하고 작업창을 닫습니다. '오브젝트_엽서.psd' 편집 모드로 이동하면 페이지가 편집된 것을 확인할 수 있습니다. 다시 한 번 저장한 다음 작업창을 닫습니다.

16 | 'headcopy_motivation' 작업창으로 이동하면 '오브젝트_엽서' 레이어가 편집된 것을 확인할 수 있습니다. Ctrl+J를 두 번 눌러 복제합니다. Layers 패널에서 Ctrl을 누른 채 '오브젝트_엽서 copy'와 '오브젝트_엽서 copy 2' 레이어를 선택하고 블렌딩 모드를 'Multiply'로 지정한 다음 '오브젝트_엽서' 아래로 이동합니다. Alt를 누른 채 '오브젝트_안경 copy 2' 레이어에 적용된 'Gaussian Blur' 스타일을 복제한 두 개의 레이어에 각각 반복하여 드래그해서 적용합니다.

17 | '오브젝트_엽서 copy' 레이어에서 'Gaussian Blur' 스타일을 클릭하고 Gaussian Blur 대화상자에서 Radius를 '5.8Pixels'로 설정한 다음 〈OK〉 버튼을 클릭합니다. 같은 방법으로 '오브젝트_안경 copy 2' 레이어에서 'Gaussian Blur' 스타일을 클릭하여 Gaussian Blur 대화상자의 Radius를 '8.2Pixels'로 설정한 다음 〈OK〉 버튼을 클릭합니다.

 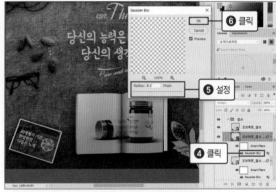

18 | '엽서' 그룹을 선택하고 'Create a new group' 아이콘(□)을 클릭한 다음 이름을 '오브젝트2'로 변경합니다. 04 폴더에서 '오브젝트_오렌지.png', '오브젝트_양파.png', '오브젝트_딸기쥬스.png' 파일을 순서대로 캔버스에 드래그해 불러옵니다. 같은 방법으로 옵션바에서 W/H를 '50%'로 설정합니다.

19 | Layers 패널에서 Ctrl 을 누른 채 '오브젝트_오렌지', '오브젝트_양파', '오브젝트_딸기쥬스' 레이어를 선택합니다. Ctrl + J 를 두 번 눌러 복제합니다. '오브젝트_딸기쥬스 copy 2'를 선택한 다음 Shift 를 누른 채 '오브젝트_오렌지 copy'를 선택합니다. Layers 패널에서 블렌딩 모드를 'Multiply'로 지정한 다음 '오브젝트_오렌지' 아래로 이동합니다. Alt 를 누른 채 '오브젝트_엽서 copy 2' 레이어에 적용된 'Gaussian Blur'를 복제한 6개의 레이어로 각각 반복하여 드래그합니다.

20 | '오브젝트_딸기쥬스 copy' 레이어에서 'Gaussian Blur'를 클릭합니다. Gaussian Blur 대화상자에서 Radius를 '3.4Pixels'로 설정한 다음 〈OK〉 버튼을 클릭합니다. '오브젝트_딸기쥬스 copy 2' 레이어에서 'Gaussian Blur'를 클릭합니다. Gaussian Blur 대화상자에서 Radius를 '31.7Pixels'로 설정한 다음 〈OK〉 버튼을 클릭합니다.

21 | 같은 방법으로 '오브젝트_양파 copy'와 '오브젝트_오렌지 copy' 레이어의 'Gaussian Blur'를 클릭하고 Gaussian Blur 대화상자에서 Radius를 '9.7Pixels'로 설정한 다음 〈OK〉 버튼을 클릭합니다. '오브젝트_양파 copy 2'와 '오브젝트_오렌지 copy 2' 레이어의 스마트 필터인 'Gaussian Blur'를 클릭하고 Gaussian Blur 대화상자에서 Radius를 '30.5Pixels'로 설정한 다음 〈OK〉 버튼을 클릭합니다.

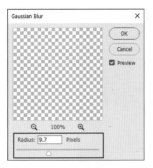  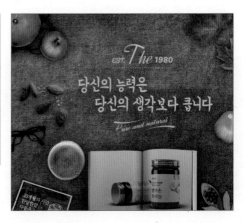

22 | Alt를 누른 채 '오브젝트_마늘' 레이어에 적용된 'Inner Glow' 스타일을 '오브젝트_양파'와 '오브젝트_오렌지'에 각각 반복해 드래그해서 복제합니다. '오브젝트_양파' 레이어의 'Inner Glow'를 클릭하여 Layer Style 대화상자에서 Size를 '51px'로 설정하고 〈OK〉 버튼을 클릭합니다. '오브젝트_오렌지' 레이어에도 'Inner Glow'의 Size를 '51px'로 설정합니다.

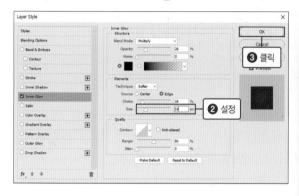

23 | 'Create a new layer' 아이콘(□)을 클릭하고 레이어 이름을 'shade'로 변경한 다음 Shift +Ctrl+]를 누릅니다. 브러시 도구(✔)를 선택한 다음 캔버스에서 마우스 오른쪽 버튼을 클릭하여 표시되는 Brushes 패널에서 브러시 종류를 'Soft Round', Size를 '80'으로 설정합니다. 왼쪽 위에서 빛이 비춘다 생각하고 오브젝트에 입체감 있는 그림자를 그립니다.

24 | Layers 패널의 'shade' 레이어에서 마우스 오른쪽 버튼을 클릭하여 표시되는 메뉴의 **Convert to Smart Object**를 실행합니다. 메뉴에서 (**Filter**) → **Blur** → **Gaussian Blur**를 실행하여 Gaussian Blur 대화상자에서 Radius를 '10Pixels'로 설정하고 〈OK〉 버튼을 클릭합니다. Layers 패널에서 블렌딩 모드를 'Multiply', Opacity를 '40%'로 설정하여 마무리합니다.

6 상세페이지 디자인

사실적인 상품 설명 디자인하기

눈앞에서 직접 보고 만질 수 있는 것처럼 사실적인 상세페이지 디자인에 포커스를 맞춥니다. 디테일하게 촬영한 사진을 이용해 레이아웃을 다양하게 보여줄 수 있는 그리드 시스템으로 디자인을 구성합니다.

- **예제 파일** : 04\box_label_front.psd, 의류상세1.jpg, 의류상세2. jpg, 의류상세3.jpg, 의류상세4.jpg, 의류상세5.jpg, 마법코르셋니트원피스_내용.txt
- **완성 파일** : 04\spec_panorama.psd

- Line Shape(Duplicate, Transform, Rotate)
- Custom Shape
- Layer Mask
- Clipping Mask

01 | 메뉴에서 (File) → New((Ctrl)+(N))를 실행합니다. New Document 대화상자에서 파일 이름을 'spec_panorama', Width를 '860Pixels', Height를 '2630Pixels', Resolution을 '72Pixels /Inch'로 설정한 다음 〈Create〉 버튼을 클릭합니다.

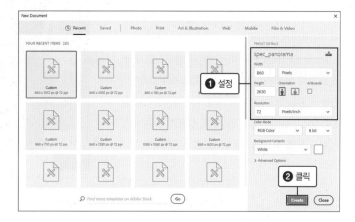

02 | Layers 패널에서 'Create a new group' 아이콘(□)을 클릭하고 그룹 이름을 '#1'로 변경합니다. 사각형 도구(□)를 이용해 Width/Height가 '860px'인 사각형을 그립니다. 옵션바에서 Fill을 '#000000(검은색)'으로 지정합니다.

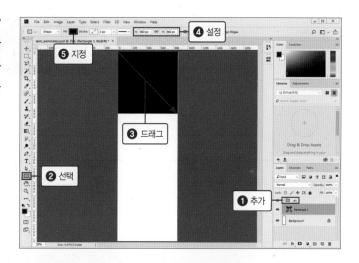

03 | 04 폴더에서 '의류상세1.jpg' 파일을 캔버스로 드래그하여 불러온 다음 (Ctrl)+(Alt)+(G)를 눌러 클리핑 마스크를 적용합니다.

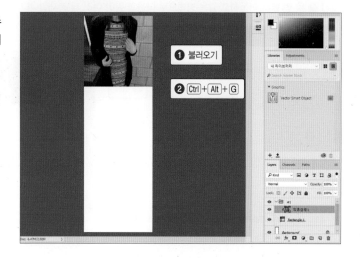

04 | 'Create a new layer' 아이콘(🖿)을 클릭한 다음 레이어 이름을 'shadow'로 변경합니다. 전경색을 '#000000(검은색)'으로 지정한 다음 그레이디언트 도구(🔲)를 선택합니다. 옵션바에서 'Foreground to Transparent'를 선택합니다. 'Linear Gradient' 아이콘(🔳)을 클릭하고 캔버스 오른쪽 아래에서 왼쪽 위로 드래그하여 그러데이션을 적용합니다. Layers 패널에서 블렌딩 모드를 'Multiply', Opacity를 '54%'로 설정한 다음 Ctrl +Alt+G를 눌러 클리핑 마스크를 적용합니다.

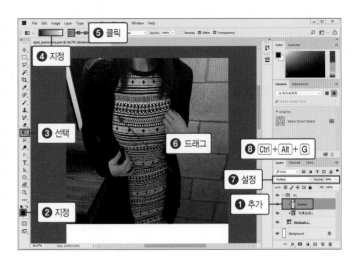

05 | 사각형 도구(🔲)를 이용해 Width가 '400px', Height가 '10px'인 사각형을 그립니다. 옵션바에서 Fill을 '#800021(빨간색)'로 지정합니다.

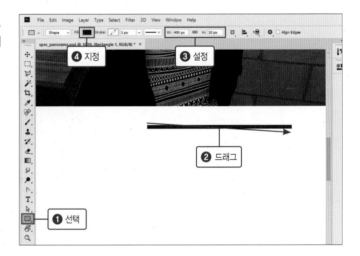

06 | 직접 선택 도구(➤)를 선택하고 사각형을 선택한 다음 Ctrl+C를 눌러 복사하고 Ctrl+V를 눌러 붙여 넣습니다. Shift를 누른 채 ↓를 두 번 눌러 이동하고 같은 방법으로 다음과 같이 여러 개 복제합니다. 옵션바에서 'Align Edges'에 체크 표시합니다.

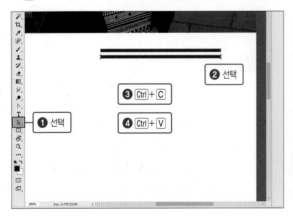
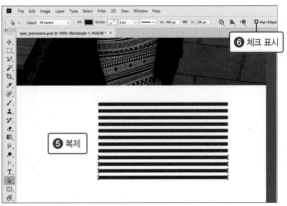

07 | [Ctrl]+[T]를 누르고 H를 '194px', Rotate를 '-45°'로 설정하여 반시계 방향으로 회전합니다.

08 | 사각형 선택 도구(▭)를 선택하고 드래그하여 툴 팁을 참고하면서 'W/H : 227px' 크기의 선택 영역을 만듭니다. [Delete]를 눌러 선택 영역을 삭제합니다.

 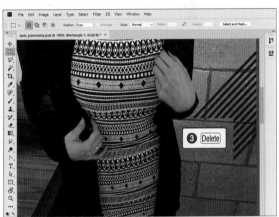

09 | 가로쓰기 문자 도구(T)를 이용해 '마법코르셋 니트원피스'를 입력하고 Character 패널에서 글꼴을 'Noto Sans CJK KR', 글꼴 스타일을 'Light', 글자 크기를 '64px', 자간을 '-50', 가로 장평을 '96%', Color를 '#ffffff(흰색)', Anti-Aliasing을 'Strong'으로 지정합니다. '마법코르셋'을 선택한 다음 글꼴 스타일을 'Medium'으로 변경합니다.

> **Tip**
>
> 04 폴더의 '마법코르셋니트원피스_내용.txt' 파일의 내용을 복사하여 사용하세요.

10 | 'LONG SILKY KNIT'를 입력하고 Character 패널에서 글꼴을 'Raleway', 글꼴 스타일을 'Extra Bold', 글자 크기를 '31px'로 설정합니다.

11 | Layers 패널에서 Ctrl을 누른 채 '마법코르셋 니트원피스', 'Shape 1', 'LONG SILKY KNIT' 레이어를 선택하고 Ctrl+G 를 누른 다음 그룹 이름을 'txt'로 변경합니다. Layers 패널에서 'Add a layer style' 아이콘(fx)을 클릭하여 표시되는 메뉴의 'Outer Glow'를 선택합니다. Layer Style 대화상자에서 Blend Mode를 'Multiply', Opacity를 '75%', Color를 '#83837f(회색)', Technique를 'Softer', Size를 '54px'로 설정한 다음 〈OK〉 버튼을 클릭합니다.

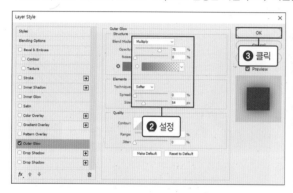

2 상품 정보 디자인하기 ● ● ● ●

01 | '#1' 그룹을 선택하고 'Create a new group' 아이콘(□)을 클릭한 다음 이름을 '#2'로 변경합니다. 다각형 도구(○)를 선택한 다음 캔버스를 클릭합니다. Create Polygon 대화상자에서 Width/Height를 '35px', Number of Sides를 '8'로 설정한 다음 'Smooth Corners'의 체크 표시를 해제하고 'Star'는 체크 표시합니다. Indent Sides By를 '17'로 설정하고 'Smooth Indents'의 체크 표시를 해제한 다음 〈OK〉 버튼을 클릭합니다. 옵션바에서 Fill을 '#800021(빨간색)'로 지정합니다.

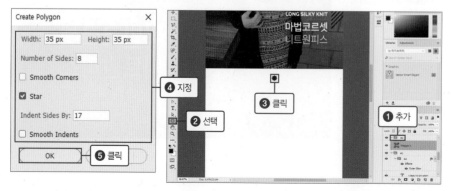

02 | 가로쓰기 문자 도구(T)를 이용해 '2'를 입력하고 Character 패널에서 글꼴을 'Noto Sans CJK KR', 글꼴 스타일을 'Black', 글자 크기를 '20px', 자간을 '−50', 가로 장평을 '96%', Color를 '#ffffff(흰색)', Anti−Aliasing을 'Sharp'로 지정합니다.

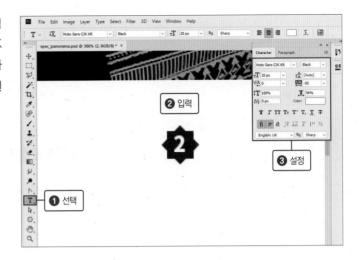

03 | '자동 몸매 보정! 마법의 코르셋 같은 완소템'을 입력한 다음 Character 패널에서 글자 크기를 '35px', 자간을 '−50', 가로 장평을 '96%', Color를 '#323232(어두운 회색)'로 지정합니다.

04 | '신그램 메이드 폴라 원피스'를 입력한 다음 Character 패널에서 글꼴을 'Nanum Brush Script', 글자 크기를 '66px', 자간을 '−25'로 설정합니다.

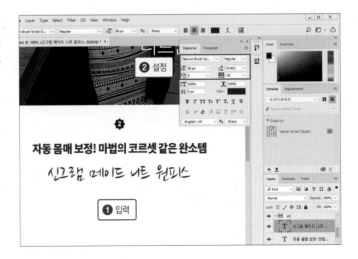

05 | 선 도구(✏️)를 선택한 다음 옵션바에서 Fill을 '#000000(검은색)', Stroke를 'No Color / 8px'로 설정합니다. 캔버스에서 Shift를 누른 채 가로로 드래그합니다. 이때 나타나는 툴 팁을 참고하거나 옵션바에서 W를 '133px'로 설정합니다. Layers 패널에서 Opacity를 '15%'로 설정합니다.

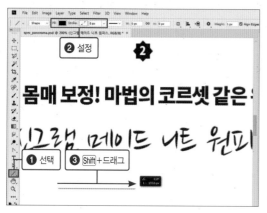
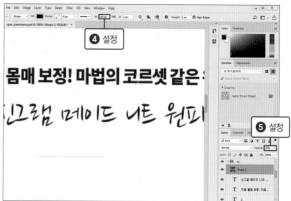

06 | 패스 선택 도구(▶)를 선택한 다음 선을 선택합니다. Ctrl+C를 눌러 복사하고 Ctrl+V를 눌러 붙여 넣은 다음 ↓를 세 번 눌러 이동합니다. 두 개의 선을 선택하고 Alt를 누른 채 오른쪽으로 드래그하여 이동 및 복제합니다.

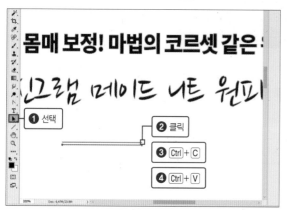
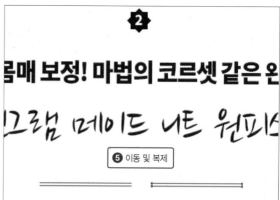

07 | 다시 Ctrl+C를 눌러 복사한 다음 Ctrl+V를 눌러 선을 붙여 넣습니다. Ctrl+T를 누른 다음 옵션바에서 W를 '16px', H를 '4px', Rotate를 '−45°'로 설정하여 회전합니다.

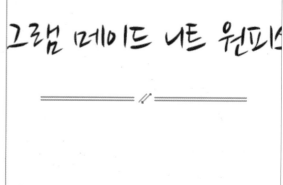

08 | 'MD COMMENT~예쁘게 맞았어요'를 입력한 다음 Character 패널에서 글꼴을 'Noto Sans CJK KR', 글꼴 스타일을 'Regular', 글자 크기를 '24px', 행간을 '36px', 자간을 '-50', 가로 장평을 '96%', Color를 '#757575(회색)'로 지정합니다.

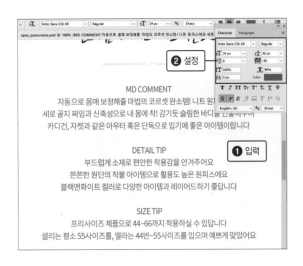

09 | 'MD COMMENT', 'DETAIL TIP', 'SIZE TIP'을 선택한 다음 Character 패널에서 글꼴을 'Raleway', 글꼴 스타일을 'Black', 글자 크기를 '15px', 행간을 '36px', Color를 '#000000(검은색)'으로 지정합니다.

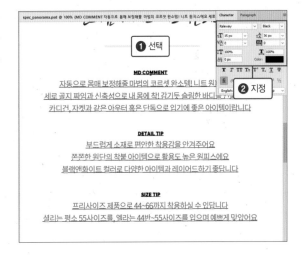

3 상품 상세 사진 감각있게 디자인하기 ● ● ●

01 | '#2' 그룹을 선택하고 'Create a new group' 아이콘(□)을 클릭한 다음 이름을 '#3'으로 변경합니다. 사각형 도구(□)를 이용해 Width가 '573px', Height가 '286px'인 사각형을 그립니다. 옵션바에서 Fill을 '#000000(검은색)'으로 지정하고 레이어 이름을 'box'로 변경합니다.

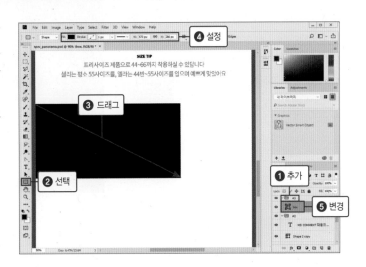

02 | Ctrl+J를 눌러 사각형을 복제하고 다음과 같이 회전 및 이동한 다음 레이어 이름을 'box 2'로 변경합니다. 같은 방법으로 ㅁ자 형태로 사각형을 복제하여 배치한 다음 레이어 이름을 'box 3', 'box 4'로 변경합니다.

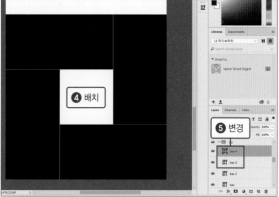

03 | Ctrl+J를 눌러 사각형을 복제하고 Ctrl+T를 누른 다음 옵션바에서 W/H를 '286px'로 설정합니다. 레이어 이름을 'box center'로 변경하고 레이어 섬네일을 더블클릭한 다음 Color를 '#800021(빨간색)'로 지정합니다.

04 | 04 폴더에서 'box_label_front.psd' 파일을 불러옵니다. Layers 패널에서 'Label' 그룹을 선택하고 마우스 오른쪽 버튼을 클릭하여 표시되는 메뉴의 **Duplicate Layers**를 실행합니다. Duplicate Group 대화상자에서 Document를 'spec_panorama.psd'로 지정하고 〈OK〉 버튼을 클릭합니다.

05 | 'spec_panorama' 작업창의 Layers 패널에서 'Label' 그룹을 선택합니다. Ctrl+T를 누르고 옵션바에서 W를 '209px', H를 '108px'로 설정합니다.

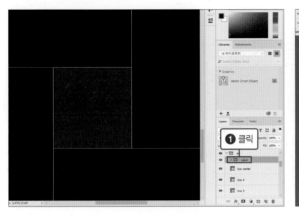
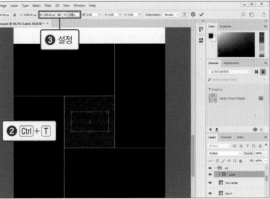

06 | 'Add a layer style' 아이콘(fx)을 클릭하여 표시되는 메뉴의 'Color Overlay'를 선택합니다. Layer Style 대화상자에서 Color를 '#ffffff(흰색)', Opacity를 '100%'로 설정한 다음 〈OK〉 버튼을 클릭합니다.

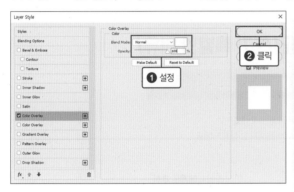

07 | Layers 패널에서 'box' 레이어를 선택하고 탐색기의 04 폴더에서 '의류상세2.jpg' 파일을 캔버스로 드래그하여 불러옵니다. Ctrl+Alt+G를 눌러 클리핑 마스크를 적용합니다.
같은 방법으로 반시계 방향으로 '의류상세3.jpg'~'의류상세5.jpg' 파일을 불러온 다음 클리핑 마스크를 적용해 마무리합니다.

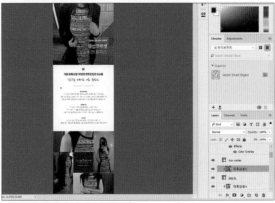

꼼꼼한 설명의 상품 소개 디자인하기

멋지게 촬영한 상품 사진을 중심으로 한 일반 상세페이지와 다르게 점원이 옆에서 상품의 포인트를 집어 꼼꼼하게 설명하는 듯한 상세페이지 디자인을 만들어 봅니다. 고객에게 설명하고 싶은 내용이 많다면 단락을 쪼개어 제목을 붙이고, 목록화하여 길어지지 않도록 유의합니다.

- 예제 파일 : 04\시멘트벽배경.png, 강아지장난감3.png,
  강아지장난감.png
- 완성 파일 : 04\spec_explanation.psd

- Ellipse / Rectangle Shape(Fill, Rotate)
- Line Shape(Arrowheads)
- Clipping Mask

01 | 04 폴더에서 '시멘트벽배경.png' 파일을 불러오고 Ctrl+A를 눌러 전체 선택합니다. 메뉴에서 (Edit) → **Define Pattern**을 실행한 다음 Pattern Name 대화상자에서 〈OK〉 버튼을 클릭합니다.

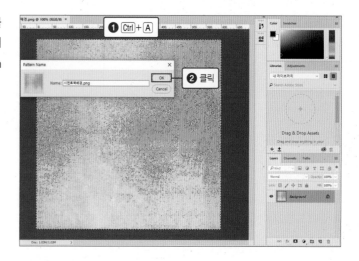

02 | 메뉴에서 (File) → **New**(Ctrl+N)를 실행합니다. New Document 대화상자에서 파일 이름을 'spec_explanation', Width를 '860Pixels', Height를 '1072Pixels', Resolution을 '72Pixels/Inch'로 설정한 다음 〈Create〉 버튼을 클릭합니다.

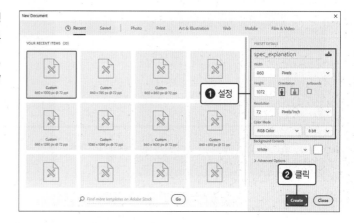

03 | Layers 패널에서 'Create a new group' 아이콘(▢)을 클릭하여 그룹을 만들고 이름을 'top'으로 변경합니다. 'Create new fill or adjustment layer' 아이콘(◉)을 클릭하여 표시되는 메뉴에서 'Solid Color'를 선택합니다. Color Picker 대화상자에서 #에 'badd4f(연두색)'를 입력한 다음 〈OK〉 버튼을 클릭합니다.

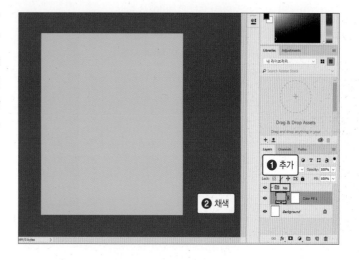

04 | 'Add a layer style' 아이콘(*fx*)을 클릭하여 표시되는 메뉴에서 'Pattern Overlay'를 선택합니다. Layer Style 대화상자에서 Blend Mode를 'Multiply', Opacity를 '34%', Pattern을 '시멘트벽배경.png'로 지정한 다음 〈OK〉 버튼을 클릭합니다.

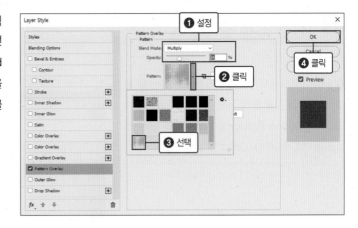

05 | Layers 패널에서 'Color Fill 1' 레이어의 'Add a mask' 아이콘(■)을 클릭합니다. 사각형 선택 도구(□)를 선택하고 다음과 같이 드래그하며 나타나는 툴 팁을 참고하여 'W : 860px, H : 1010px' 크기의 선택 영역을 만듭니다. 전경색을 '#000000(검은색)'으로 지정한 다음 [Alt]+[Delete]를 눌러 배경을 지웁니다.

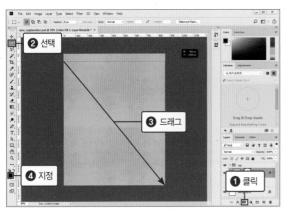
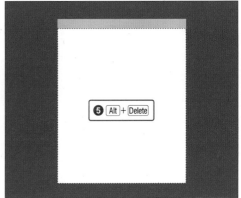

06 | 사각형 도구(□)를 이용해 Width/Height가 각각 '61px'인 사각형을 만듭니다. 옵션바에서 Fill을 '#000000(검은색)'으로 변경합니다. [Ctrl]+[T]를 누르고 옵션바에서 Rotate를 '45°'로 설정하여 시계 방향으로 회전합니다.

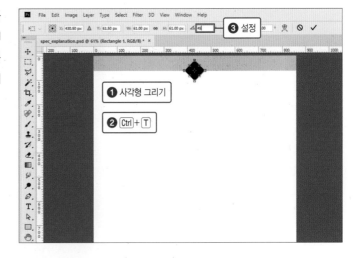

07 | 가로쓰기 문자 도구(T)를 이용해 '2'를 입력하고 Character 패널에서 글꼴을 'Dosis', 글꼴 스타일을 'ExtraBold', 글자 크기를 '45px', Color를 '#badd4f(연두색)', Anti-Aliasing을 'Strong'으로 지정합니다.

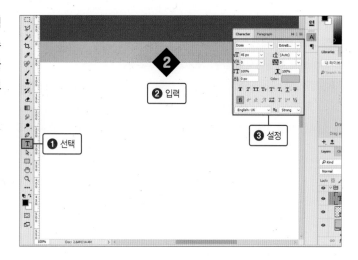

08 | 'top' 그룹을 선택하고 'Create a new group' 아이콘(□)을 클릭한 다음 이름을 'title'로 변경합니다.

가로쓰기 문자 도구(T)를 이용해 문자를 입력한 다음 Character 패널에서 글꼴을 'BM DoHyeon OTF', 글자 크기를 '44px', 자간을 '-50', 가로 장평을 '97%', Color를 '#000000(검은색)'으로 지정합니다. '오펫샵'을 선택한 다음 Color를 '#9fc42f(진한 연두색)'로 지정합니다.

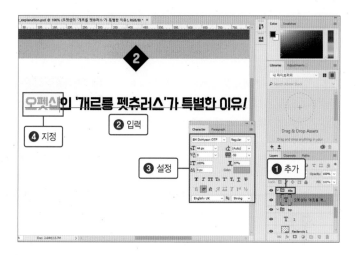

09 | 사각형 도구(□)를 이용해 Width/Height가 '70px'인 사각형을 만듭니다. 옵션바에서 Fill을 '#9fc42f(진한 연두색)'로 지정합니다.

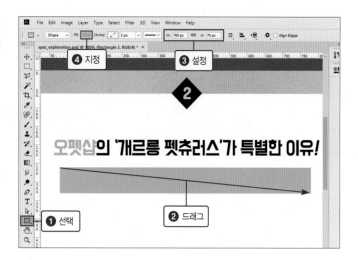

10 | 가로쓰기 문자 도구(T)를 이용해 '치실 작용이 되어 치석 제거가 가능합니다'를 입력합니다. Character 패널에서 글꼴을 'Noto Sans CJK KR', 글꼴 스타일을 'Medium', 글자 크기를 '32px', Color를 '#fefefe(흰색)'로 지정합니다. '치석 제거'를 선택한 다음 글꼴 스타일을 'Black'으로 변경합니다.

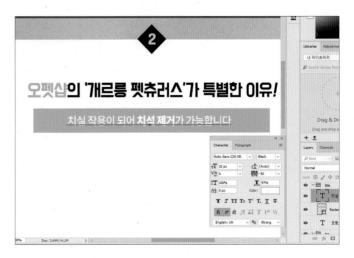

2

정보가 잘 보이는 상품 설명 디자인하기 ● ● ●

01 | '양치질을~거에요'를 입력하고 Character 패널에서 글꼴 스타일을 'Regular', 글자 크기를 '24px', 행간을 '36px', Color를 '#525151(회색)', Anti-Aliasing을 'Sharp'로 지정합니다.

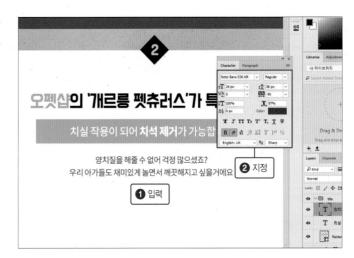

02 | 'title' 그룹을 선택하고 'Create a new group' 아이콘(□)을 클릭한 다음 이름을 'img'로 변경합니다. 04 폴더에서 '강아지장난감3.png' 파일을 캔버스에 드래그해 불러옵니다.

03 | '치실 작용으로 치석 제거 효과'를 입력하고 Character 패널에서 글꼴 스타일을 'Bold', 글자 크기를 '24px', 자간을 '–50', 가로 장평을 '97%', Color를 '#000000(검은색)', Anti-Aliasing을 'Strong'으로 지정합니다. '치석제거'를 선택하고 Color를 '#9fc42f(진한 연두색)'로 지정합니다.

04 | [Ctrl]+[J]를 세 번 눌러 레이어를 복제합니다. 내용을 '어린 강아지에게도 추천', '핸드메이드 니팅으로 튼튼', '물고 씹고 취향저격'으로 변경합니다.

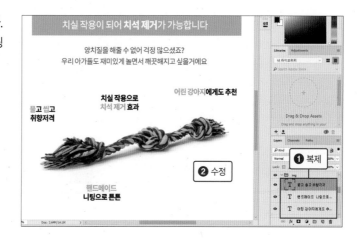

05 | 선 도구([✏️])를 선택하고 옵션바에서 Fill을 '#000000(검은색)', Stroke를 'No Color / 17px'로 설정합니다. '확장 메뉴'를 클릭한 다음 Arrowheads 항목의 'Start'에 체크 표시한 다음 Width를 '100%', Length를 '60%', Concavity를 '0'으로 설정합니다. 강아지 장난감 이미지에서 설명글로 향하도록 방향을 조절하면서 사선으로 드래그하며 툴 팁을 참고하여 'L : 47px' 길이의 선을 그립니다.

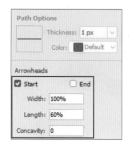

06 | 'img' 그룹을 선택하고 'Create a new group' 아이콘(□)을 클릭한 다음 이름을 'zoom' 으로 변경합니다.

원형 도구(○)를 선택한 다음 Width/Height 가 '150px'인 원을 그립니다. 옵션바에서 Fill을 '#ffffff(흰색)'로 지정합니다.

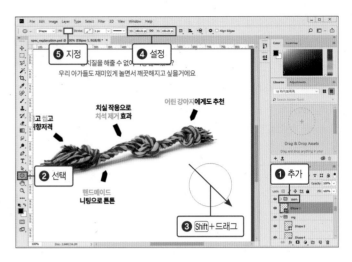

07 | Layers 패널에서 'Add a layer style' 아이콘(fx)을 클릭하여 표시되는 메뉴의 'Inner Glow'를 선택합니다. Layer Style 대화상자에서 Blend Mode를 'Multiply', Opacity를 '19%', Color를 '#a2a2a2(회색)', Technique를 'Softer', Size를 '84px'로 설정한 다음 〈OK〉 버튼을 클릭합니다.

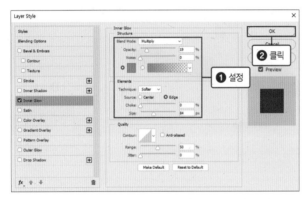

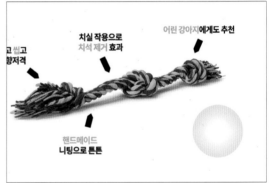

08 | 04 폴더에서 '강아지장난감.png' 파일을 불러온 다음 옵션바에서 W/H를 '50%'로 설정합니다. Ctrl + Alt + G를 눌러 클리핑 마스크를 적용합니다.

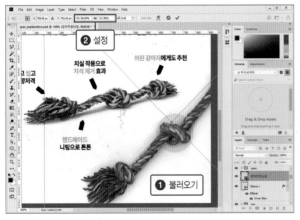

09 | '패브릭 저지 원단으로~안전합니다'를 입력한 다음 Character 패널에서 글꼴 스타일을 'Regular', 글자 크기를 '18px', 행간을 '22px', 자간을 '−50', 가로 장평을 '97%', Color를 '#6f6f6f(회색)'로 지정합니다. '패브릭 저지 원단'과 '안전'을 선택한 다음 글꼴 스타일을 'Bold', Color를 '#000000(검은색)'으로 변경합니다.

10 | 'zoom' 그룹을 선택하고 'Create a new group' 아이콘(🗀)을 클릭한 다음 이름을 'bottom'으로 변경합니다. 사각형 도구(▢)를 선택한 다음 캔버스를 클릭하여 Create Rectangle 대화상자에서 Width를 '728px', Height를 '70px'로 설정하고 〈OK〉 버튼을 클릭합니다. 옵션바에서 Fill을 '#000000(검은색)'으로 변경합니다.

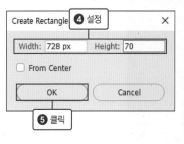

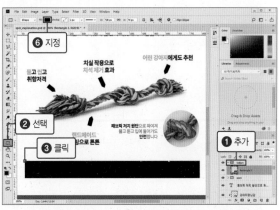

11 | 가로쓰기 문자 도구(T)를 이용해 '깨물 때~필요할 때'를 입력하고 Character 패널에서 글꼴 스타일을 'Bold', 글자 크기를 '24px', Color를 '#ffffff(흰색)', Anti-Aliasing을 'Strong'으로 지정합니다. '/'를 선택하고 Color를 '#9fc42f(진한 연두색)'로 지정해 마무리합니다.

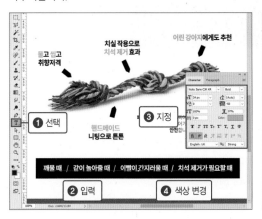

8 차별화된 상품 설명 디자인

경쟁 상품과의 차별점 부각시키기

수년 전에는 광고에서 경쟁업체와의 직접적인 비교 광고가 불법이었지만 지금은 경쟁업체와 다른 강점을 당당히 알릴 수 있습니다. 그러나 과거보다 스마트해진 소비자는 과대광고를 구별할 수 있고 경쟁업체를 근거 없이 깎아 내리면 오히려 점수가 깎인다는 점을 잊지 말아야 합니다. 이번에는 경쟁 상품과의 차별점을 부각시키는 상세페이지 디자인을 만들어 봅니다.

- 예제 파일 : 04\무수한별.png, 푸르른지구.png, VR상품비교.png,
  VR헤드셋_2.png, 반짝빛.png
- 완성 파일 : 04\spec_compare.psd

- Line / Polygon / Ellipse / Rectangle Shape
  (Fill, Rotate)
- Layer Opacity / Clipping Mask / Layer Blending
  Mode(Screen, Multiply)
- Layer Style
  (Inner Glow, Outer Glow, Gradient Overlay)

01 | 메뉴에서 (**File**) → **New**(Ctrl+N)를 실행합니다. New Document 대화상자에서 파일 이름을 'spec_compare', Width를 '860Pixels', Height를 '1000Pixels', Resolution을 '72Pixels/Inch'로 설정한 다음 〈Create〉 버튼을 클릭합니다.

02 | 전경색을 '#202020(어두운 회색)'으로 지정한 다음 Alt+Delete를 눌러 채웁니다. 'Create a new group' 아이콘(▢)을 클릭한 다음 그룹 이름을 'Bg'로 변경합니다.

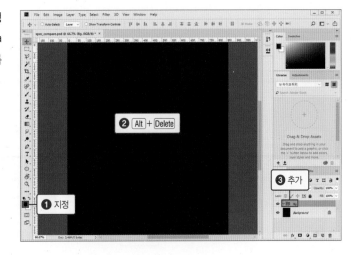

03 | 사각형 도구(▢)를 이용해 Width가 '860px', Height가 '508px'인 사각형을 그립니다. 옵션바의 Fill을 클릭하여 'Gradient'를 선택한 다음 Gradient의 왼쪽 색상 조절점을 '#4c94c6(파란색)', 오른쪽 색상 조절점을 '#000000(검은색)'으로 지정합니다. Gradient Style을 'Radial', Rotate를 '90°', Scale을 '310%'로 설정한 다음 'Align with layer'에 체크 표시합니다.

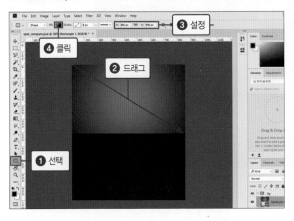

04 │ 04 폴더에서 '무수한별.png' 파일을 캔버스에 드래그해 불러옵니다. 옵션바에서 W/H를 '75%'로 설정한 다음 Layers 패널에서 블렌딩 모드를 'Screen', Opacity를 '46%'로 설정합니다.

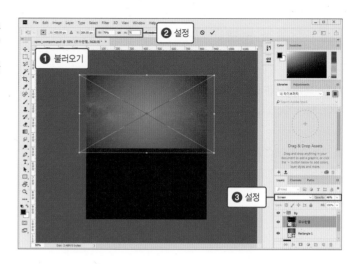

05 │ Layers 패널의 'Add a mask' 아이콘(▣)을 클릭하여 마스크를 적용합니다. 전경색을 '#000000(검은색)'으로 지정한 다음 그레이디언트 도구(▣)를 선택합니다. 옵션바에서 'Linear Gradient' 아이콘(▣)을 클릭한 다음 '무수한별' 이미지의 가운데에서 위로 드래그합니다.

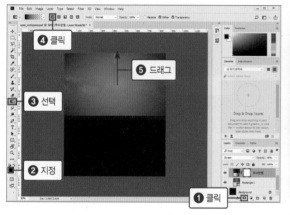

06 │ 04 폴더에서 '푸르른지구.png' 파일을 캔버스에 드래그해 불러옵니다.
옵션바에서 W/H를 '77%'로 설정합니다. Layers 패널에서 블렌딩 모드를 'Screen'으로 지정하여 자연스럽게 합성합니다.

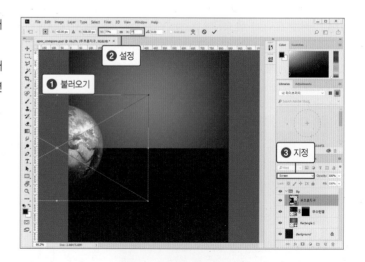

07 | 04 폴더에서 'VR상품비교.png' 파일을 캔버스에 드래그해 불러옵니다. Layers 패널에서 'Create new fill or adjustment layer' 아이콘(⊘)을 클릭하여 표시되는 메뉴의 'Color Balance'를 선택합니다. Properties 패널에서 Color Balance 항목의 Tone을 'Midtones', Red를 '−23', Blue를 '32'로 설정합니다. 'Preserve Luminosity'에 체크 표시하고 [Ctrl]+[Alt]+[G]를 눌러 클리핑 마스크를 적용합니다.

Tip

'VR상품비교.png' 이미지의 붉은 색감을 빼고 파란 색감을 더해 우주 배경과 톤이 어울리도록 합니다.

08 | 원형 선택 도구(○)를 선택하고 툴 팁을 참고하여 'W : 1110px, H : 480px' 크기의 선택 영역을 만듭니다.

Tip

캔버스의 폭인 860px보다 더 큰 선택 영역을 만듭니다.

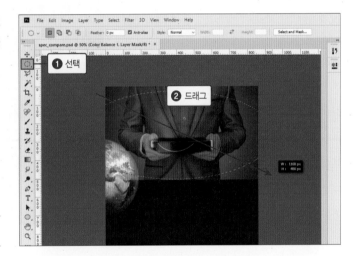

09 | 사각형 선택 도구(□)를 선택한 다음 원형 선택 영역 위쪽을 드래그해서 선택합니다. Layers 패널에서 'Bg' 그룹을 선택하고 'Add Layer Mask' 아이콘(□)을 클릭하여 마스크를 적용합니다.

Tip

원형 선택 도구는 캔버스 외부까지 선택 영역을 만들 수 있지만, 사각형 선택 도구는 캔버스 외부로 드래그해도 캔버스 내부에 선택 영역이 만들어집니다.

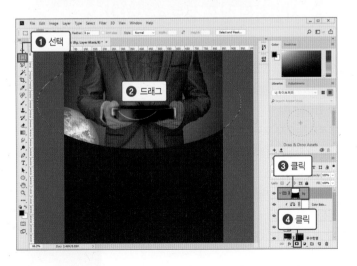

10 | 원형 도구(◯)를 선택하고 캔버스를 클릭해 Create Ellipse 대화상자에서 Width를 '1465px', Height를 '944px'로 설정한 다음 〈OK〉 버튼을 클릭합니다. 옵션바에서 Fill을 '#264b66(남색)'으로 지정합니다. 'Ellipse 1' 레이어를 'Bg' 그룹 아래로 이동하고 Opacity를 '56%'로 설정합니다.

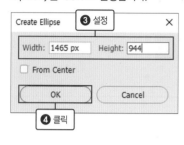

11 | 'Ellipse 1' 레이어를 선택하고 Ctrl+J를 눌러 복제합니다. Ctrl+T를 누르고 옵션바에서 W를 '1438px', H를 '931px'로 설정한 다음 왼쪽으로 이동하여 이미지 경계를 디자인합니다.

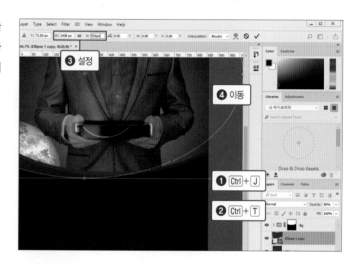

2 차별화된 상품 정보 추가하기 ● ● ●

01 | 'Bg' 그룹을 선택하고 'Create a new group' 아이콘(◻)을 클릭한 다음 이름을 'Graph'로 변경합니다.

가로쓰기 문자 도구(T)를 이용해 '생생한 만큼 어지러운 가상현실?!'을 입력하고 Character 패널에서 글꼴을 'Noto Sans CJK KR', 글꼴 스타일을 'Bold', 글자 크기를 '32px', 자간을 '–50', 가로 장평을 '97%', Color를 '#ffffff(흰색)', Anti-Aliasing을 'Strong'으로 지정합니다.

02 | 다각형 도구(⬡)를 선택한 다음 캔버스를 클릭해 Create Polygon 대화상자에서 Width를 '158px', Height를 '137px', Number of Side를 '6'으로 설정합니다. 'Smooth Corners'와 'Star'의 체크 표시를 각각 해제한 다음 〈OK〉 버튼을 클릭합니다.

03 | 옵션바의 Fill을 클릭한 다음 'Gradient'를 선택하고 왼쪽 색상 조절점을 '#000000(검은색)', 오른쪽 색상 조절점을 '#4c8ec6(파란색)'으로 지정합니다. Gradient Style을 'Radial', Rotate를 '90°', Scale을 '100%'로 설정하고, 'Align with layer'에 체크 표시합니다. Ctrl+T를 누르고 옵션바에서 Rotate를 '30°'로 설정하여 시계 방향으로 회전합니다.

04 | Layers 패널에서 Fill을 '73%'로 설정하고 Layers 패널에서 'Add a layer style' 아이콘(fx)을 클릭하여 표시되는 메뉴의 'Outer Glow'를 선택합니다. Layer Style 대화상자에서 Blend Mode를 'Linear Dodge (Add)', Opacity를 '30%', Color를 '#eff1ce(연노란색)', Technique를 'Softer', Size를 '8px'로 설정합니다.

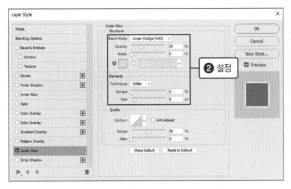

05 | 왼쪽 영역에서 'Inner Glow'를 선택합니다. Blend Mode를 'Linear Dodge (Add)', Opacity를 '24%', Color를 '#eff1ce(연노란색)', Technique를 'Softer', Source를 'Edge', Size를 '18px'로 설정합니다.

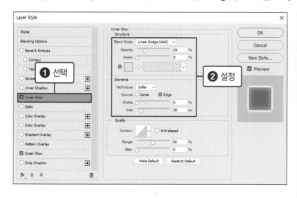 

06 | 왼쪽 영역에서 'Stroke'를 선택합니다. Size를 '1px'로 설정하고, Position을 'Inside'로 지정합니다. Color를 '#ffffff(흰색)'로 지정한 다음 〈OK〉 버튼을 클릭합니다.

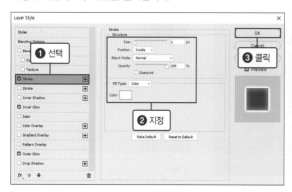 

07 | 선 도구(/)를 선택하고 캔버스에서 Shift를 누른 채 가로로 드래그하면서 툴 팁을 참고하여 'L : 92px' 길이의 선을 그립니다. 옵션바에서 Fill을 '#ffffff(흰색)', Stroke를 'No Color / 1px'로 설정합니다.

08 | 사각형 도구(□)를 선택한 다음 옵션바에서
'Combine Shapes'를 선택합니다. 캔버스에 드래
그할 때 나타나는 툴 팁을 참고하며 'W : 19px, H :
53px' 크기의 사각형을 그립니다.

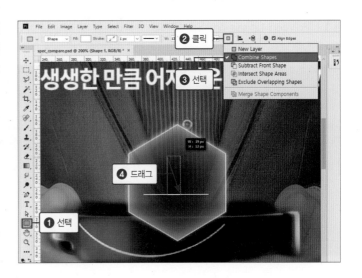

09 | 레이어 이름을 'graph'로 변경합니다.
가로쓰기 문자 도구(T)를 이용해 'FUSE VR 1위'
를 입력하고 Character 패널에서 글꼴을 'Noto
Sans CJK KR', 글꼴 스타일을 'Black', 글자 크
기를 '20px', 행간을 '20px', Color를 '#ffffff(흰색)',
Anti-Aliasing을 'Strong'으로 지정합니다.

10 | 이동 도구(✛)를 선택하고 'Polygon 1' 레이어를 선택한 다음 Alt 를 누른 채 드래그하여 왼쪽으로 이동합니다. Layers 패널
에서 'Polygon 1 copy' 레이어의 Fill을 '48%'로 설정한 다음 'Stroke' 스타일을 선택합니다. Layer Style 대화상자에서 Opacity
를 '59%'로 설정한 다음 〈OK〉 버튼을 클릭합니다.

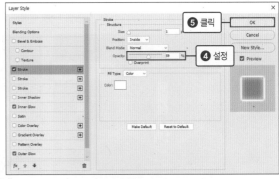

11 | 'Polygon 1 copy' 레이어를 선택하고 [Alt]를 누른 채 드래그하여 오른쪽과 아래로 이동해서 복제합니다. Layers 패널에서 Opacity를 '43%', Fill을 '48%'로 설정합니다. 같은 방법으로 다각형을 오른쪽으로 드래그하여 벌집 패턴을 만듭니다.

12 | 이동 도구(✛)를 선택하고 'graph' 레이어를 선택한 다음 [Alt]를 누른 채 드래그하여 왼쪽으로 이동해서 복제합니다. 직접 선택 도구(▷)를 선택한 다음 옵션바에서 Select를 'Active Layers'로 지정합니다. 'graph copy' 레이어의 셰이프 위쪽 기준점을 드래그하여 선택한 다음 [Shift]를 누른 채 [↓]를 세 번 눌러 축소합니다.

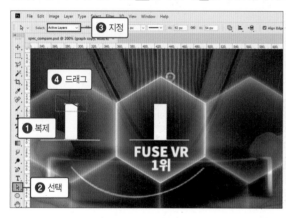
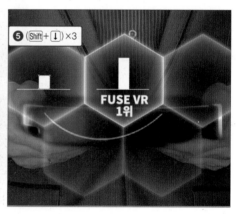

13 | 이동 도구(✛)를 선택하고 [Alt]를 누른 채 'graph copy' 레이어를 드래그하여 오른쪽으로 이동합니다. 직접 선택 도구(▷)를 선택하고 'graph copy 2' 레이어의 위쪽 기준점을 드래그하여 선택합니다. [↓]를 네 번 눌러 그래프를 줄입니다. 같은 방법으로 'graph copy 2' 레이어를 복제하고 아래로 이동한 다음 각각의 그래프 높이를 줄입니다.

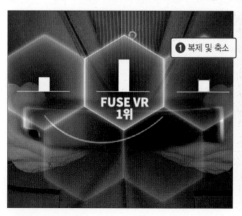
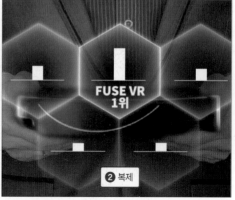

14 | 'FUSE VR 1위' 레이어를 선택하고 [Alt]를 누른 채 드래그하여 각 영역으로 이동합니다. 각각의 내용을 다음과 같이 'S사', 'G사', 'A사', 'H사'로 변경합니다. [Ctrl]을 누른 채 'S사', 'G사', 'A사', 'H사' 레이어를 선택하고 Character 패널에서 글꼴 스타일을 'Medium', 글자 크기를 '19px'로 설정합니다.

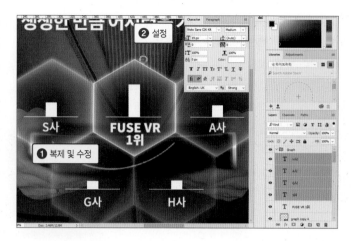

15 | 패스 선택 도구(￼)를 선택한 다음 옵션바에서 Select를 'All Layers'로 지정합니다. [Shift]를 누른 채 각 영역의 그래프 바를 클릭합니다. [Ctrl]+[J]를 눌러 복제해서 새로운 레이어를 만들고 [Ctrl]+[E]를 눌러 레이어를 병합합니다. 복제된 'graph copy 5' 레이어의 섬네일을 더블클릭해 Color를 '#62d1ed(민트색)'로 지정합니다.

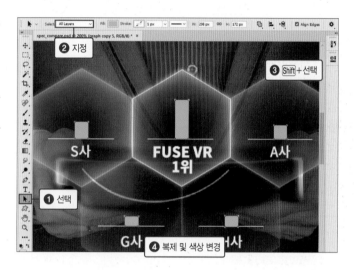

16 | 직접 선택 도구(￼)를 선택하고 옵션바에서 Select를 'Active Layers'로 지정합니다. 'graph copy 5' 레이어의 첫 번째 그래프에서 위쪽 기준점을 드래그하여 선택합니다. [↓]를 눌러 그래프 높이를 줄이고 각각의 그래프를 크기를 다양하게 조정합니다.

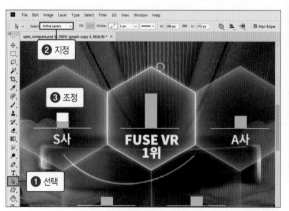
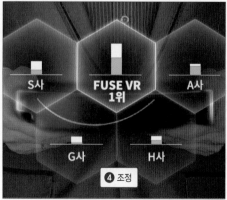

17 | 'Graph' 그룹을 선택하고 'Create a new group' 아이콘(🗀)을 클릭한 다음 이름을 'Contents'로 변경합니다.

'멀미없는 FUSE VR 1위'를 입력하고 Character 패널에서 글꼴을 'Noto Sans CJK KR', 글꼴 스타일을 'Black', 글자 크기를 '50px', 자간을 '−50', 가로 장평을 '97%', Color를 '#ffffff(흰색)', Anti-Aliasing을 'Strong'으로 지정합니다. 'FUSE VR 1'을 선택한 다음 글자 크기를 '56px', 기준선을 '−2px'로 설정합니다.

18 | Layers 패널에서 'Add a layer style' 아이콘(𝑓𝑥)을 클릭하여 표시되는 메뉴의 'Gradient Overlay'를 선택합니다. Layer Style 대화상자에서 Opacity를 '30%'로 설정하고 Gradient 색상을 흑백 그러데이션으로 지정합니다. Style을 'Linear', Angle을 '90°', Scale을 '100%'로 설정합니다.

왼쪽 영역에서 'Inner Glow'를 선택하고 Blend Mode를 'Linear Dodge (Add)', Opacity를 '28%', Noise를 '0%', Technique를 'Softer', Source를 'Edge', Choke를 '17%', Size를 '1px'로 설정한 다음 〈OK〉 버튼을 클릭합니다.

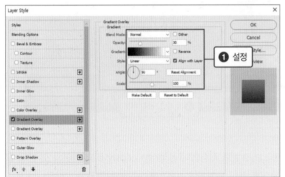
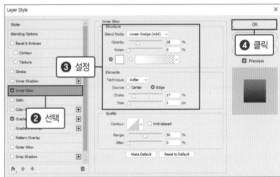

19 | 선 도구(╱)를 선택하고 옵션바에서 Fill을 '#ffffff(흰색)', Stroke를 'No Color / 8px'로 설정합니다. Shift를 누른 채 캔버스에서 가로로 드래그하여 나타나는 툴 팁을 참고해서 'L : 178px' 길이의 선을 그립니다. Layers 패널의 Opacity를 '20%'로 설정합니다.

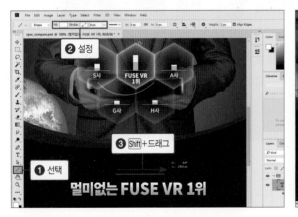

20 | 가로쓰기 문자 도구(T)를 이용해 'Human + Technology'를 입력하고 Character 패널에서 글꼴을 'Dynalight', 글자 크기를 '27px'로 설정합니다.

21 | 04 폴더에서 'VR헤드셋_2.png' 파일을 캔버스로 드래그하여 불러옵니다. 가로쓰기 문자 도구(T)로 캔버스에 드래그해 툴 팁을 참고하며 'W : 448px, H : 240px' 크기의 텍스트 박스를 만듭니다. '눈이~최소화하였습니다.'를 입력한 다음 Character 패널에서 글꼴을 'Noto Sans CJK KR', 글꼴 스타일을 'Light', 글자 크기를 '18px', 행간을 '36px', 자간을 '-50', 가로 장평을 '97%'로 설정합니다. '감각 불일치'와 '퓨즈VR'을 선택하고 글꼴 스타일을 'Bold'로 지정합니다.

22 | Paragraph 패널에서 'Justify last left' 아이콘(▦)을 클릭하여 양끝 왼쪽 정렬합니다. 04 폴더에서 '반짝빛.png' 파일을 캔버스로 드래그하여 불러온 다음 옵션바에서 W/H를 '27%'로 설정합니다. Layers 패널에서 블렌딩 모드를 'Screen'으로 지정합니다. Ctrl+J를 눌러 레이어를 복제해 반짝이는 빛의 느낌을 강화하여 마무리합니다.

같은 듯 다른 5가지 선택 옵션 디자인하기

선택 옵션 디자인은 상품 목록 페이지와도 같습니다. 각각의 옵션 상품이 돋보이게 핵심을 표현하면서도 하나의 상품이 너무 튀지 않도록 균형 있게 디자인합니다.

■ 예제 파일 : 04\패션의류옵션1.png~패션의류옵션8.png, 주인을 기다리는옵션_내용.txt

■ 완성 파일 : 04\option_select.psd

■ Line / Ellipse / Rectangle / Polygon Shape (Fill, Stroke)

■ Layer Style(Gradient Overlay)

■ Layer Opacity

1 첫 번째 상품 목록 디자인하기

01 | 메뉴에서 (File) → **New**(Ctrl+N)를 실행합니다. New Document 대화상자에서 파일 이름을 'option_select', Width를 '860Pixels', Height를 '1520Pixels', Resolution을 '72Pixels/Inch'로 설정한 다음 〈Create〉 버튼을 클릭합니다.

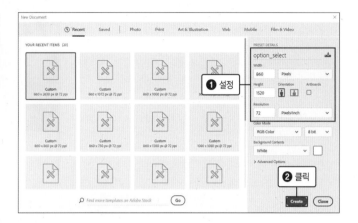

02 | 'Create a new group' 아이콘(▢)을 클릭한 다음 그룹 이름을 'Product 1'로 변경합니다. 사각형 도구(▢)를 선택하고 캔버스를 클릭한 다음 표시되는 Create Rectangle 대화상자에서 Width를 '429px', Height를 '548px'로 설정하고 〈OK〉 버튼을 클릭합니다. 옵션바에서 Fill을 '#e5e5e5(회색)'로 지정하여 상품 이미지 박스를 만듭니다.

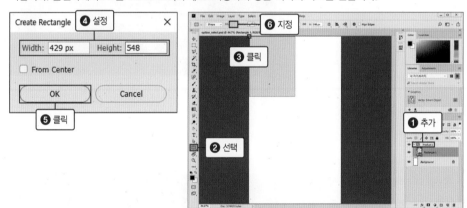

03 | 이동 도구(✛)를 선택한 다음 Alt 를 누른 채 사각형을 오른쪽으로 드래그해서 복제하여 나란히 배치합니다.

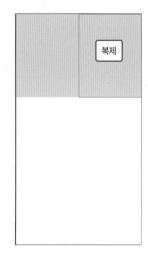

> **Tip**
>
> 캔버스의 폭은 '860px', 사각형의 폭은 '429px'입니다. 두 개의 사각형을 나란히 배치하면 사각형 사이에 2px 의 세로 선을 그린 듯한 효과가 나타납니다.

04 | Layers 패널에서 'Rectangle 1' 레이어를 선택하고 04 폴더에서 '패션의류옵션1.png' 파일을 캔버스로 드래그해 불러옵니다. Ctrl+Alt+G를 눌러 클리핑 마스크를 적용합니다.

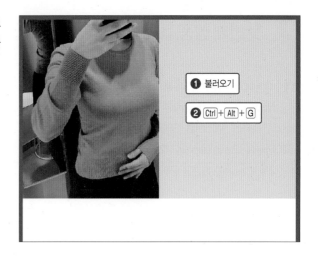

05 | 같은 방법으로 'Rectangle 1 copy' 레이어를 선택한 다음 04 폴더에서 '패션의류옵션2.png' 파일을 캔버스로 드래그하여 불러옵니다. Ctrl+Alt+G를 눌러 클리핑 마스크를 적용합니다.

06 | 가로쓰기 문자 도구(T)를 이용해 'various 5 color knit collection'을 입력한 다음 Character 패널에서 글꼴을 'Noto Sans CJK KR', 글꼴 스타일을 'Black', 글자 크기를 '42px', 행간을 '56px', 자간을 '–20', Color를 '#101010(어두운 회색)'으로 지정합니다.

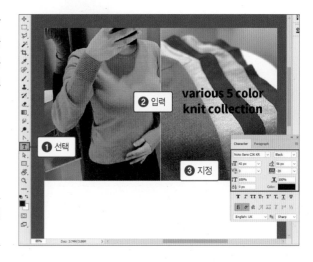

> **Tip**
>
> 04 폴더에서 '주인을기다리는옵션_내용.txt' 파일의 내용을 복사하여 사용하세요.

07 | 'Create a new group' 아이콘(▢)을 클릭하고 그룹 이름을 'Info'로 변경합니다.

원형 도구(◯)를 선택하고 캔버스를 클릭해 표시되는 Create Ellipse 대화상자에서 Width/Height를 '98px'로 설정한 다음 〈OK〉
버튼을 클릭합니다. 옵션바에서 Fill을 #5e4589(보라색)'로 지정합니다.

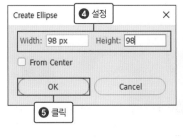

08 | 원 안에 '001'을 입력한 다음 Character 패널
에서 글꼴을 'Raleway', 글꼴 스타일을 'Bold Italic',
글자 크기를 '48px', 행간을 '24px', Color를 '#fff
fff(흰색)', Anti-Aliasing을 'Sharp'로 지정합니다.

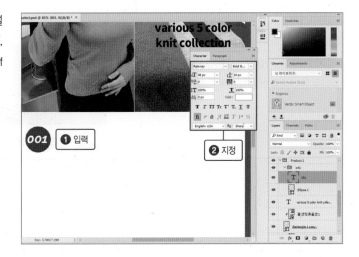

09 | '5컬러니트'를 입력하고 Character 패널에
서 글꼴을 'BM JUA_OTF', 글자 크기를 '48px', 행
간을 '24px', Color를 '#252525(진한 회색)'로 지정
합니다.

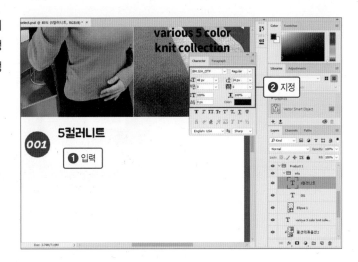

10 │ 가로쓰기 문자 도구(**T**)를 이용해 캔버스에 드래그해서 툴 팁을 참고하며 'W : 396px, H : 78px' 크기의 텍스트 박스를 만듭니다. '아이보리~FREE(44~66)'를 입력하고 Character 패널에서 글꼴을 'NanumSquareOTF', 글꼴 스타일을 'Regular', 글자 크기를 '18px', 행간을 '22px', 자간을 '-25', 가로 장평을 '97%', Color를 '#3c3c3c(회색)'로 지정합니다. 'FREE(44~66)'를 선택한 다음 글꼴 스타일을 'Bold'로 지정합니다.

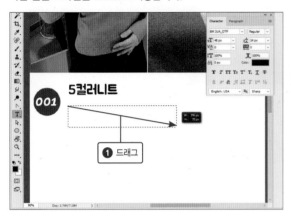

11 │ Paragraph 패널에서 Add space after paragraph를 '10px'로 설정합니다. 레이어 이름을 '옵션내 옵션'으로 변경합니다.

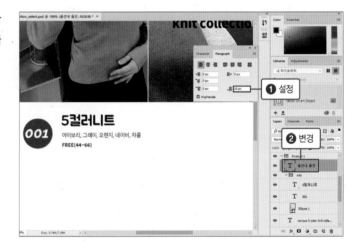

12 │ 사각형 도구(▭)를 선택하고 캔버스를 클릭해 Create Rectangle 대화상자에서 Width를 '300px', Height를 '48px'로 설정한 다음 〈OK〉 버튼을 클릭합니다. 옵션바에서 Fill을 '#ececec(밝은 회색)'로 지정합니다.

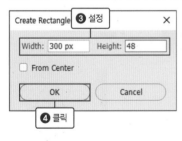
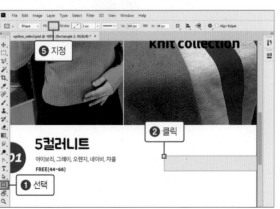

13 | '정상판매가 한정수량가'를 입력한 다음 Character 패널에서 글꼴을 'NanumSquareOTF', 글꼴 스타일을 'Regular', 글자 크기를 '22px', 행간을 '48px', 자간을 '–25', 가로 장평을 '97%', Color를 '#3c3c3c(회색)'로 지정합니다. '한정수량가'를 선택하고 글꼴 스타일을 'Bold'로 지정합니다.

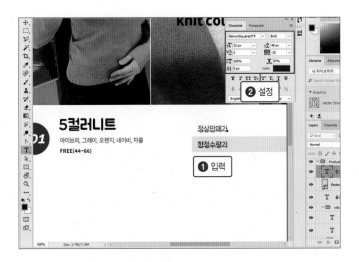

14 | Ctrl+J를 눌러 복제하고 '정상판매가 한정수량가 copy' 레이어의 섬네일을 더블클릭한 다음 문자를 '원 원'으로 변경하고 오른쪽으로 이동합니다.

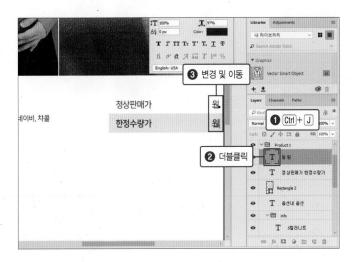

15 | '16,900 14,900'을 입력하고 Character 패널에서 글꼴을 'Source Sans Pro', 글꼴 스타일을 'Black', 글자 크기를 '38px', 행간을 '48px', Color를 '#3c3c3c(회색)'로 지정합니다. '16,900'을 선택하고 글꼴 스타일을 'Bold', 글자 크기를 '32px'로 설정한 다음 'Strikethrough' 아이콘(￦)을 클릭합니다. Paragraph 패널에서 'Right align text' 아이콘(▆)을 클릭하여 오른쪽 정렬합니다.

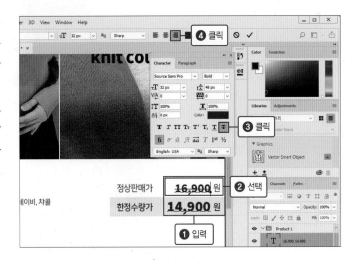

01 | 'Product 1' 그룹을 선택하고 [Ctrl]+[J]를 눌러 복제한 다음 그룹 이름을 'Product 2'로 변경하고 아래로 이동합니다. 'Rectangle 1' 레이어를 선택하고 [Ctrl]+[T]를 누른 다음 오른쪽 끝까지 드래그하여 폭을 늘립니다. [Ctrl]을 누른 채 '패션의류옵션1', 'Rectangle 1 copy', '패션의류옵션2' 레이어를 선택하고 'Delete layer' 아이콘([🗑])을 클릭해 삭제합니다. 'various 5 color knit collection' 레이어도 삭제합니다.

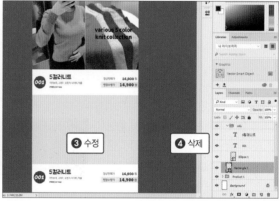

02 | 'Rectangle 1' 레이어를 선택하고 04 폴더에서 '패션의류옵션3.png' 파일을 캔버스로 드래그하여 불러옵니다. [Ctrl]+[Alt]+[G]를 눌러 클리핑 마스크를 적용합니다.

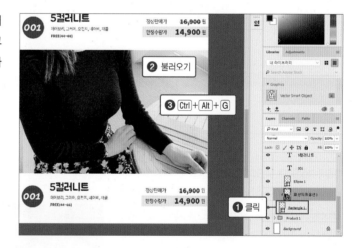

03 | 사각형 도구([▭])를 선택하고 캔버스를 클릭한 다음 Create Rectangle 대화상자에서 Width를 '100px', Height를 '548px'로 설정하고 〈OK〉 버튼을 클릭합니다. 옵션바에서 Fill을 #65688c(연보라색)로 지정하고 Layers 패널에서 Opacity를 '80%'로 설정합니다.

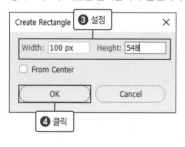

04 | 세로쓰기 문자 도구(⏋)를 선택하고 'DAILY LOOK COLLECTION'을 입력한 다음 Character 패널에서 글꼴을 'Raleway', 글꼴 스타일을 'Bold', 글자 크기를 '13px', 자간을 '500', Color를 '#ffffff (흰색)'로 지정합니다.

05 | 왼쪽에 'Winter Knit'를 입력하고 Character 패널에서 글꼴을 'Dynalight', 글자 크기를 '50px' 로 설정합니다.

06 | '001' 레이어의 문자를 '002'로 변경하고 '9 컬러니트' 레이어의 문자를 '실루엣 살아나는 니트'로 변경합니다. '옵션내 옵션' 레이어의 문자도 '베이지, 아이보리, 스카이블루, 블랙 FREE'로 변경합니다.

07 | 'Rectangle 2' 레이어를 선택하고 Ctrl+J
를 눌러 복제합니다. 'Rectangle 2 copy' 레이어
의 섬네일을 더블클릭한 다음 Color를 '#ffa0b3(분
홍색)'으로 지정합니다. Ctrl+T를 누르고 옵션바에
서 W를 '394px'로 설정하여 크기를 조정합니다.

08 | '정상판매가 한정수량가' 레이어의 세 번째 줄
에 '황금개띠 20%할인가'를 입력하고 Character
패널에서 Color를 '#ffffff(흰색)'로 지정한 다음 'Faux
Bold' 아이콘(T)을 클릭합니다.

09 | '16,900 14,900' 레이어의 내용을 '12,900
9,900'으로 변경한 다음 세 번째 줄에 '7,230'을 입
력합니다. Character 패널에서 Color를 '#ffffff(흰
색)'로 지정합니다. '원 원' 레이어의 세 번째 줄에
'원'을 입력하고 Color를 '#ffffff(흰색)'로 변경합니다.

3

세 번째 상품 목록 디자인하기

01 | 상품 옵션 설명을 추가하기 위해 메뉴에서 (Image) → **Canvas Size**(Shift+Ctrl+C)를 실행합니다. Canvas Size 대화상자에서 Height를 '3027Pixels'로 설정하고 Anchor를 '위쪽 가운데'로 지정한 다음 〈OK〉 버튼을 클릭합니다. 'Product 2' 그룹을 선택하고 Ctrl+J를 눌러 복제한 다음 이름을 'Product 3'으로 변경하고 아래로 이동합니다.

02 | Ctrl을 누른 채 'Product 3' 그룹의 'Rectan -gle 1', '패션의류옵션3', 'Rectangle 3', 'Daily look collection', 'Winter Knit' 레이어를 선택하고 'Delete layer' 아이콘(🗑)을 클릭해 삭제합니다. 'Info' 그룹의 'Rectangle 2' 레이어도 삭제합니다.

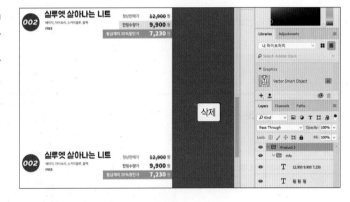

03 | 사각형 도구(▢)를 선택하고 캔버스를 클릭해 표시되는 Create Rectangle 대화상자에서 Width를 '285px', Height를 '548px'로 설정한 다음 〈OK〉 버튼을 클릭합니다. 옵션바에서 Fill을 '#e5e5e5(회색)'로 지정합니다.

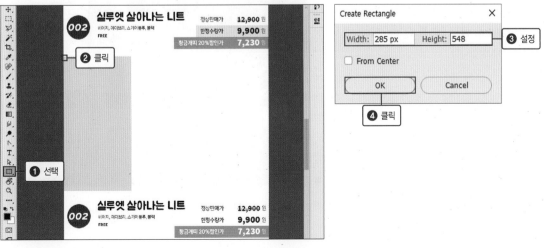

04 | 사각형을 두 번 복제해서 옆으로 나란히 배치합니다. 'Rectangle 4' 레이어를 선택한 다음 04 폴더에서 '패션의류옵션4.png' 파일을 캔버스로 드래그하여 불러옵니다. Ctrl+Alt+G를 눌러 클리핑 마스크를 적용합니다.

05 | 'Rectangle 4 copy' 레이어를 선택하고 '패션의류옵션5.png' 파일을 불러온 다음 Ctrl+Alt+G를 눌러 클리핑 마스크를 적용합니다. 'Rectangle 4 copy 2' 레이어를 선택하고 '패션의류옵션6.png' 파일을 불러온 다음 Ctrl+Alt+G를 눌러 클리핑 마스크를 적용합니다.

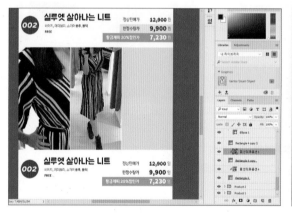
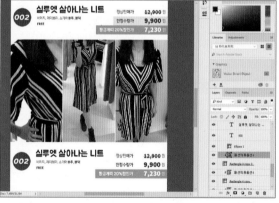

06 | 세로쓰기 문자 도구(IT)를 이용해 'Always Gracefully'를 입력한 다음 Character 패널에서 글꼴을 'Dynalight', 글자 크기를 '30px', Color를 '#ffffff(흰색)'로 지정합니다.

07 | 'Info' 그룹의 문자를 다음과 같이 변경합니다. '50%'를 선택하고 글자 크기를 '25px'로 설정합니다.

08 | Ctrl을 누른 채 '78,000 59,280', '원 원', '정상판매가 50% 게릴라 할인가' 레이어를 선택합니다. 이동 도구(⊕)를 선택하고 Shift를 누른 채 ↓를 세 번 눌러 이동해서 왼쪽 문자와 평행하게 정렬합니다. 'Rectangle 2 copy' 레이어를 선택하고 Shift를 누른 채 ↑를 두 번 눌러 이동합니다.

09 | 다각형 도구(◎)를 선택하고 캔버스를 클릭합니다. Create Polygon 대화상자에서 Width/Height를 '70px', Number of Sides를 '12', Indent Sides By를 '30%'로 설정하고, 'Smooth Corners', 'Star', 'Smooth Indents'에 체크 표시한 다음 〈OK〉 버튼을 클릭합니다. 'Polygon 1' 레이어의 섬네일을 더블클릭하고 '#ac223e(빨간색)'로 변경합니다.

10 | 'Rectangle 2 copy' 레이어의 섬네일을 더블클릭하고 '#ac223e(빨간색)'로 지정합니다. Ctrl+T를 누르고 옵션바에서 W를 '335px'로 설정합니다. '50% 게릴라 할인가', '59,280', '원'의 Color를 '#ffffff(흰색)'로 지정합니다.

4 네 번째 상품 목록 디자인하기 ● ● ●

01 | 'Product 3' 폴더를 복제한 후에 이름을 'Product 4'로 변경합니다. Ctrl을 누른 채 'Product 4' 그룹의 '패션의류옵션1', '패션의류옵션2', 'various 5 color knit collection' 레이어를 선택한 다음 Delete를 눌러 삭제합니다.

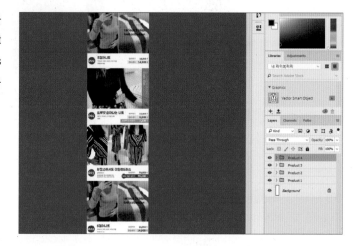

02 | 직접 선택 도구(▷)를 선택하고 옵션바에서 Select를 'All Layers'로 지정합니다. 가운데 부분을 드래그하여 기준점을 선택합니다. Shift를 누른 채 ←를 14번 정도 눌러 기준점을 이동합니다. 1:1이었던 사각형의 비율이 1:2로 변경됩니다.

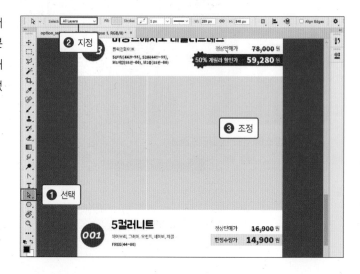

03 | 'Rectangle 1' 레이어를 선택하고 '패션의류옵션7.png' 파일을 불러온 다음 Ctrl + Alt + G를 눌러 클리핑 마스크를 적용합니다. 'Rectangle 1 copy' 레이어를 선택하고 '패션의류옵션8.png' 파일을 불러온 다음 Ctrl + Alt + G를 눌러 클리핑 마스크를 적용합니다.

04 | 'Product 3' 그룹의 'Always Gracefully' 레이어를 'Create a new layer' 아이콘(□)으로 드래그합니다. 복제된 'Always Gracefully copy' 레이어를 '패션의류옵션8' 레이어 위로 이동하고 캔버스에서 오른쪽 아래로 이동합니다.

05 | 'Info' 그룹의 내용을 다음과 같이 변경합니다. Ctrl을 누른 채 'Product 1'~'Product 4' 그룹을 선택하고 Ctrl + G를 눌러 그룹을 만든 다음 이름을 'List'로 변경합니다.

01 | 'List' 그룹을 선택하고 'Create a new group' 아이콘(▢)을 클릭한 다음 이름을 'Over_Detail'로 변경합니다. 사각형 도구 (▢)를 선택하고 캔버스를 클릭합니다. Create Rectangle 대화상자에서 Width를 '860px', Height를 '764px'로 설정하고 〈OK〉 버튼을 클릭합니다. 옵션바에서 Fill을 '#000000(검은색)'으로 지정합니다. Layers 패널에서 Opacity를 '28%'로 설정합니다.

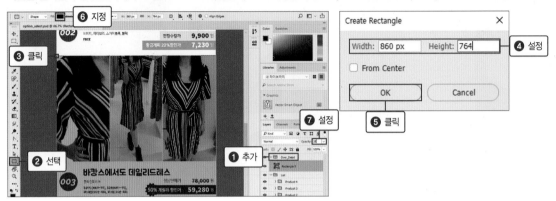

02 | 원형 도구(◯)를 이용해 Width/Height가 '137px'인 원을 그립니다. 옵션바의 Fill 을 클릭하고 'Gradient'를 선택합니다. 왼쪽 색상 조절점을 '#e02d2d(밝은 빨간색)'로 지정 하고, 중간에 색상 조절점을 추가한 다음 '#ad1e1e(진한 빨간색)'로 지정합니다. 오른쪽 색상 조절점을 '#d72828(빨간색)'로 지정한 다음 Gradient Style을 'Linear', Angle을 '−40°', Scale을 '135%'로 설정하고 'Align with layer'에 체크 표시합니다.

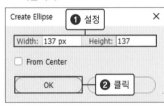

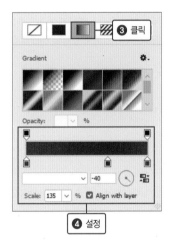

03 | 'Add a layer style' 아이콘(fx)을 클릭하여 표시되는 메뉴의 'Drop Shadow'를 선택합니다. Layer Style 대화상자에서 Blend Mode를 'Multiply', Color를 '#0d0e0e(검은색)', Opacity를 '40%', Angle을 '98°', Distance를 '6px', Size를 '8px'로 설정한 다음 〈OK〉 버튼을 클릭합니다.

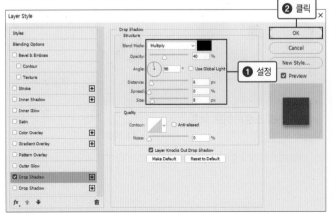

04 | 원형 도구(⬭)를 이용해 Width/Height 가 '33px'인 원을 그립니다. 옵션바에서 Fill을 'No Color', Stroke를 '6px', Color를 '#ffffff(흰색)'로 설정합니다.

05 | 사각형 도구(▢)를 선택하고 캔버스를 클릭해 Create Rectangle 대화상자에서 Width를 '6px', Height를 '15px'로 설정한 다음 〈OK〉 버튼을 클릭합니다. Ctrl+T를 누르고 Shift를 누른 채 조절점을 드래그하여 반시계 방향으로 '−45°' 회전합니다.

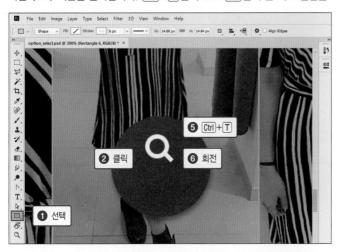

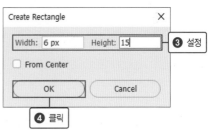

06 | 가로쓰기 문자 도구(T)를 이용해 '자세히보기'를 입력하고 Character 패널에서 글꼴을 'Noto Sans CJK KR', 글꼴 스타일을 'Medium', 글자 크기를 '22px', 자간을 '−50', Color를 '#ffffff(흰색)'로 지정합니다.

07 | 'List' 그룹을 선택하고 'Create a new group' 아이콘(□)을 클릭한 다음 이름을 'Over_SoldOut'으로 변경합니다. 'Over_Detail' 그룹의 'Rectangle 5' 레이어를 선택하고 Ctrl+J를 눌러 복제합니다. 'Over_SoldOut' 그룹으로 이동하고 아래로 이동합니다.

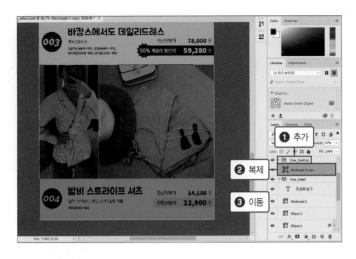

08 | 원형 도구(○)를 이용해 Width/Height가 '117px'인 원을 그립니다. 옵션바에서 Fill을 '#2b2b2b(어두운 회색)', Stroke를 'No Color'로 지정합니다.

09 | 가로쓰기 문자 도구(T)를 이용해 'SOLD OUT'을 입력하고 Character 패널에서 글꼴을 'Source Sans Pro', 글꼴 스타일을 'Black', 글자 크기를 '24px'로 설정하여 마무리합니다.

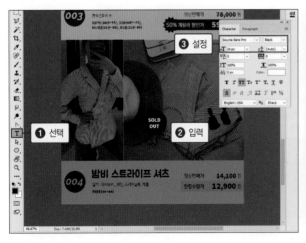

10 바이럴 마케팅 디자인

생생한 고객 후기 디자인하기

상세한 상품 소개를 마치고 마무리 영역에서 이미 상품을 구매해 사용해본 고객들의 이야기를 생생하고 친근하게 전해 보세요. 고객 후기는 때로 판매자의 이야기보다 더 신뢰성을 발휘할 겁니다.

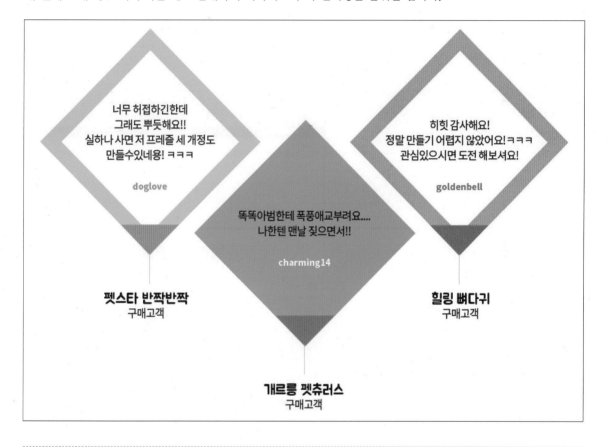

너무 허접하긴한데
그래도 뿌듯해요!!
실하나 사면 저 프레즐 세 개정도
만들수있네용! ㅋㅋㅋ

doglove

히힛 감사해요!
정말 만들기 어렵지 않았어요! ㅋㅋㅋ
관심있으시면 도전 해보셔요!

goldenbell

똑똑아범한테 폭풍애교부려요....
나한텐 맨날 짖으면서!!

charming14

펫스타 반짝반짝
구매고객

힐링 뼈다귀
구매고객

개르릉 펫츄러스
구매고객

■ 예제 파일 : 04\고객후기_내용.txt
■ 완성 파일 : 04\review_customers.psd

■ Rectangle Shape(Fill, Stroke)
■ Transform(Rotate)

01 | 메뉴에서 (**File**) → **New**(Ctrl+N)를 실행합니다. New Document 대화상자에서 파일 이름을 'review_customers', Width를 '860Pixels', Height를 '672Pixels', Resolution을 '72Pixels/Inch'로 설정한 다음 〈Create〉 버튼을 클릭합니다.

02 | 사각형 도구(▢)를 이용해 Width/Height가 '253px'인 정사각형을 그립니다. 옵션바에서 Fill을 '#0abbb5(청록색)'로 변경합니다.

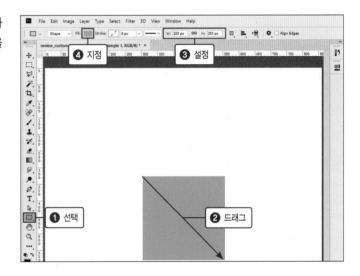

03 | Ctrl+T를 누른 다음 Rotate를 '45°'로 설정하여 회전합니다.

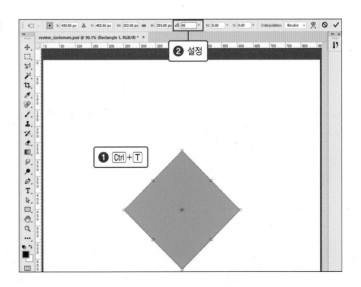

04 | Ctrl+A를 눌러 캔버스를 전체 선택한 다음 이동 도구(⊹)를 선택합니다. 옵션바에서 'Align vertical centers' 아이콘(◆)과 'Align horizontal centers' 아이콘(♣)을 클릭하여 가운데 정렬합니다.

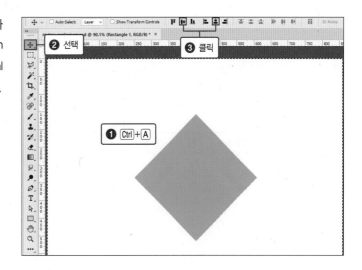

05 | Ctrl+J를 눌러 사각형을 복제하고 왼쪽 위로 이동한 다음 옵션바에서 Fill을 'No Color', Stroke를 '#badd4f(연두색) / 24px'로 설정합니다.

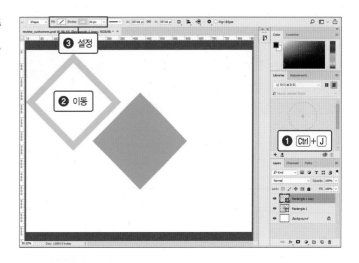

06 | Ctrl+J를 눌러 레이어를 복제하고 오른쪽으로 이동합니다. 옵션바에서 Stroke를 '#ffa922(주황색) / 24px'로 설정합니다.

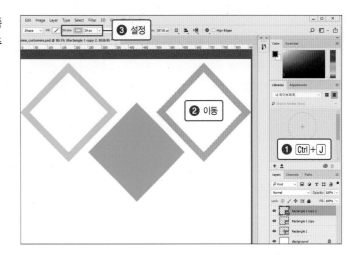

07 | 'Rectangle 1 copy' 레이어를 선택하고 Ctrl+J를 눌러 복제합니다. Ctrl+T를 누르고 옵션바에서 W/H를 '95px', Fill을 '#8eb31d(진녹색)', Stroke를 'No Color'로 지정합니다.

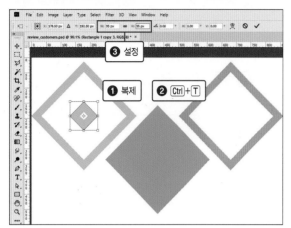 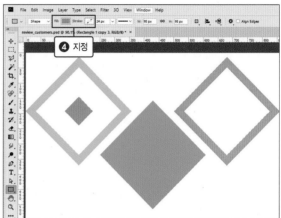

08 | Ctrl을 누른 채 'Rectangle 1 copy 3' 레이어와 'Rectangle 1 copy' 레이어를 선택합니다. 이동 도구(✛)를 선택하고 옵션바에서 'Align bottom edges' 아이콘(⬛)을 클릭하여 아래로 정렬합니다.

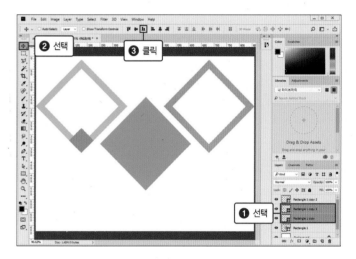

09 | 기준점 삭제 도구(✎)를 선택한 다음 'Rectan-gle 1 copy 3' 레이어의 작은 사각형에서 위쪽의 기준점을 클릭해 삭제합니다.

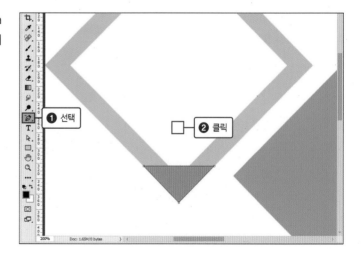

10 | 'Rectangle 1 copy 3' 레이어를 선택하고 Ctrl+J를 눌러 복제합니다. 'Rectangle 1 copy 4' 레이어의 섬네일을 더블클릭한 다음 색상을 '#059c97(진청록색)'로 변경하고 오른쪽 아래로 이동합니다.

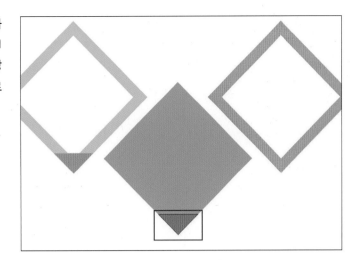

11 | 'Rectangle 1 copy 4' 레이어를 선택하고 Ctrl+J를 눌러 복제합니다. 'Rectangle 1 copy 5' 레이어의 섬네일을 더블클릭한 다음 색상을 '#dc8805(진한 주황색)'로 변경하고 오른쪽 위로 이동합니다. 'Rectangle 1 copy 5' 레이어를 'Rectangle 1 copy 2' 위로 이동합니다.

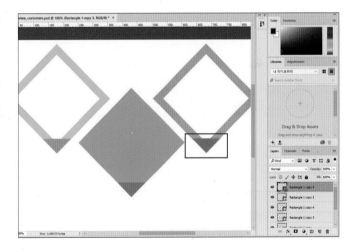

12 | 선 도구(✏)를 선택하고 캔버스에서 Shift를 누른 채 사각형 아래에 세로로 드래그합니다. 이때 툴 팁을 참고하며 'L : 47px' 길이의 선을 그립니다. 옵션바에서 Fill을 '#d1d1d1(회색)', Stroke를 'No Color / 1px'로 설정합니다.

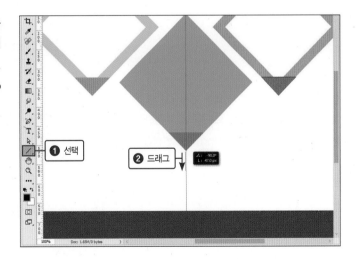

13 | [Ctrl]+[J]를 두 번 눌러 레이어를 복제합니다. 양쪽으로 이동하고 다음과 같이 사각형 아래에 선을 배치합니다.

2 후기 디자인하기

01 | 가로쓰기 문자 도구([T])를 이용해 '너무 허접하긴한데~doglove'를 입력하고 Character 패널에서 글꼴을 'Noto Sans CJK KR', 글자 크기를 '18px', 행간을 '24px', 자간을 '–50', 가로 장평을 '96%', Color를 #363636(어두운 회색), Anti-Aliasing을 'Sharp'로 지정합니다. 'doglove'를 선택한 다음 글꼴 스타일을 'Black', 글자 크기를 '14px', 자간을 '0', 가로 장평을 '100%', Color를 '#8eb31d(녹색)'로 지정합니다.

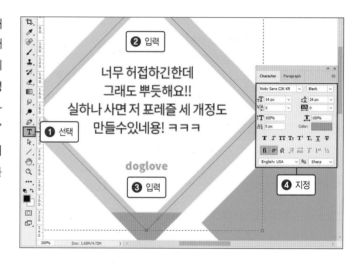

02 | 이동 도구([十])를 선택한 다음 [Alt]를 누른채 드래그하여 복제합니다. 오른쪽으로 이동하고 내용을 '똑똑아범한테~charming14'로 변경합니다. 'charming14'를 선택한 다음 Color를 '#ffffff(흰색)'로 지정합니다.

Tip

04 폴더에서 '고객후기_내용.txt' 파일의 내용을 복사하여 사용하세요.

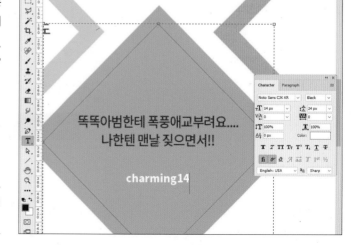

03 | 같은 방법으로 Alt 를 누른 채 내용을 오른쪽으로 드래그하여 복제한 다음 '히힛 감사해요!~goldenbell'로 변경합니다. 'goldenbell'을 선택한 다음 Color를 '#dc8805(진한 주황색)'로 지정합니다.

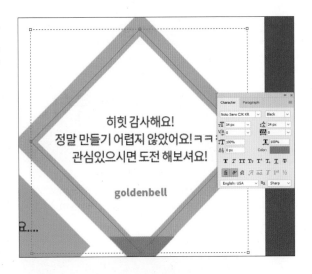

04 | 가로쓰기 문자 도구(T)를 이용해 '펫스타 반짝반짝 구매고객'을 입력하고 Character 패널에서 글꼴을 'BM JUA_OTF', 글자 크기를 '23px', 행간을 '24px', 가로 장평을 '96%', Color를 '#363636(어두운 회색)', Anti-Aliasing을 'Sharp'로 지정합니다. '구매고객'을 선택한 다음 글꼴을 'Noto Sans CJK KR', 글꼴 스타일을 'Regular', 글자 크기를 '18px', 행간을 '24px', 자간을 '-50', 가로 장평을 '96%'로 설정합니다.

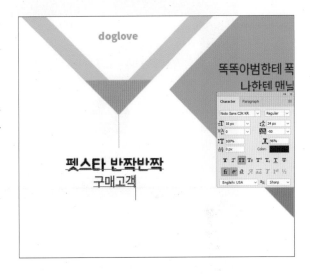

05 | 문자를 복제한 다음 오른쪽으로 이동하고 내용을 '개르릉 펫츄러스 구매고객'으로 변경합니다. 다시 한 번 복제하고 오른쪽으로 이동한 다음 내용을 '힐링 뼈다귀 구매고객'으로 변경해 마무리합니다.

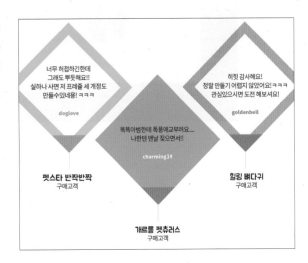

상품을 보증하는 추천글 디자인하기

전문가의 권위를 이용하여 전문 지식과 연관된 강력한 추천글은 흔들리는 고객의 마음에 평정심을 불어넣습니다. 이번에는 추천글을 디자인해 봅니다.

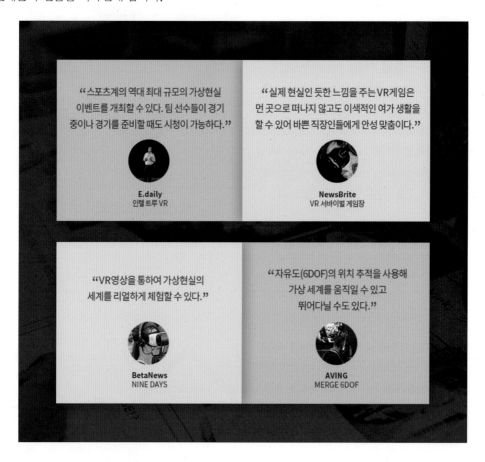

■ 예제 파일 : 04\배경_아이디어회의.jpg, 리뷰1.jpg, 리뷰2.jpg,
　　　　　　 리뷰3.jpg, 리뷰4.jpg, 리뷰_내용.txt
■ 완성 파일 : 04\review_recommended.psd

■ Rectangle / Ellipse Shape(Fill)
■ Clipping Mask / Layer Opacity
■ Layer Style(Drop Shadow)
■ Filter Layer(Solid Color)

01 | 메뉴에서 (File) → New(Ctrl+N)를 실행합
니다. New Document 대화상자에서 파일 이름을
'review_recommended', Width를 '860Pixels',
Height를 '783Pixels', Resolution을 '72Pixels/
Inch'로 설정한 다음 〈Create〉 버튼을 클릭합니다.

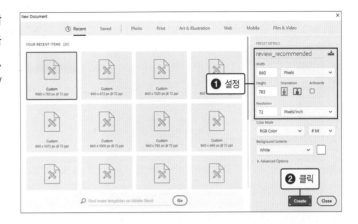

02 | 04 폴더에서 '배경_아이디어회의.jpg' 파일을
캔버스에 드래그해 불러옵니다. 옵션바에서 W/H를
'78%'로 설정하여 크기를 조정합니다.

03 | Layers 패널에서 'Create new fill or adjustment layer' 아이콘(◉)을 클릭하여 표시되는 메뉴의 'Solid Color'를 선택합
니다. Color Picker 대화상자에서 #에 '1a1a1a(어두운 회색)'를 입력한 다음 〈OK〉 버튼을 클릭합니다. Layers 패널의 Opacity를
'78%'로 설정하여 배경 이미지를 완성합니다.

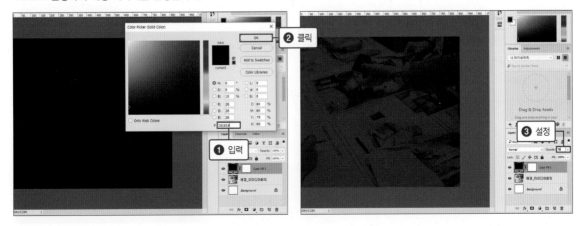

04 | 'Create a new group' 아이콘(📁)을 클릭한 다음 그룹 이름을 'Review'로 변경합니다. 사각형 도구(▢)를 선택한 다음 캔버스를 클릭해 Create Rectangle 대화상자에서 Width를 '358px', Height를 '300px'로 설정하고 〈OK〉 버튼을 클릭합니다. 옵션 바에서 Fill을 '#d1d1d1(회색)'로 지정합니다.

05 | 'Add a layer style' 아이콘(fx)을 클릭하여 표시되는 메뉴의 'Drop Shadow'를 선택합니다. Layer Style 대화상자에서 Blend Mode를 'Multiply', Color를 '#0d0e0e(검은색)', Opacity를 '39%', Angle을 '135°', Distance를 '2px', Spread를 '9%', Size를 '32px'로 설정한 다음 〈OK〉 버튼을 클릭합니다.

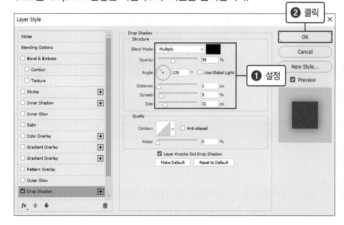

06 | 이동 도구(✛)를 선택하고 'Rectangle 1' 레이어를 Alt 를 누른 채 오른쪽으로 드래그하여 복제 및 이동합니다. 'Rectangle 1 copy' 레이어의 섬네일을 더블클릭하고 색상을 '#e8e8e8(밝은 회색)'로 변경합니다.

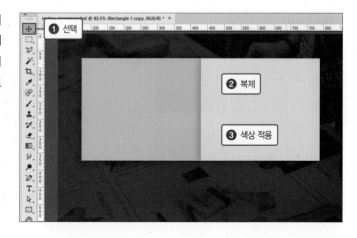

01 | 가로쓰기 문자 도구(T)를 선택하고 캔버스에 드래그해 툴 팁을 참고하며 'W : 315px, H : 84px' 크기의 텍스트 박스를 만듭니다.
"'스포츠계의~가능하다."'를 입력한 다음 Character 패널에서 글꼴을 'Noto Sans CJK KR', 글자 크기를 '19px', 행간을 '30px', 자간을 '-50', 가로 장평을 '96%', Color를 '#3f3f3f(진회색)', Anti-Aliasing을 'Sharp'로 지정합니다. 큰따옴표만 선택한 다음 글자 크기를 '30px', 가로 장평을 '100%', 자간을 '0'으로 변경합니다.

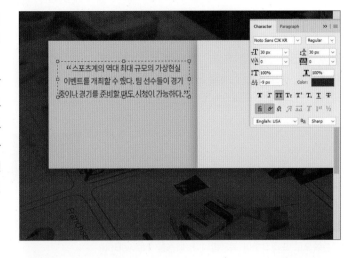

02 | Alt를 누른 채 "'스포츠계의 역대 최대 규모의~' 레이어를 드래그하여 복제해서 오른쪽으로 이동합니다. 복제한 레이어의 섬네일을 더블클릭하고 편집 모드에서 텍스트 박스의 오른쪽 모서리를 드래그해 폭을 '318px'로 늘립니다. 내용을 "'실제 현실인 듯한~안성 맞춤이다."'로 변경하고 'VR'을 선택한 다음 자간을 '0'으로 설정합니다.

03 | 원형 도구(◯)를 이용해 Width/Height가 '80px'인 정원을 그립니다. 옵션바에서 Fill을 '#505050(회색)'으로 변경합니다.
이동 도구(＋)를 선택하고 Alt를 누른 채 'Ellipse 1' 레이어를 오른쪽으로 드래그해서 복제합니다.

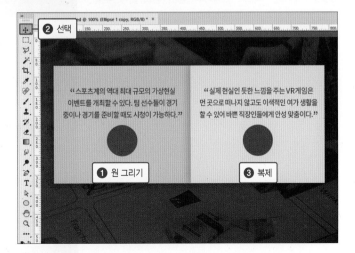

04 | 가로쓰기 문자 도구(T)를 이용해 문자를 입력한 다음 Character 패널에서 글꼴을 'Noto Sans CJK KR', 글꼴 스타일을 'Regular', 글자 크기를 '14px', 자간을 '−50', 가로 장평을 '96%', Color를 '#3f3f3f(진회색)', Anti-Aliasing을 'Sharp'로 지정합니다. 'E.daily'를 선택하고 글꼴 스타일을 'Bold', Color를 '#212121(어두운 회색)'로 변경합니다. 'VR'을 선택한 다음 가로 장평을 '100%', 자간을 '0'으로 변경합니다.

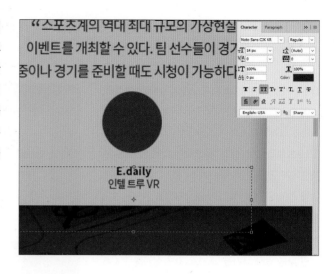

05 | Alt를 누른 채 'E.daily 인텔 트루 VR' 레이어를 오른쪽으로 드래그하여 복제합니다. 내용을 'NewsBrite VR 서바이벌 게임장'으로 변경합니다.

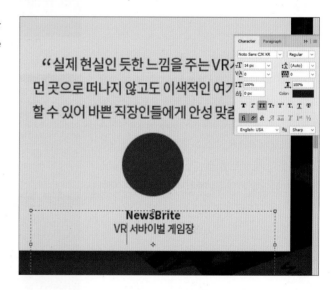

06 | 'Review' 그룹을 선택하고 Ctrl+J를 눌러 복제한 다음 이름을 'Review 2'로 변경하고 배치합니다.

07 | '"스포츠계의 역대 최대 규모의~' 내용을 '"VR영상을~체험할 수 있다."'로 변경한 다음 'E.daily 인텔 트루 VR' 내용을 'BetaNews NINE DAYS'로 변경합니다.

08 | '"실제 현실인 듯한 느낌을~' 내용을 '"자유도(6DoF)의~뛰어다닐 수도 있다."'로 변경한 다음 'News Brite VR 서바이벌 게임장' 내용을 'AVING MERGE 6DOF'로 변경합니다.

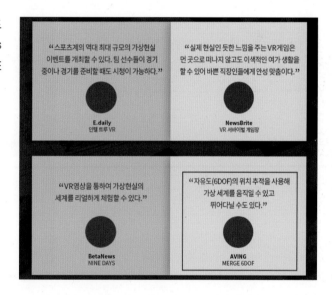

09 | 'Review' 그룹의 'Ellipse 1' 레이어를 선택합니다. 04 폴더에서 '리뷰1.jpg' 파일을 캔버스로 드래그하여 불러옵니다. [Ctrl] + [Alt] + [G]를 눌러 클리핑 마스크를 적용합니다.

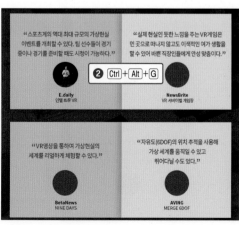

10 | 'Review' 그룹의 'Ellipse 1 copy' 레이어를 선택합니다. 04 폴더에서 '리뷰2.jpg' 파일을 캔버스로 드래그하여 불러옵니다. Ctrl + Alt + G 를 눌러 클리핑 마스크를 적용합니다.

11 | 'Review 2' 그룹의 'Ellipse 1' 레이어를 선택합니다. 04 폴더에서 '리뷰3.jpg' 파일을 캔버스로 드래그하여 불러옵니다. Ctrl + Alt + G 를 눌러 클리핑 마스크를 적용합니다.

12 | 'Review' 그룹의 'Ellipse 1 copy' 레이어를 선택합니다. 04 폴더에서 '리뷰4.jpg' 파일을 캔버스로 드래그하여 불러옵니다. Ctrl + Alt + G 를 눌러 클리핑 마스크를 적용하여 마무리합니다.

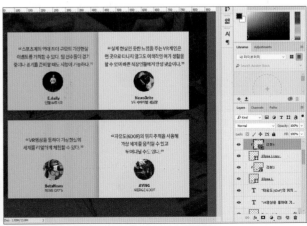

12 쇼핑몰 가이드 디자인

상품 활용 제안 디자인하기

쇼핑몰 운영자는 언제나 상품의 장점을 부각하여 어떻게 활용할지 고민합니다. 지금까지 상품에 대해 자세한 소개 페이지를 디자인했다면 마무리로 어떻게 활용하면 좋을지 제안하는 디자인을 만들어 봅니다.

■ **예제 파일** : 04\패턴_페인트.jpg, 아이콘_요리사.png, 힐링
  테이블_내용.txt, 힐링테이블1.jpg, 힐링테이블2.jpg,
  힐링테이블3.jpg
■ **완성 파일** : 04\recipe_post.psd

■ Rectangle / Custom Shape(Fill, Stroke)
■ Path(Add Anchor, Convert Point)
■ Layer Style(Stroke, Inner Overlay, Drop Shadow,
  Pattern Overlay)
■ Clipping Mask

1 기본 배경 디자인하기

01 | 메뉴에서 **(File) → New**(Ctrl+N)를 실행합니다. New Document 대화상자에서 파일 이름을 'recipe_post', Width를 '860Pixels', Height를 '815Pixels', Resolution을 '72Pixels/Inch'로 설정한 다음 〈Create〉 버튼을 클릭합니다.

02 | Layers 패널에서 'Create a new group' 아이콘(📁)을 클릭한 다음 그룹 이름을 'HEADER'로 변경합니다. 사각형 도구(▢)를 선택한 다음 캔버스를 클릭합니다. Create Rectangle 대화상자에서 Width를 '860px', Height를 '114px'로 설정하고 〈OK〉 버튼을 클릭합니다. 옵션바에서 Fill을 '#abc300(연두색)'으로 변경합니다.

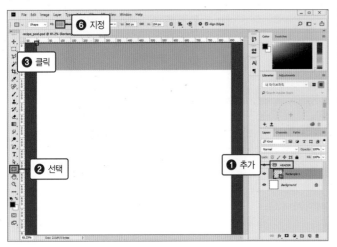

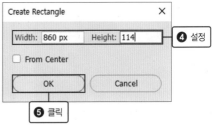

03 | 기준점 추가 도구(✎)를 선택한 다음 사각형의 아래쪽 가운데를 클릭하여 다음과 같이 3개의 기준점을 추가합니다.

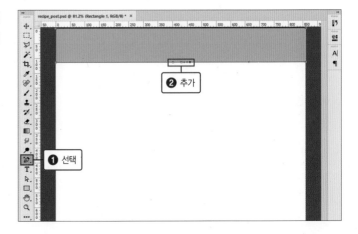

340

04 | 직접 선택 도구(⤣)를 선택한 다음 가운데 기준점을 선택합니다. Shift를 누른 채 ↓를 두 번 정도 눌러 이동합니다.

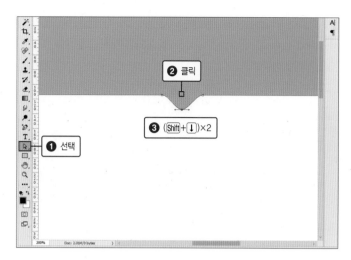

05 | 기준점 변환 도구(⌐)를 선택한 다음 방향선을 없애기 위해 추가했던 기준점 세 개를 각각 클릭해 직선을 만듭니다.

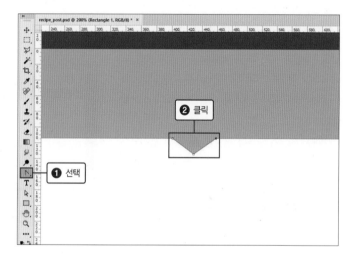

06 | 04 폴더의 '패턴_페인트.jpg' 파일을 불러오고 Ctrl+A를 눌러 전체 선택합니다. 메뉴의 (**Edit**) → **Define Pattern**을 실행합니다. Pattern Name 대화상자에서 〈OK〉 버튼을 클릭합니다.

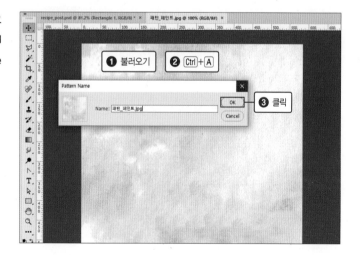

07 | 'Add a layer style' 아이콘(*fx*)을 클릭하여 표시되는 메뉴의 'Pattern Overlay'를 선택합니다. Layer Style 대화상자에서 Blend Mode를 'Multiply', Opacity를 '85%', Pattern을 '패턴_페인트.jpg'로 지정합니다. 〈Snap to Origin〉 버튼을 클릭하고 〈OK〉 버튼을 클릭합니다.

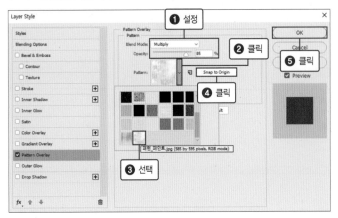 

08 | Alt 를 누른 채 'Rectangle 1' 레이어를 드래그하여 복제해서 아래로 이동합니다. 'Rectangle 1 copy' 레이어의 섬네일을 더블클릭하고 Color를 '#ffffff(흰색)'로 변경합니다. 'Rectangle 1 copy' 레이어에서 마우스 오른쪽 버튼을 클릭하여 표시되는 메뉴의 **Clear Layer Style**을 실행해서 스타일을 삭제합니다.

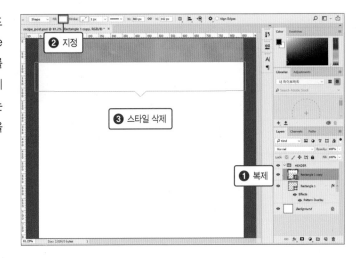

09 | 'Add a layer style' 아이콘(*fx*)을 클릭하여 표시되는 메뉴의 'Drop Shadow'를 선택합니다. Layer Style 대화상자에서 Blend Mode를 'Multiply', Color를 '#0d0e0e(검은색)', Opacity를 '7%', Angle을 '120°', Distance를 '25px', Spread를 '0%', Size를 '57px'로 설정한 다음 〈OK〉 버튼을 클릭합니다. 'Rectangle 1 copy' 레이어를 'Rectangle 1' 레이어 아래로 이동합니다.

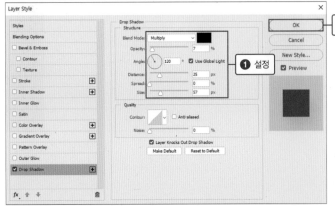 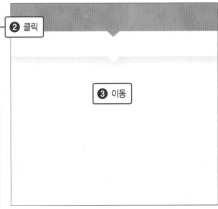

10 | 가로쓰기 문자 도구(T)를 이용해 '마늘짱의 맛있는 힐링테이블'을 입력한 다음 Character 패널에서 글꼴을 'Noto Sans CJK KR', 글꼴 스타일을 'Bold', 글자 크기를 '32px', 자간을 '-50', Color를 '#000000(검은색)', Anti-Aliasing을 'Sharp'로 지정합니다. '맛있는'을 선택한 다음 Color를 '#ffffff (흰색)'로 변경합니다.

Tip

04 폴더에서 '힐링테이블_내용.txt'의 내용을 복사해 실습하세요.

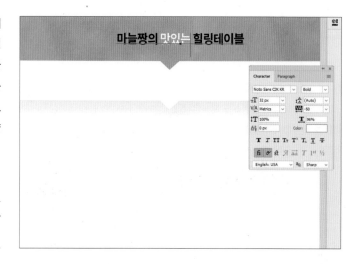

11 | 04 폴더에서 '아이콘_요리사.png' 파일을 캔버스에 드래그해 불러옵니다. 옵션바에서 Rotate를 '-15"로 설정하여 반시계 방향으로 회전합니다. Layers 패널에서 'Add a layer style' 아이콘(fx)을 클릭하여 표시되는 메뉴의 'Color Overlay'를 선택합니다. Layer Style 대화상자에서 Color를 '#ffffff(흰색)', Opacity를 '100%'로 설정한 다음 〈OK〉 버튼을 클릭합니다.

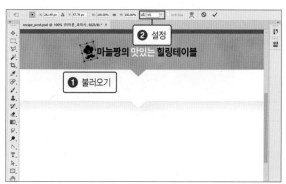

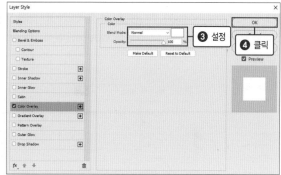

12 | 가로쓰기 문자 도구(T)를 이용해 '나의 건강함을~채워보세요.'를 입력합니다. Character 패널에서 글꼴을 'Noto Sans CJK KR', 글자 크기를 '16px', 행간을 '24px', 자간을 '-50', 가로 장평을 '97%', Color를 '#6f6f6f(회색)', Anti-Aliasing을 'Sharp'로 지정합니다. '힐링테이블'을 선택한 다음 Color를 '#000000(검은색)'으로 변경합니다.

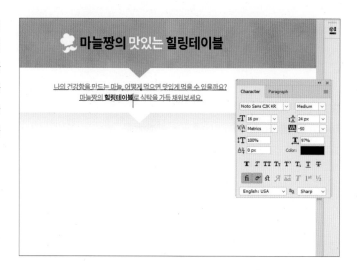

01 | 'HEADER' 그룹을 선택하고 'Create a new group' 아이콘(▢)을 클릭한 다음 이름을 'Recipe 1'로 변경합니다. 사각형 도구(▢)를 선택하고 캔버스를 클릭합니다. Create Rectangle 대화상자에서 Width를 '267px', Height를 '314px'로 설정하고 〈OK〉 버튼을 클릭합니다. 옵션바에서 Fill을 '#d1d1d1(밝은 회색)'로 지정합니다.

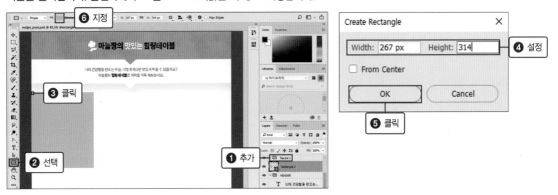

02 | 'Add a layer style' 아이콘(fx)을 클릭하여 표시되는 메뉴의 'Drop Shadow'를 선택합니다. Layer Style 대화상자에서 Blend Mode를 'Multiply', Color를 '#0d0e0e(검은색)', Opacity를 '17%', Angle을 '120°', Size를 '3px'로 설정합니다.

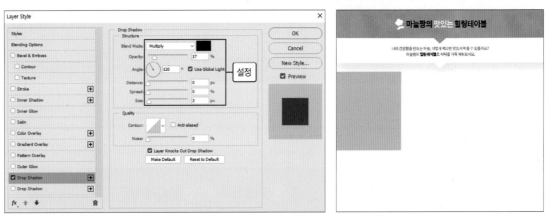

03 | 왼쪽 영역에서 'Inner Glow'를 선택한 다음 Blend Mode를 'Multiply', Opacity를 '75%', Color를 '#b5b5b5(진회색)', Technique를 'Softer', Source를 'Edge', Size를 '38px'로 설정합니다.

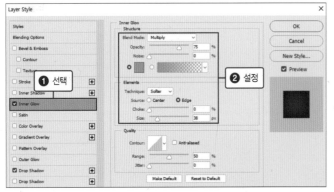

04 | 왼쪽 영역에서 'Stroke'를 선택한 다음 Size를 '4px', Position을 'Inside', Opacity를 '100%', Color를 '#ffffff(흰색)'로 설정하고 〈OK〉 버튼을 클릭합니다.

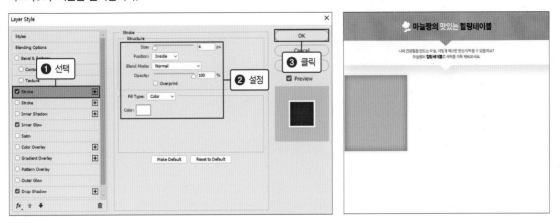

05 | Tools 패널에서 사용자 셰이프 도구(⟨⟩)를 선택한 다음 옵션바의 Shape를 'Heart Card'로 지정하고 캔버스를 클릭합니다. Create Custom Shape 대화상자에서 Width를 '13px'로 설정하고 'Preserve Proportions'에 체크 표시한 다음 〈OK〉 버튼을 클릭합니다.

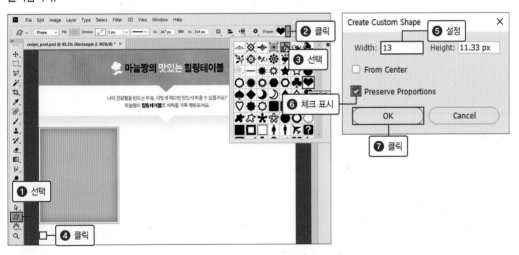

06 | 옵션바에서 Fill을 'No Color', Stroke를 '#969696(회색) / 1px'로 설정합니다. 가로쓰기 문자 도구(T)를 이용해 '24'를 입력하고 Character 패널에서 글꼴을 'Noto Sans CJK KR', 글자 크기를 '13px', Color를 '#868686(회색)', Anti-Aliasing을 'Sharp'로 지정합니다.

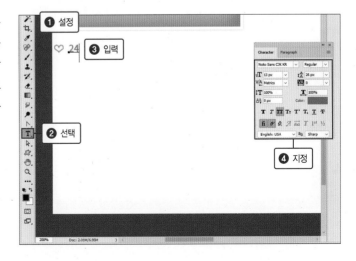

07 | 선 도구(✏️)를 선택한 다음 옵션바에서 Fill을 '#e1e1e1(밝은 회색)', Stroke를 'No Color / 8px'로 설정합니다. 캔버스에서 Shift를 누른 채 세로로 드래그하며 툴 팁을 참고해서 'L : 11px' 길이의 선을 그립니다.

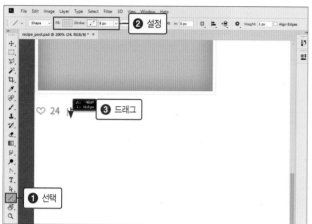

08 | Alt를 누른 채 '24' 레이어를 오른쪽으로 드래그하여 복제합니다. 문자를 '8시간 전'으로 변경합니다.

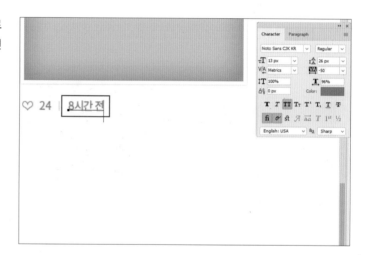

09 | 가로쓰기 문자 도구(T)를 선택한 다음 캔버스에 드래그하고 툴 팁을 참고하며 'W : 267px, H : 135px' 크기의 텍스트 박스를 만듭니다. '골다공증 예방에~반갑죠'를 입력한 다음 Character 패널에서 글꼴을 'Noto Sans CJK KR', 글자 크기를 '13px', 행간을 '24px', 자간을 '-50', 가로 장평을 '96%', Color를 '#858585(회색)'로 지정합니다.

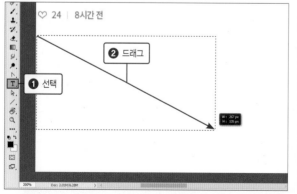
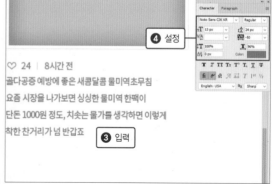

10 | '골다공증 예방에 좋은 새콤달콤 물미역초무침'을 선택하고 Character 패널에서 글자 크기를 '26px', 행간을 '26px', Color를 '#000000(검은색)'으로 지정합니다. 세 번째 줄을 선택한 다음 행간을 '36px'로 변경합니다.

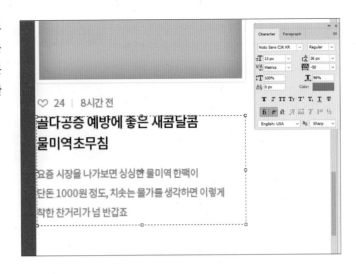

11 | 사각형 도구(□)를 선택하고 캔버스를 클릭합니다. Create Rectangle 대화상자에서 Width를 '107px', Height를 '30px'로 설정한 다음 〈OK〉 버튼을 클릭합니다. 옵션바에서 Fill을 'No Color', Stroke를 '#d7d7d7(밝은 회색) / 1px'로 설정합니다. 레이어 이름을 'border'로 변경합니다.

12 | 가로쓰기 문자 도구(T)를 이용해 '자세히 보기'를 입력하고 Character 패널에서 글꼴을 'Noto Sans CJK KR', 글꼴 스타일을 'Medium', 글자 크기를 '12px', 자간을 '-25', 가로 장평을 '96%', Color를 '#000000(검은색)', Anti-Aliasing을 'Sharp'로 지정합니다.

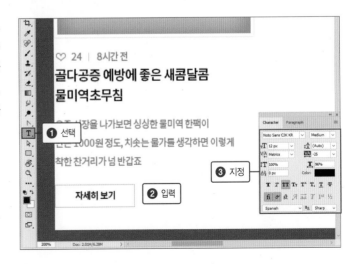

13 | 이동 도구(✛)를 선택하고 'Recipe 1' 그룹을 선택한 다음 Alt를 누른 채 오른쪽으로 드래그해서 복제합니다. 그룹 이름을 'Recipe 2'로 변경합니다. Alt를 누른 채 한 번 더 드래그하여 오른쪽에 복제하고 그룹 이름을 'Recipe 3'으로 변경합니다.

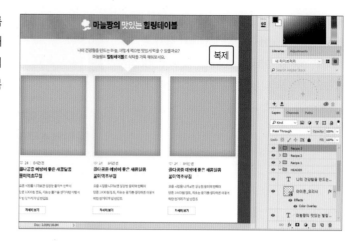

14 | Ctrl을 누른 채 'Recipe 1'~'Recipe 3' 그룹을 선택합니다. 옵션바에서 'Align top edges' 아이콘(▔)을 클릭하고, 'Distribute horizontal centers' 아이콘(╫)을 클릭하여 나란히 정렬합니다.

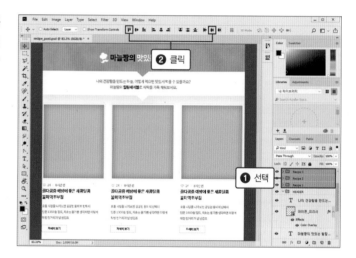

15 | 'Recipe 2' 그룹의 각 문자 레이어에서 내용을 '192', '1일 전', '매콤한 골뱅이무침과~즐길 수 있어요'로 변경합니다. 'Shape 2' 레이어를 선택하고 →를 다섯 번 눌러 오른쪽으로 이동합니다.

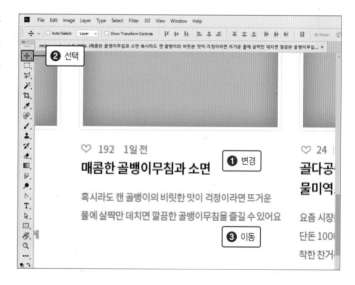

16 │ Ctrl 을 누른 채 'border'와 '자세히 보기' 레이어를 선택하고 Shift 를 누른 채 ↑ 를 다섯 번 눌러 위로 이동합니다.

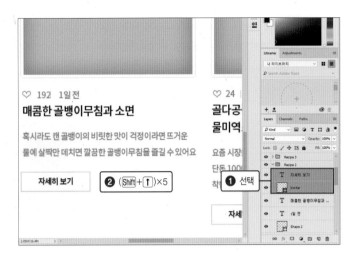

17 │ 'Recipe 2' 그룹의 문자 레이어 내용을 다음과 같이 변경합니다. 'Shape 2' 레이어를 선택하고 → 를 다섯 번 눌러 오른쪽으로 이동합니다.

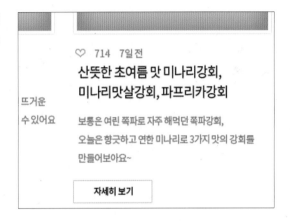

18 │ 'Recipe 1' 그룹의 'Rectangle 2' 레이어를 선택합니다. 04 폴더에서 '힐링테이블1.jpg' 파일을 캔버스로 드래그하여 불러옵니다. Ctrl + Alt + G 를 눌러 클리핑 마스크를 적용합니다.

19 | 'Recipe 2' 그룹의 'Rectangle 2' 레이어를 선택합니다. 04 폴더에서 '힐링테이블2.jpg' 파일을 캔버스로 드래그하여 불러옵니다. Ctrl+Alt+G를 눌러 클리핑 마스크를 적용합니다.

20 | 'Recipe 3' 그룹의 'Rectangle 2' 레이어를 선택합니다. 04 폴더에서 '힐링테이블3.jpg' 파일을 캔버스로 드래그하여 불러옵니다. Ctrl+Alt+G를 눌러 클리핑 마스크를 적용하여 마무리합니다.

13 쇼핑몰 가이드 디자인

친절한 쇼핑 가이드 디자인하기

판매자별로 상품의 배송 시간과 배송 방법이 다르기 때문에 배송에 대해서 별도의 코너를 만들어 소개하는 것이 좋습니다. 단계별로 나누어 한눈에 볼 수 있도록 친절하게 안내하는 쇼핑 가이드 디자인을 만들어 봅니다.

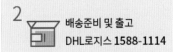

100% 남해산 마늘과 100% 김해산 감식초를 사용합니다

식품제조업 허가를 받아 정기적으로 관할 기관 및 식약처의 점검 및 관리를 받고 있습니다.
생산하는 모든 품목에 대해 주기적인 품질검사를 받아 유통되는 안전한 제품입니다.

1 오후 2시까지
주문마감 / 결제완료

2 배송준비 및 출고
DHL로지스 1588-1114

3 발송 후 1~3일이내 도착
(일부지역 및 도서산간지역 제외)

- 예제 파일 : 04\패턴_빗금.jpg, 쇼핑안내_내용.txt,
  아이콘_배송안내1.png, 아이콘_배송안내2.png,
  아이콘_배송안내3.png
- 완성 파일 : 04\guide_shopping.psd

- Rectangle / Custom / Line / Ellipse Shape
  (Fill, Stroke)
- Layer Style(Stroke, Pattern Overlay)
- Clipping Mask

01 | 04 폴더에서 '패턴_빗금.jpg' 파일을 불러온 다음 Ctrl+A를 눌러 전체 선택합니다. 메뉴에서 [Edit] → **Define Pattern**을 실행하고 Define Pattern 대화상자가 표시되면 〈OK〉 버튼을 클릭합니다.

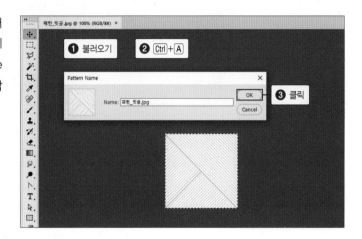

02 | 메뉴에서 [File] → New(Ctrl+N)를 실행합니다. New Document 대화상자에서 파일 이름을 'guide_shopping', Width를 '860Pixels', Height를 '367Pixels', Resolution을 '72Pixels/Inch'로 설정한 다음 〈Create〉 버튼을 클릭합니다.

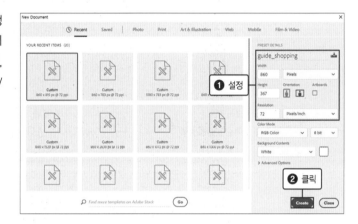

03 | 사각형 도구(▢)를 이용하여 Width가 '860px', Height가 '210px'인 사각형을 그립니다. 옵션바에서 Fill을 '#f5f5f5(밝은 회색)', Stroke를 '#e9e9e9(회색)' / 1px'로 설정합니다.

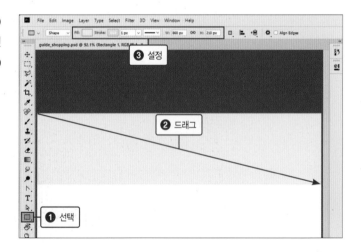

04 | 'Add a layer style' 아이콘(*fx*)을 클릭하여 표시되는 메뉴의 'Pattern Overlay'를 선택합니다. Layer Style 대화상자에서 Blend Mode를 'Multiply', Opacity를 '25%', Pattern을 '패턴_빗금.jpg', Scale을 '60%'로 설정한 다음 〈OK〉 버튼을 클릭합니다.

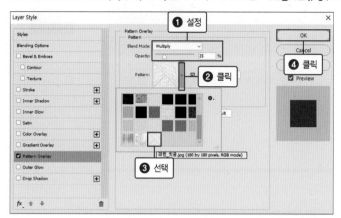

05 | 가로쓰기 문자 도구(T)를 이용해 '100% 남해산 마늘과 100% 김해산 감식초를 사용합니다'를 입력합니다. Character 패널에서 글꼴을 'Noto Sans CJK KR', 글꼴 스타일을 'Bold', 글자 크기를 '24px', 자간을 '-50', Color를 '#141c0a(검은색)'로 지정합니다. 강조 영역을 선택하고 '#9c1b31(빨간색)', Anti-Aliasing을 'Smooth'로 지정합니다.

> **Tip**
>
> 04 폴더에서 '쇼핑안내_내용.txt'의 내용을 복사하여 실습하세요.

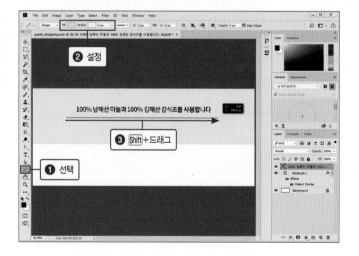

06 | 선 도구(/)를 선택한 다음 옵션바에서 Fill을 '#e9e9e9(회색)', Stroke를 'No Color / 1px'로 설정합니다. 캔버스에서 Shift를 누른 채 가로로 드래그하면서 툴 팁을 참고하여 'L : 590px' 길이의 선을 그립니다.

07 | 'Shape 1' 레이어를 선택한 다음 Ctrl+J를 눌러 복제합니다. 옵션바에서 Fill을 '#ffffff(흰색)'로 지정한 다음 ↓를 눌러 이동합니다.

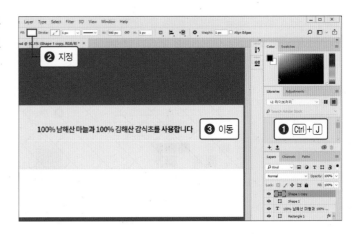

08 | 가로쓰기 문자 도구(T)를 이용해 '식품제조업 허가를 받아~안전한 제품입니다.'를 입력합니다. Character 패널에서 글꼴을 'Noto Sans CJK KR', 글자 크기를 '13px', 자간을 '−25', 행간을 '22px', 가로 장평을 '97%', Color를 '#757575(진회색)'로 지정합니다.

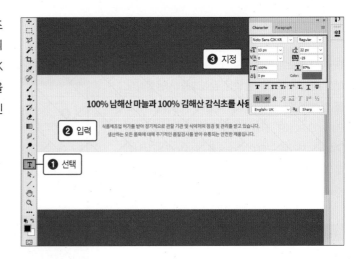

2 배송 관련 가이드 디자인하기

01 | 사각형 도구(□)를 선택하고 캔버스를 클릭합니다. Create Rectangle 대화상자에서 Width를 '262px', Height를 '121px'로 설정하고 〈OK〉 버튼을 클릭합니다. 옵션바에서 Fill을 '#eeeeee(밝은 회색)', Stroke를 '#dddddd(회색) / 1px'로 설정합니다.

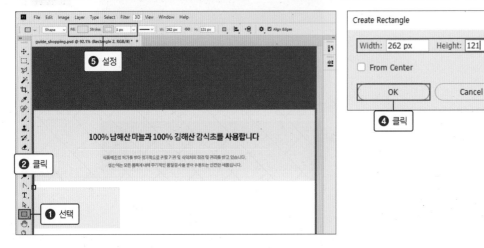

02 | Alt 를 누른 채 'Rectangle 1' 레이어를 오른쪽으로 드래그하여 복제합니다. Ctrl + T 를 누르고 옵션바에서 W를 '275px'로 설정합니다. Alt 를 누른 채 'Rectangle 1 copy' 레이어를 오른쪽으로 드래그하여 복제합니다. Ctrl + T 를 누르고 옵션바에서 W를 '287px'로 설정하여 크기를 조정합니다.

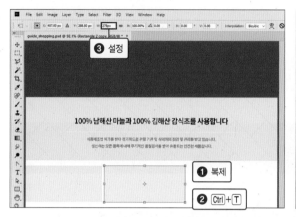
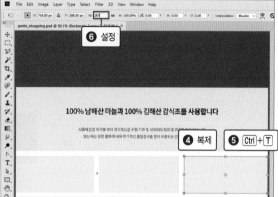

03 | Ctrl 을 누른 채 'Rectangle 1', 'Rectangle 1 copy', 'Rectangle 1 copy 2' 레이어를 선택합니다. 이동 도구(⊕)를 선택한 다음 옵션바에서 'Distribute horizontal centers' 아이콘(⬛)을 클릭하여 정렬합니다.

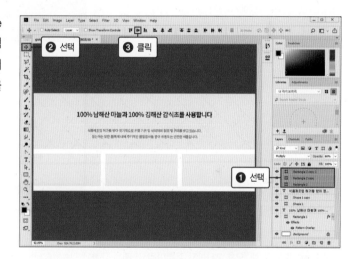

04 | 가로쓰기 문자 도구(T)를 이용해 '1'을 입력하고 Character 패널에서 글꼴을 'Noto Sans CJK KR', 글꼴 스타일을 'DemiLight', 글자 크기를 '30px', Color를 '#2b6c86(청록색)', Anti-Aliasing을 'Sharp'로 지정합니다.

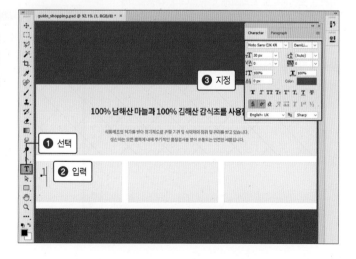

05 | [Alt]를 누른 채 '1' 레이어를 오른쪽으로 드래그하고 문자를 '2'로 변경합니다. [Alt]를 누른 채 '2' 레이어를 오른쪽으로 드래그하고 문자를 '3'으로 변경합니다.

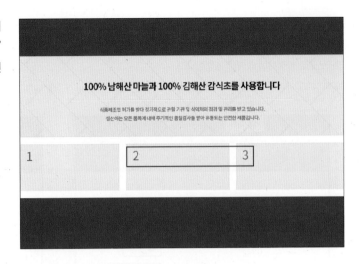

06 | '오후 2시까지 주문마감 / 결제완료'를 입력한 다음 Character 패널에서 글자 크기를 '17px', 행간을 '28px', 자간을 '-25', 가로 장평을 '97%', Color를 '#000000(검은색)'으로 지정합니다.

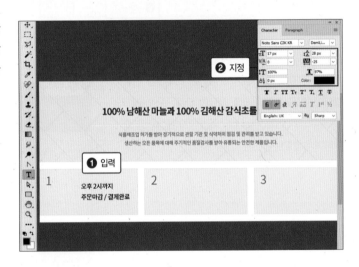

07 | [Alt]를 누른 채 '오후 2시까지 주문마감~' 레이어를 오른쪽으로 드래그해 이동합니다. 내용을 '배송준비 및 출고 DHL로지스 1588-1114'로 변경합니다. '1588-1114'를 선택하고 Character 패널에서 글꼴 스타일을 'Medium', 가로 장평을 '100%'로 설정합니다.

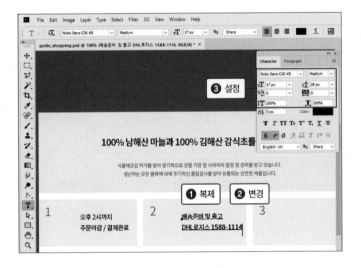

08 | [Alt]를 누른 채 '배송준비 및 출고 DHL~' 레이어를 오른쪽으로 드래그해 이동합니다. 내용을 '발송 후 1~3일이내~도서산간지역 제외)'로 변경하고 Character 패널에서 행간을 '24px'로 설정합니다. '1~3'을 선택하고 Character 패널에서 자간을 '0'으로 설정한 다음 '(일부지역 및 도서산간지역 제외)'를 선택하고 글자 크기를 '14px'로 설정합니다.

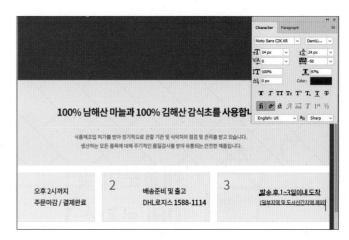

09 | 04 폴더에서 '아이콘_배송안내1.png' 파일을 캔버스로 드래그하여 불러옵니다. 원형 도구(◯)를 이용해 Width/Height가 '10px'인 원을 그립니다. 옵션바에서 Fill을 '#4c222(노란색)'로 변경합니다. 'Ellipse 1' 레이어를 '아이콘_배송안내1' 레이어 아래로 이동합니다.

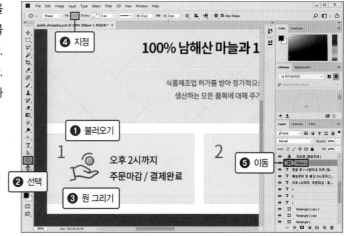

10 | 04 폴더에서 '아이콘_배송안내2.png' 파일을 캔버스로 드래그하여 불러옵니다. 사각형 도구(□)를 선택하고 캔버스를 클릭해 Create Rectangle 대화상자에서 Width를 '32px', Height를 '24px'로 설정한 다음 〈OK〉 버튼을 클릭합니다. 옵션바에서 Fill을 '#4c222(노란색)'로 변경합니다. 'Rectangle 3' 레이어를 '아이콘_배송안내2' 레이어 아래로 이동합니다.

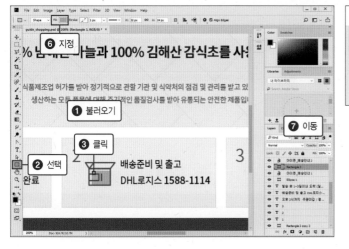

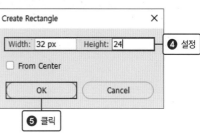

11 | Alt를 누른 채 박스 아이콘의 사각형을 드래그하여 복제합니다. 패스 선택 도구(▶)로 도형을 선택하고 드래그해서 나타나는 툴 팁을 참고해 'W : 11px, H : 11px' 위치로 이동합니다.

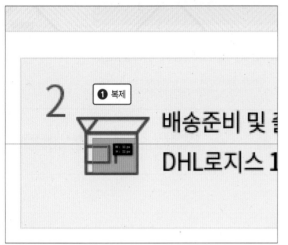

12 | 04 폴더에서 '아이콘_배송안내3.png' 파일을 캔버스로 드래그하여 불러옵니다. 사각형 도구(▭)를 이용해 Width가 '24px', Height를 '21px'인 사각형을 그립니다. 옵션바에서 Fill을 '#b0e55c(연두색)'로 지정합니다. 'Rectangle 4' 레이어를 '아이콘_배송안내3' 레이어 아래로 이동합니다.

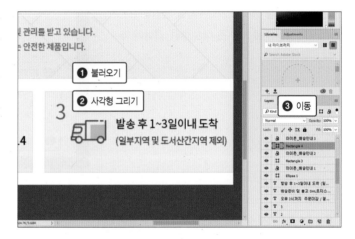

13 | 원형 도구(◯)를 이용해 Shift를 누른 채 트럭 아이콘의 바퀴 영역을 드래그하며 나타나는 툴 팁을 참고해 'W/H : 9px' 크기의 원을 그립니다. 패스 선택 도구로 원형을 선택한 다음 위치를 조정하고 마무리합니다.

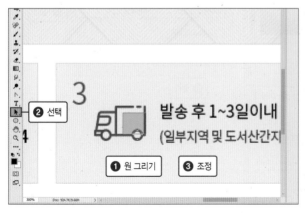
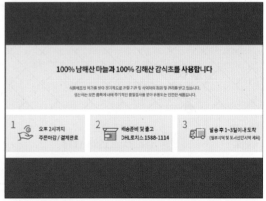

상품 정보 제공 고시 디자인하기

판매하는 상품의 카테고리별로 상세페이지에 반드시 알려야 하는 상품 정보 제공 고시 항목들이 있습니다. 이것은 고객의 판단에 오해가 생길 소지를 사전에 막아 분쟁을 줄이려는 것이 목적이며, 전자상거래법으로 지정된 항목이 있으므로 불이익이 생기지 않도록 빠짐 없이 체크하여 디자인합니다.

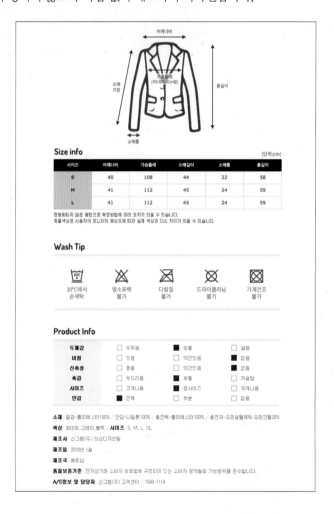

- **예제 파일** : 04\일러스트_의상.ai, 일러스트_자켓.png, 사이즈표_내용.txt, 사이즈표.xlsx, 섬유제품 관리법 표시.psd
- **완성 파일** : 04\info_product.psd

- Rectangle Shape(Fill, Stroke)
- Line Shape(Arrowheads)
- Layer Opacity

01 | 일러스트레이터에서 04 폴더의 '일러스트_의상.ai' 파일을 불러옵니다. 선택 도구를 선택하고 의상 이미지 중 두 번째 줄 오른쪽 끝에서 두 번째 옷을 선택한 다음 Ctrl+C를 눌러 복사합니다.

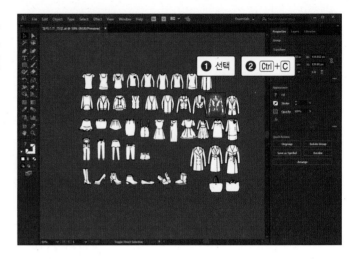

02 | 포토샵의 메뉴에서 (File) → New(Ctrl+N)를 실행합니다. New Document 대화상자에서 파일 이름을 'info_product', Width를 '860Pixels', Height를 '1310Pixels', Resolution을 '72Pixels/Inch'로 설정한 다음 〈Create〉 버튼을 클릭합니다.

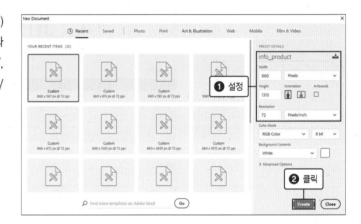

03 | 복사한 일러스트를 붙여 넣기 위해 캔버스에서 Ctrl+V를 누릅니다. Paste 대화상자에서 'Smart Object'를 선택한 다음 〈OK〉 버튼을 클릭합니다. 옵션바에서 W/H를 '164%'로 설정하고 Ctrl+G를 누른 다음 그룹 이름을 'Size info'로 변경합니다.

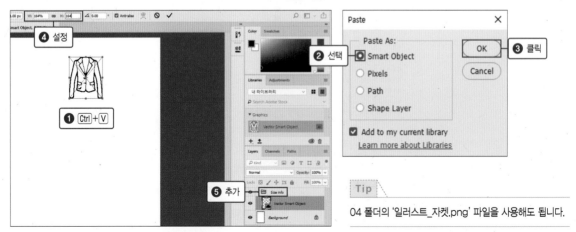

Tip

04 폴더의 '일러스트_자켓.png' 파일을 사용해도 됩니다.

04 | Layers 패널에서 'Add a layer style' 아이콘(*fx*)을 클릭해 표시되는 메뉴의 'Color Overlay'를 선택합니다. Layer Style 대화상자에서 Blend Mode를 'Screen', Color를 '#565656(회색)', Opacity를 '100%'로 설정합니다.

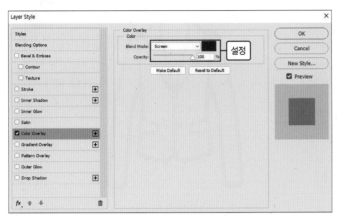 

05 | 왼쪽 영역에서 'Stroke'를 선택한 다음 Size를 '2px', Position을 'Outside', Color를 '#565656(회색)'으로 설정하고 〈OK〉 버튼을 클릭합니다.

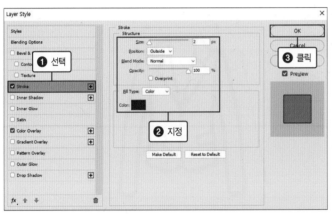 

06 | 선 도구(✐)를 선택한 다음 옵션바에서 Fill을 '#bd2a2f(빨간색)', Stroke를 'No Color / 1px'로 설정합니다. Line Style의 Arrowheads에서 'Start'와 'End'에 체크 표시하고 Width/Length를 '600%', Concavity를 '0%'로 설정합니다. 어깨 너비를 표시 하기 위해 캔버스에서 Shift를 누른 채 가로로 드래그하여 치수선을 그립니다.

 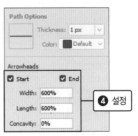

07 | 가로쓰기 문자 도구(T)를 이용해 '어깨너비'를 입력한 다음 Character 패널에서 글꼴을 'Noto Sans CJK KR', 글꼴 스타일을 'Medium', 글자 크기를 '12px', 자간을 '−25', 가로 장평을 '96%', Color를 '#bd2a2f(빨간색)', Anti-Aliasing을 'Sharp'로 지정합니다.

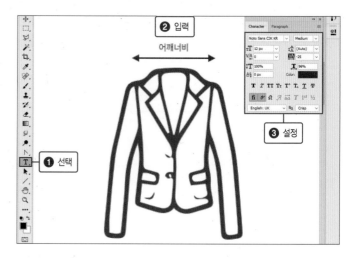

08 | 선 도구(✐)를 이용해 소매 기장을 표현하기 위해 어깨에서 소매 끝부분까지 선을 그립니다. 가로쓰기 문자 도구(T)를 이용해 '소매 기장'을 입력합니다. 총 길이를 표현하기 위해 선 도구로 목선에서부터 소매 끝부분까지 Shift를 누른 채 드래그하여 선을 그리고 '총길이'를 입력합니다.

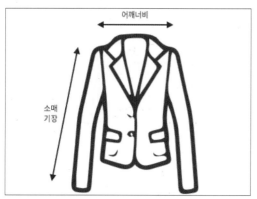
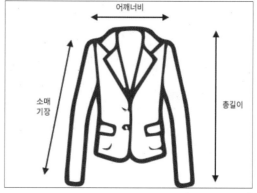

09 | 다시 선 도구(✐)로 소매통의 너비를 표현하기 위해 소매자락 양끝을 Shift를 누른 채 드래그하여 선을 그리고 '소매통'을 입력합니다. 이번에는 가슴둘레를 나타내기 위해 Shift를 누른 채 선을 그립니다. 사각형 도구(▢)를 선택하고 캔버스를 클릭해 Create Rectangle 대화상자에서 Width를 '80px', Height를 '30px'로 설정한 다음 〈OK〉 버튼을 클릭합니다. 옵션바에서 Fill을 '#ffffff(흰색)'로 지정하고 Layers 패널에서 Opacity를 '70%'로 설정합니다.

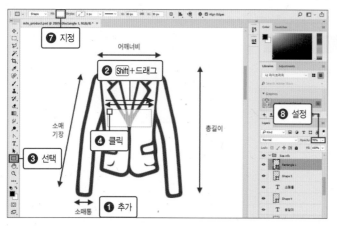
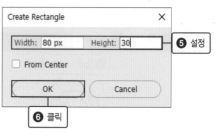

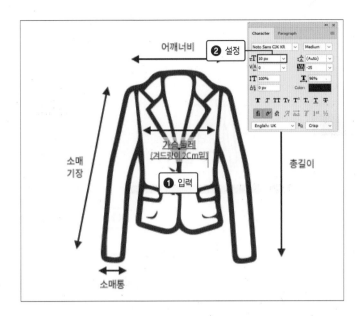

10 | 가로쓰기 문자 도구(T)를 이용해 '가슴둘레
(겨드랑이 2Cm밑)'을 입력합니다. '(겨드랑이 2Cm
밑)'을 선택하고 Character 패널에서 글자 크기를
'10px'로 설정합니다.

2 사이즈 표 디자인하기

01 | 가로쓰기 문자 도구(T)를 이용해 'Size info'
를 입력하고 Character 패널에서 글꼴을 'Dosis',
글꼴 스타일을 'Bold', 글자 크기를 '22px', Color를
'#2b2b2b(어두운 회색)', Anti-Aliasing을 'Crisp'
로 지정합니다.

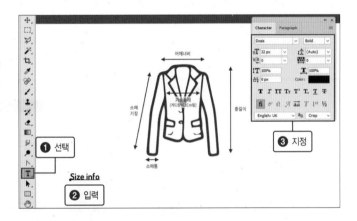

02 | 엑셀에서 04 폴더의 '사이즈표.xlsx' 파일을
불러온 다음 (Print Screen)을 눌러 화면을 캡처합니다.

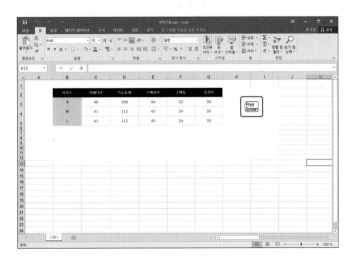

> **Tip**
>
> 표를 그릴 때는 포토샵에서 그리는 것보다 문서 편집 도구
> 를 활용하는 것이 문서 작성도 쉽지만 내용을 수정해야 하
> 는 경우 간단하기 때문에 훨씬 편리합니다.

> **Tip**
>
> (Print Screen)을 누르면 클립보드에 캡처 이미지가 임시로 저장됩니다.

03 | 포토샵의 캔버스에서 Ctrl+V를 눌러 표를 붙여 넣습니다. 사각형 선택 도구(▭)를 선택하고 표 영역을 드래그해 선택한 다음 Ctrl+J를 눌러 복제합니다. 캡처 이미지인 'Layer 1' 레이어를 선택하고 'Delete Layer' 아이콘(🗑)을 클릭하여 삭제한 다음 레이어 이름을 '사이즈표'로 변경합니다.

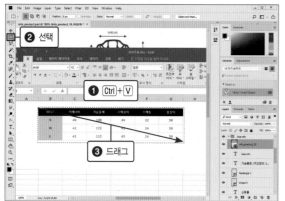
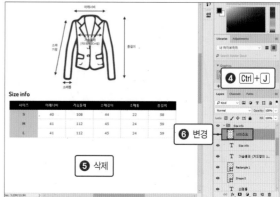

04 | 가로쓰기 문자 도구(T)를 이용하여 표 오른쪽 위에 '(단위:cm)'를 입력합니다. Character 패널에서 글꼴을 'Noto Sans CJK KR', 글꼴 스타일을 'Medium', 글자 크기를 '13px', 가로 장평을 '97%', Color를 '#575757(회색)', Anti-Aliasing을 'Crisp'로 지정합니다.

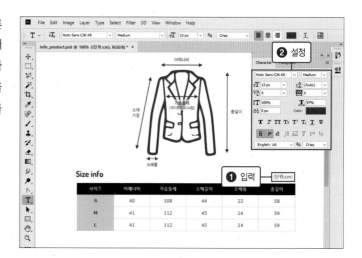

05 | 캔버스를 클릭해 '정형화되지 않은~차이가 있을 수 있습니다.'를 입력하고 Character 패널에서 글꼴을 'Dotum', 글자 크기를 '11px', 자간을 '-25', 가로 장평을 '100%', Anti-Aliasing을 'None'으로 지정합니다.

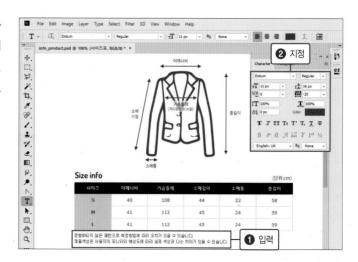

3 세탁 방법 디자인하기

01 | 'Size info' 그룹을 선택하고 'Create a new group' 아이콘(▢)을 클릭한 다음 이름을 'Wash Tip'으로 변경합니다. 'Size info' 레이어를 선택하고 Ctrl+J를 눌러 복제한 다음 'Wash Tip' 그룹으로 이동합니다. 아래쪽으로 이동하고 제목을 'Wash Tip'으로 변경합니다.

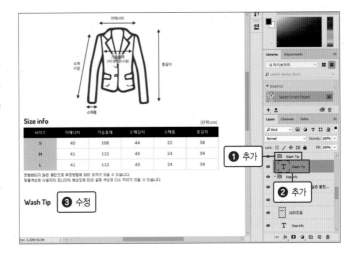

02 | 선 도구(╱)를 선택한 다음 옵션바에서 Fill을 '#d1d1d1(회색)', Stroke를 'No Color / 1px'로 설정합니다. 캔버스에서 Shift를 누른 채 가로로 드래그하면서 툴 팁을 참고하여 'L : 602px' 길이의 선을 그립니다. 레이어 이름을 'Line'으로 변경합니다.

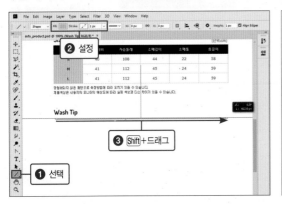

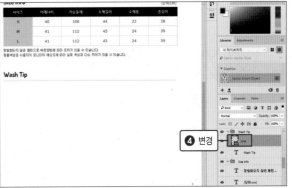

03 | 'Line' 레이어를 선택하고 Ctrl+J를 눌러 복제한 다음 레이어 이름을 'Line shadow'로 변경합니다. ↓를 눌러 이동하고 'Line shadow' 레이어의 섬네일을 더블클릭한 다음 Color를 '#f7f7f7(밝은 회색)'로 변경합니다. Ctrl+T를 누르고 옵션바에서 H를 '5px'로 설정합니다.

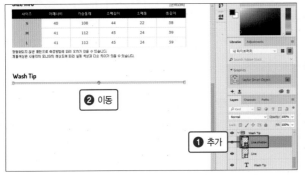

04 | 04 폴더에서 '섬유제품 관리법 표시.psd' 파일을 불러옵니다. Ctrl+⊞를 눌러 캔버스를 확대하고 이동 도구(✛)를 선택한 다음 복사하려는 이미지에서 마우스 오른쪽 버튼을 클릭하여 표시되는 메뉴의 **01 machine wash cold permanent press**를 실행합니다.

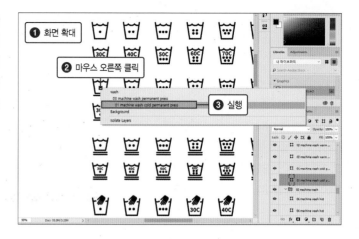

05 | 캔버스를 분리하고 이동 도구(✛)로 드래그하여 레이어를 복제합니다. 다음과 같이 '03 do not bleach', '02 do not iron', '02 do not dry clean ', '01 tumble dry normal' 레이어를 복제합니다. Ctrl을 누른 채 복제한 레이어를 모두 선택하고 Ctrl+T를 누릅니다. 옵션바에서 W/H를 '29%'로 설정하여 축소합니다. 패스 선택 도구(▶)를 선택하고 옵션바에서 Fill을 '#515151(회색)'로 지정합니다.

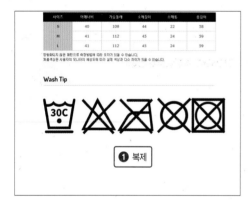

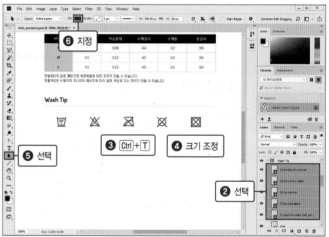

06 | '30℃에서 손세탁'을 입력하고 Character 패널에서 글꼴을 'Noto Sans CJK KR', 글꼴 스타일을 'Regular', 글자 크기를 '15px', 자간을 '–25', 가로 장평을 '97%', Color를 '#8a8a8a(밝은 회색)', Anti-Aliasing을 'Sharp'로 지정합니다.

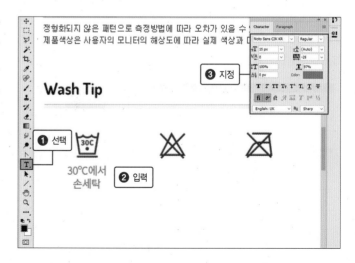

07 | '30℃에서 손세탁' 레이어를 선택하고 이동 도구(🕂)를 선택한 다음 Alt 를 누른 채 드래그해 오른쪽으로 이동합니다. 내용을 다음과 같이 변경합니다.

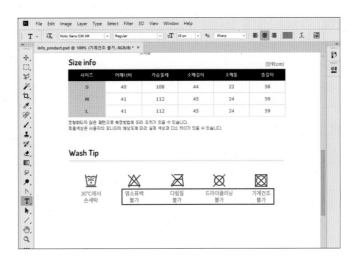

4 상품 정보 디자인하기

01 | Layers 패널에서 'Wash Tip' 그룹을 선택하고 'Create a new group' 아이콘(🗀)을 클릭한 다음 이름을 'Product Info'로 변경합니다. 'Wash Tip' 레이어를 선택하고 Ctrl + J 를 눌러 복제한 다음 'Product Info' 그룹으로 이동합니다. 캔버스 아래로 이동하고 제목을 'Product Info'로 변경합니다.

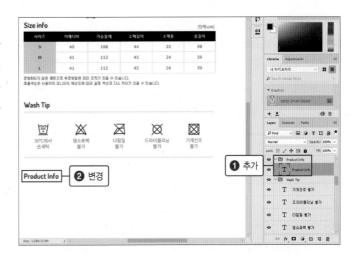

02 | 'Line' 레이어를 선택하고 Ctrl + J 를 눌러 복제한 다음 'Product Info' 그룹으로 이동합니다. 캔버스 아래로 이동하여 다음과 같이 배치합니다.

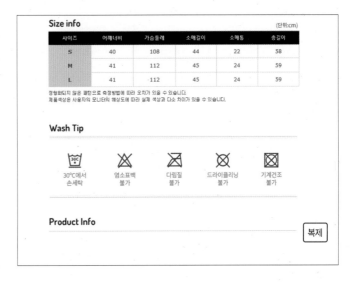

03 | '두께감~안감'을 입력하고 Character 패널에서 글꼴을 'Gulim', 글자 크기를 '12px', 행간을 '26px', Color를 '#2b2b2b(어두운 회색)'로 지정합니다. 'Faux Bold' 아이콘(**T**)을 클릭한 다음 옵션바에서 'Center text' 아이콘(**圭**)을 클릭하여 가운데 정렬합니다.

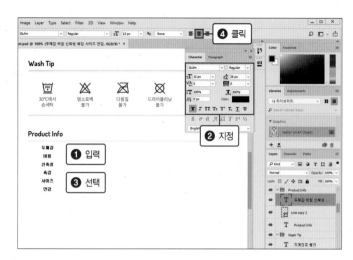

04 | '두께감 비침~' 레이어를 선택하고 Ctrl+J를 눌러 복제한 다음 오른쪽으로 이동합니다. 내용을 '두꺼움~전체'로 변경합니다. Character 패널에서 'Faux Bold' 아이콘(**T**)을 클릭하여 볼드 기능을 해제하고, Color를 '#858484(회색)'로 지정합니다. 옵션바에서 'Left align text' 아이콘(**틀**)을 클릭하여 왼쪽 정렬합니다.

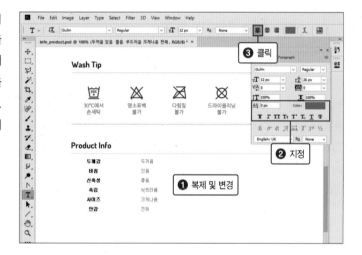

05 | '두꺼움 있음~' 레이어를 선택하고 Ctrl+J를 눌러 복제해 오른쪽으로 이동한 다음 내용을 '보통~부분'으로 변경합니다. 같은 방법으로 Ctrl+J를 눌러 복제해 오른쪽으로 이동한 다음 내용을 '얇음~없음'으로 변경합니다.

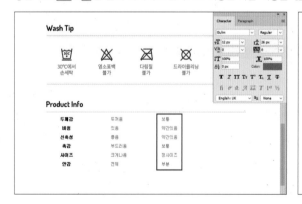

06 | 사각형 도구(▣)를 이용하여 Width/Height 가 '15px'인 정사각형을 그립니다. 옵션바에서 Fill을 'No Color', Stroke를 '#d1d1d1(밝은 회색) / 2px' 로 설정한 다음 레이어 이름을 'checkbox'로 변경합니다.

07 | 패스 선택 도구(▶)를 선택한 다음 사각형을 선택합니다. Alt 를 누른 채 드래그하여 다음과 같이 사각형을 복제 및 배치합니다.

08 | 사각형 도구(▣)를 이용해 Width/Height 가 '15px'인 사각형을 그립니다. 옵션바에서 Fill을 '#9c1b31(빨간색)'로 지정합니다. 레이어 이름을 'red'로 변경합니다.

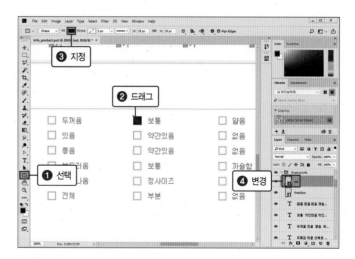

09 | 패스 선택 도구(▶)를 선택한 다음 캔버스에서 도형을 선택합니다. Alt 를 누른 채 드래그하여 오른쪽 아래로 이동합니다. 반복해서 Alt 를 누른 채 드래그하여 다음과 같이 복제 및 이동해서 배치합니다.

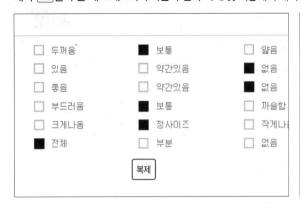

10 | 사각형 도구(▢)를 선택한 다음 캔버스를 클릭해 표시되는 Create Rectangle 대화상자에서 Width를 '126px', Height를 '168px'로 설정하고 〈OK〉 버튼을 클릭합니다. 옵션바에서 Fill을 '#f7f7f7(밝은 회색)'로 지정하고 레이어 이름을 'bg'로 변경합니다.

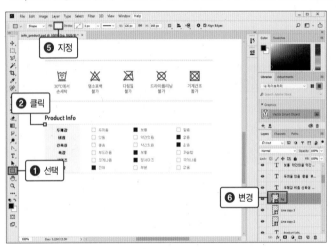

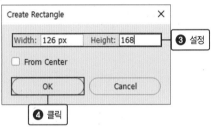

11 | 가로쓰기 문자 도구(T)로 캔버스를 드래그해 툴 팁을 참고하며 'W : 630px, H : 200px' 크기의 텍스트 박스를 만듭니다.

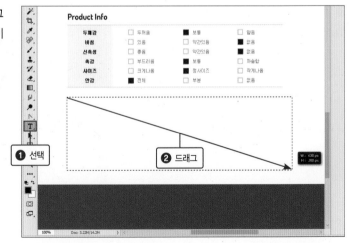

12 | '소재 : 겉감~1588-1114'를 입력한 다음 Character 패널에서 글꼴을 'Gulim', 글자 크기를 '12px', 행간을 '28px', Color를 '#858484(회색)'로 지정합니다.

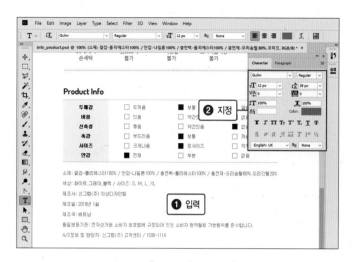

13 | '소재', '색상'처럼 제목 영역을 선택한 다음 'Faux Bold' 아이콘(T)을 클릭하고, Color를 '#2b2b2b(어두운 회색)'로 지정합니다. '슬래시(/)'를 선택한 다음 '#d5d5d5(밝은 회색)'로 지정하고, '콜론(:)'을 선택한 다음 '#d5d5d5(회색)'로 지정해 마무리합니다.

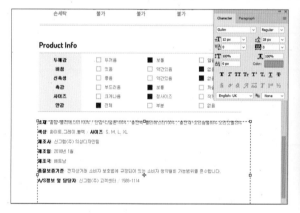

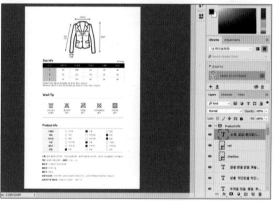

PART

5

쇼핑몰 호스팅업체(카페24, 고도몰, 스마트스토어)에서 제공하는 디자인 스킨을 이용해 쇼핑몰을 구축해서 직접 세팅하는 과정까지 함께 실습합니다. 홈페이지형 블로그는 쇼핑몰에서 일어나는 소소한 이야기를 전달하며 고객과 소통하는 공간으로 바이럴 마케팅의 시작점이 됩니다. 넓고 큰 상단 이미지를 가지는 블로그 스킨을 디자인하고 네이버 블로그에서 세팅하는 방법을 알아봅니다.

쇼핑몰
디자인 세팅과
홈페이지형
블로그 제작

쇼핑몰 솔루션 기본 세팅하기 1 - 카페24

1 무료 디자인 스킨 세팅하기 • • •

쇼핑몰 관리자 기능은 쇼핑몰 운영자가 직접 쇼핑몰 화면을 보면서 관리할 수 있는 기능입니다.

쇼핑몰 솔루션에 관리자 계정으로 로그인한 다음 쇼핑몰 화면으로 이동하면 위쪽에 쇼핑몰 관리자 기능이 나타납니다. 관리자 기능 설정에 따라 쇼핑몰 화면에서 직접 관리할 수 있어 더욱 쉽게 쇼핑몰을 관리하고 운영할 수 있습니다. 쇼핑몰 관리자 기능을 사용하기 위해서는 먼저 쇼핑몰에 관리자 계정으로 로그인합니다.

무료 디자인 스킨으로 세팅하는 방법을 알아봅니다. 유료 디자인 스킨은 디자인 회사에서 기본 세팅을 협의할 수 있기 때문에 직접 세팅 과정이 필요한 무료 디자인으로 세팅합니다.

01 | 카페24의 쇼핑몰 관리자 화면에서 **디자인 관리 → 디자인 추가 → 무료 디자인**을 선택합니다.

02 | 목록에서 디자인 콘셉트에 알맞은 레이아웃을
선택합니다. 예제에서는 '무료디자인 LEXISS' 디자
인을 선택했습니다. '디자인 상세보기'를 클릭합니다.

03 | 디자인 상세보기 창에서 〈디자인 추가〉 버튼
을 클릭합니다. 디자인 변경 요청이 완료되었다는 안
내 메시지가 표시되면 〈확인〉 버튼을 클릭합니다.

04 | '디자인 보관함' 페이지로 이동하여 추가된 디
자인을 선택하고 〈대표 디자인 설정〉 버튼을 클릭한
다음 저작권 관련 안내 메시지에서 〈확인〉 버튼을 클
릭해 적용합니다. 무료 디자인 세팅이 완료됩니다.

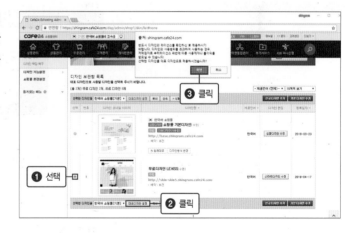

Tip

무료 디자인 변경 요청이 완료되면 최대 5분 후에 스킨이 적용됩니다. 적용된 스킨은 '디자인 보관함'에서 확인할 수 있습니다.

한 눈에 보기

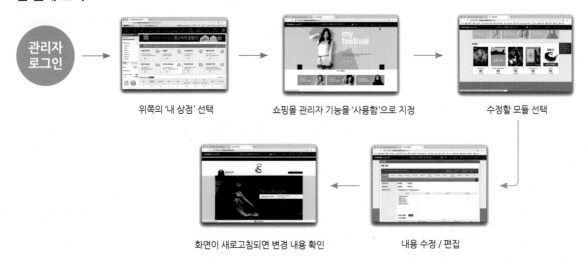

관리자
로그인

위쪽의 '내 상점' 선택　　　쇼핑몰 관리자 기능을 '사용함'으로 지정　　　수정할 모듈 선택

화면이 새로고침되면 변경 내용 확인　　　내용 수정 / 편집

▲ 로고, 뱃지, 버튼의 공통 레이아웃 세팅
쇼핑몰 관리자 → 디자인 관리 → 스마트 디자인 편집창

로고 세팅하기

■ **예제 파일** : 05\shingram_logo.png

01 | 이번에는 로고를 세팅하기 위해 디자인 관리 페이지에서 〈쇼핑몰 디자인 수정〉 버튼을 클릭합니다.

02 | 스마트 디자인 편집창에서 로고 위에 마우스 포인터를 위치시키면 나타나는 〈편집〉 버튼을 클릭합니다.

03 | 레이아웃 – 상단 로고 대화상자에서 [속성] 탭을 선택합니다. 〈파일 선택〉 버튼을 클릭하고 05 폴더의 'shingram_logo.png' 파일을 선택한 다음 〈열기〉 버튼을 클릭합니다. 로고가 등록되었는지 확인한 다음 〈적용〉 버튼을 클릭합니다.

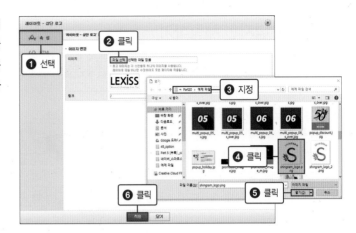

04 | 화면 아래쪽으로 이동하여 Footer 영역의 로고 위에 마우스 포인터를 위치시키면 나타나는 〈편집〉 버튼을 클릭합니다.
레이아웃 – 하단 로고 대화상자에서 [속성] 탭을 선택합니다. 〈파일 선택〉 버튼을 클릭하여 05 폴더의 'shingram_logo.png' 파일을 지정하고 〈적용〉 버튼을 클릭합니다.

05 | 왼쪽 위의 〈저장〉 버튼을 클릭하여 변경 사항을 저장합니다. 상/하단 로고가 변경됩니다.

06 | 변경 사항을 확인하기 위해 임시 도메인을 클릭하여 변경된 쇼핑몰 디자인을 확인합니다.

3 뱃지 디자인 세팅하기

■ 예제 파일 : 05\badge_ribbon.png, badge_balloon.png, badge_img.txt, badge_css.txt

01 | 쇼핑몰 관리자에서 **상품 관리 → 상품 관리 → 상품 목록**을 선택합니다.
상품 목록에 노출되는 이미지 위에 뱃지를 추가하기 위해 상품 목록에서 상품 이미지 위에 마우스 포인터를 위치시켜 표시되는 〈상품 상세보기〉 버튼을 클릭합니다.

02 | 상품의 상세정보 페이지에서 [이미지 정보] 탭을 선택합니다. 상품 이미지 꾸미기 항목에서 오른쪽의 〈이미지 직접 추가하기〉 버튼을 클릭합니다. 05 폴더에서 'badge_ribbon.png' 파일을 불러온 다음 이미지를 선택하고 〈상품수정〉 버튼을 클릭합니다.

03 | 디자인 관리 화면에서 〈쇼핑몰 디자인 수정〉 버튼을 클릭합니다. 스마트디자인 편집창에서 왼쪽의 주요 화면에서 '메인화면'을 클릭합니다.

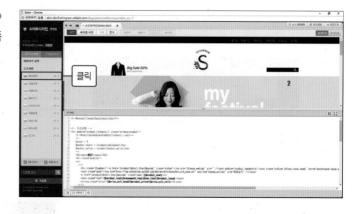

04 | HTML에서 띄어쓰기와 오타에 유의하며 다음의 하이라이트 내용을 입력하고, 〈저장〉 버튼을 클릭하여 적용합니다. 소스는 05 폴더의 'badge_img.txt' 파일을 참고하세요.

```html
<!--@layout(/layout/basic/main.html)-->

<!-- 추천상품 -->
<div module="product_listmain_1" class="ec-base-product
    <!--@css(/css/module/product/listmain_1.css)-->
    <!--
    $count = 8
    $basket_result = /product/add_basket.html
    $basket_option = /product/basket_option.html
    -->
    <h2><span>BEST</span></h2>
    <div class="prdList">
    <ul>
      <li>
        <div class="thumbnail"><a href="/product/detail.html{$param}" class="prdImg"><img
src="{$image_medium}" alt="" /><span module="product_Imagestyle"><span class="prdIcon {$icon_
class_name}" style="background-image:url('{$icon_url}');margin-top : -5px;"></span></span></
a></div>
        <span class="zoom"><img src="http://img.echosting.cafe24.com/design/skin/mono/btn_
prd_zoom.gif" onclick="{$zoom_action}" alt="확대보기" /></span>
        <a href="/product/detail.html{$param}" class="name">{$product_name}</a>
        <span class="icon">{$soldout_icon}{$recommend_icon}{$new_icon}{$product_icons}</span>
        <strong class="price">{$price_unit_head}{$product_price}{$price_unit_tail}</strong>
      </li>
      <li>
        <div class="thumbnail"><a href="/product/detail.html{$param}" class="prdImg"><img
src="{$image_medium}" alt="" /><span module="product_Imagestyle"><span class="prdIcon {$icon_
class_name}" style="background-image:url('{$icon_url}');margin-top : -5px;"></span></span></
a></div>
        <span class="zoom"><img src="http://img.echosting.cafe24.com/design/skin/mono/btn_
prd_zoom.gif" onclick="{$zoom_action}" alt="확대보기" /></span>
        <a href="/product/detail.html{$param}" class="name">{$product_name}</a>
        <span class="icon">{$soldout_icon}{$recommend_icon}{$new_icon}{$product_icons}</span>
        <strong class="price">{$price_unit_head}{$product_price}{$price_unit_tail}</strong>
      </li>
    </ul>
  </div>
</div><!-- //추천상품 -->

<!-- 신상품 -->
<div module="product_listmain_2" class="ec-base-product">
```

```
<!--@css(/css/module/product/listmain_2.css)-->
<!--
$count = 6
-->
<h2>SPECIAL</h2>
<div class="prdList">
<ul>
  <li>
    <div class="thumbnail"><a name="anchorBoxName_{$product_no}" href="/product/detail.
html{$param}" class="prdImg"><img src="{$image_medium}" alt="" /><span module="product_
Imagestyle"><span class="prdIcon {$icon_class_name}" style="background-image:url('{$icon_
url}');margin-top : -5px;"></span></span></a></div>
    <span class="zoom"><img src="http://img.echosting.cafe24.com/design/skin/mono/btn_
prd_zoom.gif" onclick="{$zoom_action}" alt="확대보기" /></span>
    <a href="/product/detail.html{$param}" class="name">{$product_name}</a>
    <span class="icon">{$soldout_icon}{$recommend_icon}{$new_icon}{$product_icons}</span>
    <strong class="price">{$price_unit_head}{$product_price}{$price_unit_tail}</strong>
  </li>
  <li>
    <div class="thumbnail"><a name="anchorBoxName_{$product_no}" href="/product/detail.
html{$param}" class="prdImg"><img src="{$image_medium}" alt="" /><span module="product_
Imagestyle"><span class="prdIcon {$icon_class_name}" style="background-image:url('{$icon_
url}');margin-top : -5px;"></span></span></a></div>
    <span class="zoom"><img src="http://img.echosting.cafe24.com/design/skin/mono/btn_
prd_zoom.gif" onclick="{$zoom_action}" alt="확대보기" /></span>
    <a href="/product/detail.html{$param}" class="name">{$product_name}</a>
    <span class="icon">{$soldout_icon}{$recommend_icon}{$new_icon}{$product_icons}</span>
    <strong class="price">{$price_unit_head}{$product_price}{$price_unit_tail}</strong>
  </li>
</ul>
</div>
</div><!-- //신상품 -->

<!--@define(cmc_log)-->
```

Tip

예제에서는 '무료디자인 LEXISS' 스킨을 기준으로 설정했습니다. 다른 스킨을 선택하면 코드가 달라지므로 카페24의 스킨 업그레이드를 위한 가이드를 참고하세요.

• 카페24 쇼핑몰센터 → 업그레이드 : [HTML] 상품이미지 꾸미기(PC)
  http://service-api.echosting.cafe24.com/Shopboard/index.php?url=BoardView&no=340458&bbs_no=12

05 │ CSS를 추가하기 위해 공통 CSS 파일인 'layout.css'를 검색합니다. 해당 파일을 선택한 다음 〈선택파일 열기〉 버튼을 클릭합니다.

06 │ HTML 소스의 끝으로 이동합니다. 144라인에 다음의 내용을 추가합니다. 소스는 05 폴더의 'badge_css.txt' 파일을 참고해 추가한 다음 〈저장〉 버튼을 클릭해서 적용합니다.

```css
.ec-base-product .prdList .chk { display:block; margin:0 0 10px; text-align:center; }
.ec-base-product .prdList .thumbnail { position:relative; margin:0 7px 10px; text-align:center; }
.ec-base-product .prdList .thumbnail img { width:100%; max-width:100%; border:1px solid #ececec; box-sizing:border-box; }
.ec-base-product .prdList .thumbnail .wish { position:absolute; right:3px; bottom:4px; z-index:1; cursor:pointer; }
.ec-base-product .prdList .thumbnail .prdIcon { position:absolute; top:0; left:0; width:100%; height:100%; background-repeat:no-repeat; }
.ec-base-product .prdList .thumbnail .wish img { margin:0; border:0; }

/* 섬네일 아이콘 위치 */
.ec-product-bgLT { background-position:left top; }
.ec-product-bgLC { background-position:left center; }
.ec-product-bgLB { background-position:left bottom; }
.ec-product-bgRT { background-position:right top; }
.ec-product-bgRC { background-position:right center; }
.ec-product-bgRB { background-position:right bottom; }
.ec-product-bgCT { background-position:center top; }
.ec-product-bgCC { background-position:center center; }
.ec-product-bgCB { background-position:center bottom; }
```

07 | 스마트 디자인 편집창을 닫고, 쇼핑몰 관리자 페이지에서 〈내쇼핑몰 바로가기〉 버튼을 클릭합니다. 메인 화면의 상품 목록에 뱃지가 적용됩니다.

08 | 이번에는 상품명 옆에 뱃지를 추가하기 위해 **상품 관리 → 상품 관리 → 상품 목록**을 선택합니다. 상품에 직접 추가하기 위해 상품 목록 페이지에서 상품 이미지 위에 마우스 포인터를 위치시키고 〈상품 상세보기〉 버튼을 클릭합니다.

09 | 상품의 상세정보 창에서 [아이콘 설정] 탭을 선택합니다. 〈아이콘 직접 추가하기〉 버튼을 클릭하고 05 폴더에서 'badge_balloon.png' 파일을 불러옵니다. 아이콘 목록에서 추가한 뱃지 이미지를 선택하고 〈상품수정〉 버튼을 클릭하여 적용합니다.

 Tip

〈카페24 아이콘 추가하기〉 버튼을 클릭하면 다양한 기본 아이콘을 확인할 수 있습니다.

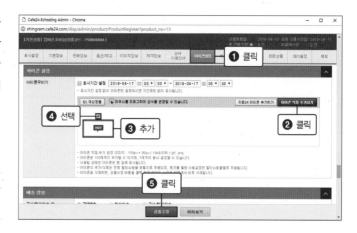

10 | 또 다른 방법으로 **디자인 관리 → 디자인 기능 설정 → 아이콘**을 선택합니다.

PC 쇼핑몰 아이콘 설정 페이지에서 '추천상품' 옆의 아이콘을 클릭하여 뱃지 아이콘을 수정합니다.

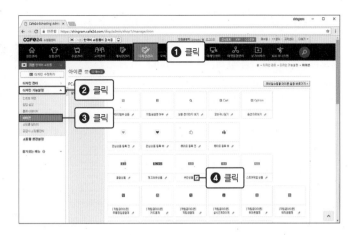

11 | 아이콘 등록 창에서 〈파일 선택〉 버튼을 클릭한 다음 05 폴더에서 'badge_balloon.png' 파일을 선택하고 〈저장〉 버튼을 클릭합니다.

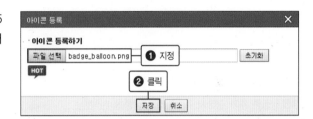

12 | 추천 상품의 뱃지 이미지가 수정됩니다.

13 | 쇼핑몰 관리자에서 **상점 관리 → 운영 관리 → 운영 방식 설정**을 선택합니다.

[상품 관련 설정] 탭에서 상품 아이콘 설정 항목의 아이콘 사용 및 노출 여부를 선택하여 지정합니다.

14 | **메인 상품 진열 관리**를 선택해 페이지를 이동하고 메인분류별 진열 항목에서 메인 분류를 '추천상품'으로 지정한 다음 〈검색〉 버튼을 클릭합니다.
상품 진열 항목에 추천 상품 목록이 나타납니다. 〈상품추가〉 버튼을 클릭하여 추천 상품을 추가합니다. 예제에서는 실습을 위해 몇 가지 상품을 미리 등록했습니다.

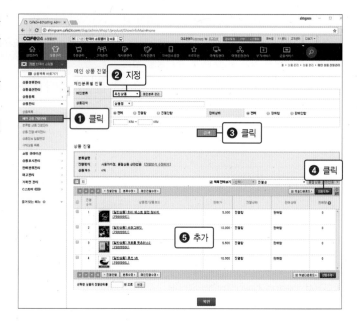

15 | 상품 추가 창에서 추천하려는 상품을 선택한 다음 〈선택〉 버튼을 클릭합니다. 추천 상품으로 지정한 상품이 선택되어 있으면 〈닫기〉 버튼을 클릭하여 창을 닫습니다.

16 | 추가된 상품을 확인하고 〈확인〉 버튼을 클릭하여 적용합니다.

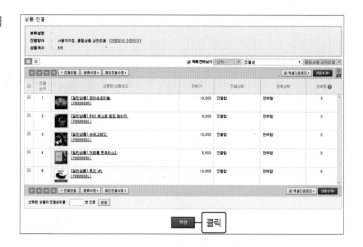

▲ 뱃지가 적용된 화면 - 메인 페이지 목록

▲ 뱃지가 적용된 화면 - 상품 상세페이지

4 버튼 세팅하기

상품 상세페이지의 〈구매하기〉 버튼은 쇼핑몰 운영자가 페이지에 접속한 고객들이 반드시 클릭하기 바라는 버튼으로 콜투액션(CTA; Call to Action) 버튼이라고도 합니다. 여기서는 〈구매하기〉 버튼 디자인을 변경하겠습니다.

▲ 〈구매하기〉 버튼이 적용된 화면

 예제 파일 : 05\btn_cart_2.gif, btn_shopping_2.gif

01 | 쇼핑몰 관리자에서 **FTP → 웹 FTP → 웹 FTP 접속**을 선택합니다. 버튼 이미지를 서버에 업로드하기 위해 〈웹 FTP 접속〉 버튼을 클릭합니다. 처음 접속하는 경우 플러그인 매니저 프로그램을 설치하고 다시 웹 FTP에 접속을 시도합니다.

> **Tip**
>
> 카페24의 웹 FTP는 크롬, 사파리 브라우저의 플러그인을 지원하지 않습니다. 윈도우 환경의 익스플로러를 이용하여 접속하세요.

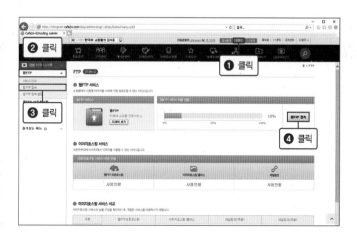

02 | 웹 FTP 접속 창의 로그인(FTP 연결) 창에서 FTP 사이트(호스트 주소)를 변경하지 않고, 아이디와 암호를 입력한 다음 〈연결〉 버튼을 클릭합니다.

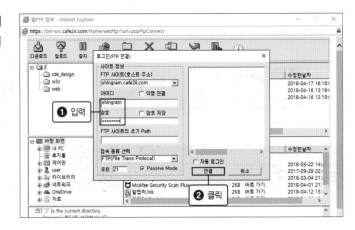

03 | 웹 FTP에 접속되면 '새 폴더'를 클릭한 다음 새 폴더 만들기 대화상자에서 'Images'를 입력하고 〈확인〉 버튼을 클릭합니다. 추가된 'images' 폴더를 더블클릭하여 이동합니다.

04 | 05 폴더의 'btn_cart_2.gif', 'btn_shopping _2.gif' 파일을 선택한 다음 '업로드'를 클릭합니다.

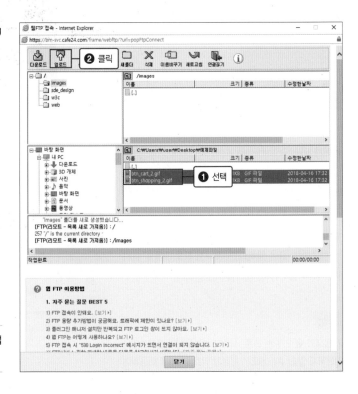

Tip

왼쪽 아래 영역은 파일 위치를 찾고, 오른쪽 아래 영역은 업로드하려는 파일을 선택하는 영역입니다.

05 | 업로드한 파일의 경로는 'http://id(쇼핑몰아이디).cafe24.com/폴더명/파일명.확장자명'입니다.

> **Tip**
>
> 업로드한 파일의 URL 경로는 다음과 같습니다.
> http://id(쇼핑몰아이디).cafe24.com/images/btn_cart_2.gif
> http://id(쇼핑몰아이디).cafe24.com/images/btn_shopping_2.gif

> **Tip**
>
> 웹 FTP에서 간단하게 경로를 복사할 수도 있습니다.
> 파일을 선택한 다음 'URL복사'를 클릭하면 클립보드에 임시로 저장됩니다. 메모장에서 Ctrl+V를 눌러 붙여 넣어 내용을 확인할 수 있습니다.

06 | 디자인 관리 페이지의 〈쇼핑몰 디자인 수정〉 버튼을 클릭합니다.

07 | 스마트 디자인 편집창의 왼쪽 목록에서 '상품 상세'를 클릭합니다.

08 | HTML 편집 영역의 385라인으로 이동하여 이미지 경로를 수정합니다.

HTML

```
380    <span class="left">
381        <a href="#none" onclick="{$action_basket}" class="{$basket_display|display}"><img src="//img.echosting.cafe24.com/design/skin/fashion013/btn_basket1.gif" alt="장바구니 담기" /></a>
382        <a href="#none" onclick="{$action_wishlist}" class="{$wishlist_display|display}"><img src="//img.echosting.cafe24.com/design/skin/fashion013/btn_wishlist1.gif" alt="관심상품 등록" /></a>
383        <a href="#none" onclick="{$action_recommend}"><img src="//img.echosting.cafe24.com/design/skin/fashion013/btn_mail1.gif" alt="추천 메일 보내기" /></a>
384    </span>
385    <a href="/"><img src="http://shingram.cafe24.com/images/btn_shopping_2.gif" alt="쇼핑 계속하기" /></a>
386    <a href="#none" onclick="{$action_buy}" class="{$buy_display|display}"><img src="http://shingram.cafe24.com/images/btn_cart_2.gif" alt="바로 구매하기" /></a>
387    <!-- 네이버 체크아웃 구매 버튼  -->
388        <div id="NaverChk_Button"></div><!-- //네이버 체크아웃 구매 버튼  -->
389    </div>
390
391    <div module="myshop_benefit">
392        <p class="myThumb"><img src="{$group_image}" alt="{$group_name}" onerror="this.src='http://img.echosting.cafe24.com/design/skin/default/member/img_member_default.gif';" /></p>
393        <div class="myInfo">
394            <p>저희 쇼핑몰을 이용해 주셔서 감사합니다. <br /><strong>$member_name 님</strong>은 [{$group_name}] 회원이십니다.</p>
395            <p class="{$display_no_benefit|display}"><strong>$dc_pay} {$dc_min_price</strong> 구매시 <strong>$dc_price}{$dc_type</strong>를 {$use_dc} 받으실 수 있습니다. {$dc_max_percent}</p>
396            <p class="{$display_with_all|display}"><strong>$dc_pay} {$dc_min_price_mileage</strong> 구매시 <strong>$dc_price_mileage}{$dc_type_mileage</strong>를 {$use_dc_mileage} 받으실 수 있습니
397        </div>
398    </div>
399
400        {$common_event_b}
401
```

```
<a href="/"><img
src="//img.echosting.cafe24.com/design/skin/fashion013/btn_shopping.gif"
alt="쇼핑 계속하기" /></a>
<a href="#none" onclick="{$action_buy}" class="{$buy_display|display}"><img
src="//img.echosting.cafe24.com/design/skin/fashion013/btn_cart.gif"
alt="바로 구매하기" /></a>
```

▲ 수정 전

```
<a href="/"><img
src="http://id(쇼핑몰아이디).cafe24.com/images/btn_shopping_2.gif" alt="쇼핑 계속하기" /></a>
<a href="#none" onclick="{$action_buy}" class="{$buy_display|display}"><img
src="http://id(쇼핑몰아이디).cafe24.com/images/btn_cart_2.gif" alt="바로 구매하기" /></a>
```

▲ 수정 후

09 | 〈저장〉 버튼을 클릭하여 변경 사항을 저장합니다. 〈구매하기〉 버튼과 〈쇼핑 계속하기〉 버튼이 변경되었습니다.

10 | 제대로 변경되었는지 확인하기 위해 임시 도메인을 클릭하여 쇼핑몰 디자인을 확인합니다.

팝업 이미지 세팅하기

● ● ●

■ **예제 파일 :** 05\popup_discount.jpg

01 | **디자인 기능 설정 → 팝업 설정**을 선택합니다. 쇼핑몰에 표시할 팝업 창을 관리할 수 있는 페이지가 표시됩니다. 〈팝업등록〉 버튼을 클릭하여 팝업 등록 페이지로 이동합니다.

02 | 팝업진행설정 항목에서 작성한 팝업창의 진행 여부를 '대기', '진행', '종료' 중에서 선택할 수 있습니다. 예제에서는 진행 여부를 '진행'으로 선택하고 쇼핑몰 디자인을 '무료디자인 LEXISS'로 지정합니다.

 Tip

실제 쇼핑몰에서는 진행여부를 '대기'로 선택하고 팝업창 설정 완료 후 '진행'으로 변경하는 것이 사용자에게 문제 화면을 보여주지 않아 안전합니다.

03 | 팝업창이 표시될 기간을 지정하고 화면에서 로고를 가리지 않을 정도로 화면 위로부터 '170'픽셀, 왼쪽부터 '50'픽셀에서 노출로 설정하여 화면 왼쪽 위를 기준으로 합니다.

팝업창이 나타날 페이지를 지정합니다. 예제에서는 처음 방문했을 때 보이는 메인 화면(index.html)에만 팝업을 설정하기 위해 '웹페이지형 선택'을 선택한 다음 웹 문서 탐색 창에서 〈취소〉 버튼을 클릭하여 문서를 추가하지 않았습니다.

04 | 팝업창 디자인 항목에서 팝업 종류는 새 창이 표시되지 않는 '레이어 팝업'을 선택하고, 팝업의 크기를 가로는 '500'픽셀, 세로는 '650'픽셀로 설정합니다. 창닫기 방법은 '오늘 하루 열지 않음'을 선택합니다. 팝업창 내용 등록 방법은 '샘플팝업 이용하여 만들기'를 선택합니다. 팝업 내용의 다양한 템플릿을 이용할 수 있습니다.

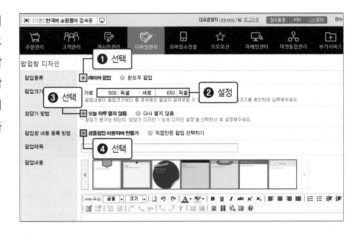

05 | 직접 디자인한 팝업 이미지를 사용하기 위해 웹 FTP에서 'popup_discount.jpg' 파일을 업로드합니다. 알림 대화상자가 표시되면 〈확인〉 버튼을 클릭합니다.

 Tip

버튼 세팅을 위해 업로드했던 동일한 위치(images 폴더)에 업로드하세요.

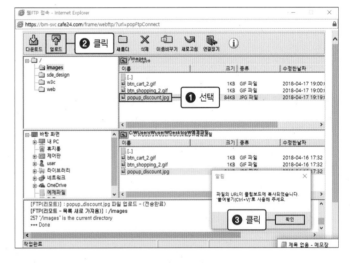

06 | 팝업제목에 '신그램 50% 대박세일 이벤트 팝업'을 입력한 다음 〈HTML Source〉 버튼을 클릭합니다.

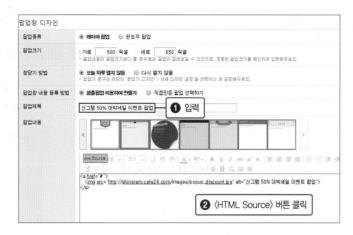

07 | 팝업 내용의 HTML에 다음의 소스를 입력합니다. 실제 팝업을 적용할 때 '#' 위치에 링크 주소를 입력합니다.

```
<a href="#">
  <img src="http://id(쇼핑몰아이디).cafe24.com/images/popup_discount.jpg"
alt="신그램 50% 대박세일 이벤트 팝업">
</a>
```

08 | 〈HTML Source〉 버튼을 다시 한 번 클릭합니다. 팝업 이미지가 잘 나오는지 미리보기 화면으로 확인합니다.

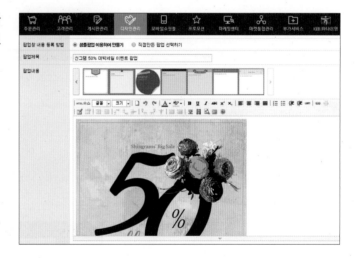

09 | 창닫기 디자인 항목의 창닫기 디자인 설정에서 '기본디자인 사용'을 선택한 다음 〈미리보기〉 버튼을 클릭합니다.

10 | 메인 화면의 팝업 이미지로 창닫기 디자인도
잘 적용되면 〈저장〉 버튼을 클릭합니다.

11 | 팝업진행설정 항목의 진행여부가 '진행'으로
되어있는지 확인합니다. 쇼핑몰의 메인 화면으로 이
동해 팝업창이 잘 표시되는지 확인합니다.

6 **메인 슬라이드 세팅하기** • • •

■ 예제 파일 : 05\main_slide_pc_large.jpg

01 | 메인 슬라이드 이미지를 교체하기 위해 디자
인 관리 페이지에서 〈쇼핑몰 디자인 수정〉 버튼을 클
릭합니다.

02 | 스마트 디자인 편집창에서 메인 슬라이드 이미지 위에 마우스 포인터를 위치시키고 〈편집〉 버튼을 클릭합니다.

03 | 이미지 창에서 [속성] 탭을 선택하고 〈파일 선택〉 버튼을 클릭합니다. 05 폴더의 'main_slide_pc_large.jpg' 파일을 불러온 다음 〈확인〉 버튼을 클릭합니다. 〈적용〉 버튼을 클릭하고 메인 슬라이드 이미지가 잘 변경되었는지 확인한 다음 〈저장〉 버튼을 클릭하여 적용합니다.

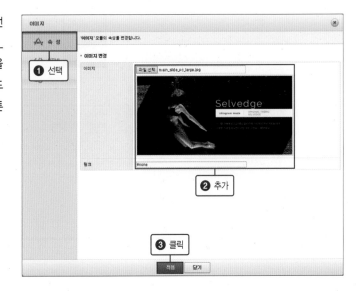

04 | 임시 도메인을 클릭하여 쇼핑몰 디자인에서 반영된 메인 슬라이드를 확인합니다.

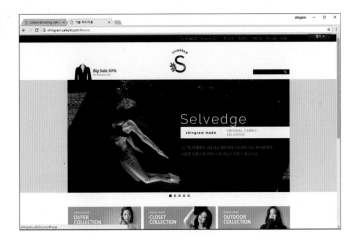

7 배너 세팅하기

■ 예제 파일 : 05\banner_shingram.jpg

01 | 스마트 디자인 편집창에서 '상품상세'를 클릭
합니다. 왼쪽 배너 이미지 위에 마우스 포인터를 위
치시키고 〈편집〉 버튼을 클릭합니다.

02 | 팝업 페이지에서 왼쪽의 [속성] 탭을 선택한
다음 〈파일 선택〉 버튼을 클릭합니다. 05 폴더에서
'banner_shingram.jpg' 파일을 선택하고 〈적용〉
버튼을 클릭합니다. 배너 이미지가 잘 변경되었는지
확인한 다음 〈저장〉 버튼을 클릭하여 적용합니다.

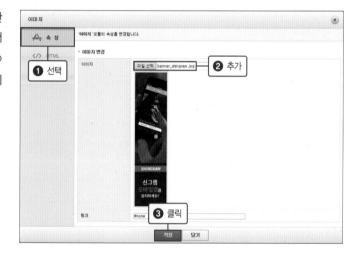

8 상품 상세페이지의 이벤트 세팅하기

■ 예제 파일 : 05\banner_horizontal.jpg

01 | 이번에는 상품 상세페이지 상단에 공통으로
노출할 배너를 등록하겠습니다. 쇼핑몰 관리자에서
**프로모션 → 홍보배너/문구 관리 → 공통이벤트 관
리**를 선택한 다음 〈신규등록〉 버튼을 클릭합니다.

02 | 공통 이벤트 정보 입력 항목에서 진행여부는 '진행', 표시위치는 '상품상세정보 위'를 선택합니다. 상품대분류는 '전체'로 지정하고, 이벤트 제목에 '오늘의 쿠폰'을 입력한 다음 위쪽의 〈FTP〉 버튼을 클릭합니다.

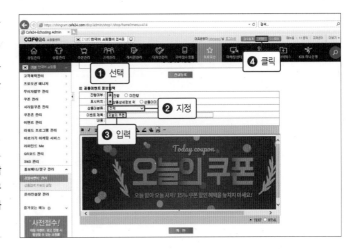

Tip

상품상세정보 위의 상품상세정보 탭 바(Tab bar)가 시작되는 부분 위에 배너가 위치합니다. 상품 이미지 옆에는 구매하기 버튼 아래에 배너가 위치합니다. 상품대분류에서 카테고리를 선택하면 해당 카테고리에만 배너가 노출됩니다.

03 | 이미지 등록 창이 표시되면 왼쪽 영역에서 'upload'를 클릭하여 이동합니다.

04 | 〈찾아보기〉 버튼을 클릭해 05 폴더의 'banner_horizontal.jpg' 파일을 선택합니다. 〈파일 업로드〉 버튼을 클릭해 업로드되면 해당 이미지를 검색합니다. 왼쪽 영역에서 'banner_horizontal.jpg'에 체크 표시하면 미리보기에서 이미지를 확인할 수 있습니다. 〈이미지 적용〉 버튼을 클릭합니다.

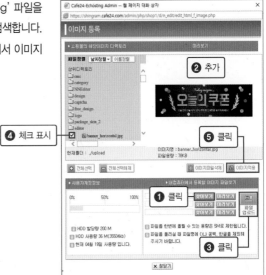

05 | 에디터에 배너 이미지가 추가되면 커서를 두고 Ctrl+A를 눌러 전체 선택합니다. '가운데 정렬' 아이콘을 클릭한 다음 링크를 연결하기 위해 '하이퍼링크' 아이콘을 클릭합니다.

06 | 하이퍼링크 대화상자가 표시되면 URL에 '#'을 입력합니다. 실제로 적용할 때는 연결하려는 URL을 입력합니다. 〈확인〉 버튼을 클릭하고 공통이벤트 등록 페이지에서 〈확인〉 버튼을 클릭하여 배너를 등록합니다.

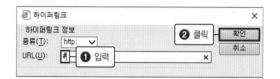

07 | 내 쇼핑몰의 상품 상세페이지에서 배너가 잘 등록되었는지 확인합니다.

쇼핑몰 솔루션 기본 세팅하기 2 - 고도몰

고도몰은 e나무 솔루션과 새로운 기술 기반인 고도몰5 솔루션이 있습니다. 고도몰5 솔루션을 기준으로 기본 세팅을 진행하기 위해 먼저 쇼핑몰 관리자 페이지에서 대표 운영자 계정으로 로그인합니다.

고도몰의 디자인 스킨을 변경할 때는 이용 중인 솔루션 종류를 미리 체크하여 적용 가능한 디자인 스킨인지 확인한 다음 설정해야 합니다.

1 무료 디자인 스킨 세팅하기

고도몰5 솔루션을 기준으로 무료 디자인 스킨을 세팅하겠습니다. 유료 디자인 스킨을 선택하면 디자인 회사에서 기본 세팅에 관해 협의가 가능합니다. 실습에 필요한 스킨은 무료 버전으로 선택하고 세팅하겠습니다.

01 | 고도몰의 쇼핑몰 관리자 화면에서 **디자인**을 선택하면 디자인 스킨 리스트 페이지로 이동합니다. 디자인 스킨을 추가하기 위해 보유 스킨 리스트 항목에서 〈무료스킨추가〉 버튼을 클릭합니다.

02 | 카테고리에서 '고도몰5'를 선택하고 입력창에 '모먼트'를 입력하여 검색합니다. 검색 결과에서 '모먼트' 스킨 위에 마우스 포인터를 위치시켜 나타나는 〈추가하기〉 버튼을 클릭합니다.

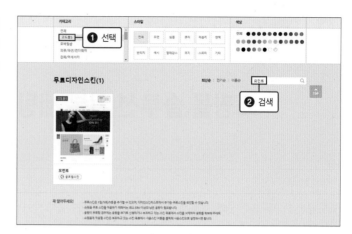

03 | 무료스킨 추가하기 창에서 1. 레이아웃 선택을 '상단메뉴 타입'으로 선택하고, 2. 언어 선택을 '한국어'를 선택한 다음 〈추가〉 버튼을 클릭합니다. 스킨담기가 완료되었다는 메시지 창에서 〈확인〉 버튼을 클릭해 팝업창을 닫습니다.

04 | 디자인 스킨 리스트 페이지에서 F5 를 눌러 새로 고침합니다. 추가된 모먼트 스킨을 선택하고 적용할 상점을 '기준몰'로 지정한 다음 〈사용 스킨으로 설정〉 버튼을 클릭합니다. 스킨을 변경하면 게시판에 적용된 디자인도 기본 스킨으로 변경된다는 알림 창이 나타납니다. 〈확인〉 버튼을 클릭해 적용합니다.

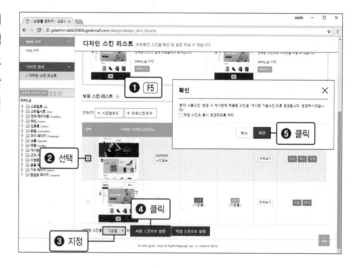

05 | 〈내쇼핑몰〉 버튼을 클릭해 상점의 디자인 스킨이 변경되었는지 확인합니다.

■ 예제 파일 : 05\manle_logo.png

01 | **디자인 → 배너 관리**를 선택한 다음 배너 검색 항목의 디자인 스킨을 '모먼트(moment) – 사용 중인스킨 [기준몰]'로 지정합니다. 배너 그룹은 '로고 전용 – 상단로고'를 선택하고 〈검색〉 버튼을 클릭합니다. 목록에 나타나는 상단 로고 라인의 〈수정〉 버튼을 클릭합니다.

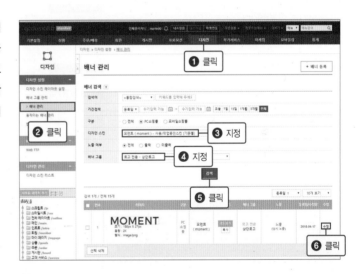

02 | 배너 정보를 수정하는 페이지에서 배너 이미지 항목의 〈찾아보기〉 버튼을 클릭하여 05 폴더의 'manle_logo.png' 파일을 선택합니다. 오른쪽 위의 〈배너 수정〉 버튼을 클릭해 저장되면 〈목록〉 버튼을 클릭하여 배너 관리 페이지로 이동합니다.

399

03 | 이번에는 디자인 스킨을 '모먼트(moment) –
사용중인스킨 [기준몰]', 배너 그룹은 '로고 전용 – 하
단로고'를 선택해 검색합니다. 목록에서 하단로고의
〈수정〉 버튼을 클릭합니다.

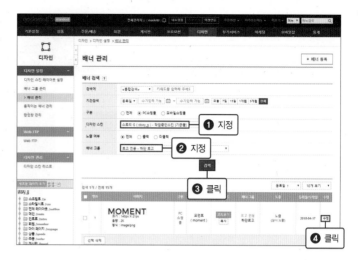

04 | 배너 수정 페이지에서 배너 이미지의 〈찾아보
기〉 버튼을 클릭합니다. 05 폴더에서 'manle_logo.
png' 파일을 선택한 다음의 〈배너 수정〉 버튼을 클
릭하여 적용합니다. 〈목록〉 버튼을 클릭하여 배너 관
리 페이지로 이동합니다.

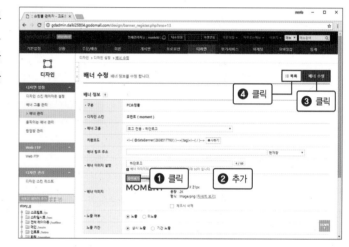

05 | 〈내쇼핑몰〉 버튼을 클릭하여 쇼핑몰 디자인에서 상단과 하단의 로고가 잘 변경되었는지 확인합니다.

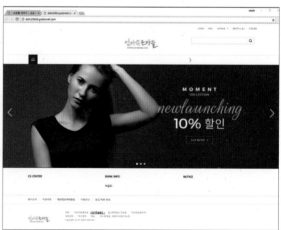

■ **예제 파일 :** 05\badge_balloon.png

01 │ 상품에 뱃지 이미지를 추가하기 위해 먼저 **상품 → 상품 관리 → 상품 아이콘 관리**를 선택합니다. 인기상품의 〈수정〉 버튼을 클릭하여 상품 아이콘 수정 페이지로 이동합니다.

02 │ 아이콘 이미지의 〈찾아보기〉 버튼을 클릭하고 05 폴더에서 'badge_balloon.png' 파일을 선택합니다. 〈저장〉 버튼을 클릭해 저장이 완료되면 〈목록〉 버튼을 클릭합니다.

03 │ 이번에는 **상품 리스트**를 선택합니다. 예제에서는 몇 가지 상품을 미리 등록했습니다. 뱃지를 적용할 상품의 상품명을 클릭합니다.

04 | 상품 수정 팝업 창에서 [아이콘] 탭을 선택합니다. 앞서 등록한 'HOT' 뱃지를 선택한 다음 〈저장〉 버튼을 클릭하여 적용합니다. 저장을 마치면 팝업 창을 닫습니다.

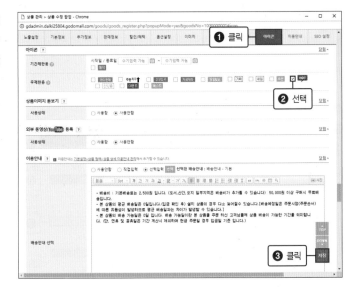

05 | 〈내쇼핑몰〉 버튼을 클릭하여 뱃지가 잘 적용되었는지 확인합니다.

 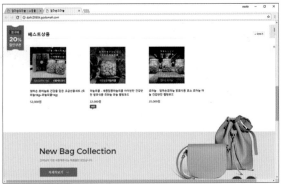

---

4 버튼 세팅하기

상품 상세페이지에서 CTA 버튼으로 불리우는 〈바로 구매〉 버튼은 고객의 클릭을 유도하는 중요한 버튼입니다. 로고와 톤앤매너를 맞추기 위해 〈바로 구매〉 버튼을 포인트 컬러로 변경하고 화살표 이미지를 추가해 디자인을 강조하겠습니다.

■ 예제 파일 : 05\arrow.png

01 | 버튼에 이용할 이미지를 서버에 업로드합니다. **디자인 → Web FTP**를 선택하여 FTP에 접속합니다. WebFTP 창에서 〈파일 직접 선택〉 버튼을 클릭합니다. 05 폴더에서 'arrow.png' 파일을 불러오고 중복된 파일에 관한 안내 메시지가 표시되면 〈확인〉 버튼을 클릭합니다. F5 를 눌러 새로 고침하여 파일 목록에 파일이 추가되었는지 확인합니다.

02 | 현재 설정된 디자인 스킨 항목의 작업 중인 스킨이 'moment'로 지정되었는지 확인합니다. 지정되지 않았다면 보유 스킨 리스트 항목에서 'moment' 스킨을 선택하고 적용할 상점을 '기준몰'로 지정한 다음 〈작업 스킨으로 설정〉 버튼을 클릭합니다.
폴더 목록에서 '스타일시트/css' 폴더를 더블클릭하여 나타나는 목록에서 'button.css'를 클릭합니다.

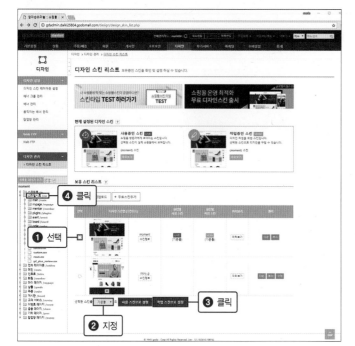

> **Tip**
>
> 업로드한 파일의 경로는 'http://id(쇼핑몰아이디).godo mall.com/data/폴더명/파일명.확장자명'입니다. 앞서 폴더를 만들지 않고 'arrow.png' 파일을 업로드했습니다.
> 다음의 URL은 파일 경로입니다.
> http://id(쇼핑몰아이디).godomall.com/data/arrow. png

03 | 'button.css'의 디자인 페이지 수정 페이지에서 Ctrl+F를 눌러 찾기를 실행하고 '바로구매'를 입력합니다. 44라인에서부터 49라인에 해당 CSS가 있습니다. CSS 소스를 다음과 같이 수정하고 오른쪽 위의 〈디자인 페이지 저장〉 버튼을 클릭해 저장합니다.

```
padding:0 38px 0 10px;
```
안쪽 여백을 의미하며 첫 번째 숫자는 위쪽, 두 번째 숫자는 오른쪽, 세 번째 숫자는 아래쪽, 네 번째 숫자는 왼쪽 여백을 지정합니다.
```
font-size:20px;
```
글자 크기를 변경합니다.
```
border:1px solid #920010;
```
상자의 테두리를 의미합니다. 첫 번째는 테두리의 두께를 지정하고, 두 번째는 테두리의 종류('solid'는 직선, 'dotted'는 점선, 'dashed'는 긴 점선, 'double'은 두 줄), 세 번째는 색상을 지정합니다.
```
background:#bd061b url("/data/arrow.png") no-repeat 180px;
```
배경 속성을 지정합니다. 첫 번째는 배경색, 두 번째는 배경 이미지의 위치, 세 번째는 반복 여부, 네 번째는 왼쪽으로부터 간격을 지정합니다. 다섯 번째의 속성을 지정하는 경우 위쪽으로부터 간격을 지정하고 속성이 없으면 기본 값인 상하 가운데에 위치합니다.

```
/* 바로구매 버튼 */
.btn_add_order,
.btn_add_order_related,
.btn_add_cart_related{display:inline-block; width:230px; height:52px;
margin:0 0 0 6px; padding:0 10px 0 10px; color:#ffffff; font-size:16px;
border:1px solid #ab3e55; background:#ab3e55; text-align:center; font-weight:bold;}
.btn_add_order:hover,
.btn_add_order_related:hover,
.btn_add_cart_related:hover{border:1px solid #9b344a; background:#9b344a;}
```

▲ 수정 전

```
.btn_add_order,
.btn_add_order_related,
.btn_add_cart_related{display:inline-block; width:230px; height:52px;
margin:0 0 0 6px; padding:0 38px 0 10px; color:#ffffff; font-size:20px;
border:1px solid #920010; background:#bd061b url("/data/arrow.png") no-repeat 180px;
text-align:center; font-weight:bold;}

.btn_add_order:hover,
.btn_add_order_related:hover,
.btn_add_cart_related:hover{border:1px solid #730008; background:#a4030f
url("/data/arrow.png") no-repeat 180px;}
```

▲ 수정 후

404

04 | 관리자 페이지 위의 〈내쇼핑몰〉 버튼을 클릭
해 상품 상세페이지로 이동하여 〈바로 구매〉 버튼에
잘 적용되었는지 확인합니다.

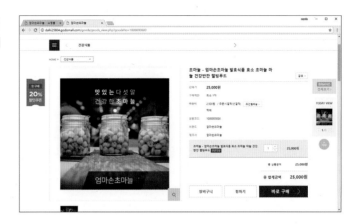

5 단일 팝업 세팅하기

• • •

■ 예제 파일 : 05\popup_holiday.jpg

01 | **디자인 → 디자인 설정**을 선택합니다. 팝업창
관리 페이지에서 〈팝업창 등록〉 버튼을 클릭합니다.

02 | 팝업창 수정 페이지에서 팝업창 기본설정 항
목을 지정합니다. 쇼핑몰 유형은 'PC 쇼핑몰'을 선
택합니다. 팝업 제목에 '설연휴 배송공지'를 입력하
고, 노출 여부는 '노출'을 선택합니다. 기간별 노출 설
정에서 '항상 팝업창이 열립니다.'를 선택합니다. "오
늘 하루 보이지 않음' 기능을 사용합니다.'를 선택합
니다. 배경 색상을 '#464646(진회색)', 글자 색상을
'#ffffff(흰색)', 정렬을 '오른쪽'으로 지정합니다.

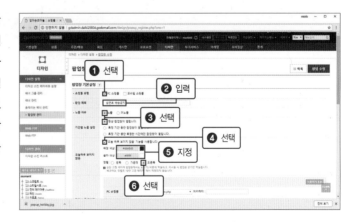

405

모바일 쇼핑몰에도 적용하려면 '모바일 쇼핑몰'도 함께 선택합니다. 팝업 노출 기간을 설정하고 싶을 때는 특정 기간 또는 특정 시간을 지정합니다. 팝업 노출 페이지는 메인 화면에만 노출할 예정이므로 추가할 내용이 없습니다. 특정 카테고리 또는 특정 상품의 상세페이지에서 노출을 원하면 파라메터를 찾아 입력합니다.

잠깐만요! 파라메터 찾기

❶ 관리자 페이지 위쪽의 〈내쇼핑몰〉 버튼을 클릭하여 쇼핑몰로 이동합니다.

❷ 원하는 상품 또는 카테고리로 이동합니다.

❸ 주소 표시줄의 URL에서 물음표(?) 뒤에 추가되는 것이 파라메터이므로 드래그하여 복사합니다.

   예) http://id(쇼핑몰아이디).godomall.com/goods/goods_view.php?goodsNo=1000000002

❹ 팝업 노출 페이지에서 파일명을 '상품 상세페이지 : goods/goods_view.php'로 선택하고, 파라메터에는 'goodsNo=1000000002'를 입력합니다.

| PC 쇼핑몰 | 상품 상세 페이지 : goods/ goods_view.php ⬍ | 파라메터 : | goodsNo=1000000002 |

---

03 | 창크기를 가로 '688pixel', 세로 '400pixel'로 설정합니다. 창위치는 상단을 '150pixel', 좌측을 '50pixel', 배경색상을 '#ffffff(흰색)'로 지정합니다. 팝업창 내용의 에디터 오른쪽에서 '사진' 아이콘을 클릭해 05 폴더의 'popup_holiday.jpg' 파일을 불러옵니다. 설정을 마치고 〈팝업 수정〉 버튼을 클릭해 저장합니다.

관리자 페이지의 〈내쇼핑몰〉 버튼을 클릭합니다.

04 | 상점 메인 화면에 팝업창이 적용되는지 확인합니다.

6

멀티 팝업 세팅하기

고도몰에서는 플러그인 형태로 원하는 기능만 확장하여 설치해서 이용할 수 있도록 플러스샵을 운영합니다. 쇼핑몰 관리자 페이지가 핵심 기능으로만 이루어져 쉽게 접근할 수 있지만, 부가 기능을 하나씩 살펴보고 필요한 기능을 설치해야 하는 번거로움도 있습니다.

■ **1단계** : 고도 홈페이지 → 쇼핑몰 → 파워서비스 → 플러스샵 → 멀티팝업 검색 → 구매하기 → 마이앱 → 설정관리 → 설치하기 후
■ **2단계** : 쇼핑몰 관리자 → 디자인 → 디자인 설정 → 멀티 팝업창 관리

■ **예제 파일** : 05\multi_popup_01_s.jpg, multi_popup_01_s_over.jpg, multi_popup_01.jpg

01 | 멀티 팝업은 확장 서비스로 앱을 설치해야 합니다. 무료로 서비스를 제공하므로 고도 홈페이지(http://www.godo.co.kr)에서 **쇼핑몰 → 플러스샵**을 선택하고 로그인합니다. 또는 고도 플러스샵 바로가기(http://plus.godo.co.kr)로 이동합니다. 플러스샵 홈페이지에서 검색창에 '멀티팝업'을 입력하고 검색합니다.

02 | 검색 결과 또는 상세페이지에서 〈구매하기〉 버튼을 클릭하여 주문/결제 페이지로 이동합니다.

03 | 앱명 '멀티팝업', 판매가 '0원'을 확인하고, 구매자 정보 항목에서 도메인을 '고도몰5 / id(쇼핑몰 아이디).godomall.com'로 지정합니다. 이용약관 및 결제 동의 항목을 모두 체크 표시하고 〈완료〉 버튼을 클릭합니다. 주문완료 페이지에서 앱 구매 완료 메시지를 확인합니다.

04 | **마이앱 → 앱관리**를 선택합니다. 구매내역 항목에서 '멀티팝업'의 〈설정관리〉 버튼을 클릭합니다.

05 | 설정관리 창에서 〈설치하기〉 버튼을 클릭하면 앱 설치가 완료됩니다.

06 | **멀티 팝업창 관리**를 선택한 다음 〈멀티팝업창 등록〉 버튼을 클릭합니다.

07 | 멀티팝업창 기본설정 항목을 지정합니다. 모바일은 화면의 폭이 좁기 때문에 꼭 필요한 경우에만 팝업을 사용합니다. 이미지 사이 여백을 설정하지 않으므로 여백은 예제 파일의 이미지에 포함시켜 저장했습니다. 멀티팝업 노출 페이지는 메인 페이지에서만 노출되도록 기본 설정을 변경하지 않고, 특정 카테고리와 특정 상세페이지에서 노출을 원하는 경우 파라미터를 지정합니다. 팝업 이미지 항목에서 이미지를 설정합니다. 이미지의 개수를 '3 X 2'로 지정했으므로 6개의 이미지를 추가할 수 있는 레이아웃이 나타납니다. 각 위치의 〈파일선택〉 버튼을 클릭해 이미지를 설정합니다.

- 쇼핑몰 유형 : PC 쇼핑몰
- 멀티팝업 제목 : 쇼핑몰 혜택 총정리
- 노출 여부 : 노출
- 창 종류 : 멀티 고정 레이어창
- 멀티팝업창 페이지 : 기본 고정 멀티 레이어 팝업창
- 창위치 : 상단에서 '50'pixel, 좌측에서 '0'pixel
- 기간별 노출 설정 : 항상 멀티팝업창이 열립니다.
- 오늘하루 보이지 않음 : '오늘 하루 보이지 않음' 기능을 사용합니다.

- 배경 색상 : #4d4d4d(진회색)
- 글자 색상 : #ffffff(흰색)
- 정렬 : 오른쪽
- 이미지 이동 방법 : 오른쪽에서 왼쪽으로 이동
- 이미지 이동속도 : 4
- 이미지 개수 : 3 X 2
- 큰 이미지 크기 – 가로 크기 : 310pixel, 세로 크기 : 312pixel
- 작은 이미지 크기 – 가로/세로 크기 : 103pixel

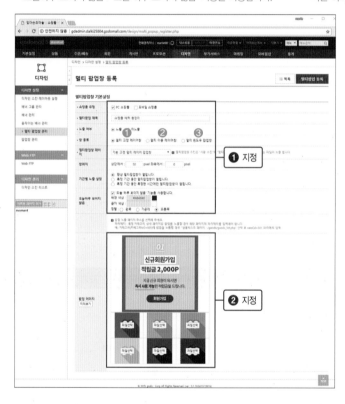

Tip

❶ **멀티 고정 레이어창** : 쇼핑몰 위에 레이어 형태로 팝업창이 표시되며, 사용자가 팝업창을 이동할 수 없습니다.

❷ **멀티 이동 레이어창** : 쇼핑몰 위에 레이어 형태로 팝업창이 표시되며, 사용자가 팝업창 위치를 조정할 수 있습니다.

❸ **멀티 윈도우 팝업창** : 새 윈도우로 팝업창이 표시되며, 사용자가 팝업창 위치를 조정할 수 있습니다.

---

08 | 멀티 팝업 이미지 등록 창이 표시되면 이미지 등록방식을 '직접 업로드'로 선택합니다. 작은이미지 1은 〈파일 선택〉 버튼을 클릭해 05 폴더에서 'multi_popup_01_s.jpg' 파일을 선택합니다. 작은이미지2는 'multi_popup_01_s_over.jpg' 파일을 지정합니다. 큰 이미지는 'multi_popup_01.jpg' 파일을 지정합니다. 링크 주소로 '#'을 입력하고 설정이 완료되면 〈확인〉 버튼을 클릭합니다. 두 번째~여섯 번째 이미지도 각각 설정합니다. 설정이 완료되면 〈멀티팝업 등록〉 버튼을 클릭합니다.

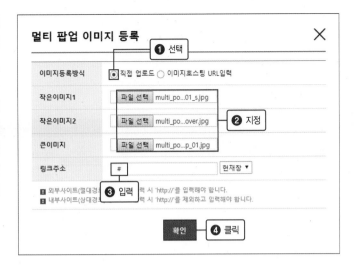

Tip

작은이미지1은 아래쪽의 작은 이미지이며, 작은이미지2는 마우스 포인터를 위치시키면 나타나는 이미지이고, 큰 이미지는 크게 보이는 상세 이미지입니다. 링크 주소를 실제 적용할 때에는 클릭 시 연결될 URL을 입력합니다. 예제 파일의 큰 이미지는 중복해서 사용합니다.

---

09 | 내 쇼핑몰에서 멀티 팝업창이 적용되었는지 확인합니다.

7

메인 슬라이드 세팅하기

■ 예제 파일 : 05\main_slide_pc_full.jpg

01 | **움직이는 배너 관리**를 선택합니다. '모먼트' 디자인 스킨으로 설정되어 있으므로 배너 목록에 미리 등록되어 있습니다. 배너 타이틀 목록 중에서 '모먼트 메인 슬라이드 배너'의 〈수정〉 버튼을 클릭합니다.

02 | 이미지 설정 항목에서 배너 이미지의 〈찾아보기〉 버튼을 클릭해 05 폴더의 'main_slide_pc_full.jpg' 파일을 선택합니다. 〈움직이는 배너 수정〉 버튼을 클릭합니다.

> **Tip**
>
> 실제로 적용할 때는 링크 주소에 배너 이미지를 클릭하면 이동할 URL을 입력하고, 이미지 설명에 이미지에 관한 설명도 입력합니다.

03 | 관리자 페이지 위의 〈내쇼핑몰〉 버튼을 클릭하여 상점 메인 화면의 메인 슬라이드 영역에 적용되었는지 확인합니다.

8 배너 세팅하기

■ 예제 파일 : 05\banner_full.jpg

01 | 이번에는 서버에 배너 이미지를 업로드하겠습니다. **WebFTP**를 선택하고 〈파일직접 선택〉 버튼을 클릭해 05 폴더의 'banner _full.jpg' 파일을 업로드합니다. [F5]를 눌러 새로고침하여 파일 목록에 파일이 추가되었는지 확인합니다.

02 | **디자인 스킨 레이아웃 설정**을 선택한 다음 'outline/_header.html'의 '편집하기' 링크를 클릭 합니다.

03 | 아래쪽에서 해당 파일의 HTML 소스를 확인 할 수 있습니다. body가 시작하는 137라인으로 이 동합니다. 137라인 바로 아래에 HTML 소스를 추가 하고 〈디자인 페이지 저장〉 버튼을 클릭하여 저장합 니다.

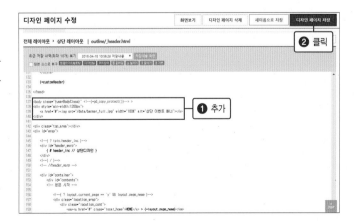

413

```
<div style="min-width:1200px">~</div>
```

div 박스를 만듭니다. 박스는 기본으로 가로 100% 크기이며, 브라우저 크기가 변할 때 박스의 가로 크기가 최소(min-width) 1200px 이하로 작아지지 않습니다.

```
<a href="#">~</a>
```

a href로 링크를 연결합니다. '#'의 속성은 현재 페이지에서 이동하지 않는다는 뜻이고 실제 적용할 때는 이동하려는 URL을 입력합니다.

```
<img src="/data/banner_full.jpg" width="100%" alt="상단 이벤트 배너">
```

img로 이미지를 추가합니다. 이미지 크기는 div 박스 크기에 따라 가로 100%로 꽉 찹니다(width="100%"). alt로 이미지를 대체하는 텍스트를 입력합니다.

```
<div style="min-width:1200px">
        <a href="#"><img src="/data/banner_full.jpg" width="100%" alt="상단 이벤트 배너"></a>
</div>
```

04 | 관리자 페이지의 〈내쇼핑몰〉 버튼을 클릭해 상점 메인 화면과 각각의 서브 페이지에 상단 배너가 적용되었는지 확인합니다.

■ 예제 파일 : 05\banner_join.jpg

01 | **배너 관리**를 선택하고 〈배너 등록〉 버튼을 클릭하여 배너 정보를 등록하는 페이지로 이동합니다.

02 | 배너 정보 항목의 구분은 'PC쇼핑몰'을 선택합니다. 디자인 스킨은 '모먼트(moment) – 사용/작업중인스킨 [기준몰]'을 지정합니다. 배너 그룹은 '일반 배너 – 스크롤 우측 배너'를 지정합니다.

배너 링크 주소에 '#', 배너 이미지 설명에 '신규 가입하고 첫구매하면!'을 입력하고, 배너 이미지의 〈찾아보기〉 버튼을 클릭해 05 폴더의 'banner_join.jpg' 파일을 불러옵니다.

노출 여부는 '노출', 노출 기간은 '상시 노출'을 선택합니다. 〈배너 등록〉 버튼을 클릭하여 저장합니다.

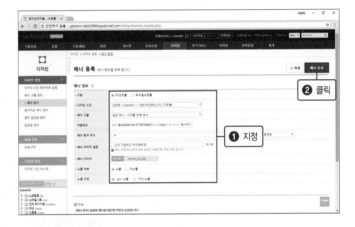

03 | 관리자 페이지 위의 〈내쇼핑몰〉 버튼을 클릭하여 상점 메인 화면과 각 서브 페이지 오른쪽에 따라다니는 배너가 적용되었는지 확인합니다.

3 쇼핑몰 디자인 세팅

쇼핑몰 솔루션 기본 세팅하기 3 - 네이버 스마트스토어

네이버 플랫폼인 스마트스토어에서 디자인을 마음대로 변경하기는 쉽지 않습니다. 개인화되지 않는 만큼 규격화되어 관리하기 쉬운 측면도 있지요. 기본 세팅을 위해 스마트스토어센터에 로그인합니다.

1 테마 세팅하기

01 | 스마트스토어의 스킨은 무료이며, 별도로 유료 버전을 설치할 수 없습니다. PC 전시 관리 페이지의 [테마 관리] 탭을 선택하여 템플릿 사용 여부 설정 항목에서 '기본 템플릿 사용'을 선택한 다음 〈적용하기〉 버튼을 클릭합니다.

02 | 스마트스토어는 리뉴얼 후 업데이트되어 네 가지 테마를 선택할 수 있습니다. **스마트스토어관리 → PC 전시 관리 → 테마 관리**를 선택합니다. 로고 이미지로 설정할 수 있는 '스토리형'을 선택하고 〈적용하기〉 버튼을 클릭합니다.

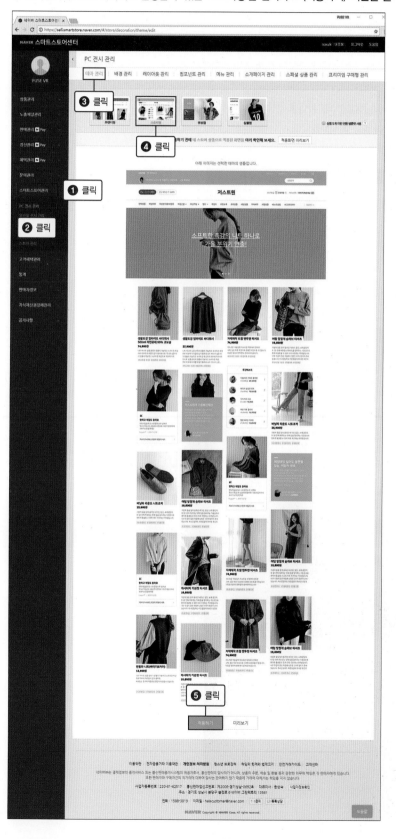

■ **예제 파일** : 05\fusevr_logo.png, fusevr_logo_s.png

01 | 로고를 세팅하기 위해 [컴포넌트 관리] 탭을 선택합니다. 스토어 이름 관리 항목에서 왼쪽의 '스토어 이름'을 선택하고 오른쪽의 소재등록관리 항목에서 '이미지 등록하기'를 선택합니다. PC의 〈이미지등록〉 버튼을 클릭합니다. 이미지 편집 및 적용 팝업창에서 〈이미지 찾기〉 버튼을 클릭하여 05 폴더의 'fusevr_logo.png' 파일을 선택하고 〈적용하기〉 버튼을 클릭합니다. 모바일도 같은 방법으로 이미지를 등록하고 〈적용하기〉 버튼을 클릭하여 로고를 적용합니다.

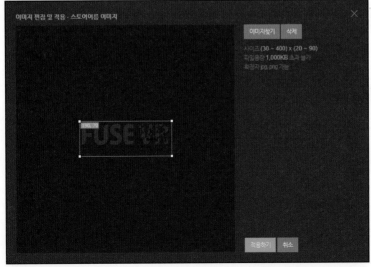

02 | 스토어 로고 관리 항목에서 '스토어 로고'를 선택한 다음 오른쪽의 소재등록관리에서 〈이미지 등록〉 버튼을 클릭하고 05 폴더에서 'fusevr_logo_s.png' 파일을 불러옵니다. 〈적용하기〉 버튼을 클릭하여 아래에 로고를 등록합니다. 왼쪽 위의 프로필 이미지를 클릭하여 '내 상점'으로 이동합니다.

Tip

하단의 로고는 이미지 높이가 30px을 넘지 않아야 승인됩니다.

03 | 위쪽 로고가 변경되었는지 확인합니다. 아래쪽 로고는 검수 완료 후 1~2일 후에 확인할 수 있습니다. 이때 상점 URL은 'smartstore.naver.com/id(쇼핑몰아이디)'입니다.

모바일 전시 관리 → 카테고리 관리를 선택합니다.
[배경 관리] 탭으로 이동해 배경색과 포인트 컬러를
원하는 색상으로 선택합니다. 〈적용화면 미리보기〉
버튼을 클릭하여 적용 전 디자인을 미리 확인할 수
있습니다. 아래의 〈적용하기〉 버튼을 클릭하여 적용
합니다.

■ 예제 파일 : 05\banner_square.jpg

01 | 스마트스토어는 다른 쇼핑몰 호스팅 플랫폼과
다르게 공지사항 페이지에서 팝업을 설정하는 것이
다릅니다. **상품관리 → 공지사항 관리**를 선택합니다.
〈새 공지사항 등록〉 버튼을 클릭합니다.

02 | 공지사항 등록 페이지에서 분류를 '일반'으로 지정하고 '중요 공지사항으로 설정'에 체크 표시합니다. 제목에 '인스타그램 공유 이벤트'를 입력한 다음 공지 상세의 [직접 작성] 탭에서 〈Smart Editor 3.0으로 작성〉 버튼을 클릭합니다.

03 | 왼쪽 컴포넌트에서 '사진'을 클릭하여 표시되는 창에서 〈내 사진〉 버튼을 클릭하여 05 폴더의 'banner_square.jpg' 파일을 추가합니다. 이미지 위 여백에 마우스 포인터를 위치시키고 휴지통 아이콘을 클릭해 불필요한 여백을 삭제한 다음 〈등록〉 버튼을 클릭합니다.

전시위치 항목은 '전체'를 선택합니다. 팝업사용 항목에서 '팝업 기간 설정'에 체크 표시하고 기간을 설정합니다. 〈공지사항 등록〉 버튼을 클릭해 공지사항을 등록합니다.

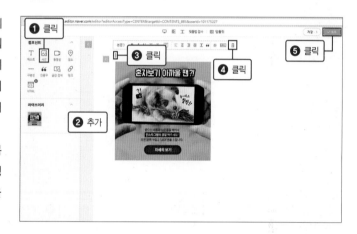

04 | 프로필 이미지를 클릭하여 '내 상점'으로 이동해 팝업 창을 확인합니다. '오늘하루동안 닫을래요' 옵션은 자동으로 설정됩니다. 검은색 테두리의 레이어 팝업 창은 크기와 색상 등을 변경할 수 없습니다.

■ 예제 파일 : 05\promotion_image.jpg, promotion_image_m.jpg

01 | 메인 슬라이드 이미지를 교체하기 위해 **고객혜택관리 → 통계**를 선택한 다음 [컴포넌트 관리] 탭을 선택합니다. 왼쪽의 '프로모션 이미지' 컴포넌트를 클릭합니다. 오른쪽의 타이틀 항목에서 '노출 안 함'을 선택하고 이미지 등록 항목에서 PC의 〈이미지등록〉 버튼을 클릭합니다. '이미지 찾기'를 클릭해 05 폴더의 'promotion_image.jpg' 파일을 불러오고 〈적용하기〉 버튼을 클릭합니다. 모바일의 〈이미지등록〉 버튼도 클릭한 다음 05 폴더의 'promotion_image_m.jpg' 파일을 불러옵니다.

링크 연결 항목에서 '상품'을 선택하고 〈상품찾기〉 버튼을 클릭합니다. 스마트스토어 판매자 상품 찾기 창에서 원하는 상품을 선택하고 〈상품등록〉 버튼을 클릭합니다. 컴포넌트 관리 페이지 아래쪽의 〈적용하기〉 버튼을 클릭해 저장합니다.

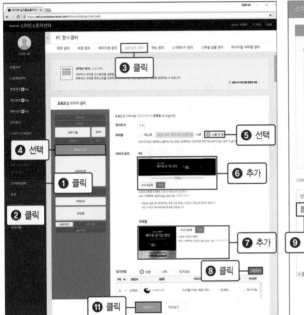

02 | '내 상점'으로 이동해 메인 화면의 슬라이드 이미지를 확인합니다. PC와 모바일의 레이아웃이 다르기 때문에 따로 확인합니다. 이때 상점 URL은 'http://smartstore.naver.com/id(쇼핑몰 아이디)'입니다.

6 배너 세팅하기

• • •

■ **예제 파일 :** 05\banner_marketing.jpg, banner_marketing_m.jpg

01 | [컴포넌트 관리] 탭으로 이동하여 배너를 등록합니다. '마케팅배너' 컴포넌트를 클릭하고 이미지 등록 항목에서 PC의 〈수정〉 버튼을 클릭한 다음 '이미지 찾기'를 클릭합니다. 05 폴더의 'banner_marketing.jpg' 파일을 불러온 다음 〈적용하기〉 버튼을 클릭합니다. 모바일의 〈수정〉 버튼을 클릭해 05 폴더의 'banner_marketing_m.jpg' 파일을 불러옵니다.

링크 연결 항목에서 '상품'을 선택합니다. 〈상품찾기〉 버튼을 클릭하고 팝업창에서 원하는 상품을 선택합니다. 〈상품등록〉 버튼을 클릭합니다. 컴포넌트 관리 페이지의 〈적용하기〉 버튼을 클릭해 저장합니다.

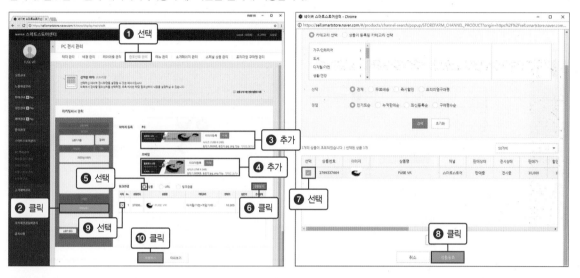

02 | '내 상점'으로 이동해 메인 화면의 배너를 확인합니다. PC와 모바일 화면을 별도로 확인합니다. 내 상점의 상품 상세페이지로 이동하여 상세 정보 위에 공지사항이 잘 노출되는지 확인합니다.

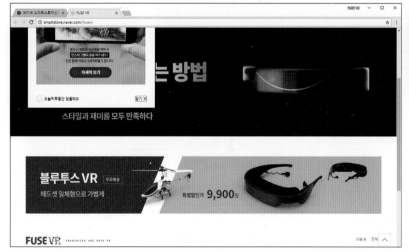

■ 예제 파일 : 05\popup_holiday.jpg

01 | 공지사항 페이지에서 〈새 공지사항 등록〉 버튼을 클릭하여 공지사항 등록 페이지로 이동합니다. 분류는 '일반'으로 지정하고 '모든 상품에 공지사항 노출'에 체크 표시합니다. 제목에 '설연휴 배송공지'를 입력한 다음 공지 상세의 [직접 작성] 탭에서 〈Smart Editor 3.0으로 작성〉 버튼을 클릭합니다.

에디터의 '사진'을 클릭하여 나타나는 대화상자에서 '내 사진'을 클릭하여 05 폴더의 'popup_holiday.jpg' 파일을 불러옵니다. 불필요한 여백이 있는지 확인하고 휴지통 모양의 아이콘을 클릭해 삭제합니다. 오른쪽 위의 〈등록〉 버튼을 클릭하고 〈확인〉 버튼을 클릭해 공지 상세 내용을 등록합니다. 아래의 '공지사항 등록'을 클릭하여 공지사항을 등록합니다.

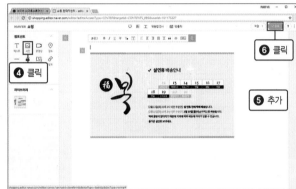

Tip

모바일 환경에서는 팝업이 설정되지 않기 때문에 꼭 알려야 하는 내용이 있다면 이 옵션을 선택하는 것이 유리합니다. 단, 이 옵션은 1개의 공지사항만 선택할 수 있습니다. 이미 설정된 공지사항이 있다면 해제되고 새 공지사항으로 설정됩니다. 이에 따라 이전 공지 내용도 공지하려면 새로운 공지사항의 내용을 포함해야 합니다.

02 | 내 상점의 상품 상세페이지로 이동하여 상세 정보 위에 공지사항이 잘 노출되는지 확인합니다.

상세페이지 디자인을 쇼핑몰에서 사용하기

쇼핑몰에서 사용하기 위해 웹용 이미지 포맷인 GIF, JPG, PNG(PNG 8bit, PNG 24bit)의 특징을 살펴보고, 쇼핑몰에 상품을 쉽게 등록할 수 있도록 이미지 파일을 저장하는 방법에 관해 살펴보겠습니다.

1 웹용 이미지 포맷 알아보기 • • •

쇼핑몰에서 효과적으로 상품을 소개하기 위해 사진을 촬영하거나 이미지를 제작합니다. 이미지 내용에 맞는 적절한 포맷으로 이미지를 저장하지 않으면 이미지 품질이 깨지거나 용량이 너무 커집니다. 고객에게 이미지 품질이 떨어지는 사진을 보여주거나 사이트 로딩 속도가 느려지면 상품을 제대로 소개하기 쉽지 않으므로 유의합니다.

JPEG(JPG)

JPEG(Joint Photographic Expert Group)는 웹에서 정지된 사진을 보관하고 전송하는 데 가장 널리 이용하는 이미지의 손실 압축 포맷입니다. 눈에 잘 띄지 않지만 이미지를 손실시키며 압축하여 용량을 줄입니다. 원본 파일을 JPEG 포맷으로 저장하고 JPEG 파일을 수정하여 다시 저장하면 저장할 때마다 이미지 손실이 발생하므로 계속 손실이 누적되어 이미지를 확대하면 노이즈가 많이 발생합니다.

보통 단색으로 이루어진 이미지(로고 또는 아이콘 등)보다 복잡한 색상의 사진을 저장할 때 적합한 저장 포맷입니다. 로고 이미지의 압축률 비교 사진을 살펴보면 오른쪽 이미지에 노이즈가 많이 발생한 것을 알 수 있습니다.

그러나 이 같은 조건으로 저장한 비교 사진은 한눈에 품질 차이를 알아보기 쉽지 않습니다. 가까이 들여다보며 원본과 비교해도 노이즈가 발생한 부분을 찾기 어려우므로 사진을 저장할 때는 JPEG 포맷을 이용합니다.

▲ 로고 이미지를 JPG 포맷으로 저장했을 때 발생하는 노이즈 현상 비교
  왼쪽 : 원본, 오른쪽 : 높은 압축률의 JPG 포맷

GIF

GIF(Graphics Interchange Format)는 최대 256색까지 저장할 수 있는 비손실 압축 포맷입니다. 색을 많이 사용하지 않는 로고 또는 아이콘, 버튼과 같은 이미지를 저장할 때 손실없이 적은 용량으로 저장할 수 있고, 움직이는 이미지 파일을 GIF 형식으로 저장할 수 있습니다.

포토샵에서 아래의 이미지를 표현하기 위해 몇 가지 색상을 사용했을까요? '3가지'라고 생각한다면 다음의 내용을 자세히 읽어보세요.

위의 이미지에서 빨강, 파랑, 보라 외에 어떤 색이 더 있을까요? 모니터에 보이는 이미지들은 픽셀(Pixel)로 이루어져 있고, 각 픽셀은 한 개의 색상 정보를 가지고 있습니다. 아래 이미지에서 왼쪽의 잎 이미지를 확대하면 오른쪽 이미지처럼 각각의 픽셀에는 한 개의 색상 정보를 가집니다. 이러한 픽셀들의 연결로 이미지를 시각적으로 인식할 수 있습니다.

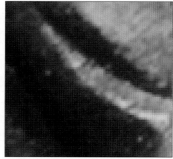
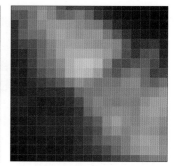

원 이미지를 확대해 픽셀에 어떤 색이 들어있는지 확인해 봅니다. 각각의 픽셀에는 빨강, 파랑, 보라 외에도 연빨강, 진빨강 등 수많은 색상이 있습니다. 이처럼 자연스러운 원 이미지를 얻기 위해서는 많은 보조 색상이 필요합니다.

세 가지 색상으로 원을 그리면 어떤 모습일까요? 아래 원본처럼 원이 부드럽게 연결되지 않고 깨집니다. 이 정도로는 자연스럽지 않습니다.

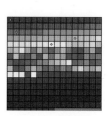

▲ 원본　　　　　　　　　　▲ 확대 이미지　　　　　　　▲ 사용된 컬러 팔레트

사진 이미지를 GIF 포맷으로 저장해서 비교해 보겠습니다. 아래의 비교 이미지에서 GIF 포맷은 오로라 사진을 표현하기에 무리가 있습니다.

▲ 사진 이미지를 GIF 포맷으로 저장했을 때 이미지 표현 비교
　왼쪽 : 원본, 오른쪽 : GIF 포맷

같은 조건에서 로고 이미지를 GIF 포맷으로 저장한 비교 사진은 노이즈도 발생하지 않았고 원본과 차이가 없습니다. 그러므로 로고, 버튼, 아이콘을 저장할 때는 GIF 포맷을 이용합니다.

▲ 같은 조건에서 로고 이미지를 GIF 포맷으로 저장했을 때 이미지 표현 비교
　왼쪽 : 원본, 오른쪽 : GIF 포맷

GIF 포맷은 복수 이미지 저장 기능이 있어 간단한 애니메이션 효과를 구현할 수 있으므로 움직이는 이미지(움짤; 움직이는 짤림 방지)를 제작할 때 이용할 수도 있습니다.

또 GIF 포맷은 투명한 색상도 표현할 수 있습니다. 단색의 투명을 한 가지 색으로 인식하여 컬러 팔레트에 적용해서 이미지를 표현합니다. 자세한 내용은 PNG 포맷과 비교하며 살펴보겠습니다.

PNG

PNG(Portable Network Graphics)는 트루 컬러를 표현하는 비손실 압축 포맷입니다. 특허 문제가 얽힌 GIF 포맷의 문제를 해결하고 개선하기 위해 고안된 가장 최신의 압축 알고리즘입니다.

PNG 포맷은 PNG 8비트와 PNG 24비트의 저장 형식이 있습니다. PNG 8비트는 GIF를 대체할 수 있는 포맷이지만 GIF의 애니메이션 기능은 없습니다. 8비트는 2의 8승을 말하며 2^8=256이 되어 GIF와 표현할 수 있는 색상 수가 같습니다. GIF보다 압축률이 높다고 알려져 있어 GIF보다 PNG 8비트의 사용을 권합니다.

PNG 24비트는 트루 컬러로 색상을 표현하며, GIF의 100% 단색 투명과 다르게 PNG 포맷은 8비트 알파 채널(8 bit Alpha Channel)을 이용한 부드러운 투명도를 표현할 수 있습니다.

▲ 뱃지 이미지의 투명층 표현 비교
왼쪽 : GIF 포맷, 오른쪽 : PNG 포맷

JPEG 포맷은 손실 압축으로 노이즈가 발생할 수 있지만, PNG 포맷은 24비트의 이미지를 처리하면서 원본 이미지에 전혀 손상을 주지 않는 압축이 가능합니다. 그러나 큰 단점은 바로 '용량' 문제입니다. PNG 24비트는 사진을 저장할 경우 JPG보다 2~3배에 가까운 용량 차이를 보입니다.

포토샵 CC부터는 PNG 24비트의 큰 용량 문제를 해결하기 위해 PNG Quant(PNG 이미지의 손실 압축 라이브러리)와 같은 압축 알고리즘이 포함되어 용량 문제를 대폭 해결하였습니다. 따라서 포토샵 CC 이하 버전에서는 웹에서 정교한 투명층을 표현해야 하는 경우가 아니라면 PNG 24비트보다 JPG, PNG 8비트를 사용하길 권장합니다.

▲ 원본 PNG : 75,628바이트

▲ PNG Quant : 19,996바이트(73% 작음)

출처 : https://pngquant.org

포토샵 CC에서부터 웹용으로 이미지를 저장하는 기능이 달라졌습니다. Save for Web 명령의 위치가 Export 안으로 이동하였고, Adobe Generator 기능이 추가되었으므로 함께 포토샵 파일을 이미지로 저장해 봅니다.

■ 예제 파일 : 05\detail.psd

웹용으로 저장하기 – Save for Web

01 | 웹용 이미지로 저장하기 위해 05 폴더의 'detail.psd' 파일을 불러옵니다.

메뉴에서 (File) → **Export** → **Save for Web (Legacy)**((Alt)+(Shift)+(Ctrl)+(S))를 실행합니다.

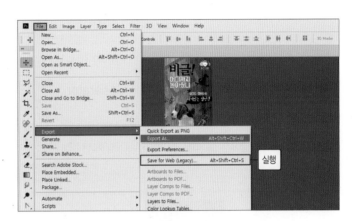

> **Tip**
>
> 포토샵 CS6 버전에서는 (File) → **Save for Web**을 실행하고, 이하 버전에서는 (File) → **Save for Web & Devices**를 실행합니다.

잠깐만요! | **Save for Web (Legacy)의 'Legacy'는 무슨 뜻인가요?**

포토샵 CC 버전부터 Save for Web 명령 이름에 레거시(Legacy)라는 레이블을 붙였습니다. 레거시는 '유산'이라는 뜻으로, 현재까지 남아 사용되거나 영향을 미치는 과거의 낡은 체계를 뜻합니다. 이는 새로운 저장 플랫폼인 'Generate'가 생겼기 때문이며, 더 이상 Save for Web 명령에 새 기능을 개발하거나 업데이트하지 않겠다는 뜻입니다. 포토샵 이전 버전과 기능 차이는 전혀 없으므로 Save for Web 명령에 익숙한 사용자라면 문제 없이 사용할 수 있습니다.

---

02 | Save for Web 대화상자에서 [2-Up] 탭을 선택합니다.

왼쪽 아래에서 미리보기 배율을 '50%'로 지정합니다. 오른쪽 위에서 저장 포맷을 'JPEG', Quality를 '70'으로 설정한 다음 〈Save〉 버튼을 클릭합니다.

> **Tip**
>
> 미리 보기의 왼쪽은 원본(Original)이고, 오른쪽은 사용자가 지정한 저장 포맷에 따른 미리 보기 영역입니다. Save for Web 명령을 이용하는 가장 중요한 이유는 이미지 품질이 떨어지지 않는 최대 지점을 찾아 파일 용량을 줄이기 위함입니다. 기본으로 'Optimized'와 'Convert to sRGB'에 체크 표시되어 있습니다. 예제에서 포토샵 원본 파일(.psd) 크기는 11.5M이지만 웹용으로 저장(JPEG)하여 1.1M 크기의 이미지를 만들 수 있습니다.

03 | Save Optimized As 대화상자에서 저장 위치를 지정하고 파일 이름에 'detail.jpg'를 입력한 다음 〈저장〉 버튼을 클릭합니다.

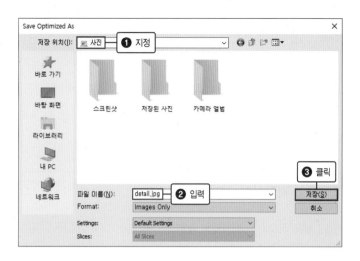

이미지 자산 기능을 이용해 저장하기 – Generator

01 | 포토샵 CC의 새로운 기능인 'Generate'로 이미지를 저장하기 위해 메뉴에서 (**File**) → **Generate** → **Image Assets**를 실행합니다. Layers 패널에서 'all' 그룹의 이름을 'all.jpg'로 변경합니다.

> **Tip**
>
> 레이어 이름 또는 그룹 이름에 확장자(.jpg 또는 .png, .gif)를 추가하면 Assets 폴더에 이미지가 자동으로 저장됩니다.

02 | detail.psd 파일 위치에 'detail-assets' 폴더가 자동으로 만들어지며 그 안에 'all.jpg' 파일이 만들어집니다.

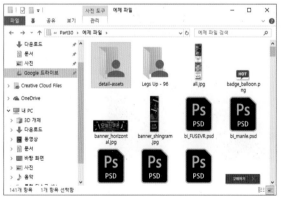

이미지 자산 기능을 이용해 분할 저장하기

■ 예제 파일 : 05\detail.psd

05 폴더의 'detail.psd' 파일을 불러온 다음 Layers 패널에서 각 레이어 이름의 끝에 '.jpg'를 추가합니다. 레이어 이름에 확장자가 포함되면 이미지를 재편집한 다음 별도로 저장하지 않아도 이미지 자산 폴더에 자동으로 업데이트되어 매우 편리합니다.

이미지 자산 기능을 이용해 다양한 크기로 저장하기

■ 예제 파일 : 05\mainimg_600x600.psd, mainimg_600x600-assets 폴더

01 | 05 폴더에서 'mainimg_600x600.psd' 파일을 불러옵니다. 메뉴에서 (File) → **Generate** → **Image Assets**를 실행하여 활성화합니다. Layers 패널에서 'mainimg' 레이어의 이름을 'mainimg.jpg'로 변경합니다.

02 | 이번에는 'mainimg.jpg' 레이어의 이름을 'mainimg.jpg, 300 x 300 mainimg2.jpg'로 변경합니다. 폴더에 원본 크기의 'mainimg.jpg'와 가로 300pixel, 세로 300pixel 크기의 'mainimg2.jpg' 이미지가 저장됩니다.

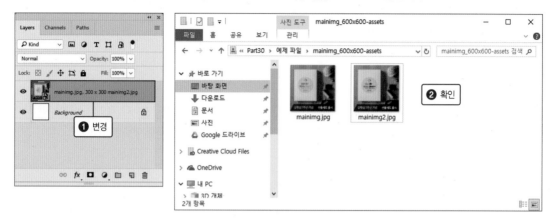

저장 경로 지정하기

01 | 이번에는 'mainimg.jpg, 300 x 300 mainimg2.jpg' 레이어의 이름을 'mainimg.jpg, 300 x 300 small/mainimg2.jpg'로 변경합니다.

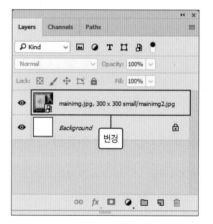

02 | 이미지 자산 폴더의 'mainimg.jpg'와 'small' 폴더에 가로 세로 300 pixel 크기의 'mainimg2.jpg' 파일이 저장됩니다.

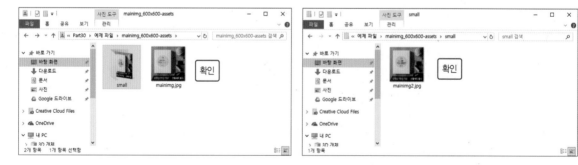

기본적으로 JPG는 90% 품질로 저장되고, PNG는 32비트 이미지, GIF는 기본 알파 투명도로 저장됩니다. 저장할 때 품질을 지정하여 파일 용량을 줄일 수 있습니다. 각각의 파일 포맷의 용량을 줄이는 방법에 관해 알아봅니다.

1 JPG

❶ 'mainimg.jpg, 300 x 300 mainimg2.jpg' 레이어 이름을 'mainimg.jpg60%, 300 x 300 small/mainimg2.jpg50%'로 변경합니다. 60% 품질의 mainimg.jpg 파일 용량은 '87.9kb'이지만 기본 품질(90%)로 저장했을 때 '211kb'보다 용량이 크게 감소했습니다.

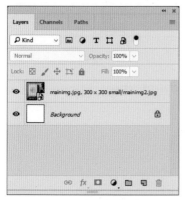

▲ 기본 품질(90%)

▲ 60% 품질

❷ 'mainimg2.jpg' 파일도 50% 품질로 저장하여 '21.7kb'로 용량이 줄었으나 이미지가 얼마나 손상되었는지 품질을 확인하지 못하는 점이 아쉽습니다. 직접 이미지 파일을 열어 품질을 비교합니다.

▲ 기본 품질(90%)

▲ 50% 품질

2 PNG

확장자 뒤에 PNG 포맷(png8, png24, png32)을 추가하여 품질을 조정합니다. 레이어 이름을 'mainimg1.png8', 'mainimg2.png24', 'mainimg3.png32'로 변경합니다. 이미지 자산 폴더를 열어 이미지 품질과 용량을 비교합니다. 같은 PNG 파일이지만 각각 다른 포맷으로 저장되어 파일 용량과 품질에 차이가 나는 것을 확인할 수 있습니다.

3 GIF

GIF는 기본 알파 투명도로 저장되며, 이미지 품질을 조정하는 접미어는 없습니다. GIF 애니메이션으로 저장하기 위해서는 Save for Web 명령을 실행합니다.

이미지 자산 기능 활성화 및 비활성화하기

01 | 메뉴에서 (Edit) → **Preferences** → **Plug-Ins**를 실행합니다. Preferences 대화상자에서 'Enable Generator'에 체크 표시하면 'Generator' 기능이 활성화되고 체크 표시를 해제하면 기능이 비활성화됩니다.

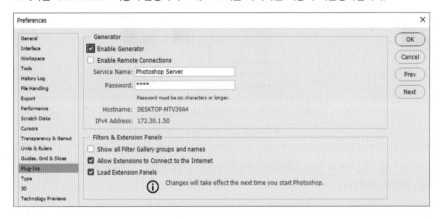

02 | 'Enable Generator'의 체크 표시를 해제하면 메뉴에서 (File) → **Generator**를 실행할 수 없습니다. 기능을 사용하기 위해 체크 표시한 다음 〈OK〉 버튼을 클릭합니다.

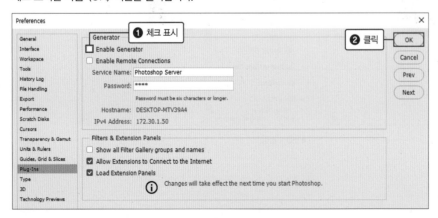

4 · 카페24에서 상품 상세페이지 이미지 세팅하기

■ 예제 파일 : 05\detail-assets 폴더

이미지 하나씩 등록하기

01 | 카페24의 쇼핑몰 관리자에 접속합니다. **상품 관리 → 상품 등록**을 선택합니다. 상품 이미지 등록을 위한 두 가지 방법을 알아보겠습니다. 상품의 기본 정보를 입력하고 상품 상세정보 항목으로 이동합니다.

02 | 상품 상세설명에서 '단일 이미지 등록' 아이콘을 클릭합니다.

이미지 삽입 대화상자에서 〈파일 선택〉 버튼을 클릭해 05 → detail-assets 폴더의 'all.jpg' 파일을 선택합니다. 〈파일업로드하기〉 버튼을 클릭하고 〈적용〉 버튼을 클릭해 이미지를 적용합니다.

Tip

에디터(Editor)를 이용하여 상품 상세설명을 등록하는 방법으로 '이미지' 아이콘을 클릭하여 상품 이미지를 하나씩 확인하며 등록할 수 있습니다.

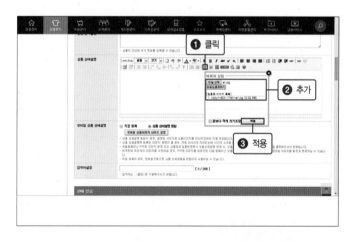

03 | 이번에는 상품 상세설명 항목에서 '복수 이미지 등록' 아이콘을 클릭합니다. 이미지 여러장 삽입 창에서 〈찾아보기〉 버튼을 클릭해 05 → detail-assets 폴더의 'headcopy_basic.jpg', 'spec_explanation.jpg', 'opentalk_question.jpg', 'review_customers.jpg' 파일을 선택합니다. 〈입력〉 버튼을 클릭해 이미지를 업로드합니다. 상품 등록 페이지 아래의 〈상품등록〉 버튼을 클릭해 상품을 등록합니다.

Tip

업로드된 이미지는 스크롤을 움직이며 순서를 확인하고, 불필요한 이미지는 'X' 아이콘을 클릭해 삭제할 수 있습니다.

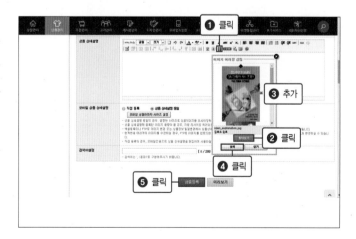

[빠른 등록] FTP에 업로드하고 HTML로 등록하기

01 | 많은 상품을 빠르게 등록할 수 있는 방법으로 직접 소스를 입력해 작업이 복잡해 보일 수 있지만 익숙해지면 불필요한 단계가 줄어들어 빠르게 등록할 수 있습니다.

'FTP' 페이지로 이동한 다음 〈웹FTP 접속〉 버튼을 클릭합니다.

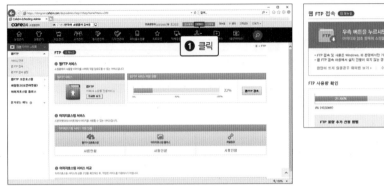

> **Tip**
>
> 처음 접속을 시도한다면 'Part 3 - 카페 24에 디자인 세팅하기 → 버튼 세팅하기 → FTP에 파일 업로드하기'를 참고하세요.

02 | 웹 FTP에 접속되면 위쪽의 '새 폴더'를 클릭하여 새 폴더 만들기 대화상자에서 'detail'을 입력하고 〈확인〉 버튼을 클릭합니다. 추가된 'detail' 폴더를 더블클릭하여 이동합니다. 아래쪽 박스에서 업로드할 파일을 선택합니다. 05 → detail-assets 폴더에서 'opentalk_question.jpg', 'review_customers.jpg', 'headcopy_basic.jpg', 'spec_explanation.jpg' 파일을 선택하고 '업로드'를 클릭하여 파일을 업로드합니다.

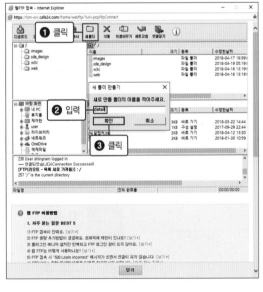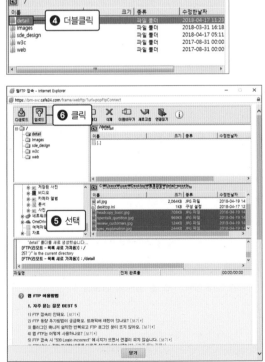

03 | FTP에 업로드한 이미지를 클릭한 다음 'URL복사'를 클릭합니다. 클립보드에 복사되었다는 알림 창에서 〈확인〉 버튼을 클릭합니다. 메모장에서 Ctrl + V 를 눌러 붙여 넣어 업로드한 파일의 경로를 확인합니다.

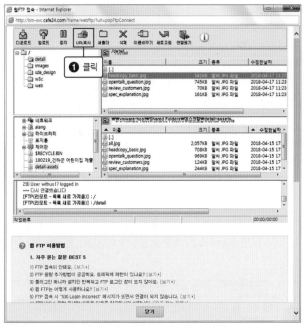
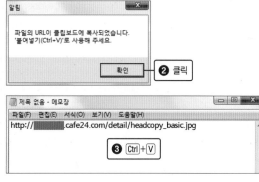

04 | 업로드한 파일의 경로는 'http://id(쇼핑몰아이디).cafe24.com/폴더명/파일명.확장자명'입니다. 'detail' 폴더를 만들어 이미지 파일을 업로드했으므로 파일 경로를 확인해 HTML 코딩을 합니다.

- **파일명**

  opentalk_question.jpg

  review_customers.jpg

  headcopy_basic.jpg

  spec_explanation.jpg

- **업로드한 파일 경로**

  http://id(쇼핑몰아이디).cafe24.com/detail/opentalk_question.jpg

  http://id(쇼핑몰아이디).cafe24.com/detail/review_customers.jpg

  http://id(쇼핑몰아이디).cafe24.com/detail/headcopy_basic.jpg

  http://id(쇼핑몰아이디).cafe24.com/detail/spec_explanation.jpg

- **이미지 HTML 적용**

  〈img src="http://id(쇼핑몰아이디).cafe24.com/detail/opentalk_question.jpg"〉

  〈img src="http://id(쇼핑몰아이디).cafe24.com/detail/review_customers.jpg"〉

  〈img src="http://id(쇼핑몰아이디).cafe24.com/detail/headcopy_basic.jpg"〉

  〈img src="http://id(쇼핑몰아이디).cafe24.com/detail/spec_explanation.jpg"〉

- **문단 HTML 적용**

  〈p〉〈img src="http://id(쇼핑몰아이디).cafe24.com/detail/opentalk_question.jpg"〉〈/p〉

  〈p〉〈img src="http://id(쇼핑몰아이디).cafe24.com/detail/review_customers.jpg"〉〈/p〉

  〈p〉〈img src="http://id(쇼핑몰아이디).cafe24.com/detail/headcopy_basic.jpg"〉〈/p〉

  〈p〉〈img src="http://id(쇼핑몰아이디).cafe24.com/detail/spec_explanation.jpg"〉〈/p〉

05 | Ctrl+C를 눌러 HTML를 적용한 소스를 복사합니다. 상품 등록 페이지의 상품 상세설명 항목에서 〈html 소스〉 버튼을 클릭합니다. 에디터에서 Ctrl+V를 눌러 복사한 내용을 붙여 넣습니다. 다시 한 번 〈html 소스〉 버튼을 클릭해 이미지를 확인합니다. 상품 등록 페이지 아래쪽의 〈상품등록〉 버튼을 클릭해 상품을 등록합니다.

5 고도몰에서 상품 상세페이지 세팅하기

고도몰의 상품 상세 설명 항목에서도 에디터를 이용한 방법과 FTP에 파일을 한꺼번에 등록하는 두 가지 방법을 알아보겠습니다.

■ 예제 파일 : 05\detail-assets 폴더

[쉬운 등록] 에디터로 등록하기

상품 등록 페이지에서 기본 정보를 입력한 다음 PC쇼핑몰 상세 설명 항목으로 이동합니다. 에디터 오른쪽 위의 〈사진〉 버튼을 클릭합니다. 사진 첨부하기 창에서 05 → detail-assets 폴더의 'opentalk_question.jpg', 'review_customers.jpg', 'headcopy_basic.jpg', 'spec_explanation.jpg' 파일을 드래그하여 첨부합니다. 〈확인〉 버튼을 클릭해 에디터에 첨부된 이미지를 확인한 다음 〈저장〉 버튼을 클릭해 상품을 등록합니다.

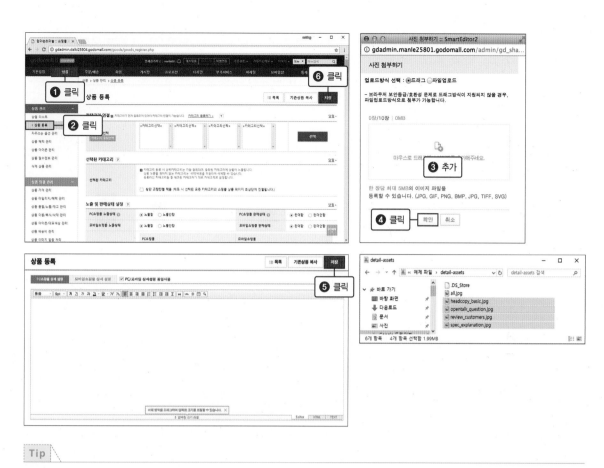

Tip

에디터 오른쪽의 'PC/모바일 상세설명 동일사용'에 체크 표시하면 PC와 모바일에 같은 내용이 노출되며, 체크 표시를 해제하면 모바일 쇼핑몰 상세 설명을 별도로 작성할 수 있습니다.

[빠른 등록] FTP에 업로드하고 HTML로 등록하기

01 | 디자인 → **Web FTP**를 선택합니다. WebFTP 창에서 새폴더 만들기에 'detail'을 입력한 다음 〈폴더생성〉 버튼을 클릭합니다.

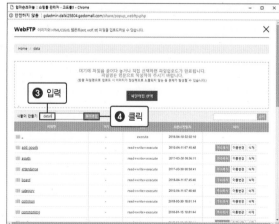

02 | 'detail' 폴더를 클릭해 이동한 다음 05 → detail-assets 폴더에서 'opentalk_question.jpg', 'review_customers.jpg', 'headcopy_basic.jpg', 'spec_explanation.jpg' 파일을 첨부합니다.

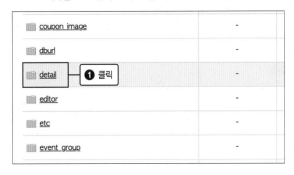

03 | 업로드한 파일 오른쪽에서 〈주소복사〉 버튼을 클릭하고 메모장에 붙여 넣어 내용을 확인합니다. 고도몰은 외부 FTP를 이용하는 경우를 제외하고 이미지 경로에 도메인을 제외합니다. 일부 페이지에서 로그인 세션이 풀리는 경우를 방지하기 위해서입니다.

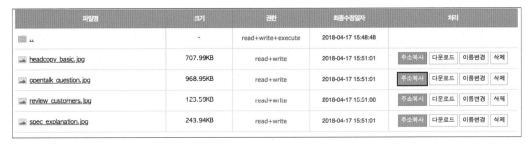

■ **업로드한 파일 경로**

/data/detail/opentalk_question.jpg

/data/detail/review_customers.jpg

/data/detail/headcopy_basic.jpg

/data/detail/spec_explanation.jpg

■ **HTML 적용**

〈p〉〈img src="/data/detail/opentalk_question.jpg"〉〈/p〉

〈p〉〈img src="/data/detail/review_customers.jpg"〉〈/p〉

〈p〉〈img src="/data/detail/headcopy_basic.jpg"〉〈/p〉

〈p〉〈img src="/data/detail/spec_explanation.jpg"〉〈/p〉

04 | Ctrl+C를 눌러 html 소스를 복사합니다. 관리자 페이지에서 상품 등록의 PC쇼핑몰 상세 설명 항목에서 〈HTML〉 버튼을 클릭합니다. 에디터에서 Ctrl+V를 눌러 복사한 내용을 붙여 넣습니다. 〈Editor〉 버튼을 클릭해 이미지를 확인하고 〈저장〉 버튼을 클릭해 상품을 등록합니다.

■ 예제 파일 : 05\detail-assets 폴더

[쉬운 등록] 스마트 에디터로 등록하기

01 | 상품 등록 페이지에서 상품 기본 정보를 입력합니다. 상품 상세 항목으로 이동해 〈Smart Editor 3.0으로 작성〉 버튼을 클릭합니다.

02 | 스마트 에디터에서 왼쪽 컴포넌트의 '사진'을 클릭합니다. 〈내 사진〉 버튼을 클릭한 다음 05 → detail-assets 폴더에서 'opentalk_question.jpg', 'review_customers.jpg', 'headcopy_basic.jpg', 'spec_explanation.jpg' 파일을 선택합니다. 〈등록〉 버튼을 클릭해 작성한 내용을 저장합니다. 상품 등록 페이지에서 〈저장하기〉 버튼을 클릭해 상품을 등록합니다.

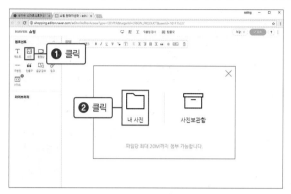

사진 보관함에 업로드해 등록하기

쇼핑몰을 관리하는 담당자가 여러 명이라면 '사진 보관함'에 이미지를 한 번에 업로드한 후 공유해 사용하면 편리합니다.

01 | **사진 보관함**을 선택하고 사진 보관함 창에서 〈사진 업로드〉 버튼을 클릭해 05 → detail-assets 폴더에서 'opentalk_question.jpg', 'review_customers.jpg', 'headcopy_basic.jpg', 'spec_explanation.jpg' 파일을 업로드합니다.

02 | 업로드한 이미지는 쇼핑몰을 관리하는 멤버들에게 모두 공유되며, 상품을 등록할 때 사진 보관함에 있는 이미지를 불러올 수 있습니다. 상품 등록 페이지에서 상품상세 항목의 〈Smart Editor 3.0으로 작성〉 버튼을 클릭합니다.

03 | 왼쪽 컴포넌트에서 〈사진〉 버튼을 클릭하고 '사진보관함'을 선택합니다.

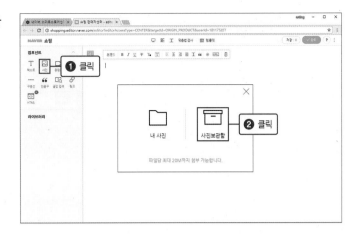

04 | 등록한 4개의 이미지를 선택하고 오른쪽 아래의 〈선택 사진 추가〉 버튼을 클릭해 이미지를 추가합니다.

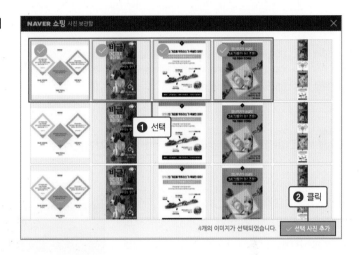

04 | 〈등록〉 버튼을 클릭하여 작성한 내용을 저장합니다. 상품 등록 페이지에서 〈저장하기〉 버튼을 클릭해 상품을 등록합니다.

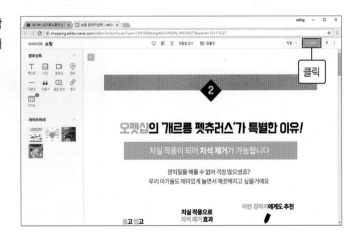

홈페이지형 블로그 디자인하기

쇼핑몰을 운영하다 보면 고객이 직접적으로 쇼핑하는 공간인 쇼핑몰만 필요한 것은 아닙니다. 여러 매체를 통해 고객과 소통하고 기업에서 일어나는 소소한 이야기를 전달하려는 시도를 하지요. 접근성이 좋아 고객의 유입이 활발하게 이뤄지는 곳 중 하나가 블로그입니다. 여기서는 블로그 스킨 디자인을 홈페이지 형태의 레이아웃으로 디자인해 보겠습니다.

■ 예제 파일 : 05\blog_guide.psd, blog_mainimg.jpg, shingram_logo.png, img_back.jpg, img_foot.jpg, img_room.jpg, img_shirts.jpg, img_bag.png, 아이콘_네이버블로그.psd, 아이콘_인스타그램.psd, 아이콘_카카오톡.psd, blog_guide-assets 폴더
■ 완성 파일 : 05\blog_homepage.psd

1 　홈페이지형 블로그 스킨 디자인하기

01 ┃ 05 폴더에서 'blog_guide.psd' 파일을 불러옵니다. 'Background' 레이어를 선택하고, 'Create a new group' 아이콘(▢)을 클릭한 다음 그룹 이름을 'blog_design'으로 변경합니다. 05 폴더에서 'blog_mainimg.jpg' 파일을 캔버스에 드래그해 불러옵니다.

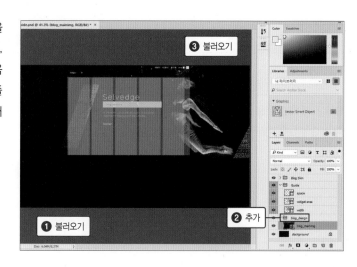

Tip

'Blog Skin' 그룹은 네이버 블로그의 메뉴 영역 가이드로, 이 영역에는 중요한 디자인 요소가 위치하지 않도록 유의합니다. 'Blog Skin'과 'Guide' 그룹은 Layers 패널의 눈 아이콘을 활성화해 디자인할 때 참고하다가 저장할 때는 눈 아이콘을 비활성화해 내용을 저장하지 않습니다.
'Guide' 그룹에서 파란색 'width' 레이어의 가로 크기는 966px이며, 네이버 블로그의 실제 가로 크기입니다. 초록색 'widget area' 레이어는 5단 컬럼(Column)이며 각 컬럼의 위치에는 네이버 블로그의 투명 위젯(Widget)이 들어갈 예정입니다. 위젯의 폭은 170px이고 여백의 폭은 16px이고, 크기를 조정할 수 없습니다. 높이는 최대 600px까지 변경할 수 있습니다.

02 | Layers 패널에서 'Guide' 그룹의 눈 아이콘
(👁)을 클릭해 비활성화합니다. 메뉴에서 (View)
→ Show → Guides(Ctrl+;)을 실행하여 가이드
를 표시합니다.

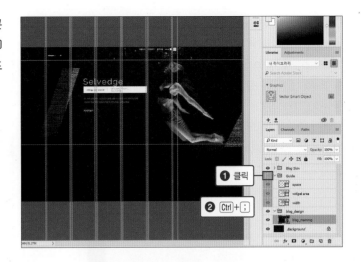

03 | Layers 패널에서 'Create a new group'
아이콘(▢)을 클릭한 다음 그룹 이름을 'nav'로
변경합니다. 사각형 도구(▢)를 이용해 Width가
'186px', Height가 '693px'인 사각형을 그립니다.
옵션바에서 Fill을 '#ffffff(흰색)'로 변경합니다.

> **Tip**
>
> 메뉴에서 (View) → Snap과 (View) → Snap to →
> Guides가 활성화되어 있으면 사각형을 그릴 때 안내선에
> 맞춰 배치할 수 있습니다.

04 | 05 폴더에서 'shingram_logo.png' 파일을
드래그해 캔버스에 불러옵니다.

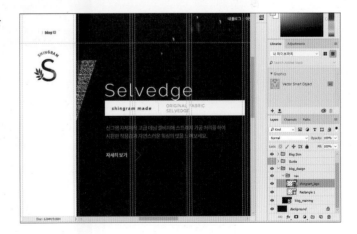

05 | 가로쓰기 문자 도구(T)를 이용해 'HOME~ 영상으로 보는 신상'을 입력합니다. Character 패널에서 글꼴을 'Noto Sans CJK KR', 글꼴 스타일을 'Bold', 글자 크기를 '13px', 행간을 '32px', 자간을 '-50', 가로 장평을 '97%', Color를 '#1d1d1d(진남색)', Anti-Aliasing을 'Crisp'로 지정합니다. 'HOME'과 'SHINGRAM MADE'를 선택하고 자간을 '0'으로 변경합니다.

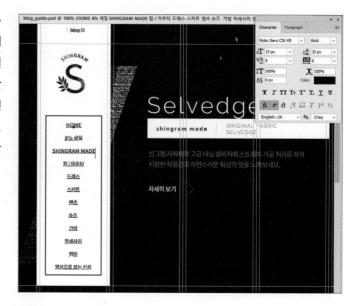

06 | 'nav' 그룹을 선택하고 'Create a new group' 아이콘(□)을 클릭한 다음 이름을 'grid'로 변경합니다. 사각형 도구(□)를 이용해 Width/Height가 '186px'인 정사각형을 그립니다. 옵션바에서 Fill을 '#9394cc(보라색)'로 변경합니다.

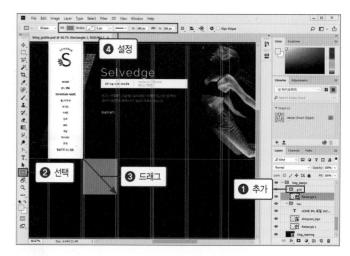

07 | Alt 를 누른 채 드래그합니다. 'Rectangle 2 copy' 레이어의 사각형 색상을 '#ffffff(흰색)'로 변경합니다.

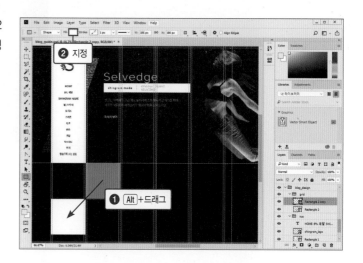

08 | Alt 를 누른 채 'Rectangle 2 copy' 레이어를 드래그하여 복제하고 Layers 패널에서 Opacity를 '40%'로 설정합니다. Alt 를 누른 채 'Rectangle 2 copy 2' 레이어를 드래그하고 Layers 패널에서 Opacity를 '70%'로 설정합니다.

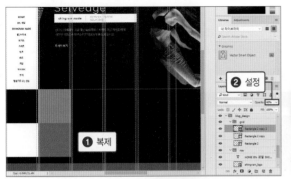
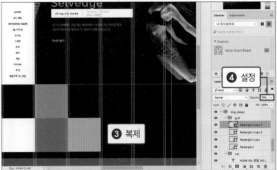

09 | Alt 를 누른 채 'Rectangle 2 copy 3' 레이어를 드래그하여 복제하고 Layers 패널에서 'Rectangle 2 copy 4' 레이어의 Opacity를 '100%'로 변경합니다. 옵션바에서 Fill을 '#af6eb2(자주색)'로 지정합니다. Alt 를 누른 채 'Rectangle 2 copy 4' 레이어를 드래그하고 옵션바에서 Fill을 '#ffffff(흰색)'로 변경합니다.

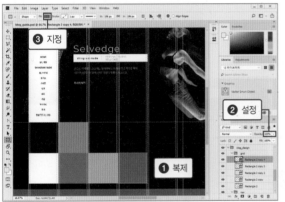
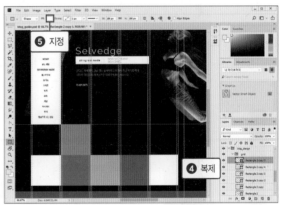

10 | 사각형 도구(□)를 이용해 Width/Height가 '372px'인 정사각형을 그리고 옵션바에서 Fill을 '#ffffff(흰색)'로 변경합니다. Layers 패널에서 'Rectangle 3' 레이어의 Opacity를 '10%'로 설정합니다.

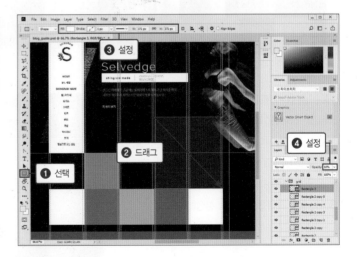

01 | 'Rectangle 2 copy 2' 레이어를 선택하고 05 폴더에서 'img_back.jpg' 파일을 드래그하여 불러옵니다. 옵션바에서 W/H 를 '28%'로 설정하고 Ctrl+Alt+G를 눌러 클리핑 마스크를 적용합니다. 같은 방법으로 'Rectangle 2 copy 5' 레이어에 05 폴더 의 'img_foot.jpg' 파일을 드래그하여 불러오고 '22%'로 설정한 다음 클리핑 마스크를 적용합니다.

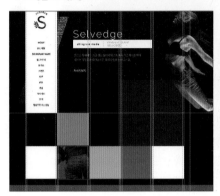
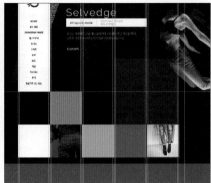

02 | 'Rectangle 3' 레이어를 선택하고 05 폴더에서 'img_room.jpg' 파일을 드래그하여 불러옵니다. 옵션바에서 W/H를 '45%' 로 설정한 다음 Ctrl+Alt+G를 눌러 클리핑 마스크를 적용합니다.

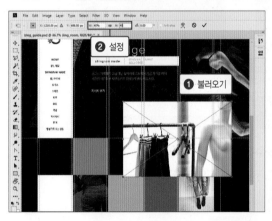
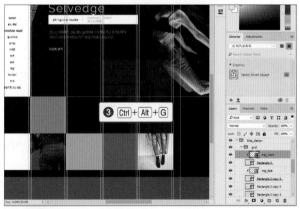

03 | 'grid' 그룹을 선택하고 'Create a new group' 아이콘(🗀)을 클릭한 다음 이름을 'we love'로 변경합니다. 가로쓰기 문자 도구(T)를 이 용해 'WE LOVE'를 입력하고 Character 패널에 서 글꼴을 'Noto Sans CJK KR', 글꼴 스타일을 'Bold', 글자 크기를 '14px'로 설정합니다.

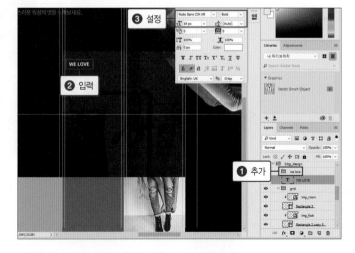

04 | 선 도구( )를 선택하고 옵션바에서 Fill을 '#ffffff(흰색)', Stroke를 'No Color / 2px'로 설정합니다. 캔버스에서 Shift를 누른 채 가로로 드래그하면서 나타나는 툴 팁을 참고하며 'L : 20px' 길이의 선을 그립니다. 레이어 이름을 'line'으로 변경합니다.

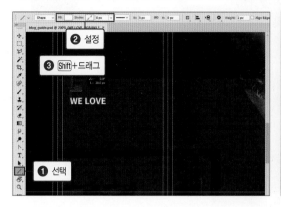
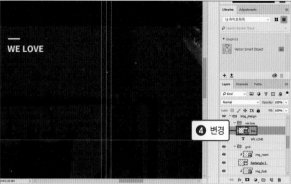

05 | 05 폴더에서 'img_shirts.png' 파일을 드래그하여 불러옵니다. 옵션바에서 W/H를 '24%'로 설정합니다.

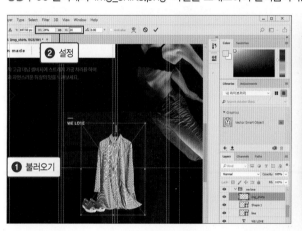
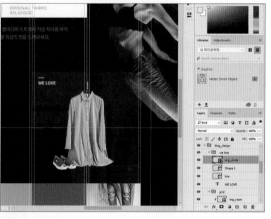

06 | 'we love' 그룹을 선택하고 'Create a new group' 아이콘( )을 클릭한 다음 이름을 'event'로 변경합니다. 가로쓰기 문자 도구( )를 이용해 'EVENT'를 입력하고 Character 패널에서 글꼴을 'Noto Sans CJK KR', 글꼴 스타일을 'Black', 글자 크기를 '11px'로 설정합니다.

07 | 'SHINGRAM 8% SALE'을 입력한 다음 Character 패널에서 글꼴을 'Noto Sans CJK KR', 글꼴 스타일을 'Bold', 글자 크기를 '22px', 행간을 '26px'로 설정합니다.

08 | '세일 상품 보러가기'를 입력하고 Character 패널에서 글꼴을 'Noto Sans CJK KR', 글꼴 스타일을 'Medium', 글자 크기를 '12px', 행간을 '28px', 자간을 '-75', 가로 장평을 '96%'로 설정합니다.

09 | 'event' 그룹을 선택하고 'Create a new group' 아이콘(▢)을 클릭한 다음 이름을 'arrow'로 변경합니다. 원형 도구(◎)를 이용해 Width/Height가 '16px'인 정원을 그립니다. 옵션바에서 Fill을 'No Color', Stroke를 '#ffffff(흰색) / 2px'로 변경합니다. 레이어 이름을 'circle'로 변경합니다.

10 | [Ctrl]+[+]를 눌러 화면을 격자 무늬가 보일 때까지 확대합니다. 펜 도구([∅])를 선택하고 다음과 같이 원 안에 클릭합니다. 아래로 6칸 떨어진 지점을 클릭한 다음 오른쪽으로 4칸, 위로 3칸 떨어진 지점을 클릭합니다. 다시 한 번 시작점을 클릭해 재생 표시와 같은 삼각형을 그립니다. 레이어 이름을 'semo'로 변경합니다.

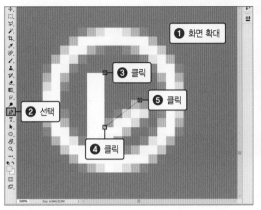
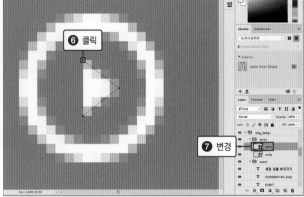

11 | Layers 패널에서 [Ctrl]을 누른 채 'circle' 과 'semo' 레이어를 선택한 다음 레이어에서 마우스 오른쪽 버튼을 클릭해 표시되는 메뉴의 **Convert to Smart Object**를 실행합니다. 레이어 이름을 'icon_arr'로 변경합니다.

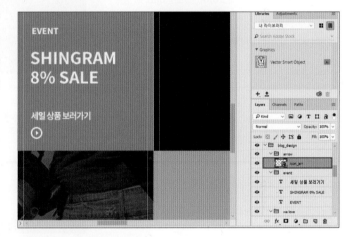

12 | 'arrow' 그룹을 선택하고 'Create a new group' 아이콘([□])을 클릭한 다음 이름을 'coupon' 으로 변경합니다. 가로쓰기 문자 도구([T])를 이용해 'SPECIAL FOLLOWER COUPON FOR YOU' 를 입력하고 Character 패널에서 글꼴을 'Noto Sans CJK KR', 글꼴 스타일을 'Bold', 글자 크기를 '15px', 행간을 '21px'로 설정합니다.

13 | '팔로잉하고 쿠폰받으러 가기'를 입력하고 Character 패널에서 글꼴을 'Noto Sans CJK KR', 글꼴 스타일을 'Medium', 글자 크기를 '12px', 행간을 '28px', 자간을 '−75', 가로 장평을 '96%'로 설정합니다.

14 | 이동 도구(✛)를 선택한 다음 [Alt]를 누른 채 'icon_arr' 레이어를 드래그하여 '팔로잉하고~' 문자 아래에 복제합니다. 한 번 더 [Alt]를 누른 채 드래그하여 셔츠 이미지 아래에 복제합니다.

15 | 'coupon' 그룹을 선택하고 'Create a new group' 아이콘(▢)을 클릭한 다음 이름을 'new'로 변경합니다. 가로쓰기 문자 도구(T)를 이용해 'NEW BAG'을 입력하고 Character 패널에서 글꼴을 'Noto Sans CJK KR', 글꼴 스타일을 'Black', 글자 크기를 '11px'로 설정합니다.

16 | 05 폴더에서 'img_bag.png' 파일을 드래그
하여 불러옵니다. 옵션바에서 W/H를 '15%'로 설정
합니다.

17 | 이동 도구(⊕)를 선택하고 Alt 를 누른 채 'icon_arr copy 2' 레이어를 드래그하여 가방 이미지 아래에 복제합니다. Layers
패널에서 'icon_arr copy 3' 레이어를 선택하고 'Add a layer style' 아이콘(fx)을 클릭해 표시되는 메뉴에서 'Color Overlay'를
선택합니다. Layer Style 대화상자에서 Color를 '#0c192a(진남색)'로 지정한 다음 〈OK〉 버튼을 클릭합니다.

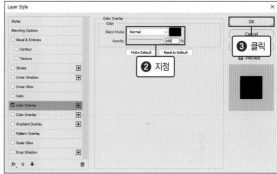

18 | 'new' 그룹을 선택하고 'Create a new
group' 아이콘(⬜)을 클릭한 다음 이름을 'custo-
mer'로 변경합니다. 가로쓰기 문자 도구(T)를 이
용해 'CUSTOMER CENTER'를 입력한 다음
Character 패널에서 글꼴을 'Noto Sans CJK
KR', 글꼴 스타일을 'Black', 글자 크기를 '11px', 행
간을 '14px', Color를 '#0c192a(진남색)'로 지정합
니다.

19 | 전화번호를 입력합니다. Character 패널에서 글꼴을 'Raleway', 글꼴 스타일을 'ExtraLight', 글자 크기를 '26px', 행간을 '14px', Color를 '#ffffff(흰색)'로 지정합니다.

20 | 'Week~Holiday)'를 입력하고 Character 패널에서 글꼴을 'Raleway', 글꼴 스타일을 'ExtraLight', 글자 크기를 '26px', 행간을 '14px', Color를 '#0c192a(진남색)', Anti-Aliasing을 'Sharp'로 지정합니다. 'Day off (Sat, Sun, Holiday)'를 선택하고 Color를 '#ffffff(흰색)'로 변경합니다.

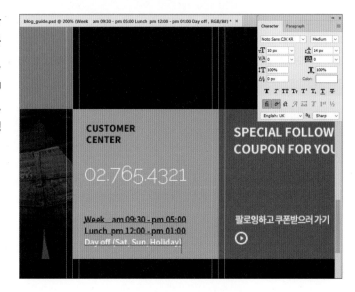

21 | 'customer' 그룹을 선택하고 'Create a new group' 아이콘(⬜)을 클릭한 다음 이름을 'sns'로 변경합니다. 'www.shingram.com'을 입력합니다. Character 패널에서 글꼴을 'Noto Sans CJK KR', 글꼴 스타일을 'Bold', 글자 크기를 '11px', Anti-Aliasing을 'Crisp'로 지정합니다.

22 | 05 폴더에서 '아이콘_네이버블로그.psd', '아이콘_인스타그램.psd', '아이콘_카카오톡.psd' 파일을 캔버스에 드래그해 불러옵니다. 옵션바에서 W/H를 '86%'로 설정합니다. Ctrl+G를 누른 다음 그룹 이름을 'icon'으로 변경합니다. 'Add a layer style' 아이콘(fx)을 클릭해 표시되는 메뉴의 'Color Overlay'를 선택합니다. Layer Style 대화상자에서 Blend Mode를 'Normal', Color를 '#ffffff(흰색)', Opacity를 '100%'로 설정한 다음 〈OK〉 버튼을 클릭합니다.

 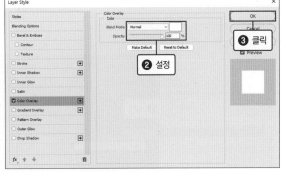

23 | 가로쓰기 문자 도구(T)를 이용해 'naver'를 입력하고 Character 패널에서 글꼴을 'Noto Sans CJK KR', 글꼴 스타일을 'Bold', 글자 크기를 '8px', Anti-Aliasing을 'Sharp'로 지정합니다.

24 | 이동 도구(✛)를 선택하고 Alt를 누른 채 'naver' 레이어를 드래그해 복제합니다. 가로쓰기 문자 도구(T)를 이용해 내용을 'kakao'로 변경합니다. 같은 방법으로 'kakao' 레이어를 드래그해 복제한 다음 내용을 'instagram'으로 변경해서 마무리합니다.

 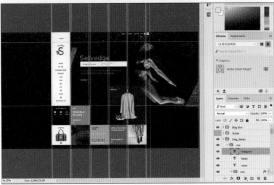

01 | 메뉴에서 (File) → Generate → Image Assets를 실행합니다. 'blog_design' 그룹의 이름을 'blog_design.jpg75%'로 변경합니다.

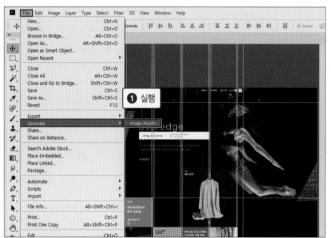 

02 | 사각형 선택 도구(▢)를 선택한 다음 캔버스 왼쪽 아래에 드래그해 나타나는 툴팁을 참고하며 'W/H : 8px' 크기의 선택 영역을 만듭니다. 'blog_mainimg' 레이어를 선택하고, 메뉴에서 (Edit) → Copy Merged(Shift+Ctrl+C)를 실행해 레이어를 병합합니다. 캔버스에 보이는 그대로 복사한 다음 Ctrl+V를 눌러 그대로 붙여 넣고 레이어 이름을 'back.gif'로 변경합니다.

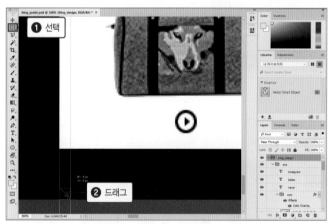 

03 | 'blog_guide.psd' 파일 위치의 blog_guide-assets 폴더에 'blog_design.jpg'와 'back.gif' 파일이 자동으로 만들어집니다.

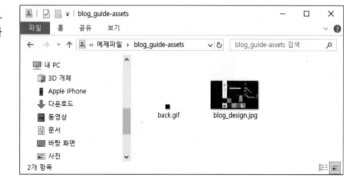

01 | 홈페이지형 블로그 디자인을 적용하기 위해 먼저 네이버 블로그의 기본 세팅을 변경하겠습니다. 내 블로그의 관리 페이지로 이동합니다. **내메뉴 → 관리** 또는 프로필 영역의 **관리**를 선택합니다.

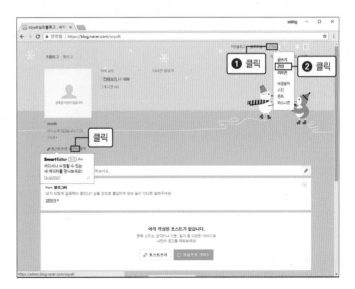

02 | **꾸미기 설정 → 디자인 설정 → 레이아웃·위 젯 설정**을 선택합니다. 오른쪽에서 두 번째 레이아웃 을 선택하고 레이아웃을 변형하는지 확인하는 알림 창이 표시되면 〈확인〉 버튼을 클릭합니다.

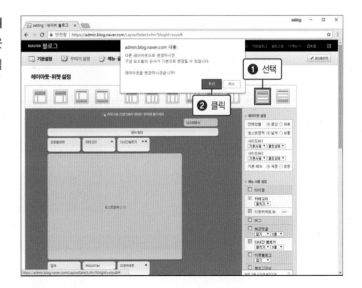

03 | '프로필영역' 위젯을 드래그해 '포스트영역(넓게)' 아래로 이동합니다.

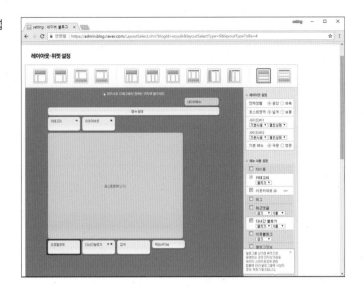

04 | '카테고리'와 '이웃커넥트' 위젯을 드래그해 '포스트영역(넓게)' 아래로 이동합니다. 오른쪽의 레이아웃 설정에서 기본 메뉴 항목을 '영문'으로 선택합니다.

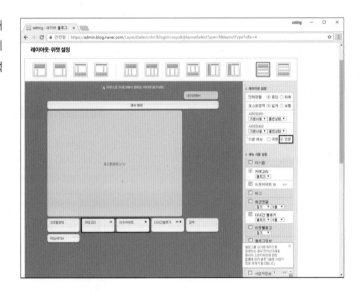

05 | 레이아웃 · 위젯 설정 페이지 아래쪽에서 〈적용〉 버튼을 클릭해 적용합니다.

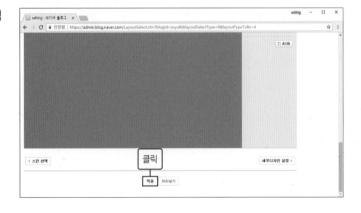

06 | 블로그 메인 화면을 확인합니다. 홈페이지형
블로그를 위한 레이아웃 세팅이 완료되었습니다.

5 투명 위젯으로 홈페이지형 블로그 세팅하기

● ● ●

01 | 블로그 스킨을 설정하기 위해 내 블로그 위의
내메뉴 → 리모콘을 선택합니다.

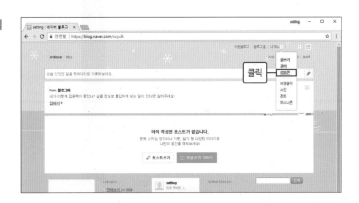

클릭

02 | 리모콘 기능에 대한 안내 포스트가 나타나면
확인합니다.

Tip

제작한 이미지가 없다면 05 → blog_guide-assets 폴
더의 'blog_design.jpg'와 'back.gif' 파일을 참고합니다.

Tip

레이아웃·위젯 설정 페이지에서 타이틀을 노출하지 않도
록 체크 표시를 해제하였기 때문에 '타이틀' 메뉴는 비활성
화되어 있습니다.

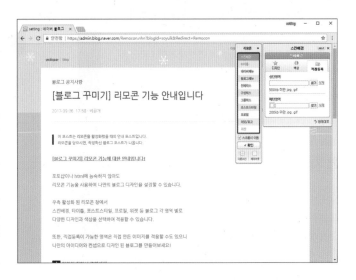

03 | 리모콘에서 **스킨배경** → **직접등록**을 선택해 상단영역 항목에서 〈찾기〉 버튼을 클릭합니다. 앞서 만든 'blog_design.jpg' 파일을 불러옵니다. 패턴 영역에는 전체 이미지를 등록하기 위해 앞서 만든 'back.gif' 파일을 불러옵니다.

04 | 리모콘에서 **네이버메뉴**를 선택한 다음 버튼 항목의 일곱 번째 심플한 색상을 선택합니다. 서체 항목에서는 내용색을 클릭해 '#ffffff(흰색)'로 지정한 다음 〈입력〉 버튼을 클릭합니다.

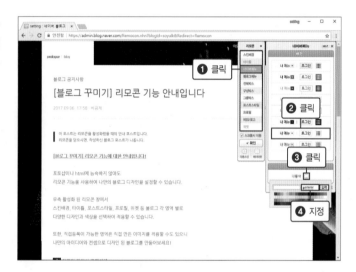

05 | 리모콘에서 **블로그메뉴** → **색상**을 선택하고 '투명'에 체크 표시합니다. 기존 블로그 메뉴 디자인에 적용되어 있던 배경색을 투명하게 만듭니다. 서체 항목에서 기본색을 '#c0c0c0(회색)', 강조색을 '#c8011d(빨간색)'로 지정합니다. 리모콘 내비게이션에서 〈확인〉 버튼을 클릭한 다음 현재 디자인을 적용을 위한 확인 창에서 〈적용〉 버튼을 클릭해 블로그에 적용합니다.

 Tip

리모콘으로 설정한 내용은 브라우저에서 미리 보기로 확인할 수 있습니다. 작업 중인 디자인을 적용하기 위해 꼭 리모콘의 〈확인〉 버튼을 클릭하세요.

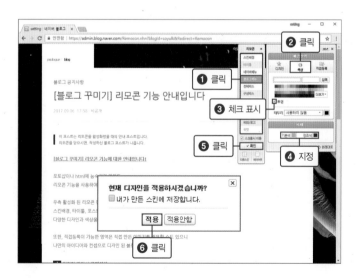

06 | 스킨 설정을 마친 블로그 메인 화면에서는 포스트가 메인 이미지를 가립니다. 투명 위젯을 삽입해 포스트를 내리고 투명 위젯 1번부터 10번까지 차근차근 등록하겠습니다. **내메뉴 → 관리 → 꾸미기 설정 → 디자인 설정 → 레이아웃·위젯 설정**을 선택합니다.

Tip

투명 위젯은 하나의 블로그에 20개까지 등록할 수 있으며, 투명 위젯의 크기는 가로 170px, 세로 600px까지 만들 수 있습니다.

07 | 아래의 〈위젯직접등록〉 버튼을 클릭합니다. 위젯 직접등록 대화상자에서 위젯명에 '투명위젯 1'을 입력하고, 위젯코드입력에 HTML 소스 코드를 입력한 다음 〈다음〉 버튼을 클릭합니다. 미리보기 페이지에서 〈등록〉 버튼을 클릭하여 위젯을 등록합니다.

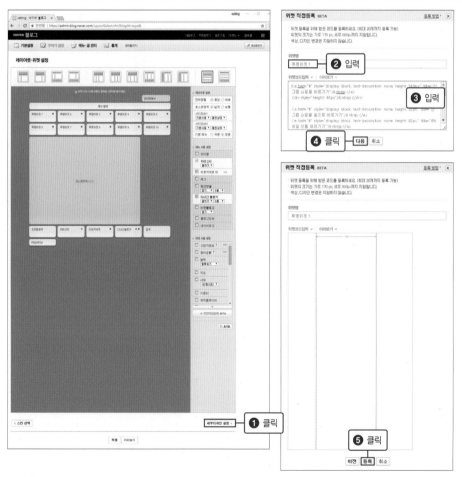

08 | 우선 링크를 연결할 영역의 크기를 확인합니다. 사각형 선택 도구(▦)로 원하는 영역을 드래그하면서 툴 팁의 크기를 확인하거나, 메뉴에서 (Window) → Info(F8)을 실행하여 표시되는 Info 패널에서 이미지 크기를 확인할 수 있습니다.

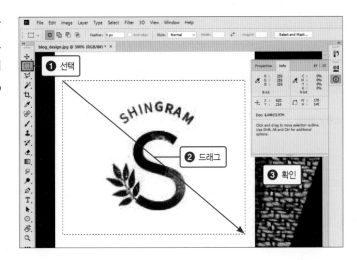

09 | '투명 1' 위젯의 각 영역 크기는 다음과 같습니다.

```
<a href="#" style="display: block; text-decoration: none; height: 140px;" title="신그램 쇼핑
몰 바로가기"> </a>
<div style="height: 46px"> </div>


<a href="#" style="display: block; text-decoration: none; height: 32px;" title="신그램 쇼핑몰
홈으로 바로가기"> </a>
<a href="#" style="display: block; text-decoration: none; height: 32px;"
title="8% 세일 상품 보러가기"> </a>
<a href="#" style="display: block; text-decoration: none; height: 32px;" title="신그램 자체제
작 상품 보러가기"> </a>
<a href="#" style="display: block; text-decoration: none; height: 32px;" title="탑/아우터 보
러가기"> </a>
<a href="#" style="display: block; text-decoration: none; height: 32px;" title="드레스 보러가
기"> </a>
<a href="#" style="display: block; text-decoration: none; height: 32px;" title="스커트 보러가
기"> </a>
<a href="#" style="display: block; text-decoration: none; height: 32px;" title="팬츠 보러가
기"> </a>
<a href="#" style="display: block; text-decoration: none; height: 32px;" title="슈즈 보러가
기"> </a>
<a href="#" style="display: block; text-decoration: none; height: 32px;" title="가방 보러가
기"> </a>
<a href="#" style="display: block; text-decoration: none; height: 32px;" title="악세사리 보러
가기"> </a>
<a href="#" style="display: block; text-decoration: none; height: 32px;" title="썸머 보러가
기"> </a>
<a href="#" style="display: block; text-decoration: none; height: 32px;" title="영상으로 보는
신상 보러가기"> </a>
```

- **링크 영역** : 〈a href="링크 URL 주소" style="display: block; text-decoration: none; height: 링크 영역 높이;" title="링크에
대한 설명") </a>
  - a 태그로 링크를 겁니다. 링크 URL 주소에 '#' 대신 실제로 링크를 연결할 쇼핑몰 URL 주소를 입력합니다. height에 링크 영역
  의 높이를 단위(px)까지 함께 입력합니다. title에는 링크에 대한 설명을 입력합니다. 블로그에서 해당 영역에 마우스를 오버하면
  나타납니다.
  - 인라인(inline) 형식의 a 태그는 크기를 가질 수 없기 때문에 'display: block'을 이용하여 크기를 지정합니다. 가로 크기는 지정
  하지 않아도 가로 100%(width: 100%) 크기를 기본으로 가집니다.
  - 문자에 링크가 연결되면 링크 영역에 밑줄이 생깁니다. 'text-decoration: none'을 지정하여 밑줄을 없앴습니다.
  - 는 공백 문자로 띄어쓰기에 해당하는 특수 문자 코드입니다.
- **여백 영역** : 〈div style="height: 여백 높이") </div>
  div 태그로 빈 상자를 만들어 여백 영역을 코딩합니다.

11 | ⟨위젯직접등록⟩ 버튼을 클릭합니다. 위젯 직접등록 대화상자의 위젯명에 '투명위젯 2'를 입력하고, 위젯코드입력에 다음의 HTML 소스 코드를 입력한 다음 ⟨다음⟩ 버튼을 클릭합니다. 미리보기 페이지에서 아래의 ⟨등록⟩ 버튼을 클릭하여 위젯을 등록합니다.

```
<div style="height: 330px"> </div>
<a href="#" style="display: block; text-decoration: none; height: 60px;"
title="신그램 고급 셀비지 데님 자세히보기"> </a>
```

> **Tip**
>
> 여백 높이를 '330px', 링크 영역 높이를 '60px'로 지정하였습니다. 위쪽부터 코딩하기 때문에 '자세히보기' 링크 영역 아래는 코딩하지 않습니다.

12 | ⟨위젯직접등록⟩ 버튼을 클릭합니다. 위젯 직접등록 대화상자에서 위젯명에 '투명위젯 3'을 입력하고, 위젯코드입력에 다음의 HTML 소스 코드를 입력한 다음 ⟨다음⟩ 버튼을 클릭합니다. 미리보기 페이지에서 아래쪽의 ⟨등록⟩ 버튼을 클릭하여 위젯을 등록합니다.

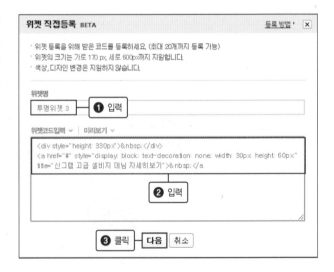

투명 위젯 2와 같은 레이아웃이며, 링크 영역에 'width: 30px'로 가로 크기를 지정하였습니다.

170

330

60

```
<div style="height: 330px"> </div>
<a href="#" style="display: block; text-decoration: none; width: 30px; height: 60px;" title="
신그램 고급 셀비지 데님 자세히보기"> </a>
```

13 | 〈위젯직접등록〉 버튼을 클릭합니다. 위젯 직접등록 대화상자에서 위젯명에 '투명위젯 4'를 입력하고, 위젯코드입력에 다음의 HTML 소스 코드를 입력한 다음 〈다음〉 버튼을 클릭합니다. 미리보기 페이지에서 아래쪽의 〈등록〉 버튼을 클릭하여 위젯을 등록합니다.

```
<div style="height: 414px"> </div>
<a href="#" style="display: block; text-decoration: none; height: 186px;" title="신그램이 사
랑하는 추천상품"> </a>
```

14 ⟨위젯직접등록⟩ 버튼을 클릭합니다. 위젯 직접등록
대화상자에서 위젯명에 '투명위젯 5'를 입력하고, 위젯코드
입력에 다음의 HTML 소스 코드를 입력한 다음 ⟨다음⟩ 버
튼을 클릭합니다. 미리보기 페이지에서 아래의 ⟨등록⟩ 버
튼을 클릭하여 위젯을 등록합니다.

Tip

투명 위젯 4와 레이아웃, 링크 주소가 같기 때문에 HTML 소스도 같습니다.

```
<div style="height: 414px"> </div>
<a href="#" style="display: block; text-decoration: none; height: 186px;"
title="신그램이 사랑하는 추천상품"> </a>
```

170

414

186

15 ⟨위젯직접등록⟩ 버튼을 클릭합니다. 위젯 직접등록 대화상자에서 위젯명에 '투명위젯 6'을 입력하고, 위젯코드입력에 다음의
HTML 소스 코드를 입력한 다음 ⟨다음⟩ 버튼을 클릭합니다. 미리보기 페이지에서 아래의 ⟨등록⟩ 버튼을 클릭하여 위젯을 등록합니다.

170

40

54

92

186

35

```
<a href="#" style="display: block; text-decoration: none; height: 40px;" title="신그램 쇼핑몰
바로가기"> </a>


<a href="#" style="display: block; text-decoration: none; float: left; width:57px; height:
54px;" title="신그램 블로그 바로가기"> </a>
<a href="#" style="display: block; text-decoration: none; float: left; width:56px; height:
54px;" title="신그램 카카오톡 바로가기"> </a>
<a href="#" style="display: block; text-decoration: none; width:57px; height: 54px;" title="
신그램 인스타그램 바로가기"> </a>


<div style="height: 92px;"> </div>
<a href="#" style="display: block; text-decoration: none; height: 186px;" title="신그램 블로
그 바로가기"> </a>
<div style="height: 35px;"> </div>
```

Tip

SNS 아이콘의 링크를 나란히 두기 위해 'float: left'를 추가했습니다. 왼쪽부터 차곡차곡 쌓아 나란히 배치한다는 의미로 float은 다음 요소에 영향을
주는 특징이 있습니다. SNS 아이콘의 마지막 인스타그램 아이콘에는 float을 적용하지 않습니다.
블로그의 본문과 투명 위젯이 떨어지도록 마지막 라인에 여백 코드를 추가했습니다.

---

16 | 〈위젯직접등록〉 버튼을 클릭합니다. 위젯 직접등록 대화상자에서 위젯명에 '투명위젯 7'을 입력하고, 위젯코드입력에 다음의
HTML 소스 코드를 입력한 다음 〈다음〉 버튼을 클릭합니다. 미리보기 페이지에서 아래의 〈등록〉 버튼을 클릭하여 위젯을 등록합니다.

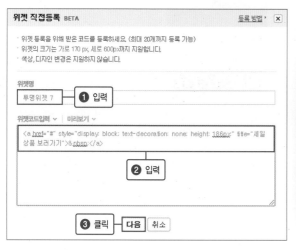

```
<a href="#" style="display: block; text-decoration: none; height: 186px;" title="세일 상품 보
러가기">  </a>
```

17 | 〈위젯직접등록〉 버튼을 클릭합니다. 위젯 직접등록 대화상자에서 위젯명에 '투명위젯 8'을 입력합니다. 이 위젯에는 링크 영역이 없으므로 위젯코드입력에 공백 문자( )를 입력하고 〈다음〉 버튼을 클릭합니다. 미리보기 페이지 아래의 〈등록〉 버튼을 클릭하여 위젯을 등록합니다.

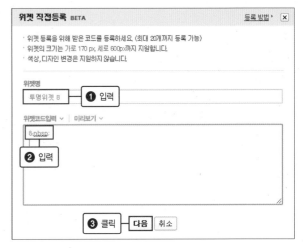

```
 
```

18 | 〈위젯직접등록〉 버튼을 클릭합니다. 위젯 직접등록 대화상자에서 위젯명에 '투명위젯 9'를 입력하고, 위젯코드입력에 다음의 HTML 소스 코드를 입력한 다음 〈다음〉 버튼을 클릭합니다. 미리보기 페이지의 〈등록〉 버튼을 클릭하여 위젯을 등록합니다.

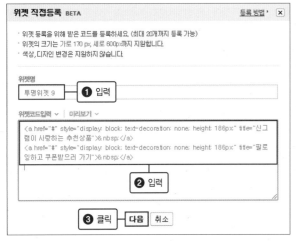

```
<a href="#" style="display: block; text-decoration: none; height: 186px;" title="신그램이 사랑하는 추천상품"> </a>
<a href="#" style="display: block; text-decoration: none; height: 186px;" title="팔로잉하고 쿠폰받으러 가기"> </a>
```

19 | 〈위젯직접등록〉 버튼을 클릭합니다. 위젯 직접등록 대화상자에서 위젯명에 '투명위젯 10'을 입력하고, 위젯코드입력에 다음의
HTML 소스 코드를 입력한 다음 〈다음〉 버튼을 클릭합니다. 미리보기 페이지의 〈등록〉 버튼을 클릭하여 위젯을 등록합니다.

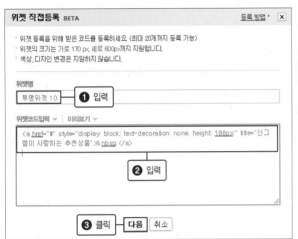
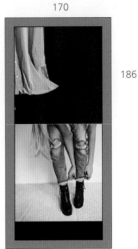

20 | '투명 위젯 1'부터 '투명 위젯 10'까지 등록을
마쳤습니다. 위젯의 위치를 포스트 영역 위로 왼쪽
위부터 차례대로 1번부터 10번까지 이동한 다음 〈적
용〉 버튼을 클릭해 위젯을 적용합니다.

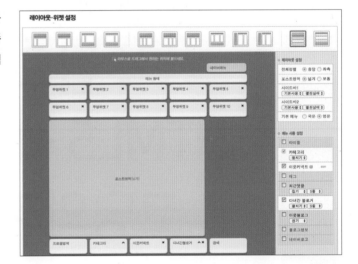

21 | 블로그 메인 화면으로 이동하여 잘 적용되었는지 확인합니다.

쇼핑몰 운영에 꼭 필요한 HTML5 + CSS3 코딩의 기본 알아보기

쇼핑몰 디자인 수정 문제 해결하기

쇼핑몰을 운영하기 위해서는 '포토샵'을 이용해 운영에 필요한 디자인 파일을 만들고, 쇼핑몰 호스팅 업체의 운영 툴(카페24, 고도몰, 네이버 스마트스토어 등)을 이용하여 파일을 업로드합니다.

쇼핑몰을 운영하다 보면 소소한 요구사항들이 생기는데, 그럴 때마다 아르바이트를 구하려면 비용도 비용이지만 수고스럽고 시간이 낭비될 때가 많습니다. 단, 복잡하고 전문적인 작업의 경우에는 전문가에게 맡기는 것이 현명합니다.

다음과 같은 수정 요청은 쇼핑몰 운영 툴에서는 수정하기 어려워 디자인 스킨을 직접 수정해야 합니다. 이때 웹 퍼블리싱 언어(HTML과 CSS)의 기본을 알아두면 쉽게 해결할 수 있고 웹에서 표현할 수 있는 폭이 굉장히 넓어집니다. 간단한 HTML5과 CSS3를 다루었으니 직접 따라해 보세요.

- 상품을 등록했는데 상품명에서 '50% 특가세일!' 문구의 색상을 강조하고 싶다.
- 업로드한 로고의 위쪽 여백을 조금만 줄이면 좋겠다.
- 상품 상세페이지에서 원하는 위치에 공통적인 스킨 배너를 추가하고 싶다.
- 검색 엔진이 크롤링할 때 우리 쇼핑몰이 검색되도록 최적화하고 싶다.
- 상품 리스트에서 아이콘과 상품명의 간격을 넓히거나 높이를 딱 맞게 수정하고 싶다.
- 모바일 쇼핑몰의 화면을 확대할 수 있게 하고 싶다.

위와 같이 직접 작업하다 보면 한 번씩 마주하는 문제점들이 있습니다. 그러므로 쇼핑몰 디자인의 수정 및 백업, 인코딩을 사전에 대처해 문제가 발생하지 않도록 문제점에 따른 해결 방법을 알아보겠습니다.

Tip

검색 엔진은 웹 크롤링(Web Crawling), 인덱싱(Indexing), 추출(Searching)의 세 단계 순서로 작동합니다. 크롤링 과정에서는 사이트의 모든 페이지를 복사합니다. 이후 인덱싱 과정에서는 정확하고 빠른 검색이 가능하도록 데이터의 수집과 저장, 분석이 이루어지고, 추출(Searching) 단계는 검색어를 구성하는 단어가 포함된 제목, 주제 등을 추출하는 과정을 통해 검색이 이루어집니다.

1 | 쇼핑몰 디자인 수정하기

HTML5와 CSS3를 이해하더라도 정작 어떤 파일을 열어 어느 부분을 수정해야 하는지 모르는 당황스러운 일이 생깁니다. 쇼핑몰 호스팅 업체마다 스킨을 수정하는 방법과 위치가 다르기 때문에 업체를 선택하기 전에 유지보수가 편리한지를 확인해야 합니다. 업체별 가이드를 확인하여 수정 파일과 소스의 위치를 찾는 방법을 확인하세요.

- **카페24**
  '스마트 디자인'의 디자인 수정 동영상
  https://ecsupport.cafe24.com/guide/design_pc.html
- **고도몰**
  고도몰5 디자인 스킨 HTML 수정 기초편
  http://wizu.co.kr/tip/tip_view.php?code=140000&no=3403
- **네이버 스마트스토어**
  스마트스토어에서 HTML과 CSS를 적용할 수 있는 곳은 상품 상세 페이지가 있을 뿐 디자인 스킨의 소스를 수정할 수 있는 커스터마이징은 어렵습니다.

2 | 실수로 날린 파일 해결하기

컴퓨터 작업은 저장과 백업이 생명입니다. 백만 번 강조해도 지나치지 않을 부분이지요. 디자인 작업과 코딩 수정 작업을 하다 보면 덮어쓰거나 파일을 날리는 일이 많습니다. 그러므로 항상 작업 중인 파일들이 문제없이 잘 저장되는지 신경 써야 하고 쇼핑몰 호스팅 업체는 백업 시스템이 어떤지 확인하여 대비하기 바랍니다.

- **카페24**
  디자인 백업 동영상
  https://ecsupport.cafe24.com/guide/design_opt.html
- **고도몰**
  디자인 → 디자인페이지 수정 → 레이아웃 디자인 페이지 추가 및 수정
  http://manual.godomall5.godomall.com/data/manual_view.php?category=design__designconf___design_page_edit
- **네이버 스마트스토어**
  디자인을 직접 수정할 수 있는 기능이 없어 디자인 백업도 필요가 없으므로 장점으로 볼 수 있습니다.

브라우저의 글자가 다음과 같이 깨지나요? 쇼핑몰 사이트에 영문, 숫자 이외의 문자를 사용한다면 다국어 환경에서 인코딩할 수 있는 국제 표준의 유니코드 UTF-8을 적용해야 합니다. 쉽게 말해 세상에는 영어뿐만 아니라 수많은 언어가 있으므로 이들을 표현할 수 있도록 해야 합니다. 즉, 한글이 포함된 사이트에서 한글을 표현할 수 있도록 문서의 정보를 지정하는 것입니다.

`<head>`와 `</head>` 사이에 메타 태그를 추가합니다.

```
<html>
<head>

        <meta charset="utf-8">
        <title>문서의 제목이 들어가는 곳</title>
</head>
```

이전에는 'EUC-KR'의 한글 인코딩 방식을 사용하는 것이 일반적이었으나 표현할 수 있는 한글 수가 제한적이었습니다. 그래서 한글뿐 아니라 한자, 일본어, 중국어 등 모든 언어의 문자를 처리할 수 있는 'UTF-8'을 표준으로 사용하였습니다. 파일 용량이 늘어난다는 단점이 있지만, 처리할 수 있는 CPU 속도와 개선된 인터넷 품질은 용량이 늘어난 문제점보다 훨씬 앞서 있습니다.

쇼핑몰 디자인에 필요한 기본 코딩 알아보기

1 | Alt와 Title 속성으로 상품 정보 최적화하기

■ 예제 파일 : 부록\01_banner.html, images\banner.jpg

디자인 스킨에서 제공하지 않는 위치에 배너를 삽입하고 싶을 때 이미지 배너를 추가하고 링크를 연결하는 방법을 알아봅니다.

■ HTML

```
<img
```

img는 이미지를 삽입하는 태그입니다.

```
<img src="이미지 경로" alt="이미지가 안 보일 때 대체할 문구">
```

서버에 미리 올려놓은 이미지 경로를 src에 입력합니다.

alt는 이미지 위치에 엑박(x박스)이 표시될 때 대체 텍스트(Alternative Text)로 보여주기 때문에 웹 표준에서 중요합니다. 시각 장애를 가진 사람들이 웹페이지를 읽기 위해 스크린 리더기(Screen Reader)를 이용할 때 alt의 내용을 읽기 때문에 이미지 내용을 잘 설명할 수 있는 텍스트를 입력합니다. 또한 검색엔진이 사이트를 크롤링할 때 Alt 속성을 이용하여 해당 상품을 더 잘 이해하고 검색결과 순위에서 적절하게 색인(SEO; Search Engine Optimization)할 수 있도록 합니다.

```
<a href="링크주소"  title="마우스 오버하면 말풍선으로 나타낼 문구"><img
src="http://www.shop.com/banner.png" alt="이 이미지는 로고입니다"></a>
```

방금 입력한 코드 앞에 〈a href="">를 입력하고, 뒤에 〈/a>를 입력합니다.
href에 링크 주소를 입력해 배너 이미지에 링크를 연결합니다.

title도 링크에 대한 정보를 제공하고 검색엔진에 최적화하기 때문에 검색결과에 색인하는데 도움을 주므로 잘 활용합니다.

■ 최종 코드

```html
<!DOCTYPE html>
<html>
<head>
        <meta charset="utf-8">
        <title>이미지 배너에 링크 걸기(Alt와 Title 속성으로 상품 정보 최적화하기)</title>
</head>
<body>
        <a href="http://daum.net" title="오늘의 쿠폰 다운받으러 가기">
                <img src="images/banner.jpg" alt="이 이미지는 배너입니다">
        </a>
</body>
</html>
```

⧉■ 최종 결과 화면

2 | 마우스 오버하면 흑백으로 바뀌는 상품 이미지 만들기

■ 예제 파일 : 부록\02_grayscale.html

컬러 상품 이미지에 마우스 포인터를 위치시키면 흑백으로 바뀌는 효과를 만들어 봅니다.

■ HTML

```
<a href="#"><img src="http://www.manle.co.kr/manle_pro_01.jpg"
alt="엄마손초마늘" class="gray"></a>
```

이미지에 클래스(class="gray")를 추가합니다. html에서는 몇 클래스(class)인지 알려주고 실제로 화면에 나타나는 내용을 입력합니다.

■ CSS

```
.gray:hover{
        filter: grayscale(100%);
}
```

css에서는 html에서 정의한 클래스(class)가 어떠한 디자인 스타일을 갖는지 한 번에 모아서 설명합니다.

gray 클래스의 특징을 정의할 때는 gray 앞에 점(.)이 있다는 것을 꼭 기억하세요. gray 클래스는 :hover(마우스 오버)할 때만 특징이 있습니다. 특징은 {} 안에 있으며, filter: grayscale처럼 흑백으로 보여주는 필터를 적용합니다. filter: grayscale(100%)은 100% 적용합니다. 만약 50%만 흑백 이미지로 만들려면 filter: grayscale(50%)로 수정합니다. 특징 하나를 정의하는 문장을 마치면 항상 세미콜론(;)으로 마감합니다.

또 다른 필터를 알아봅시다.

■ 뿌옇게 만드는 필터	filter:blur(5px);
■ 밝게 만드는 필터	filter:brightness(200%);
■ 이미지에 대비를 만드는 필터	filter:contrast(200%);
■ 브라운 톤으로 만드는 필터	filter:sepia(100%);
■ 반투명으로 만드는 필터	filter:opacity(30%);
■ 그림자를 만드는 필터	drop-shadow(3px 8px 10px gray);

■ 최종 코드

```
<!DOCTYPE html>
<html>
<head>
        <meta charset="utf-8">
        <title>마우스 오버하면 흑백으로 바뀌는 상품 이미지</title>
        <style>
                .gray:hover{
                        filter: grayscale(100%);
                }
        </style>
</head>
<body>
        <a href="#">
                <img src="http://www.manle.co.kr/images/manle_pro_01.jpg" alt="엄
마손초마늘" class="gray">
        </a>
</body>
</html>
```

최종 결과 화면

▲ 마우스 오버 전

▲ 마우스 오버 후

■ 예제 파일 : 부록\03_opacity.html

상품 이미지에 마우스 포인터를 위치시키면 반투명해지는 효과를 만들어 봅니다.

■ HTML

```
<a href="#"><img src="http://www.manle.co.kr/manle_pro_01.jpg"
alt="엄마손초마늘" class="sky"></a>
```

여기에서 이미지는 sky 클래스입니다. img에 class="sky"를 추가합니다.

■ CSS

```
.sky:hover{
        opacity: 0.3;
}
```

sky 클래스도 :hover했을 때(마우스 오버)만 반응하는 클래스로 opacity(투명도)가 '0.3(30%)'입니
다. filter 중에서 opacity를 매우 많이 사용하여 더 간단한 코드가 개발된 것으로 opacity: 0.5와
filter:opacity(50%)는 같은 결과를 보여줍니다.

■ 최종 코드

```
<!DOCTYPE html>
<html>
<head>
        <meta charset="utf-8">
        <title>마우스 오버하면 반투명해지는 상품 이미지</title>
        <style type="text/css">
                .sky:hover{
                        opacity: 0.3;
                }
        </style>
</head>
<body>
        <a href="#">
                <img src="http://www.manle.co.kr/images/manle_pro_01.jpg"
 alt="엄마손초마늘" class="sky">
        </a>
</body>
</html>
```

▲ 마우스 오버 전

▲ 마우스 오버 후

4 | 마우스 오버하면 설명이 나타나는 상품 이미지 만들기

■ 예제 파일 : 부록\04_position.html

div는 가로 100%를 차지하며 내용에 따라 세로 길이가 길어지는 상자입니다. 여러 상자를 겹쳐서 포장하고 위치를 마음대로 조절해 상품 이미지에 마우스 오버하면 설명이 나타나도록 만들어 봅니다.

■ HTML

```
<div class="container">
        <img src="http://www.manle.co.kr/images/manle.jpg" alt="엄마손초마늘"
width="450" height="450">
        <div class="overlay">
                <div class="text">10개월 이상 숙성해 맛있는 엄마손초마늘</div>
        </div>
</div>
```

container 클래스 상자에는 img(이미지)와 overlay 클래스 상자가 있습니다. overlay 클래스 상자의 또 다른 상자는 text 클래스이며 그 안에 내용이 있습니다.

■CSS

```
.container {
        position: relative;
        width: 300px;
}
```

container 클래스 상자는 상황에 따라 position: relative로 상대적인 위치를 갖는다고 정의합니다. 상자 크기는 원래 가로 100%이지만 가로 300px로 정의합니다.

```
.overlay {
        position: absolute;
        top: 0;
        bottom: 0;
        left: 0;
        right: 0;
        height: 450px;
        width: 450px;
        opacity: 0;
        transition: .5s ease;
        background: rgba(0,0,0,0.6);
}
```

overlay 클래스 상자는 정의할 게 많습니다.

① **위치와 크기** : overlay 클래스 상자는 container 클래스 상자에 들어있으며 위치가 position: absolute로 항상 고정된 절대적인 위치입니다. container 클래스 상자를 기준으로 top: 0 위에서 전혀 떨어지지 않고(10px이면 위에서 10px만큼 떨어짐) bottom: 0 아래에서도 left: 0, 왼쪽에서도 right: 0, 오른쪽에서도 전혀 떨어지지 않습니다. 상자의 크기는 가로 450px, 세로 450px입니다.

② **투명도와 변환** : 이 상자는 opacity: 0으로 완전히 투명합니다. transition: .5s ease는 0.5초 동안 (외국에서는 0.5를 .5로 쓰며 짧아져서 편리) 서서히(ease) 변합니다(transition).

③ **배경색** : 배경색은 rgba 값으로 표현했으며 괄호 안에서 앞의 3개 숫자 0,0,0은 red, green, blue 값을 순서대로 적은 것으로 색이 전혀 없어 완전한 검은색(흰색 : 255,255,255)입니다. 마지막 숫자 0.6은 알파(alpha; 투명) 값으로 60%입니다. 60%의 반투명한 검은색 overlay 클래스 상자는 안 보이다가 어떤 자극이 들어오면 0.5초 동안 서서히 바뀝니다. 어떻게 바뀔 것이라는 것은 아직 정의하지 않았습니다.

```
.container:hover .overlay {
        opacity: 1;
}
```

container 클래스 상자에 :hover하면(마우스 포인터를 위치시키면) 그 안에 있는 overlay 클래스 상자에 효과를 줍니다. .container:hover .overlay에서 띄어쓰기는 '그 안에 있는'이라는 뜻입니다. opacity: 1로 투명도를 100%로 정의합니다.

```
.text {
        color: white;
        font-size: 38px;
        position: absolute;
        top: 50%;
        left: 50%;
        transform: translate(-50%, -50%);
        text-align: center;
}
```

이번에는 text 클래스를 정의합니다. text 클래스는 color: white로 글자 색상이 '흰색'이고, font-size: 38px로 글자 크기가 38px입니다.

위치는 position: absolute로 항상 고정적이고 절대적인 위치를 갖는데 overlay 상자의 크기 안에 위치합니다. top: 50% 위에서부터 50% 떨어져 있고(overlay 상자 높이의 반) left: 50% 왼쪽으로부터 50%(overlay 상자 폭의 반) 떨어져 있습니다. text 클래스 상자의 크기는 지정하지 않았으므로 기본으로 화면의 100%입니다.

transform으로 변신하겠습니다. translate는 x와 y좌표를 이동하며, 여기서는 -50%, -50% 위치로 이동합니다. 즉, text 상자의 중심점을 상자 크기의 50%만큼 마이너스(-) 방향으로 이동합니다. 다시 말해 왼쪽으로 50% 이동하고 위쪽으로 50% 이동합니다.

```
<!DOCTYPE html>
<html>
<head>
        <meta charset="utf-8">
        <title>마우스 오버하면 설명이 나오는 상품 이미지</title>
        <style>
        .container {
                position: relative;
                width: 300px;
        }

        .overlay {
                position: absolute;
                top: 0;
                bottom: 0;
                left: 0;
                right: 0;
                height: 450px;
                width: 450px;
                opacity: 0;
                transition: .5s ease;
                background: rgba(0,0,0,0.6);
        }

        .container:hover .overlay {
                opacity: 1;
        }

        .text {
                color: white;
                font-size: 38px;
                position: absolute;
                top: 50%;
                left: 50%;
                transform: translate(-50%, -50%);
                text-align: center;
        }
</style>
</head>
<body>

        <div class="container">
                <img src="http://www.manle.co.kr/images/manle.jpg"
```

```
alt="엄마손초마늘" width="450" height="450">
                <div class="overlay">
                        <div class="text">10개월 이상 숙성해 맛있는
엄마손초마늘</div>
                </div>
        </div>

</body>
</html>
```

▲ 마우스 오버 전

▲ 마우스 오버 후

■ 예제 파일 : 부록\05_cover.html

지정된 크기에 풀 커버(Full Cover)되는 배경 이미지를 만들어 봅니다. 이미지 크기에 따라 콘텐츠 위치가 변경되지 않고 나타나는 이미지 크기를 변경해 최적화되는 스타일입니다.

■ HTML

```
<div class="hero">
        <div class="text">
                <h1>Real Flowers</h1>
                <p>진짜 꽃으로 꾸몄습니다. 사랑하는 분께 드릴 선물을 <br> 고르는 이
  는 마음도 행복해집니다.</p>
                <button>자세히 보기</button>
        </div>
</div>
```

hero 클래스 상자가 있고 그 안에 text 클래스 상자가 있습니다. hero 클래스에는 화면 전체를 덮는 이미지를 넣고 text 클래스에는 글자를 넣어 위치를 지정하려고 합니다.

text 클래스에는 제목과 문단, 버튼의 내용이 있습니다. 〈h1〉로 제목을 지정합니다. 여기까지가 제목이라고 〈/h1〉로 마감합니다. h1은 기본 글자 크기의 2배이고 글자를 굵게 합니다.

> ■ **h1** : 볼드 기능과 더불어 기본 글자 크기의 2배
>   기본 글자 크기는 디바이스마다 달라집니다. 따로 지정하지 않으면 PC에서는 기본적으로 16px입니다.
> ■ **h2** : 볼드 기능과 더불어 기본 글자 크기의 1.5배
> ■ **h3** : 볼드 기능과 더불어 기본 글자 크기의 1.17배
> ■ **h4** : 볼드 기능과 더불어 기본 글자 크기 그대로
> ■ **h5** : 볼드 기능과 더불어 기본 글자 크기의 0.83배
> ■ **h6** : 볼드 기능과 더불어 기본 글자 크기의 0.67배

〈p〉는 문단(paragraph)이라는 뜻입니다. 문단을 지정하면 문단 위아래로 기본 글자 크기만큼의 여백이 생깁니다. 여기까지가 문단이라고 〈/p〉로 마감합니다.

〈br〉로 줄바꿈합니다. h1이나 p처럼 마감하는 태그는 없습니다.

〈button〉은 클릭할 수 있다고 정의합니다. 태그 안에는 글자나 이미지를 넣을 수 있습니다. 여기까지가 버튼이라고 〈/button〉으로 마감합니다.

```css
body {
    margin: 0;
}
```

body로 전체 문서의 여백은 없다고 지정합니다. 지정하지 않으면 기본으로 브라우저에서 설정한 여백이 노출되며 크롬(Chrome) 브라우저 기준으로 8px입니다.

```css
.hero {
    background: url("http://www.manle.co.kr/images/manle_full.jpg")
center no-repeat;
    background-size: cover;
    height: 500px;
    position: relative;
}
```

hero 클래스는 배경(background)에 url("이미지주소")로 이미지가 들어갑니다. 이미지는 가운데 (center)를 중심으로 반복되지 않습니다(no-repeat). 배경 이미지의 크기(background-size)는 상자의 전체 크기(cover)입니다.

hero 클래스 상자는 가로 크기가 지정되지 않아 기본 크기인 100%이고 높이(height)는 500px입니다. 이때 상대적인 위치를 가집니다.

```css
.text {
    text-align: center;
    color: white;
    position: absolute;
    top: 50%;
    left: 50%;
    transform: translate(-50%, -50%);
    text-shadow: 1px 1px 1px rgba(0,0,0,0.2);
}
```

text 클래스의 글자는 가운데(center) 정렬(text-align)하고 흰색입니다.

위치는 항상 절대적입니다. top: 50%로 위에서 50% 떨어져 있고, left: 50%로 왼쪽에서 50% 떨어져 있습니다. transform: translate(-50%, -50%)로 왼쪽으로 50% 이동하고 위쪽으로 50% 이동합니다.

글자에 그림자(text-shadow)를 추가하는데 오른쪽으로 1px(첫 번째), 아래로 1px(두 번째), 그림자의 흐린 정도 1px(세 번째), rgba(0,0,0,0.2)로 색상은 검은색, 투명도는 20%로 지정합니다.

```
.text button {
        border: none;
        padding: 10px 25px;
        background-color: white;
        color: black;
        text-align: center;
        cursor: pointer;
}
```

text 클래스에 있는 button의 특징을 정의합니다. 버튼에 아무런 속성을 지정하지 않으면 기본 디자인은 다음과 같습니다.

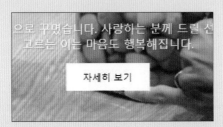

border: none으로 테두리를 없앱니다. 버튼에 여백(padding)을 줍니다. 위아래 여백 10px(첫 번째 지정), 양쪽 여백 25px(두 번째 지정)로 버튼 크기가 커집니다.

```
.text button:hover {
        background-color: black;
        color: white;
}
```

text 클래스 안의 버튼에 :hover하면(마우스 오버) 배경색(background-color)은 검은색(black)이고 글자 색상(color)은 흰색(white)이 됩니다.

■ 최종 코드

```
<!DOCTYPE html>
<html>
<head>
        <meta charset="utf-8">
        <title>화면 크기에 따라 딱 맞춰 나오는 이미지(Hero 이미지)</title>
        <style>
        body {
                margin: 0;
        }
```

```css
.hero {
            background: url("http://www.manle.co.kr/images/manle_full.jpg")
center no-repeat;
            background-size: cover;
            height: 500px;
            position: relative;
    }

    .text {
            text-align: center;
            position: absolute;
            top: 50%;
            left: 50%;
            transform: translate(-50%, -50%);
            color: white;
            text-shadow: 1px 1px 1px rgba(0,0,0,0.2);
    }

    .text button {
            border: none;
            padding: 10px 25px;
            background-color: white;
            color: black;
            text-align: center;
            cursor: pointer;
    }

    .text button:hover {
            background-color: black;
            color: white;
    }
</style>
</head>
<body>

    <div class="hero">
            <div class="text">
                    <h1>Real Flowers</h1>
                    <p>진짜 꽃으로 꾸몄습니다. 사랑하는 분께 드릴 선물을 <br>고
르는 이는 마음도 행복해집니다.</p>
                    <button>자세히 보기</button>
            </div>
    </div>
</body>
</html>
```

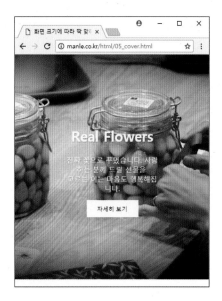
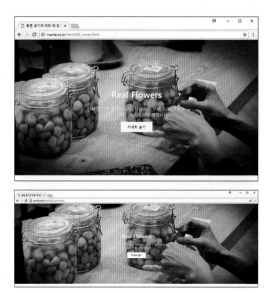

6 | 상품명을 돋보이게 굵게, 밑줄, 색상으로 강조하기

■ 예제 파일 : 부록\06_font.html

디자인 특징을 지정할 때 이전의 예제에서는 클래스(class)를 지정하고 css에서 정의했습니다. 이번에는 상품을 등록할 때 상품명을 입력하는 인풋(input) 박스에서 css 없이 간단하게 글자 색상을 바꾸고 굵기와 밑줄을 지정합니다.

■HTML

```
<div>
        <font color="#4a86e8">[재입고 14%↓]</font> <u> <b>3차 리오더</b>
대박 상품</u></font>
</div>
```

〈font color="색상"〉으로 원하는 글자 색상을 변경합니다. 여기까지 색상을 바꾸라고 〈/font〉로 마감합니다. 파란색의 HEX 코드 #4a86e8은 포토샵의 Color Picker 대화상자에서 색상 값을 추출할 수 있습니다.

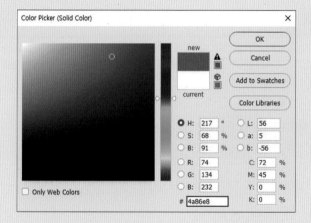

〈u〉는 글자에 밑줄을 만듭니다. 〈/u〉로 마감합니다.

〈b〉는 글자를 굵게 만듭니다. 〈/b〉로 마감합니다.

■ 최종 코드

```
<!DOCTYPE html>
<html>
<head>
        <meta charset="utf-8">
        <title>상품명 돋보이게 강조하기(굵게, 밑줄, 색상)</title>
</head>
<body>


        <div>
                <font color="#4a86e8">[재입고 14%↓]</font> <u> <b>3차 리오더</b>
대박 상품</u>
        </div>


</body>
</html>
```

🔁■ 최종 결과 화면

■ 예제 파일 : 부록\07_line-through.html

일반적으로 상품의 가격을 보여줄 때 할인 전 금액에 취소선을 표시합니다. 가격 정보를 다양하게
보여줄 때 취소선으로 고객이 필요한 정보를 한눈에 인식할 수 있도록 나타냅니다.

■ HTML

```
<div class="price">판매가: 32,000원</div>
<div class="sale">할인가: 25,000원</div>
```

판매가는 price 클래스로 할인가는 sale 클래스로 지정합니다.

■ CSS

```
.price {
        text-decoration:line-through;
        color: #6c6c6c;
        font-size: 12px;
}
```

판매가가 있는 price 클래스의 특성은 글자에 취소선(line-through)으로 꾸미고(text-decoration),
글자 색상은 회색(#6c6c6c), 글자 크기는 12px입니다.

```
.sale {
        font-weight:bold;
        color: #4a86e8;
        font-size: 14px;
}
```

할인가가 있는 sale 클래스의 특성은 글자의 두께(font-weight)를 굵게(bold)하고, 글자 색상은 파
란색(#4a86e8), 글자의 크기는 14px입니다.

■ 최종 코드

```
<!DOCTYPE html>
<html>
<head>
        <meta charset="utf-8">
        <title>판매가에 취소선 표시하기</title>
        <style>
                .price {
                        text-decoration:line-through;
                        color: #6c6c6c;
                        font-size: 12px;
                }
                .sale {
                        font-weight:bold;
                        color: #4a86e8;
                        font-size: 14px;
                }
</style>
</head>
<body>

        <div class="price">판매가: 32,000원</div>
        <div class="sale">할인가: 25,000원</div>

</body>
</html>
```

■ 최종 결과 화면

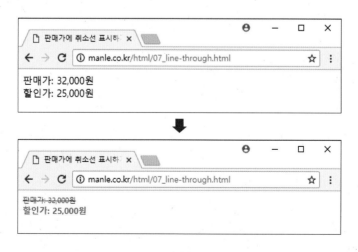

상품 리스트 이미지에 센스 있는 테두리 만들기

■ 예제 파일 : 부록\08_border.html

흰색 캔버스에 밝은 배경의 이미지는 돋보이지 않습니다. 옅은 회색 테두리로 상품 이미지를 돋보입니다.

■Before

■HTML

```
<div class="border">
        <img src="http://www.manle.co.kr/images/luggage.jpg">
        <img src="http://www.manle.co.kr/images/luggage.jpg">
        <img src="http://www.manle.co.kr/images/luggage.jpg">
</div>
```

이미지를 border 클래스 상자에 넣습니다.

■CSS

```
.border img{
        border:1px solid lightgrey;
}
```

border 클래스에 있는 모든 이미지에 효과를 적용합니다. 테두리(border)의 두께는 1px(첫 번째), 선 종류는 solid(직선, 두 번째), 선 색상은 lightgrey(세 번째)로 지정합니다. 하나의 클래스를 지정하여 그 안에 있는 모든 이미지에 한 번에 적용하였습니다.

■ 최종 코드

```html
<!DOCTYPE html>
<html>
<head>
        <meta charset="utf-8">
        <title>상품 리스트 이미지에 센스있는 테두리 만들기</title>
        <style>
                .border img{
                        border:1px solid lightgrey;
                }
        </style>
</head>
<body>

    <div class="border">
      <img src="http://www.manle.co.kr/images/luggage.jpg">
      <img src="http://www.manle.co.kr/images/luggage.jpg">
      <img src="http://www.manle.co.kr/images/luggage.jpg">
    </div>

</body>
</html>
```

■ 최종 결과 화면

■ 예제 파일 : 부록\09_box-shadow.html

상품 이미지에 그림자를 추가해 떠있는 것처럼 돋보일 수 있습니다. 그림자가 너무 강하면 자칫 상품보다 그림자가 더 돋보일 수 있으므로 디자인 콘셉트가 무너지지 않도록 자연스럽게 그림자를 표현합니다.

■ HTML

```html
<div class="shadow">
        <img src="http://www.manle.co.kr/images/woman.jpg"><br><br>
        <img src="http://www.manle.co.kr/images/woman.jpg"><br><br>
        <img src="http://www.manle.co.kr/images/woman.jpg">
</div>
```

이미지 세 개를 border 클래스 상자에 담습니다. 이미지 사이에 〈br〉을 추가해 줄바꿈합니다.

■ CSS

```css
.shadow img{
        border:7px solid #fff;
        box-shadow: 1px 2px 6px 2px rgba(0,0,0,0.15);
}
```

border 클래스 상자에 있는 모든 이미지에 효과를 적용합니다. 이미지 테두리(border)는 두께가 7px(첫 번째), 선 종류는 solid(직선, 두 번째), 선 색상은 #fff(흰색, 세 번째)로 지정합니다.

이미지에 그림자(box-shadow)를 추가합니다. 오른쪽으로 1px(첫 번째), 아래로 2px(두 번째), 그림자의 흐린 정도 6px(세 번째), 그림자의 크기를 2px 크게(네 번째), rgba(0,0,0,0.2)로 색상은 검은색, 투명도는 15%로 지정합니다.

■ 최종 코드

```html
<!DOCTYPE html>
<html>
<head>
        <meta charset="utf-8">
        <title>상품 리스트 이미지가 돋보이는 그림자 추가하기</title>
        <style>
```

```
            .shadow img{
                    border:7px solid #fff;
                    box-shadow: 1px 2px 6px 2px rgba(0,0,0,0.15);
            }
        </style>
</head>
<body>

<div class="shadow">
        <img src="http://www.manle.co.kr/images/woman.jpg"><br><br>
<img src="http://www.manle.co.kr/images/woman.jpg"><br><br>
        <img src="http://www.manle.co.kr/images/woman.jpg">
</div>

</body>
</html>
```

최종 결과 화면

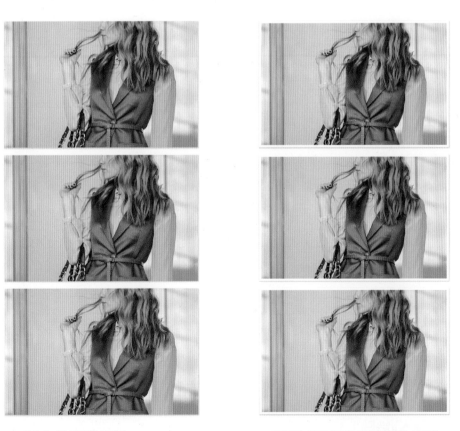

▲ 그림자 효과만 적용한 이미지   ▲ 그림자와 흰색 테두리 효과를 적용한 이미지

10 | 상품 리스트에서 아이콘과 상품명 간격 조정하기

■ 예제 파일 : 부록\10_padding.html

html 문서에서는 띄어쓰기, 줄바꿈을 여러 번해도 브라우저에서는 띄어쓰기 한 칸으로 인식합니다. 두 칸 이상 띄어 쓰거나 정확한 수치로 간격을 조정하는 방법을 알아봅니다.

■ Before

■ HTML

```
<div>
        <img src="http://www.manle.co.kr/images/woman.jpg" width="290"><br>
        <font color="#464646"><b>[재입고 14%↓]</b>   3차 리오더 대박
상품</font>
        <img src="http://www.manle.co.kr/images/new.gif" style="padding-left:
12px">
</div>
```


로 줄바꿈합니다. 띄어쓰기를 많이 해도 브라우저에서는 띄어쓰기 한 칸으로 인지합니다. 그럴 때는 공백 문자 로 공백을 추가합니다.

css로 클래스(class)를 지정하지 않고 html에 직접 코드를 추가해 봅니다. 이미지에 style="padding-left: 12px"으로 왼쪽 여백 12px을 추가합니다.

- ■ **padding-top** : 위쪽 여백
- ■ **padding-right** : 오른쪽 여백
- ■ **padding-bottom** : 아래쪽 여백
- ■ **padding-left** : 왼쪽 여백
- ■ **padding** : 12px, 8px, 3px, 10px은 ↑, →, ↓, ←입니다. 위쪽 12px, 오른쪽 8px, 아래쪽 3px, 왼쪽 10px로 여백을 지정합니다.

■ 최종 코드

```
<!DOCTYPE html>
<html>
<head>
        <meta charset="utf-8">
        <title>상품 리스트에서 아이콘과 상품명 사이 간격을 조정하는 방법 3가지
</title>
</head>
<body>

<div>
        <img src="http://www.manle.co.kr/images/woman.jpg" width="290"><br>
        <font color="#464646"><b>[재입고 14%↓]</b>   3차 리오더 대박 상품
</font>
        <img src="http://www.manle.co.kr/images/new.gif" style="padding-left:
12px">
</div>

</body>
</html>
```

최종 결과 화면

497

■ 예제 파일 : 부록\11_height.html

상품명의 길이가 달라 정렬이 맞지 않은 경우에 상품명의 길이와 관계없이 가격 줄의 정렬을 맞춰 봅니다.

■ Before

■ HTML

```
<div class="list">
        <img src="http://www.manle.co.kr/images/woman_1.jpg">
        <div class="text"><b>[재입고 14%↓]</b> <br> 엘리 레이어 블라우스</div>
        <div class="price">20,000원</div>
        <div class="spec">
                사용후기 : 125 <br>
                <font color="#c61313">* 12차 리오더 완료</font>
        </div>
</div>
```

상품명은 text 클래스, 금액은 price 클래스, 상품 정보는 spec 클래스로 지정되어 있습니다.

```
<div class="list">
        <img src="http://www.manle.co.kr/images/woman_2.jpg">
        <div class="text"><b>[50% 대박할인]</b>   주문폭주로 추가 쿠폰 10%할인!
우아한 느낌 엔젤라 블라우스</div>
        <div class="price">20,000원</div>
```

```
        <div class="spec">
                사용후기 : 62
        </div>
</div>
```

```
<div class="list">
        <img src="http://www.manle.co.kr/images/woman_3.jpg">
        <div class="text">더깐깐_절개 티셔츠</div>
        <div class="price">20,000원</div>
        <div class="spec">
                사용후기 : 3<br>
                28일 입고 예정
        </div>
</div>
```

■ CSS

```
.text {
        font-size: 13px;
        color: #464646;
        height: 38px;
}
```

text 클래스에 height로 높이를 지정합니다. 38px의 높이가 상품명을 두 줄로 표시하는 데 적절합니다.

```
.price {
        font-size: 15px;
        color: #8974d7;
        font-weight: bold;
        height: 25px;
}
```

price 클래스의 높이는 25px로 지정해 금액(price 클래스)과 상품 정보(spec 클래스) 사이에 여백을 적용합니다.

■ 최종 코드

```
<!DOCTYPE html>
<html>
```

```html
<head>
        <meta charset="utf-8">
        <title>상품명 높이 맞추는 방법</title>
        <style>
                .list {
                        float: left;
                        width: 220px;
                        padding-right: 15px;
                }
                .text {
                        font-size: 13px;
                        color: #464646;
                        height: 38px;
                }
                .price {
                        font-size: 15px;
                        color: #8974d7;
                        font-weight: bold;
                        height: 25px;
                }
                .spec {
                        font-size: 11px;
                        color: #9a9a9a;
                }
        </style>
</head>
<body>

        <div class="list">
                <img src="http://www.manle.co.kr/images/woman_1.jpg">
                <div class="text"><b>[재입고 14%↓]</b> <br> 엘리 레이어 블라우스</div>
                <div class="price">20,000원</div>
                <div class="spec">
                        사용후기 : 125 <br>
                        <font color="#c61313">* 12차 리오더 완료</font>
                </div>
        </div>

        <div class="list">
                <img src="http://www.manle.co.kr/images/woman_2.jpg">
                <div class="text"><b>[50% 대박할인]</b>   주문폭주로 추가 쿠폰
10% 할인! 우아한 느낌 엔젤라 블라우스</div>
                <div class="price">20,000원</div>
```

```
                    <div class="spec">
                        사용후기 : 62
                    </div>
            </div>

            <div class="list">
                    <img src="http://www.manle.co.kr/images/woman_3.jpg">
                    <div class="text">더깐깐_절개 티셔츠</div>
                    <div class="price">20,000원</div>
                    <div class="spec">
                        사용후기 : 3<br>
                        28일 입고 예정
                    </div>
            </div>

    </body>
    </html>
```

최종 결과 화면

12 | 모바일 쇼핑몰에서 상세 화면 확대하기

■ 예제 파일 : 부록\12_viewport.html

모바일 쇼핑에서 상품의 상세 정보를 확인하기 위해 화면 확대를 시도합니다. 그러나 반응형 웹 사이트 구축 시 모바일 최적화를 위해 뷰포트(Viewport)를 이용하여 확대를 막는 경우가 있습니다. 이것은 하나의 웹 사이트로 각기 다른 해상도의 디바이스 환경에 맞춰야 하기 때문입니다. 쇼핑몰에서는 상품의 상세 정보를 잘 볼 수 있도록 대응하는 것이 더 중요합니다. 이를 해결하기 위해 상세 정보를 새 창으로 표시하면서 외부 링크를 연결해 문제에 대응하지만, 사용자는 여전히 한 번 더 클릭해야 한다는 불편이 존재합니다. 이번에는 디자인 스킨 자체의 뷰포트를 조정하여 화면 확대가 가능하도록 설정하겠습니다.

■ HTML

```
<meta name="viewport" content="width=device-width, user-scalable=no">
```

모바일에 최적화된 사이트는 일반적으로 〈head〉 안에 위와 같은 태그를 포함합니다. user-scalable=no로 화면 확대가 불가능하게 적용되어 있습니다.

```
<meta name="viewport" content="width=device-width, user-scalable=yes,
initial-scale=1.0, maximum-scale=2.0, minimum-scale=1.0">
```

content의 속성을 수정합니다. user-scalable=yes로 화면 확대, 축소가 가능하도록 수정합니다. 페이지를 처음 로딩할 때(initial-scale)와 화면의 최소 배율(minimum-scale)은 1.0(100%)으로 지정하고, 화면의 최대 배율(maximum-scale)은 2.0(200%)으로 지정합니다.

■ **width** : 뷰포트의 폭을 지정합니다. 기기에 따라 달라지는 100% 화면 크기는 device-width를 사용하고, 640px과 같은 값을 사용할 수 있습니다.

■ **height** : 뷰포트의 높이를 지정합니다. 콘텐츠가 길어져 스크롤이 생기는 경우에는 지정하지 않아도 됩니다.

■ **initial-scale** : 페이지가 처음 로딩될 때 배율을 지정합니다.

■ **minimum-scale** : 화면의 최소 배율 값을 지정합니다. 기본 값은 0.25입니다.

■ **maximum-scale** : 화면의 최대 배율 값을 지정합니다. 기본 값은 1.6입니다.

■ **user-scalable** : 사용자의 확대/축소 기능을 설정합니다. 기본 값은 yes입니다.

■ 최종 코드

```
<!DOCTYPE html>
<html>
<head>
  <meta charset="utf-8">
  <title>모바일 쇼핑몰에서 상세 화면 확대하기</title>
  <meta name="viewport" content="width=device-width, user-scalable=yes, initial-scale=1.0, maximum-scale=2.0, minimum-scale=1.0">
  <style>
    body {margin:0;}
    img {width: 100%}
  </style>
</head>
<body>
  <img src="http://www.manle.co.kr/images/mobile.jpg">
</body>
</html>
```

최종 결과 화면

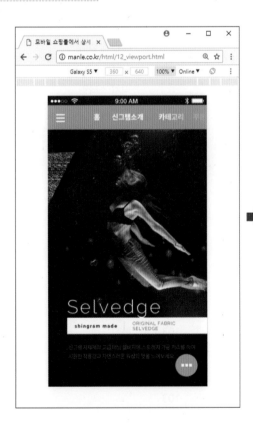 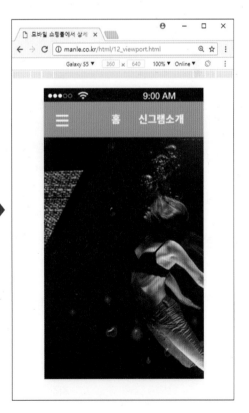

503

✓ 색인